정신건강사회복지론

Social Work in
Mental Health

| 박미은 저 |

학지사

머리말

정신건강사회복지론은 필자가 오랫동안 강의를 해 온 교과목이다. 1998년에 대학으로 자리를 옮겨 강의를 시작했으니 20여 년이 넘는 시간이 흘렀다. 애정을 쏟았던 과목이고, 특별한 강의노트가 없어도 지나온 역사를 한 편의 에세이처럼 들려줄 수 있는 친숙한 과목이기도 하다. 필자가 대학 시절 '정신의학' 과목을 처음 수강하면서 재미가 있어서 까맣게 밑줄을 긋고 외우던 일이 떠오른다. 그 후로 대학원과 박사과정, 그리고 실천 현장의 경험을 통해 정신건강사회복지는 학문과 인생에서 소중한 부분으로 자리를 잡았다. 세월이 흐르면서 관심 영역도 확대되고 연구할 것이 많아졌지만, 학생들에게 정신건강사회복지에 대해 들려주고 보여 줄 것을 생각하면 여전히 내 마음은 기쁘고 행복하다.

오랜 기간 강의를 해 오면서 이번에 새삼 용기를 내게 되었다. 최근 들어 정신건강 정책 및 실천의 흐름이 크게 바뀌면서 정신건강사회복지 영역도 새로운 과제에 직면하고 있다. 「정신보건법」이 2016년에 「정신건강증진 및 정신질환자 복지서비스 지원에 관한 법률」(이하 「정신건강복지법」)으로 전면 개정되면서 정신장애인의 인권과 권리보장, 지역사회 통합, 복지서비스의 확대가 매우 중요해졌다. 특히 주거와 고용, 교육과 정보, 문화와 건강 등의 복지서비스는 새롭게 개척해야 할 영역으로서, 정신건강사회복지사의 지역 기반 전문성이 꼭 발휘되어야 할 것들이다. 아울러 「정신건강복지법」, 서비스전달체계, 예산, 인력관리 등 정신건강사회복지의 제도적 측면이 그 어느 때보다 강조되고 있다. 따라서 정신장애인의 복지와 권리, 그리고 모든 국민의 정신건강증진을 도모하기 위한 주요 전문직으로 정신건강사회복지사의 위상과 역할이 시대 변화에 맞추어 새롭게 정립될 필요가 있다.

이 책의 강조점은 정신건강사회복지 정책과 실천의 균형 잡기이다. 사회복지의 대표적인 분야로서 정신건강사회복지는 그동안 미시와 중도 수준의 실천적 개입과 전문성 강화를 중심으로 성장해 왔다. 그 결과, 상당수의 정신건강사회복지사가 배출되었고 지역정신건강 현장에서 다양한 업무를 주도하는 전문직으로 자리를 잡았다. 그러나 앞으로는 사회복지의 근간인 정책과 실천의 조화가 정신건강사회복지 분야에서도 이루어져야 한다. 정신건강사회복지의 제도적 측면을 보다 강화하여 정책과 실천의 균형을 이루고, 우리의 전문적 역량을 한층 끌어올려야 한다. 이것이 필자가 이 시점에서 책을 쓰기로 용기를 낸 이유이다.

다행스럽게도 최근 개정된 『사회복지학 교과목 지침서』(2021~2022년도)에 '정신건강사회복지론'이 정신건강 관련 정책과 제도를 기존보다 강화하여 다루고 있다. 즉, 「정신건강복지법」과 정책의 방향성, 서비스전달체계, 정신장애인을 위한 복지서비스, 정신건강 관련 관점 및 패러다임의 확대, 시대 변화에 따른 실천 이슈 등을 담고 있다. 필자는 지침서 내용에 전적으로 공감하면서, 그간의 연구 및 강의 경험을 바탕으로 새로운 자료와 문헌, 현장의 동향을 살피고 다듬으면서 학생들에게 들려주고 보여 주고 싶은 내용을 이 책에 담아 보려고 하였다.

'정신건강사회복지론' 교과목 지침서에서 따라 이 책은 다음과 같이 구성되었다. 제1부는 정신건강사회복지의 기초를 이해하는 것으로, 정신건강과 정신건강사회복지의 이해(제1장), 정신건강사회복지의 주요 관점과 패러다임(제2장)을 다루었다. 제2부는 정신건강사회복지의 법과 제도를 이해하는 것으로, 정신건강복지법과 정책 방향(제3장), 정신건강서비스 전달체계, 예산 및 인력체계(제4장)를 다루었다. 제3부는 정신건강사회복지 실천을 폭넓게 제시하고 있는데, 정신건강사회복지 사정(제5장), 정신건강복지법에 근거한 실천 영역(제6장), 정신건강사회복지 실천 방법(제7장), 생애주기별 정신건강 이해와 실천(제8장)을 다루었다. 제4부는 정신건강사회복지의 실천 이슈를 이해하는 것으로, 정신장애인의 인권보장과 정신건강사회복지사의 실천윤리(제9장), 그리고 사회적 관심이 큰 정신건강 문제로서 중독(제10장), 자살(제11장), 트라우마(제12장)에 대해 정책과 실천의 측면에서 균형 있게 다루었다. 끝으로, 제5부는 향후 전망과 과제에 관한 것으로, 정신건강 정책과 실천의 발전 방향(제13장)을 제시하였다.

이 책은 정신건강에 관한 최신 흐름과 동향에 따라 정신건강사회복지를 폭넓게 소개한 교과서이다. 이 과목에서는 정신건강과 사회복지가 만나는 영역에서 정신장애인의 권리와 복지뿐 아니라 일반 시민의 정신건강증진을 도모하기 위한 정책과 실천의 방법을 균형 있게 배우게 된다. 정책과 실천의 균형은 모든 사회복지실천의 근간이면서 동시에 정신건강사회복지사가 실천 현장에서 발휘해야 하는 전문적 역량의 기반이 된다. 이 책은 정신건강사회복지를 처음 접하는 학생들에게는 기초부터 쉽게 잘 배울 수 있는 최신의 교재가 될 것이며, 현장 사회복지사들에게는 정책과 실천을 통합하는 역량 있는 전문가로 성장하는 데 유용한 지침서가 될 수 있을 것이다.

우리 모두가 마주할 미래는 4차 산업혁명의 시대로, 누구도 예측하기 힘든 불확실성으로 인해 정신건강의 위험성은 지속될 전망이다. 그럼에도 우리가 희망을 갖는 것은 지금껏 그랬듯이 인류의 숭고한 지혜와 인공지능(AI)으로 대체할 수 없는 인간다움이 우리의 정신건강을 보듬고 치유하게 될 것이다. 그 과정에 정신건강사회복지가 가치 있는 한몫을 담당할 것이라 확신한다. 이 책이 완성되기까지, 그리고 매 순간순간 나의 삶을 인도하시는 하나님께 감사드린다. 그리고 부족한 원고를 출판할 기회를 주시고, 정성으로 편집해 주신 학지사의 관계자들께 진심으로 감사드린다. 앞으로 계속 보완하면서 강의자와 학습자 모두 언제든 보고 싶고 도움이 되는 좋은 책이 될 수 있도록 최선을 다하고자 한다.

2021년

저자 박미은

차례

제2부 정신건강사회복지의 법과 제도

제3부 정신건강사회복지 실천

부록 정신의학적 증상 387

제1부

정신건강사회복지의 기초 이해

제1장
정신건강과 정신건강사회복지의 이해

정신건강사회복지(social work in mental health)는 정신건강과 사회복지가 만나는 영역에서 정신질환의 예방과 회복뿐 아니라 일반 시민의 정신건강증진을 도모하기 위한 학문이자 실천 방법을 다루는 교과목이다(한국사회복지교육협의회, 2020). 이에 제1장에서는 정신건강의 개념은 무엇이고, 과거 질병모델(의료모델)에서 정신건강증진모델로 전환되어 온 정신건강의 역사적 전개 과정을 살펴본다. 아울러 정신건강사회복지의 개념과 역사적 전개 과정, 그리고 사회복지학의 한 분야로서 정신건강사회복지란 무엇인지를 살펴본다.

1. 정신건강의 개념과 역사적 전개 과정

1) 정신건강의 개념적 이해

(1) 정신건강의 정의

정신건강(mental health)이란 넓게 보면 신체건강(physical health)에 대비되는 말로서 정신적으로 건강한 상태를 말한다. 세계보건기구(World Health Organization:

WHO)에서는 "건강이란 신체적, 정신적 및 사회적으로 완전한 안녕의 상태이며, 단지 질병이 없다거나 허약하지 않은 상태만을 말하지 않는다."라고 정의한 바 있다(Bracht, 1978: 21).

이러한 건강의 관점에서 볼 때, 정신건강은 인간이 정신적인 면에서 달성할 수 있는 어떤 완전한 안녕의 상태를 말한다. 그렇기에 정신건강은 매우 이상적(ideal)이고 바람직하며, 추상적인 특징이 있다. 또한 정신건강은 단지 정신질환이 없거나 정신적으로 취약하지 않은 상태 그 이상을 말한다. 이러한 상태에 도달하기 위해서는 개인과 가족의 수준을 넘어 사회적으로 보다 적극적인 정신건강증진의 노력이 필요하다.

정신건강은 신체건강과 밀접한 관련이 있다. 현대인들이 흔히 경험하는 다이어트 실패, 비만, 흡연, 고혈압 등의 생활 문제가 정신건강에 좋지 않은 영향을 미친다. 반대로 정신질환이 있거나 정신적으로 취약한 사람은 자신의 몸을 돌보고 관리하는 데 어려움이 있어 원치 않는 신체질환을 경험할 수 있다. 또한 정신건강은 개인의 사회적 관계와 사회참여에도 영향을 미친다. 정신적으로 건강한 사람은 대인관계에 주도적으로 참여하고, 사회생활을 독립적으로 영위하면서, 주변 환경에 적극 대처하는 경향이 있다. 반면, 그렇지 못한 사람은 대인관계에서 수동적이며, 의존적이고 제한된 사회생활을 하고, 주변 환경에 소극적으로 대처하는 경향이 있다.

따라서 이 책에서는 정신건강의 개념을 다음과 같이 정의하고자 한다.

> 정신건강이란 인간이 정신적인 면에서 달성할 수 있는 어떤 완전한 안녕의 상태를 말하며, 이는 단지 정신질환이 없거나 정신적으로 취약하지 않은 상태 그 이상을 말한다. 또한 정신질환이 있다고 하더라도 이를 극복해 가면서 인간으로서 자신의 삶을 독립적으로 영위하고 주변 환경에 적극 대처하면서 인격의 성숙을 도모해 가는 상태를 의미한다.

(2) 정신건강의 기준

정신건강은 인간이 정신적인 면에서 달성할 수 있는 이상적인 상태로서, 매우 주관적이고 상대적인 개념이다. 그렇기에 이를 객관적으로 증명하거나, 사회 구성원 모두에게 적용할 만한 절대적 기준을 찾기란 매우 어려운 일이다. 여기서는 그동안 우리 사회에서 논의되어 온 몇 가지 정신건강의 기준을 살펴보고자 한다(권석만,

2003: 22-29; 권진숙, 김정진, 전석균, 성준모, 2017: 41-43).

① 통계적 평균에서 벗어남

이는 인간의 생각, 감정, 행동 등을 표준화된 검사 도구를 활용하여 측정한 후, 그 결과가 일정한 평균에서 벗어날 때 이를 비정상 혹은 이상행동(abnormality)으로 간주하는 것이다. 예를 들어, 하루에 두세 번 손을 씻는 것은 정상 범위의 행동이지만, 어떤 사람이 수십 번 혹은 수백 번 손을 씻는다면 이런 행동은 이상행동이라 할 수 있다. 그러나 지능검사처럼 평균을 중심으로 지능지수가 아주 낮은 경우뿐 아니라 아주 높은 경우도 비정상으로 간주되는 문제가 발생할 수 있다. 따라서 '평균에서 벗어난 경우'를 정신건강의 기준으로 설정하는 데는 한계가 있다.

② 부적응

정신적으로 안정된 사람은 주변 환경에 잘 적응하지만, 그렇지 못한 사람은 부적응(maladjustment)의 양상을 보이는 경우가 많다. 부적응적 행동은 크게 두 가지로 분류된다. 첫째, 타인에게 피해를 주지 않는 부적응적 행동이 있다. 예를 들어, 사회공포증이 있는 사람은 여러 사람 앞에 나서기를 주저하여 오히려 사람을 회피하는 경향이 있다. 둘째, 타인에게 직접 피해를 주는 부적응적 행동이 있다. 예를 들어, 반사회적 인격장애가 있는 사람은 기물을 파손하거나 주변 사람을 공격하는 경향이 있다. 따라서 인간의 적응적 행동과 부적응적 행동을 판단하는 경계가 모호할 뿐 아니라 이를 평가하는 기준이 다양할 수 있다.

③ 비합리성

비합리성(irrationality)은 합리적이지 않은 생각과 그에 따른 이해할 수 없는 행동을 말한다. 조현병과 같은 정신질환의 경우 다양한 비합리적 망상이 나타난다. 피해망상, 편집망상, 과대망상 등을 예로 들 수 있다. 따라서 비합리성은 정신건강을 측정하는 하나의 기준이 될 수 있으나, 모든 정신질환자에게서 이러한 비합리성이 나타나는 것이 아니므로 이 또한 절대적인 기준이 되지 못한다.

④ 예측 불가능성

어떤 사람의 행동이 예측 가능할 때는 이에 대비하고 통제할 수 있다. 그러나 그렇지 못할 때는 매우 당황스럽고 위협적으로 느껴질 수 있다. 특히 절제되지 않은 상태에서 충동적으로 유발된 행동은 상대에게 상처를 줄 수 있다. 따라서 행동의 예측 불가능성(unpredictability)은 정신건강을 판단하는 기준이 될 수 있으나, 예측 불가능성의 정도와 수준이 개인마다 다를 수 있어 이 또한 절대적인 기준이 되지 못한다.

⑤ 규범에서 벗어남

정신적으로 건강한 사람은 사회적 규범을 준수하면서 행동하는 경향이 있다. 그러나 그렇지 못한 경우에는 규범에서 이탈한 행동(비인습성, unconventionality)을 하는 경향이 있는데, 이는 비정상적인 것으로 간주된다. 예를 들어, 노출증 증상이 있는 사람은 자신의 성적 욕구를 충족하기 위해 사회적 규범에서 이탈한 노출행동을 하게 된다. 이러한 행위는 사회적 규범상 용납할 수 없는 이상행동에 해당한다. 그러나 사회적 규범만으로 다양한 정신적 문제를 평가하는 데는 한계가 있고, 규범 또한 시대와 문화에 따라 달라질 수 있다.

⑥ 개인적 고통

정신질환이 있는 사람들은 어떤 면에서 그렇지 않은 사람들에 비해 더 많은 개인적 고통(personal distress)을 경험한다. 즉, 정신적인 불안, 우울, 비애, 분노, 절망 등을 호소하는 사람들은 심한 내적 고통과 불편함을 호소하는 경우가 많다. 그러나 정신적으로 취약한 사람들 모두가 그런 고통을 경험하지는 않는다. 한 예로 기분이 들뜨는 조증 환자의 경우 증상이 나타나는 기간에 오히려 의기양양하고 고통을 느끼지 못한다. 따라서 개인적 고통의 유무만으로 정신건강을 충분히 설명하기 어렵다.

이상에서 살펴본 바와 같이 인간의 이상행동을 평가하는 절대적인 기준은 존재하지 않는다. 각 기준은 나름대로 장단점이 있기에, 현실적으로 여러 기준을 복합적으로 고려하여 적용하고, 그 결과를 신중하게 해석할 필요가 있다. 한 가지 기준

보다는 여러 기준에 해당되는 행동일수록 이상행동으로 간주될 가능성이 높다. 그러나 어떤 기준도 정신건강을 평가하는 절대적인 기준이 될 수 없으며, 일정한 한계가 있는 상대적 기준이라는 점을 이해할 필요가 있다.

(3) 정신적으로 건강한 사람의 특성

정신적으로 건강한 사람은 성격이 잘 통합되어 있고 인격적으로 성숙을 도모하는 사람으로서, 다음과 같은 특성을 갖는다(김규수, 2011: 27-42).

① 자기 자신에 대해서

정신적으로 건강한 사람은 자기존중감과 자기애가 강하며, 건강한 자신감이 있다. 자신이 사회에서 가치 있는 존재임을 깨닫고, 적극적으로 일하며, 사회에 꼭 필요한 사람이라고 생각한다.

② 타인에 대해서

정신적으로 건강한 사람은 타인의 욕구나 감정을 정확하게 지각하며, 자발적이고 수용적이며 이해심이 많고 융통적인 태도로 타인을 대한다. 자신의 욕구 충족을 위해 타인에게 부당한 요구를 하지 않으며, 타인과 따뜻한 관계를 유지하면서 상대를 존중하는 마음이 강하다.

③ 환경에 대해서

정신적으로 건강한 사람은 주변 환경을 있는 그대로 정확하게 받아들이고 인정한다. 현실을 왜곡하여 지각하지 않고, 환경의 영향으로부터 비교적 자유롭다. 환경을 생산적이고 창조적으로 활용하는 방향으로 적응을 한다.

④ 일에 대해서

정신적으로 건강한 사람은 일을 함으로써 생활의 만족과 행복을 느끼기 때문에 자신이 맡은 일을 성실하고 책임 있게 수행한다. 일에 보람을 느끼고, 생산적이며 능률적이다. 일에 최선을 다하는 동시에 신체적으로 건강을 잘 유지한다.

⑤ 정서와 감정에 대해서

정신적으로 건강한 사람은 정서적 · 감정적으로 성숙함을 보인다. 삶에서 존재하는 갈등과 불만을 자연스러운 현실로 받아들이고, 이와 관련하여 발생할 수 있는 부정적인 감정을 적절하고 건강한 방법으로 표출한다.

따라서 정신건강을 유지하기 위해서는 평소 신체건강을 잘 유지하고, 현실에 맞는 욕구와 목표를 가지며, 친밀한 대인관계를 유지하고, 다양한 사회참여와 취미생활이나 창조적인 활동을 하는 것이 좋다. 또한 적절한 방식으로 감정이나 정서를 표출하고, 조용한 분위기에서 자신만의 시간을 가지며, 자신의 삶을 책임 있게 살아 내고, 초월적인 힘을 인정하고 신뢰하면서 생활하는 것이 좋다.

(4) 정신건강 관련 개념: 정신병, 정신질환, 정신장애

정신건강은 단지 정신질환이 없거나 정신적으로 취약하지 않은 상태 그 이상을 의미하는 것으로서, 몇 가지 관련 개념을 이해할 필요가 있다. 다음은 정신건강의 상대적(반대적) 용어로서 우리 사회에서 널리 사용되는 개념들이다(권진숙 외, 2017: 40-41; 양옥경, 2006: 84-85; Karban, 2011).

- **정신병**(psychosis): 이는 우리 사회에서 가장 흔히 사용하는 용어로서 정신적으로 이상이 있다고 생각되는 거의 모든 것을 지칭하는 포괄적인 의미를 갖고 있다. 그러나 실제로 이 용어는 정신적으로 특수한 증상을 일컫는다. 즉, 뇌의 손상이나 뇌 기능의 문제로 인해 사고, 감정, 행동에서 나타나는 기질적인(organic: 신체적 원인에 의한) 정신증상이나, 기질적이지 않은 트라우마, 관계갈등, 스트레스, 환경 등이 복합적으로 작용하여 나타나는 기능적인(functional) 정신증상을 포함한다. 대표적인 정신증상으로 망상과 환각이 있다.
- **정신질환**(mental illness): 이는 질병의 개념을 강조하는 용어로서, 신경증적(neurotic)인 것과 정신병적(psychotic)인 것 모두를 포함한다. 신경증은 불안이나 공포와 같이 심인적 원인으로 증상이 나타난다. 이에 반해 정신질환은 정신기능(인지, 지각, 사고, 감정, 기억 등)의 이상 상태에서 병적인 증상이 나타나는 모든 질환을 의미한다. 이러한 정신질환은 정신건강의학과 전문의의 진단

을 통해 병명이 부여되고, 적절한 치료와 약물처방이 이루어진다. 정신질환에 관한 학문을 정신의학(psychiatry)이라고 한다.

- **정신장애**(mental disorder): 이는 정신병과 정신질환의 개념을 포괄하는 넓은 의미의 개념이다. 즉, 정신병이나 지적장애, 성격장애 등 모든 정신병적 상태를 아우르는 용어이다. 정신질환과 달리, 정신장애는 질병 자체의 활발한 진행 외에도 질병으로 인한 사회적 기능의 저하나 사회적응의 어려움까지 포함한다. 질병의 증상이 없어진 후에도 질병 이전의 상태로 복귀하지 못하는 경우가 여기에 해당된다. 대표적인 예로 만성 정신장애인은 오랜 기간 정신질환으로 인해 다양한 사회적 기능(일상생활 및 사회생활)의 어려움을 경험한다.
- **정신병리**(psychopathology): 이는 인간의 정신적인 면에서 나타날 수 있는 다양한 병리적 현상 혹은 비정상적 현상을 말한다. 앞서 제시한 정신병, 정신질환, 정신장애를 유발하는 보다 근원적인 차원의 개념이다. 정신병리는 표정과 태도, 행동, 의식, 감정(정동), 사고, 지각, 기억 등의 영역에서 다양한 증상(symptoms)으로 표출되는데, 이러한 정신병적 증상들을 분석함으로써 그 개인의 정신병리에 접근할 수 있다. 정신병리를 과학적으로 연구하는 학문을 정신병리학이라고 한다.

2) 역사적 전개 과정: 질병모델에서 증진모델로

(1) 외국 정신건강의 역사

정신건강의 역사는 오랜 인류 역사의 한 부분이라고 할 수 있다. 과거 시대에도 이상행동으로 일컬어지는 정신병과 정신질환이 존재했으며, 지금도 마찬가지이다. 여기서는 고대로부터 현대에 이르기까지 외국의 정신건강 역사를 간략하게 살펴본다(권석만, 2003: 43-53; Coppock & Dunn, 2010; Mignon, 2020).

① 고대의 귀신론

고대 원시사회에서는 동서양을 막론하고 정신질환을 초자연적 현상으로 이해하였다. 고대인들은 정신질환을 귀신에 씌었거나 신의 저주를 받은 것으로 생각했다. 또한 다른 사람의 저주를 받거나 죽은 사람의 영혼에 사로잡혀 나타나는 현상으로 받아들였다. 이러한 귀신론적 견해에 따라 정신질환을 다루는 방식도 초자연적인 방법을 사용하였다. 귀신을 쫓는 의례를 행하거나 신이나 귀신을 달래는 의식을 치르기도 했다. 이 당시는 정신병이나 정신질환에 대해 원시적이고, 미신적이며, 비과학적으로 접근하였다.

② 그리스 · 로마 시대의 신체적 원인론

그리스 · 로마 시대에 들어와서 정신질환을 종교나 미신에서 분리시켜 의학적 문제로 보려는 시도가 나타났다. 기원전 4세기경 그리스의 히포크라테스(Hippocrates, B.C. 460~377)는 정신질환을 세 가지 유형(조증, 우울증, 광증)으로 분류하였다. 또한 정신질환의 원인을 우리 몸에 있는 네 가지 체액(점액, 혈액, 황담즙, 흑담즙)이 균형을 잃어 발생한 것으로 보았다. 치료법으로 식이요법, 심리적 안정 등을 제안하였는데, 정신질환은 의료인이 다루어야 할 문제라고 주장하였다. 이는 정신질환에 대한 신체적 원인론의 시초라고 할 수 있다.

③ 중세의 귀신론

정신건강의 역사에서 중세기는 암흑기인 동시에 정신질환자 수난의 시대였다. 그리스 · 로마 시대에 등장한 정신질환에 대한 의학적 이해가 다시 억압되고 고대의 귀신론으로 회귀하였다. 정신질환자를 사탄과 악령에 사로잡힌 사람으로 간주하였다. 이에 따라 정신질환자는 종교재판에 회부되었고, 마귀를 쫓기 위한 다양한 형태의 고문이나 화형이 이루어졌다. 정신질환자에게 족쇄를 채워 감금하고 가혹한 고문을 가하는 등의 비인도주의적 처우는 르네상스 시대까지 천 년 정도 지속되었다.

④ 근대의 인도주의적 치료

정신질환을 질병으로 보고, 정신질환자에게 인도주의적 치료를 해야 한다는 주장이 17~18세기에 들어와서 제기되었다. 프랑스의 내과 의사였던 피넬(Philippe Pinel, 1745~1826)은 1793년에 파리에 있는 한 정신질환자 보호시설(asylum)의 소장으로 부임한 후 새로운 시도를 하게 되었다. 정신질환자에게 채워져 있던 쇠사슬을 제거하고 어두운 감방 대신 햇살이 비치는 방에 머물도록 했다. 수용소의 뜰에서 운동할 수 있게 했고, 직원들이 정신질환자를 구타하지 못하도록 하였다. 미국에서도 딕스(Dorothea Dix, 1802~1887)가 정신질환자에 대한 인도주의적 처우의 필요성을 주장하여 큰 호응을 얻었고, 오늘날의 정신병원과 유사한 형태의 공공 병원이 여러 주에 세워지게 되었다.

⑤ 현대의 지역사회정신건강

현대는 20세기 이후 지금까지의 시기이다. 정신질환에 대한 다양한 이론과 치료법이 개발되고, 수백 년 지속된 시설화의 시대를 마감하고 지역사회 시대가 본격화되었다. 그리고 항정신성 약물 개발로 정신질환자의 재활, 회복, 사회통합이 지역을 기반으로 이루어졌다. 한마디로 현대를 지역사회정신건강의 시대라고 할 수 있다. 이러한 발전은 다음의 세 가지 정신건강 혁명을 통해 가능하였다(Coppock & Dunn, 2010).

- **정신건강 1차 혁명-프로이트의 정신분석학:** 프로이트(Sigmund Freud)의 정신분석학은 현대 정신의학의 이론적 토대가 되었다. 정신치료를 발전시켰을 뿐 아니라, 이를 계기로 정신장애를 설명하는 다양한 이론(생리학이론, 사회학습이론, 사회스트레스이론, 치료적 공동체 등)이 등장하는 데 크게 기여하였다.
- **정신건강 2차 혁명-항정신성 약물의 개발:** 1950년대에 들어 항정신성 약물의 개발과 사용으로 정신질환자 치료에 상당한 성과를 거두었다. 약물의 효과로 정신병적 증상이 조절되고, 정신질환자가 시설이나 폐쇄병동에서 벗어나 지역에서 함께 살아가는 데 결정적인 도움이 되었다. 이른바 정신장애인의 탈시설화 정책(운동)을 가능하게 하였다. 대표적인 약물로는 조현병, 조증, 우울증 등을 치료하는 클로르프로마진(chlorpromazine), 페노티아진(phenothiazine), 클로자핀(clozapine) 등을 들 수 있다. 약물과 함께 전기충격치료, 두뇌수술방법도 발전하였다.
- **정신건강 3차 혁명-지역사회정신건강:** 프로이트의 정신분석학 및 항정신성 약물의 개발과 함께, 1950~1960년대에 등장한 지역사회정신건강(community mental health)은 정신건강의 새로운 이념이면서 동시에 정신장애인의 치료, 재활, 사회통합을 지역사회를 기반으로 전개하는 혁신적인 접근이다. 이 접근은 영국과 미국에서 시작되어 현재까지 전 세계에서 시행되고 있다.

표 1-1 ··· 외국 정신건강 역사에서 의미 있는 사건들

- **1793년:** 프랑스에서 피넬(Pinel)이 수용시설에서 인도주의적 처우(도덕치료)를 주장하다.
- **1883년:** 독일에서 크레펠린(Kraepelin)이 최초의 정신의학 교과서를 만들다.
- **1900년:** 오스트리아에서 프로이트(Freud)가 『꿈의 분석』을 출간하여 정신분석학을 제안하다.
- **1908년:** 미국에서 비어스(Beers)가 자신의 경험을 토대로 『A mind that found itself』를 출간하여 정신장애인의 인권을 주장하다.
- **1946년:** 미국에서 최초의 「정신건강법(Mental Health Act)」이 제정되다.
- **1948년:** WHO가 정신장애를 포함한 질병분류체계(ICD)를 처음으로 발표하다.
- **1952년:** 미국정신의학회가 정신장애 분류체계(DSM-I)를 처음으로 발표하다.
- **1954년:** 미국에서 최초의 항정신성 약물인 클로르프로마진의 효과가 발표되다.
- **1959년:** 영국에서 최초의 「정신건강법」이 제정되다.
- **1960년 이후:** 영국, 미국에서 정신건강 정책 및 서비스의 방향이 지역사회정신건강으로 전환되다.
- **1963년:** 미국에서 「지역사회정신건강법(Community Mental Health Act)」이 제정되다.
- **1980년 이후:** 미국에서 관리보호(managed care) 차원으로 정신건강보호(mental health care)를 시행하다.
- **1983년:** 영국에서 기존의 「정신건강법」이 전면 개정되다.
- **1990년:** 영국에서 「지역사회보호법(Community Care Act)」이 제정되다.
- **2000년 이후:** 미국에서 모두에게 평등하고 보편적으로 적용되는 건강권(parity & universal health)의 차원에서 정신건강서비스를 시행하다.

출처: Coppock & Dunn (2010), pp. 23-60의 내용을 참조하여 재구성.

(2) 우리나라 정신건강의 역사

우리나라 정신건강의 역사도 외국의 경우와 크게 다르지 않다. 비인도주의적인 시설 중심의 수용보호와 장기적인 입원보호에서 지역사회를 기반으로 한 정신건강 정책으로 전환되어 왔다. 그 중요한 계기가 1995년에 처음 제정된 「정신보건법」(현 「정신건강증진 및 정신질환자 복지서비스 지원에 관한 법률」, 이하 「정신건강복지법」)이다. 이에 우리나라의 정신건강 역사를 「정신보건법」 제정 이전과 이후로 나누어 간략히 살펴보고자 한다.

① 정신보건법(1995년) 이전의 시기

이 시기는 한마디로 시설화(institutionalization)의 시기라고 할 수 있다. 대부분의 정신질환자들이 정상적인 보호나 치료체계로부터 벗어나 고립되고 방치되는 경우가 많았다. 가족들은 정신질환자를 숨기거나 부끄러워하였고, 병원치료보다는 주술이나 민간요법에 의지하는 경우가 많았다. 이웃들도 잘못된 편견 때문에 정신질환자와의 접촉을 두려워하였다.

정신질환자들은 인간으로서 권리나 존엄성을 상실한 채 지역에서 멀리 떨어진 시설(기도원, 인가받지 않은 각종 보호시설, 열악한 요양원 등)에서 장기적으로 수용·보호되거나 입원을 해야만 했다. 사회적 통제라는 명분을 내세워 대다수 구성원의 안전과 보호를 우선시하였고, 정신질환자의 치료받을 권리나 정당하게 처우받을 권리는 관심의 대상이 되지 못하였다.

그러나 1980년대 이후부터 오랜 시설화의 폐해가 곳곳에서 드러나기 시작했다. 무인가 시설에 갇혀 있던 정신질환자들이 집단으로 탈출하는 사건이 발생하였고, 이를 계기로 열악한 시설환경과 비인간적인 처우의 실상이 낱낱이 공개되었다. 그 후에도 유사한 사건들이 계속 이어지면서 정신질환자에 대한 사회적 개입의 필요성이 공론화되었고, 「정신보건법」 제정의 움직임이 가시화되었다.

② 정신보건법 제정 이후 현재까지

1995년에 「정신보건법」(현 「정신건강복지법」)이 제정된 이후 현재까지는 한마디로 '지역사회정신건강'의 시기라 할 수 있다. 선진국들에 비해 40년 정도 늦었지만, 현시점에서 보면 같은 방향을 추구해 가고 있다. 지역사회정신건강을 추구한다는 것은 다음과 같은 몇 가지 의미가 있다. 첫째, 우리 사회에서 정신질환을 치료하고 정신건강증진을 도모하는 1차적 책임이 국가에 있다는 것이다. 둘째, 정신질환자의 치료, 재활 및 사회통합을 위한 정신건강사업은 격리된 장소가 아닌 지역 안에서 이루어져야 한다는 것이다. 셋째, 정신건강사업은 다양한 정신건강전문직의 참여뿐 아니라 당사자(환자 및 가족) 및 지역 주민과의 협력을 통해 이루어진다는 것이다. 넷째, 정신장애인의 회복을 위해서는 치료와 재활 외에도 생활안정을 위한 각종 복지서비스가 제공되어야 한다는 것이다. 이런 흐름은 향후에도 지속될 전망이다. 우리나라 정신건강 역사에서 의미 있는 사건들을 정리하면 〈표 1-2〉와 같다(보건복지부, 2020a).

표 1-2 ··· 우리나라 정신건강 역사에서 의미 있는 사건들

- 1995년: 「정신보건법」(현 「정신건강복지법」)이 제정되고, 1997년부터 시행되다.
- 1997년: 보건복지부 보건국 내에 정신보건과가 신설되다.
  정신보건전문요원 수련 및 양성과정이 시작되다.
- 1998년: 정신보건 5개년 계획이 최초로 수립되다.
- 1999년: 지역사회정신보건사업 기술지원단이 설치 · 운영되다.
- 2001년: 전국적인 정신질환실태 역학조사가 최초로 실시되다(그 후 5년마다 시행).
- 2001년: 정신건강복지센터 사업이 전국 단위로 운영되다.
- 2003년: 알코올상담센터 사업이 전국 단위로 운영되다.
- 2006년: 지방 정신보건사업지원단이 구성 · 운영되다.
- 2013년: 자살예방 사업을 강화하기 위한 전문요원이 전국에 배치되다.
- 2016년: 국립정신건강센터가 설치되다.
  「정신보건법」이 「정신건강복지법」으로 전면 개정되고, 2017년부터 시행되다.
- 2018년: 보건복지부 내에 자살예방정책과가 신설되다.
- 2019년: 국가트라우마센터 및 지역 단위의 센터가 설치되다.

출처: 보건복지부(2020a).

(3) 정신건강 모델의 변화

정신건강 모델(mental health model)은 관점과 이론에 따라 다양하지만, 앞서 살펴본 정신건강의 역사를 대표하는 모델은 크게 두 가지로 볼 수 있다. 정신의학이라는 학문체계가 만들어지면서 등장한 질병모델과 지역사회정신건강이 확대되면서 최근에 등장한 정신건강증진모델이다. 이에 대해 살펴보고자 한다(Golightley, 2006; WHO, 2004b/2018).

① 질병모델

질병모델(disease model)은 흔히 의료모델(medical model)이라고 한다. 이 모델에서는 정신장애를 하나의 질병으로 간주하여, 정신질환을 유발하는 기질적이고 생물학적인 원인이 무엇인지를 탐색한다. 정신질환을 뇌의 손상이나 뇌기능의 이상으로 보기 때문에, 병의 진단과 치료는 주로 정신과 의사에 의해 이루어진다. 특히 진단은 주로 정신질환 분류체계(DSM-5, ICD-10)에 따라 병명이 부여되고, 증상을 조절하는 약물처방(medication)이나 외과적 처치(수술)가 이루어진다. 정신건강 현

장에서 정신건강의학과 의사의 치료적 권위가 강조되기 때문에, 팀워크에서 전문가들 간에 수평적 협력보다는 위계적 협력이 이루어질 가능성이 높다.

이 모델에서는 정신장애보다는 질병을 뜻하는 정신질환이라는 용어를 주로 사용하며, 도움이 필요한 사람을 환자로 명명한다. 재활이나 지역사회 통합보다는 병원 중심의 진단과 치료를 우선시한다. 그러나 관련 학계에서는 아직도 기질적인 원인을 알 수 없는 정신질환이 많다는 점에서 이 모델의 한계를 지적한다. 이러한 한계에도 불구하고 이 모델은 정신질환자에게 제공되는 정신의학적 치료와 증상관리가 실제로 그들이 지역에서 살아가는 데 큰 도움이 되고, 회복의 기반이 된다는 점에서 그 유용성을 인정받고 있다.

② 정신건강증진모델

정신건강증진모델(mental health promotion model)은 질병모델을 보완하는 모델이면서, 동시에 최근 정신건강의 흐름을 주도하는 모델이다. 이 모델은 지역사회정신건강과 밀접한 관련이 있으며, 지역을 중심으로 이루어지는 각종 정신건강사업의 방향을 이끌고 있다. 정신건강증진이란 적극적이고 긍정적인 정신건강의 개념에 따라 정신질환자를 치료하고 재활하는 노력에서 한발 더 나아가 모든 구성원의 정신건강 수준을 향상시키는 노력을 말한다. 2016년에 전면 개정된 「정신건강복지법」에 이러한 변화의지가 잘 반영되어 있다.

정신건강증진모델은 한마디로 **예방모델**(prevention model)이라고 할 수 있다. 정신건강 예방은 크게 세 차원으로 이루어진다. 첫째는 1차 예방으로, 이는 전 국민을 대상으로 정신질환의 위험성을 사전에 예측 · 차단함으로써 정신건강을 유지 · 강화할 수 있도록 하는 것이다. 둘째는 2차 예방으로, 이는 정신질환의 고위험군을 조기에 발견하고 가능한 한 빠르게 치료체계에 접근시키는 것이다. 셋째는 3차 예방으로, 이는 적절한 치료 후에 지역사회 재활을 통해 재발률을 낮추고 지역사회 생존(생활)의 가능성을 높이는 것이다. 이 모델이 확산되기 위해서는 '정신건강증진'의 개념을 더욱 분명히 하고, 정신건강증진사업의 효과성을 보여 줄 필요가 있다. 이 모델의 구체적인 특징에 대해서는 제2장을 참조하기 바란다.

2. 정신건강사회복지의 개념과 역사적 전개 과정

1) 정신건강사회복지의 개념

정신건강사회복지(social work in mental health)는 사회복지의 한 분야이다. 이는 정신건강과 사회복지가 만나는 영역에서 정신질환의 예방과 회복뿐 아니라 일반 시민의 정신건강증진을 도모하기 위한 전문적 활동을 말한다. 현재 다양한 정신의료기관, 정신건강복지센터, 정신요양시설, 정신재활시설, 중독관리통합지원센터 등에서 정신건강사회복지사들이 전문가로 활동하고 있다.

초창기에는 정신의학의 영향으로 정신의료사회사업(psychiatric social work)이라고 하였다. 그 후에 우리 사회에서 'mental health'를 정신보건으로 지칭하면서 '정신보건사회복지'라는 용어를 오랫동안 사용하였다. 그러나 2016년에 「정신보건법」이 「정신건강복지법」으로 전면 개정되고, 정부가 추진하는 관련 정책과 사업에서 '정신건강'이라는 용어가 본격적으로 사용되기 시작하였다. 이에 사회복지학계에서도 이러한 흐름을 반영하여 '정신건강사회복지'라는 용어로 변경하게 되었다.

정신건강사회복지는 다음과 같이 몇 가지 요소로 구성되어 있다.

- **목적**: 정신건강사회복지의 1차 목적은 정신질환이 있거나 정신적으로 취약한 사람들의 정신건강을 회복시키는 데 있으며, 2차 목적은 일반 시민의 정신건강증진을 도모하는 데 있다. 이러한 정신건강의 회복과 증진은 클라이언트의 사회적 기능과 삶의 질 향상이라는 사회복지실천의 목적을 지향한다.
- **대상**: 정신건강사회복지의 1차 대상은 정신장애인과 그 가족이며, 2차 대상은 정신질환의 위험성이 있거나 일상에서 정신건강증진이 요구되는 일반 시민이다.
- **주체**: 정신건강사회복지를 실천하는 주체는 정신건강사회복지사들이다. 이들은 정신질환의 예방, 치료, 재활, 사회통합으로 이어지는 여러 영역에서 전문가로 활동한다. 또한 정신건강사회복지의 대상인 정신장애인과 그 가족, 일반 시민도 정신건강사회복지사와의 관계를 통해 서비스 이용자이면서 동시에 서

비스의 주체(협력자)로 참여한다.

- **장소:** 정신건강사회복지를 실천하는 현장은 다양하며, 대부분 관련 법(「정신건강복지법」「사회복지사업법」 등)에서 규정하는 기관과 시설을 포함한다. 즉, 정신의료기관(각종 병·의원), 정신요양시설, 정신재활시설, 정신건강복지센터, 중독관리통합지원센터 등이다. 이 외에도 정신건강사회복지사들이 활동하는 장소로 지역사회복지관, 학교, 공공기관(읍·면·동의 통합사례관리), 치매안심센터, 노인 및 아동을 위한 전문보호기관 등이 있다.
- **개입방법:** 정신건강에 관한 전문지식과 다학제적 팀워크를 바탕으로 사회복지의 가치, 지식, 기술을 통합적으로 활용한다. 즉, 개인, 가족, 집단을 대상으로 한 미시적 개입뿐 아니라 지역사회 및 전체 사회를 대상으로 한 중도 및 거시적 개입의 방법들을 통합적으로 적용한다.

이상과 같은 구성요소를 토대로, 정신건강사회복지의 개념을 다음과 같이 정의할 수 있다.

> 정신건강사회복지란 정신질환이 있거나 정신적으로 취약한 사람, 그리고 일반 시민을 대상으로 정신건강에 대한 전문지식과 사회복지의 통합적 개입 방법을 활용하여 그들의 정신건강 회복은 물론 정신건강증진을 도모할 목적으로 정신의료기관을 비롯한 다양한 정신건강 시설과 기관에서 이루어지는 사회복지의 한 분야라고 하겠다.

정신건강사회복지사들은 다양한 현장에서 정신건강전문가로서 활동하고 있다. 구체적인 역할은 장소에 따라 상이할 수 있으나, 공통적으로 수행하는 역할은 다음과 같다.

- 지역 주민을 위한 정신건강 상담 및 지도
- 지역사회정신건강 인식 개선 및 홍보
- 정신건강증진에 대한 자문과 교육
- 정신질환 고위험군에 대한 조기발견 및 서비스 연계
- 정신질환자 조기발견과 조기개입

- 정신장애인에 대한 심리사회적 사정(개인력, 가족력, 사회력 등)
- 정신장애인에 대한 개별 상담, 집단상담, 가정 및 현장 방문
- 정신장애인에 대한 사례관리
- 정신장애인의 퇴원(퇴소)계획 및 지역사회 연계
- 정신장애인을 위한 각종 정신재활치료
- 정신장애인 가족을 위한 상담 및 교육
- 지역사회 자원개발과 활용
- 지역사회의 정신건강 실태 파악 및 역학조사
- 수련생, 실습생, 자원봉사자를 위한 교육 및 지원활동 등

이상의 역할과 관련하여, 정신건강전문직(사회복지, 간호, 심리)이 자리를 잡던 초창기(1995년 「정신보건법」 제정 이후)에는 정신건강사회복지사가 수행하는 고유한 역할로 ① 정신장애인에 대한 심리사회적 사정(개인력, 가족력, 사회력 등), ② 정신장애인의 가족을 위한 상담과 가정방문, ③ 지역사회 자원 활용 및 연계 업무를 「정신보건법 시행령」에 규정한 바 있다. 그러나 그 이후 지역사회를 기반으로 한 정신건강증진사업이 확대되면서 각 직역별 고유 업무보다는 전문가들의 팀워크에 기초한 공통 업무수행이 더 많아지고 있다. 또한 향후에는 지역사회통합돌봄이나 커뮤니티 케어를 위해 정신장애인에게 복지서비스를 연결하고 발굴하는 일이 증가할 전망이어서 지역사회와 관련한 역할이 더 커질 것이다. 따라서 직역별로 정신건강의 회복과 증진에 접근하는 방식과 강조점이 다를 수 있으나, 실제 현장에서는 공동의 협력적 팀워크를 통해 보다 경쟁력 있는 서비스를 제공하고 있다.

2) 정신건강사회복지의 역사적 전개 과정

정신건강사회복지는 국내외를 막론하고 사회복지의 역사만큼이나 오랜 전통을 가지고 있다. 넓게 보면 정신건강의 역사와 함께 발전해 왔다고 할 수 있다. 여기서는 미국, 영국, 우리나라의 역사적 전개 과정을 간략히 살펴보고자 한다(김규수, 2011; Coppock & Dunn, 2010: 24-38; Mignon, 2020: 23-46).

(1) 영국 정신건강사회복지의 역사

영국의 정신건강사회복지는 1920년대 아동상담소(child guidance clinic)를 중심으로 사회복지사들이 정신건강의학과 의사 및 임상심리사와 함께 팀워크에 참여하여, 정서장애 아동 및 가족을 지원하고 상담하던 활동에서 기원하였다. 1930년대에는 정신의학의 발달로 정신병원에서 정신질환자를 치료하는 일이 많아졌는데, 정신건강의학과 의사의 진단과 치료에 도움을 주고자 사회복지사들의 활동이 시작되었다. 이때는 사회복지사들이 주로 정신병원에서 활동하였기에 '정신의료사회사업'이라 불렀다. 그 당시 정신건강사회복지사는 정신병원에서 환자의 사회력을 조사하고, 가족을 교육하며, 퇴원계획 및 사후관리를 지원하였다.

1940~1950년대에는 여러 대학에서 정신건강사회복지사를 양성하고 훈련하는 과정이 개설되었다. 1959년에 「정신건강법」이 제정되었고, 전 세계적으로 정신질환에 대한 새로운 치료법과 항정신성 약물이 개발되면서 탈원화 운동이 시작되었다. 이에 1960년대 이후부터 영국 정부는 정신건강 정책의 방향을 지역사회정신건강으로 전환하였고, 지역사회보호(community care) 차원에서 정신건강서비스를 제공하였다. 이 과정에서 지역의 다양한 서비스 제공을 위해 다수의 정신건강사회복지사를 지방정부의 공무원으로 채용하게 되었다.

영국에서는 1960~1970년대에 지역사회정신건강을 적극 추진했으나, 그 후에는 세계적인 경제 불황과 신자유주의를 표방하는 보수당 정부의 긴축예산으로 인해 기존의 정신건강사업이 크게 축소되었다. 그럼에도 불구하고 1983년에는 「정신건강법」을 전면 개정하여 공공영역 외에 비공식적이고 사적인 영역에서 정신건강서비스(예: 사례관리 서비스)를 확대하고자 하였다. 이와 관련하여 1990년에 「국민건강서비스와 지역사회보호에 관한 법률(National Health Service and Community Care Act)」을 제정하였고, 2013년에는 기존의 「정신건강법」을 「정신건강(차별금지)법[Mental Health (Discrimination) Act]」으로 개정하였다. 아울러 정신건강사회복지사의 자격요건을 강화하여 지역사회보호를 위한 정신건강서비스의 질을 높이고자 하였다.

(2) 미국 정신건강사회복지의 역사

미국에서는 1904년 맨해튼 주립병원의 의사였던 메이어(Adolf Meyer)가 환자의 생활에 영향을 미치는 사회환경을 파악하고자 그의 부인으로 하여금 환자 가족을 방문하게 하였다. 이는 환자를 둘러싼 주변 환경을 이해하고, 퇴원 후 사후관리를 지원한 활동으로서 정신건강사회복지의 원리를 적용한 최초의 의미 있는 시도였다. 그 후 1905년부터 보스턴과 뉴욕에서 처음으로 정신건강사회복지사를 채용하였다. 이들은 정신건강의학과 의사의 지도감독 아래 환자의 사회력을 파악하고, 사후관리를 위한 활동을 하였다. 아울러 환자 가족을 상담하고, 병원과 지역사회를 연결하는 역할을 하였다.

1910~1920년대에는 여러 대학에서 정신건강사회복지사를 양성하고 훈련하는 프로그램이 개설되었다. 그리고 1926년에 미국 정신건강사회복지사협회가 결성되었다. 영국과 마찬가지로 1920년대 이후에는 아동상담소를 중심으로 정신건강의학과 의사, 임상심리학자와의 팀워크를 통해 아동의 정서적 문제를 해결하는 데 참여하였다. 그 후 두 차례의 세계대전을 거치면서 전쟁에 참여하거나 퇴역 후 집으로 돌아온 군인들의 정신건강을 위해 많은 수의 정신건강사회복지사가 각 군 및 지역사회 퇴역군인지원센터에 채용되었다.

미국에서는 1946년에 「정신건강법」이 제정되었고, 이어 1949년에 국립정신건강연구소가 문을 열었다. 이 연구소를 통해 광범위한 역학조사 및 연구가 가능해졌고, 미국의 광범위한 정신건강서비스 체계를 구축하는 데 큰 기여를 하였다. 1950년대 이후에는 항정신정 약물 개발과 정신위생 운동, 그리고 탈원화 정책으로 인해 미국 정신건강의 흐름이 지역사회정신건강으로 전환되었다. 그리고 이를 뒷받침하기 위해 1963년에 「지역사회정신건강법」과 「지역사회정신건강센터법」이 제정되었다. 이 법에 따라 설립된 전국의 수많은 정신건강센터에서 정신건강사회복지사를 비롯한 여러 전문직이 새로운 정신건강서비스와 프로그램을 제공하였다.

그러나 탈원화 이후 지역으로 돌아온 정신장애인들을 관리하는 서비스 체계가 부족하여 일부 지역에서는 재시설화 현상이 나타나기도 했다. 1980년대 이후에는 경제 불황과 신자유주의 흐름에 따라 복지예산이 삭감되고, 전문 인력이 감축되면서 정신건강서비스도 축소되었다. 또한 관리 정신건강보호(managed mental health care) 제도를 도입하여 보험이 적용되는 정신건강서비스의 범위를 제한하였다. 이로 인해 상당수의 정신건강사회복지사들이 서비스 비용을 통제하는 사례관리 업무에 관여하게 되었다. 한편, 1980년대 이후에는 정신장애인 전국연대(National Alliance for Mentally Ill: NAMI)가 출범하여 옹호조직으로서 활발한 활동을 시작하였다. 2000년대에 들어서는 정신질환 및 약물 남용에 대한 보험적용의 범위를 확대하고, 가능한 한 많은 사람이 평등하고 보편적인 정신건강서비스를 받을 수 있도록 연방 및 주정부 차원에서 노력을 계속하고 있다.

(3) 우리나라 정신건강사회복지의 역사

우리나라는 1958년에 서울시립 아동상담소가 개설되어 정신건강의학과 의사를 비롯한 임상심리학자 및 사회복지사가 팀워크를 통해 아동과 가족의 문제에 개입하면서 정신건강사회복지가 시작되었다. 그 후 1962년 국립정신병원에 정신건강사회복지사가 처음으로 채용되었고, 같은 해에 가톨릭대학교 성모병원 내 무료진료소와 자살예방센터에 정신건강사회복지사가 채용되었다. 그 후 1970~1980년대를 거치면서 중앙대학교 필동병원, 대구동산의료원, 연세대학교 세브란스병원, 용인정신병원, 서울기독병원 등에서 많은 수의 정신건강사회복지사가 채용되었다. 특히 1973년에는 대한의료사회복지사협회가 결정되어 의료사회복지사 및 정신건강사회복지사의 교육과 훈련, 권익옹호를 위한 활동을 시작하였다.

그 후 1995년 「정신보건법」이 제정되면서, 정신보건전문요원 제도가 새롭게 시행되었다. 정신건강의학과 의사 외에 3대 전문 직역(사회복지사, 간호사, 심리사)의 전문가들이 일정한 수련과정을 거쳐 정신보건전문요원(현 정신건강전문요원)으로 활동하게 되었다.[1] 이로써 자격을 갖춘 정신건강사회복지사들이 정신병원을 비롯한 지역 내 정신건강복지센터, 정신요양시설, 정신재활시설, 중독관리통합지원센터 등에서 일하게 되었다. 정부에서도 1995년 법 제정을 계기로 정신건강의 방향을 지역사회정신건강으로 전환하고, 다양한 정신건강서비스 및 시스템을 확충하려는 노력을 해 왔다. 특히 2016년에 기존 법을 「정신건강복지법」으로 개정하면서 정신건강증진을 위한 다양한 사업과 프로그램을 위해 정신건강사회복지사의 활동이 더욱 확대되었다. 2018년까지 배출된 정신건강전문요원은 총 15,703명이며, 이 가운데 정신건강사회복지사는 4,758명이다.

1) 2020년 4월 7일자로 「정신건강복지법」이 일부 개정되어, 정신건강작업치료사가 정신건강전문요원의 범위에 포함되었다. 따라서 향후 2년간의 준비과정을 거쳐 2022년 4월 이후 보건복지부의 승인하에 작업치료사가 정식으로 편입될 예정이다. 자세한 사항은 한국정신보건작업치료학회 홈페이지를 통해 확인할 수 있다.

관련 단체로는 1997년에 한국정신건강사회복지학회와 한국정신건강사회복지사협회가 동시에 창립되었다. 이 당시에는 학회와 협회가 공동으로 정신건강사회복지사(1, 2급) 수련과정을 진행했으나, 수년 후 협회가 독립되었고 현재까지 협회가 수련 업무를 관리하고 있다. 또한 협회에서는 정신건강사회복지사의 법정보수교육과 자격관리, 회원들의 권익 향상 및 역량 강화를 위해 다양한 활동을 해 오고 있다(협회 홈페이지 참조).

3. 사회복지(학)의 한 분야로서의 정신건강사회복지

1) 정신건강사회복지의 학문적 위치와 특성

사회복지(social welfare)와 정신건강사회복지(social work in mental health)의 관계를 가장 잘 나타내 주는 말은 '정신건강사회복지는 사회복지(학)의 한 분야'라는 것이다. 즉, 정신건강사회복지는 다양한 사회복지 분야 중에서 정신건강에 1차적인 관심을 갖는 실천 분야이다.

또한 학문체계로서 정신건강사회복지는 사회복지(학)의 한 갈래로서 정신건강과 사회복지가 만나는 영역에서 정신질환의 예방과 회복뿐 아니라 일반 시민의 정신건강을 도모하기 위한 정책과 실천을 다루는 교과목이다. 이때 과목명은 정신건강사회복지론이 된다. 한 예로 아동복지론에서는 아동복지와 관련된 사회복지 정책과 실천을 다루듯이, 정신건강사회복지론에서는 정신건강 영역에서 요구되는 사회복지 정책(거시적 접근)과 실천(미시적 접근)을 포함한다.

사회복지는 전통적으로 인간과 환경의 조화라는 이중관점(dual perspective)을 토대로 개인, 가족, 집단, 지역사회 등 다양한 사회체계의 문제와 욕구, 그리고 사회적 위험에 대응하는 전문직으로 발전해 왔다. 사회복지(학)의 한 분야로서 정신건강사회복지는 사회복지(학)의 본질적 속성을 공유하면서 동시에 정신건강 영역이 갖는 고유한 특성을 반영하는 사회복지(학)의 한 분야로 위치한다.

사회복지(학)의 한 분야로서 정신건강사회복지의 특성은 다음과 같이 정리할 수 있다.

- 정신건강사회복지는 학문의 체계상 사회복지(학)의 한 분야이다.
- 정신건강사회복지는 사회복지의 관련 지식, 기술, 가치를 공유한다.
- 정신건강사회복지는 정신장애인의 회복 및 일반 시민의 정신건강증진을 도모하는 활동에 관여한다. 이 활동은 정책과 실천을 아우르는 통합적 접근으로 이루어진다.
- 사회복지의 가치, 지식, 기술을 공유하되, 정신건강 관련 정책, 제도, 프로그램뿐 아니라 정신건강에 대한 전문지식과 기술을 이해하고 이를 적극 활용한다.
- 사회복지의 핵심 가치를 반영하여 서비스 이용자인 정신장애인과 그 가족, 일반 시민을 존중하며, 관련 제도 및 사회체계의 사회적 정의를 추구한다.
- 정신건강사회복지의 궁극적인 목적은 정신장애인과 일반 시민의 사회적 기능 및 삶의 질 향상에 기여하는 것이다.
- 인간과 환경의 관련성을 강조하는 사회복지의 특성을 반영하여, 정신건강사회복지는 정신장애인과 그를 둘러싼 주변 환경, 그리고 지역과 전체 사회를 동시에 조망하고 접근한다.
- 정신건강사회복지사는 정신장애인 및 일반 시민의 정신건강에 대한 사회적 책임을 인식하고, 사회복지 전문성에 기초하여 다양한 직 · 간접 서비스를 제공한다.
- 정신건강사회복지사의 활동은 관련 법과 규정을 통해 제도화된다.
- 정신건강사회복지사는 개인적인 이윤 추구 활동을 하지 않는다.

2) 정신건강사회복지의 실천 원리

사회복지(학)의 체계는 기본적으로 지식, 기술, 가치로 구성되어 있다. 이 세 가지는 정신건강사회복지사들이 수행하는 직접적 · 간접적 활동에 영향을 미치며, 전문가로서 직업적 정체성을 유지하는 데 필수적인 요소이다. 이러한 지식, 기술, 가치의 세 가지 차원에서 정신건강사회복지의 실천 원리를 제시하면 다음과 같다.

(1) 지식

정신건강사회복지사는 사회복지 전문지식을 먼저 익힌 후 정신건강 영역에서 요구되는 다양한 지식(knowledge)을 습득한다. 즉, 사회복지학 교과과정 및 정신건강사회복지론 교과목을 통해 습득한 지식과 사회복지사 1급 취득 후 정신건강전문요원 수련과정에 참여하여 1년간 배우고 익히는 정신건강 지식이 여기에 해당한다. 또한 정신건강 전문요원 자격증(정신건강사회복지사 2급과 1급)을 취득하고 현장에서 이수해야 하는 법정 보수교육과 학술활동, 학회활동, 세미나 등을 통해 시대 상황에 맞는 실천지식을 습득하게 된다. 이 책을 통해 배우는 실천지식의 범위는 다음과 같다.

〈정신건강사회복지론에서 배우는 지식〉

- 정신건강, 정신장애, 정신건강 모델
- 정신건강사회복지의 개념, 관점, 패러다임
- 정신건강사회복지의 관련 법, 전달체계, 인력체계, 예산
- 정신건강사회복지의 실천 영역, 실천 방법, 전문적 역할
- 정신건강사회복지의 실천 이슈(인권, 중독, 자살, 트라우마 등)

(2) 기술

정신건강사회복지사는 현장에서 일하는 데 필요한 지식을 습득한 후, 서비스 이용자의 개인적 상황과 여건에 맞는 다양한 실천기술(skill)을 적용하고 활용한다. 기술은 서비스 이용자의 문제와 욕구를 사정하고 개입하며, 주어진 과제와 업무를 효과적으로 수행해 내는 능력이다. 이러한 능력은 평소 경험을 통해 숙달되지만, 지도감독자의 슈퍼비전과 훈련을 통해 전문적 역량이 향상된다. 이 책을 통해 배울 수 있는 실천기술은 다음과 같다.

〈정신건강사회복지론에서 배우는 기술〉

- 정신장애인을 위한 심리사회적 사정의 기술
- 정신건강사회복지 실천 방법(상담, 치료, 사례관리, 위기개입, 옹호 등)의 기술
- 정신건강사회복지 실천 이슈(인권, 중독, 자살, 트라우마 등)에 개입하는 기술
- 정신건강사회복지 팀워크 등의 협력 기술

(3) 가치

정신건강사회복지사는 정신장애인과 가족, 일반 시민, 관련 체계에 접근할 때 사회복지전문직의 핵심 가치(인간에 대한 존엄성, 사회정의의 가치)와 다양한 윤리 원칙을 중요하게 적용한다. 앞서 소개한 전문지식과 기술은 가치(value)를 통해 정신건강사회복지사의 직업적 정체성을 형성한다. 아울러 정신건강 영역의 특수성을 반영하여 서비스 이용자를 대할 때 다음의 실천 원리를 고려한다(Golightley, 2006: 8).

〈서비스 이용자를 대하는 정신건강사회복지사의 실천 원리〉

- 이용자를 위한 진정한 임파워먼트는 그들을 대신하기보다는 함께 일하는 것이다.
- 이용자는 그들의 장애를 설명할 권리가 있으며, 전문가는 그들의 이야기를 경청하고 이해하기 쉬운 말로 대화할 필요가 있다.
- 이용자는 개별적 수준에서 대화할 권리가 있으며, 전문가는 자기노출을 가능한 한 자제하고 이용자와 전문적 관계를 유지하고 활용하는 능력이 있어야 한다.
- 이용자의 정신건강 문제에 대해서는 그 자신이 전문가이다. 어떤 해답을 갖고 있는 것은 아니지만, 자신의 경험을 통해 많은 노하우를 갖고 있다. 따라서 전문가는 자신의 전문성에 기초하되, 당사자의 시각과 경험을 존중하여 함께 협력해야 한다.

이상의 지식, 기술, 가치는 정신건강사회복지사의 실천으로 더욱 구체화되며, 그 목적은 정신장애인의 복지를 향상시키는 데 있다. 사회복지사의 소명(mission)이 우리 사회의 취약계층과 소외된 구성원을 관리하는 데 있듯이, 정신건강사회복지사의 존재 이유는 정신적으로 어려운 사람들을 지원하여 그들의 복지 수준을 향상시키는 데 있다.

전통적으로 정신건강사회복지는 2차 현장(secondary setting)에서 이루어지는 실천이다. 즉, 정신건강이라는 1차적 목적을 위해 사회복지가 협력하는 현장이다. 따라서 정신건강의학과 전문의, 간호사, 임상심리사, 작업치료사 등과 함께 협력하는 과정에서 사회복지사는 자신의 전문성을 효과적으로 발휘해야 한다. 정신건강사회복지사는 무엇보다 클라이언트의 욕구와 문제를 해결하고, 정신장애와 관련한 사회환경을 개선하며, 다학제적 팀워크를 통해 정신건강서비스의 질을 높이는 데 최선을 다해야 한다. 평소 사회복지의 가치를 존중하면서 직접적 실천과 정책적 활동에 적극 참여해야 한다. 앞으로 정신건강사회복지가 발전하기 위해서는 사회복지(학)의 한 분야로서 관련 정책과 실천이 균형을 이루어 가야 한다.

생각해 볼 문제

- 현재 학습자 자신의 정신건강 상태는 어떠한지 생각해 보고, 앞으로 정신건강을 유지하기 위해 어떤 노력이 필요할지 자신에 맞는 대안을 찾아보자.
- 정신건강의 개념에 대해 함께 토론해 보자.
- 정신건강사회복지의 개념과 역사를 공부한 후, 현재 정신건강사회복지가 사회복지(학)에서 차지하는 학문적 위치와 고유한 특성이 무엇인지 함께 토론해 보자.
- 향후 정신건강사회복지의 전망은 어떠할지 나름의 근거를 들어 자유롭게 의견을 말해 보자.

제2장
정신건강사회복지의 주요 관점과 패러다임

정신건강사회복지는 사회복지의 한 분야로서, 체계적이고 검증된 지식(이론)에 근거하여 실천이 이루어진다. 대표적인 이론적 근거로 지역사회정신건강 이념, 회복 관점, 정신건강증진 패러다임, 다학제적 팀워크를 들 수 있다. 제2장에서는 네 가지 이론적 근거에 대해 개념적 이해와 더불어 정신건강사회복지에 어떻게 적용될 수 있는지를 중심으로 살펴보고자 한다.

1. 지역사회정신건강 이념

1) 지역사회정신건강의 개요

최근 우리 사회는 지역사회정신건강(community mental health) 이념을 추구하고 있다(김규수, 2011; 양옥경, 2006). 지역사회정신건강은 지역을 기반으로 이루어지는 모든 정신건강 활동을 말한다(Bloom, 1984). 이것은 1950~1960년대 서구에서 시작된 정신건강(위생) 운동, 항정신성 약물의 개발, 탈시설화, 지역사회보호 등에 영향을 받아 대두되었다. 각 나라마다 지역사회정신건강을 추진하는 정책과 사업이상이할 수 있지만, 그 추구하는 방향이 같다는 점에서 하나의 이념(ideology)으로 간주된다. 지역사회정신건강은 정신장애에 대한 인식의 전환이면서 동시에 정신장애인에 대한 지역사회 역할의 전환을 의미한다. 지역사회정신건강은 기존의 시설보호 및 입원치료 중심의 정신질환자 관리를 다음과 같이 바꾸어 놓았다.

- 치료 장소의 이동이다. 격리된 대단위 정신병원이나 보호시설에서 벗어나 자유롭고 친근한 '최소한의 규제'가 보장되는 지역 안에서 치료를 받게 되었다.
- 치료 대상의 확대이다. 주로 정신질환자에 국한하여 치료하던 것에서 일반 시민을 포함한 전체 사회로 개입의 대상이 확대되었다.
- 개입 내용의 확대이다. 정신질환자의 증상을 조절하고 관리하던 것에서 일반 시민의 정신건강증진 및 정신장애 예방까지 개입 내용이 확대되었다.
- 치료 방법의 전환이다. 개인의 정신병리를 치료하던 정신분석 접근에서 한발 더 나아가 정신질환의 사회적 요인까지 고려하는 생리 · 심리 · 사회적 접근으로 변화하였다.
- 정신건강전문가의 범위가 확대되었다. 정신건강의학과 의사를 중심으로 치료하던 것에서 사회복지사, 심리사, 간호사 등 여러 전문직의 협력을 통해 서비스를 제공하게 되었다.

이러한 지역사회정신건강 이념에 따라 지역 단위에서는 보다 혁신적인 정신건강서비스가 제공될 수 있었다. 가정과 지역에서 정신질환자의 위기상황을 다루어 주는 위기개입, 정신질환자의 지역사회 생존을 돕는 재활 프로그램, 그룹홈을 비롯한 장 · 단기적 주거 서비스, 고용지원 및 취업알선 서비스, 건강관리 프로그램, 개인상담 및 가족지원 서비스, 정신장애 예방을 위한 교육과 자문, 권익옹호 서비스 등이 제공되었다. 지역사회정신건강은 실천 모델이 아니라 이념이기에 같은 방향을 추구하면서 다양한 사업을 전개할 수 있다. 그 한 예로 미국과 영국의 경우 경제불황에 따른 복지예산 삭감으로 정신건강사업이 축소되고 여러 시행착오를 겪었으나, 지역사회정신건강의 방향성은 후퇴하지 않고 여전히 진행 중이다. 게다가 시대상황에 맞는 다양한 정신건강서비스가 새롭게 개발되어 시행되고 있다. 지역사회정신건강에서 중요하게 고려하는 몇 가지 기본 원칙은 다음과 같다.

- **최소한의 규제(the least restrictive) 원칙:** 정신장애인의 치료와 재활에서 불가피하게 규제가 필요한 경우, 가능한 범위 안에서 최소한으로 이루어져야 한다는 원칙이다. 즉, 정신장애인을 치료하기 위해 입원조치가 필요한 경우 비자발적 강제입원은 가능한 한 최소한으로 이루어져야 하며, 지역으로 퇴원한 환자들이 방치되거나 격리되지 않고 친근한 환경에서 다양한 서비스를 제공받아야 한다는 원칙이다.
- **정상화(normalization)의 원칙:** 정신장애인의 장애는 있는 그대로 인정하면서, 보통 사람으로 대우받고 차별 없는 동등한 기회를 보장받아야 한다는 원칙이다. 특히 생애주기(life cycle)에서 정상적인 성장을 경험할 수 있도록 지원하여 정신장애인의 삶의 질을 향상시키는 데 목표를 두고 있다.
- **사회통합(social integration)의 원칙:** 앞의 두 가지 원칙에 기초하여, 정신장애인을 장애와 사회적 불리를 가진 사람으로 보기보다는 특수한 증상과 어려움을 가진 사람으로 이해하는 것이다. 사회통합은 지역에서 자연스러운 물리적 통합과 함께 이웃과의 활발한 교류를 통해 가능하다는 원칙이다.

이러한 원칙을 토대로 지역사회에서 이루어지는 다양한 정신건강사업(예방, 치료, 재활)은 세 가지 목적을 지향한다고 볼 수 있다(양옥경, 2006).

첫째, 질병관리이다. 정신장애는 만성적으로 진행되는 경향이 있으므로 발병 초기에 적절한 치료가 이루어졌다 해도 꾸준히 약물을 복용하면서 증상을 관리할 필요가 있다. 정신장애인은 자신의 병과 증상을 정확히 인지하고, 약물복용의 필요성을 수용하는 태도를 유지해야 한다. 꾸준한 약물관리는 재발을 예방하는 데 도움이 될 뿐 아니라 지역에서 생존하는 데 필수적인 조건이다. 따라서 정신건강전문가는 정신장애인으로 하여금 증상관리와 약물관리를 잘할 수 있도록 지지적인 도움을 주어야 한다.

둘째, 기능적 기술의 재활이다. 정신장애인들은 입원치료를 받고 퇴원하더라도 지속적인 치료와 재활서비스를 받아야 한다. 특히 질병으로 인해 저하된 사회적 기능을 회복하고 이를 강화시키기 위해서는 기능적 기술의 재활이 필요하다. 즉, 일상생활 기술, 대인관계 기술, 직업기술 및 직업적응 기술, 여가선용 기술을 꾸준히 훈련해야 한다. 이러한 재활 훈련은 지역에서 사회통합을 이루는 데 필수적인 과업이다.

셋째, 삶의 질 증진이다. 정신증상을 완화시키는 약물이 개발된 후에는 정신장애인들이 더 이상 격리된 시설과 병원에 머물지 않고 지역사회로 돌아와 다양한 정신건강서비스를 받을 수 있게 되었다. 이러한 변화된 환경에서 사회의 구성원들이 점차 정신장애인의 삶의 질에 관심을 갖게 되었다. 비록 정신질환이 있더라도 다양한 활동과 사회참여, 신체건강의 유지 등을 통해 인간으로서 누려야 하는 행복과 만족을 경험하는 것이 중요하다. 정신장애인의 삶의 질을 증진시키는 것은 지역사회정신건강이 추구하는 장기적 목적이다.

지역사회정신건강의 대상은 한마디로 지역 주민 전체이다. 그 이유는 정신건강 증진, 정신장애의 예방, 정신장애의 치료, 재활, 사회복귀에 이르는 다양한 서비스를 지역에서 제공하기 때문이다. 또한 정신질환의 발생 가능성을 줄이는 1차 예방, 정신질환이 발생하면 이를 조속히 발견하고 신속하게 치료하는 2차 예방, 정신장애로 인한 기능적 결함이나 사회적 장애를 줄이고 재활을 돕는 3차 예방 활동이 지역사회 안에서 연속적으로 이루어지기 때문이다. 우리나라는 선진국에 비해 시작은 다소 늦었지만, 1995년 「정신보건법」(현 「정신건강증진 및 정신질환자 복지서비스 지원에 관한 법률」, 이하 「정신건강복지법」) 제정을 계기로 현재까지 지역사회를 기반으로 하는 정신건강 정책과 사업을 적극적으로 시행해 오고 있다.

2) 정신건강사회복지에서 지역사회정신건강 이념의 적용

지역사회정신건강 이념은 정신건강사회복지사들의 전문적 활동에 많은 영향을 주었다. 과거 병원과 요양시설에서 정신질환자를 치료하거나 보호하던 시기에는 정신건강사회복지사들이 주로 치료와 사후관리 활동을 하였다. 그러나 개입 영역이 지역사회 전체로 확대되면서 정신건강사회복지사들은 다양한 기관과 시설에서 예방, 치료, 재활을 위한 포괄적인 활동을 하게 되었다. 지역사회정신건강 이념이 정신건강사회복지에 어떻게 적용될 수 있는지 몇 가지로 살펴본다.

첫째, 지역사회정신건강 이념은 정신건강사회복지사들에게 실천의 방향을 제시해 준다. 즉, 정신장애인과 함께 일할 때 최소한의 규제라는 인도주의적 정신, 보통사람의 삶을 추구하는 정상화, 친근한 환경에서 이웃과 더불어 살아가는 사회통합의 정신을 중요하게 인식하도록 해 준다. 지역 주민과 일할 때는 정신건강서비스 이용자로서 주민들의 선택권을 보장하며, 서로 협력하여 정신건강을 증진하는 일에 최선을 다하도록 해 준다.

둘째, 지역사회정신건강에서는 여러 영역(예방, 치료, 재활)의 서비스가 함께 제공되는 것이 이상적이다. 그러나 현실적으로 보면 치료 서비스는 주로 병원에서 영리적 목적으로 제공되기 때문에 국가의 개입이 적은 편이다. 반면, 예방과 재활서비스는 그 적용 대상이 넓고 민간영역에서 개입하기에는 경제적 이득이 적어 정부의 적극적인 개입이 필요하다. 이런 측면에서 우리나라는 민간 의료체계에 대한 의존도가 상당히 높은 편이어서, 앞으로는 이를 개선해 가면서 공공(국공립병원)에서 제공하는 치료 서비스 수준을 높여 가야 한다. 또한 예방과 재활을 위한 정부의 관심과 투자도 더욱 늘려야 한다. 이를 위해 정신건강사회복지사들은 관련 전문가들과 연대하여 지역사회정신건강 이념에 맞는 정책을 제안하고 옹호하는 활동을 해야 한다.

셋째, 정신장애인의 지역사회 생존율을 높이는 것은 지역사회정신건강 이념을 구현하는 활동이다. 현재 우리나라는 정신장애인을 위한 직업재활과 주거서비스가 매우 부족한 상황이다. 정신장애인의 직업과 주거 관련 욕구에 정부와 민간이 충분히 대응하지 못하고 있다. 따라서 정신건강사회복지사들은 정신장애인이 일할 수 있는 기회를 늘리기 위해 직업훈련 및 취업프로그램(임시 및 독립취업, 지원고용, 사회적 기업 등)에 더 많은 관심을 가져야 한다. 특히 정신장애인이 지역에서 생존하는 데 꼭 필요한 거주시설로 중간집(halfway house 혹은 지역사회전환시설), 그룹홈(group home), 지원 주거(supportive housing)가 확대되도록 노력해야 한다.

넷째, 지역사회정신건강 서비스는 시대에 맞게 계속 발전해야 한다. 현재 전국적으로 시행되고 있는 커뮤니티 케어에 정신장애인도 참여하여 그들의 복지 욕구가 충족될 수 있도록 지원해야 한다. 정신장애인의 경우 치료와 재활을 위해 정신건강서비스가 우선적으로 필요하지만, 지역에서 건강하고 활기찬 생활을 영위하기 위해서는 시대 상황에 맞는 복지서비스가 필요하다. 이를 위해 정신건강사회복지사들은 지역에서 정신건강서비스와 복지서비스를 통합적으로 제공하는 방안에 관심을 갖고, 여러 서비스 제공 주체들과 협력하여 공동의 성과를 이루어 내도록 노력해야 한다.

2. 회복 관점

1) 회복 관점의 개요

회복(recovery)이란 무엇인가? 일반 시민들이 생각하는 회복은 정신증상이 사라지고 질병 이전의 상태로 돌아오는 것이다. 더 이상 약을 복용하지 않고, 의사의 진료가 필요 없으며, 다른 사람과 차이를 느낄 수 없는 상태가 되는 것이다. 반면, 전문가의 입장에서는 증상이 호전되어 사회적 기능이 좋아지고, 재발을 막기 위해 약을 복용하면서 건강을 관리하는 것을 회복으로 인식한다. 이러한 두 가지 인식은 모두 질병의 관점에서 정신질환을 바라보는 것이다.

최근 학계에서는 회복 개념을 크게 두 가지로 이해한다. 하나는 결과로서의 회복(recovery from mental illness)이고, 다른 하나는 과정으로서의 회복(recovery in mental illness)이다. 결과로서의 회복은 질병 이전의 상태로 돌아온다는 의미이다. 전문가의 엄격한 검사와 평가를 거쳐 건강한 상태로 돌아오는 것이다. 과정으로서의 회복은 정신장애인이 경험하는 삶의 과정을 중요시하고, 정신질환이 있더라도 안전하고 고귀한 삶을 영위하면서 지역에서 의미 있는 삶을 살아가는 것을 말한다(Davidson & Roe, 2007).

과거에는 누구든 정신질환에 걸리면 만성적인 경과를 밟으면서 그 증세가 점차 악화된다고 믿는 경향이 있었기에 완전한 회복(완치)은 불가능하다는 입장이었다. 그러나 1980년대 이후 정신장애인 당사자들을 중심으로 회복은 어떤 결과적 현상이 아니라 하나의 과정(process)이라는 주장을 하였다. 정신장애로부터 회복되었거나 회복 중에 있는 소비자의 입장에서 기존과 다른 새로운 견해를 내놓은 것이다. 이러한 주장은 정신질환에 대한 사회적 통념과 시민들의 태도를 바꾸는 계기가 되었고, 질병의 관점보다는 시민권의 차원에서 회복을 바라보도록 하였다.

이와 관련하여 안토니(Anthony, 1993)는 정신장애인들이 직접 쓴 수기를 검토하고 나서, 정신장애인이 질병에 대처하고 사회에 적응하는 방식은 일반 시민이나 전문가가 생각하는 것과 다르다고 하였다. 그는 회복이란 개인의 태도와 가치, 감정과 목표, 기술과 역할을 변화시키는 매우 개인적이고도 독특한 경험이며 일련의 과정이라고 하였다. 정신장애인들이 비록 질병으로 인해 많은 제약을 받고 있지만, 그럼에도 불구하고 그들은 만족스럽고 희망이 넘치며, 베푸는 삶의 방식으로 인생의 진정한 의미를 찾아간다고 하였다.

이런 의미에서, 회복 개념이 갖는 중요한 특징은 다음과 같다(황숙연, 2007: 34).

- 회복은 일반적으로 하나의 과정으로 인식된다.
- 환자나 서비스 수혜자와 같은 수동적 의미와는 다르게, 회복은 적극적이며 자신의 회복에 스스로 책임질 것을 요구한다.
- 회복 지향은 자율적인 선택을 강조한다.
- 회복의 핵심 정서(감정)는 희망이다.
- 회복의 핵심 주제는 의미로서, 의미에 대한 탐구는 지극히 개인적이다. 즉, 어떤 사람은 일이나 사회적 관계를 통해, 혹은 옹호나 정치적 행동을 통해, 혹은 영적인 요소를 통해 다양하게 의미를 추구한다.

이상의 내용을 정리하면, 정신장애인의 회복이란 정신장애인 스스로가 질병관리의 주체가 되어 자신의 병을 스스로 다루며, 병을 삶의 전부가 아닌 부분으로 인식하면서 주체적으로 극복해 가는 개별적 경험이면서 동시에 삶의 의미를 찾는 과정이라고 하겠다(송은주, 김경희, 2019). 정신장애인의 회복에는 여러 요인이 관련되어 있다. 정신장애인 가족과 주변인이 제공하는 사회적 지지와 정신건강전문가와 맺는 협력적 관계가 회복에 좋은 영향을 미친다. 또한 정신장애인이 자신을 긍정적으로 지각하고, 뭔가 할 수 있다는 자신감이 있으며, 증상과 질병에 대한 인식이 정확하고, 대인관계가 좋을수록 회복에 긍정적인 영향을 미친다.

〈표 2-1〉은 정신장애인 자신이 인식하는 회복의 의미(황숙연, 2007)와 더불어 정신건강전문가가 인식하는 정신장애인 회복의 의미(심경순, 송순인, 2009)에 관한 것이다. 회복을 촉진하는 요인은 증상관리와 약물관리를 잘하고, 가능한 한 독립적으로 생활하면서, 일을 하거나 주변인과 대인관계를 잘 유지하고, 희망을 품고 인생의 의미를 찾아가는 노력에서 확인할 수 있다.

회복을 이야기할 때 주변인이나 제3자의 시각에서 바라보는 것보다 당사자로서 정신장애인의 개별적 경험이 매우 중요하다. 이와 관련하여 현재 몇몇 지역에서 회

표 2-1 ··· 회복의 의미

	정신장애인 자신의 인식	정신건강전문가의 인식
회복의 의미	• 증상의 통제 • 직장을 가지고 일함 • 다른 사람으로부터 인정을 받음 • 대인관계의 유지 • 독립적으로 활동함 • 희망	• 자신의 질병을 관리할 수 있는 능력 • 자아능력의 강화 • 일상생활 유지 • 원만한 대인관계 유지 • 도전적인 삶 • 직업 활동의 유지 • 사회적 기능 향상 • 희망 • 가족과의 관계 변화
회복의 요인	• 긍정적 요인: 약물복용, 사회적 지지, 자신의 노력과 의지, 의미 있는 활동 • 부정적 요인: 약물 부작용, 증상이 나타남, 가족과 주위의 부정적 인식과 태도, 서비스의 부족과 부적합, 위축 등	

출처: 심경순, 송순인(2009); 황숙연(2007)의 내용 재구성.

복 중인 정신장애인들의 당사자 모임이 진행 중이다. 최근 수행된 연구결과를 보면, 당사자 모임에서 활동했던 정신장애인 6명과 심층 면담을 하며 들은 그들의 회복경험 이야기에서 다음과 같은 의미들이 발견되었다(송은주, 김경희, 2019).

- **나를 드러내고 인정을 받음:** 내 이야기를 함, 내 이야기를 들어 주는 사람을 만남
- **내 병을 수용함:** 내 문제를 찾고 해결해 봄, 증상을 이겨 내는 법을 터득함, 병이 이상한 것이 아니라 나의 특징이라고 생각할 수 있게 됨
- **동료관계를 통해 분리에서 연결로 나아감:** 타인을 통해 신뢰가 생김, 동료로부터 힘을 얻음, 사람들을 이해하는 폭이 넓어짐
- **과거를 통합하고 미래를 바라봄:** 과거의 나를 들여다봄, 나를 이해하기 시작함, 좀 더 나은 내가 되려 함

2) 정신건강사회복지에서 회복 관점의 적용

정신건강사회복지사들은 회복이란 어떤 결과가 아니라 하나의 과정이며, 질병으로 인한 제약에도 불구하고 스스로 의미 있는 삶을 만들어 가는 독특하면서도 개별

적인 경험이라는 것을 인식할 필요가 있다. 정신장애인 누구나 개인적 차이와 특성이 있음을 인정하고, 그들이 느끼는 감정과 욕구를 고려하여 회복을 위한 개별화된 지원을 할 필요가 있다(한국정신건강사회복지학회, 2013: 122-125).

첫째, 정신건강사회복지사는 개별화된 돌봄을 통해 회복을 지원할 수 있다. 정신장애인은 자신이 어떻게 병에 걸렸고, 병으로 인해 무엇을 잃었으며, 또한 회복의 과정에서 무엇을 얻었는지에 대한 자신의 이야기(story)를 갖고 있다. 정신건강사회복지사는 이러한 정신장애인의 개별적 경험을 이해하려고 애쓰는 데서 지원활동을 시작해야 한다. 시간을 들여 그들의 이야기를 듣고 존중해 줄 필요가 있다. 그들이 원하는 생활 방식을 존중하면서 개인적 목표를 설정하고 이를 잘 이루어 가도록 도움을 줄 수 있다.

둘째, 정신장애인과 의미 있는 관계를 유지함으로써 그들의 회복을 지원할 수 있다. 회복 관점에서는 가족, 동료, 친구 등 주위 사람들과 좋은 관계를 맺을 때 치유와 변화가 일어난다고 보고 있다. 정신건강사회복지사와의 관계도 마찬가지이다. 존경과 호혜성에 기초한 관계를 형성하고, 용기와 인내, 유머, 공감 등의 인간적 속성을 깊이 교류하는 노력이 필요하다.

셋째, 정신건강사회복지사는 희망을 품은 동료로서 정신장애인을 지원한다. 회복에서 가장 중요한 개념이 희망(hope)이다. 희망은 삶의 여정을 격려하면서 인생의 어두운 부분을 무사히 통과하고 잘 이겨 내도록 이끄는 등불과 같다. 이것은 우리의 인격 안에 존재하는 것으로 전문적 기술로 배울 수 있는 요소가 아니다. 정신건강사회복지사는 정신장애인들에게 희망을 품은 동료로서 그들을 격려하고 지탱해 주면서 앞으로 나아가도록 지원해야 한다.

넷째, 장기적인 시간 관점을 갖고 지원할 필요가 있다. 회복은 질병의 완치보다 삶의 의미를 찾아가는 하나의 여정이고 과정이다. 회복의 성과도 단기적 관점이 아니라 장기적 관점에서 평가되어야 한다. 변화는 가능하나, 시간이 걸릴 수 있다는 사실을 인정해야 한다. 좋은 관계 유지와 희망 품기, 그리고 개별화된 목표의 달성은 이러한 장기적 관점에서 접근되어야 한다.

다섯째, 정신건강사회복지사가 회복 관점을 적용하기 위해서는 전체적인 접근방식(holistic approach)이 중요하다. 정신장애인의 생활 경험은 여러 영역에 걸쳐 나타난다. 신체적 질병으로 고통을 겪거나 빈곤한 상태로 적절한 거주지 없이 외롭게 살아가는 경우도 있다. 이러한 일상생활의 어려움은 지역사회의 다양한 복지서비스를 통해 해결될 필요가 있다. 정신장애인이 행복한 삶을 살아갈 수 있도록 정신건강사회복지사는 이러한 생활 영역들을 전체적으로 고려하는 접근방식을 통해 보다 효과적으로 지원할 수 있다.

여섯째, 정신건강사회복지사는 정신장애인들이 자신의 삶과 마주하면서 겪는 아픔, 고통, 차별, 낙인 등의 경험에 대해 민감성을 가지고 대해야 한다. 특히 정신장애인들이 겪는 이 같은 아픔과 고통은 관련 단체들의 연대와 협력을 통해 보다 효과적으로 대처할 수 있다. 정신건강사회복지사들은 한국정신장애인연대(KAMI)를 비롯한 당사자 모임, 관련 전문가 단체들과의 정책연대 및 옹호활동을 주도적으로 이끌면서 활동할 필요가 있다. 아울러 당사자인 정신장애인들의 주체적 활동역량을 강화하는 리더십 훈련이나 자조모임, 인권옹호 활동 등을 더욱 활성화할 필요가 있다.

3. 정신건강증진 패러다임

1) 정신건강증진 패러다임의 개요

정신건강증진(mental health promotion)은 오랜 정신건강의 역사에서 최근 강조되고 있는 패러다임이다(김현수, 2013: 35-54). 이 패러다임이 등장한 배경은 다음과 같다. ① 전 세계 인구 가운데 4명 중 1명이 정신질환을 앓고 있으며, 다양한 정신질환이 전 생애주기 혹은 전 인구집단에서 나타나고 있다. ② 자살, 우울, 중독, 폭력, 외상(trauma)과 같은 사회적 정신건강(social mental health)의 이슈들이 지속적으로 증가하고 있다. ③ 정신질환이나 정신건강 문제로 인한 사회적 비용과 부담이 크게 증가하고 있다. ④ 정신건강을 고려하지 않은 건강은 더 이상 의미가 없다. ⑤ 정신질환 치료나 재활을 위한 노력만큼이나 예방을 위한 노력을 통해서도 사회적 부담을 줄일 수 있다. ⑥ 긍정심리학과 회복탄력성, 위험 요인과 보호 요인, 근거 중심 접근과 같은 학문적 성과에 힘입어 정신건강증진의 중요성이 그 어느 때보다 강조되고 있다.

정신건강증진이란 한마디로 긍정적인 정신건강(positive mental health)을 말한다

(WHO, 2004a). 즉, 심리적 안녕, 유능감, 회복력을 증가시키고, 지지적인 생활 조건 및 환경을 조성하여 긍정적인 정신건강을 증진시키고자 하는 것이다. 또한 정신건강을 하나의 자원, 가치, 그리고 사회경제적 발달에 필수적인 인간의 기본 권리로 간주한다. 정신건강증진은 정신건강에 영향을 미치는 요인들에 관여함으로써 긍정적인 정신건강을 향상시키고, 건강 관련 불평등을 줄이며, 사회적 자본을 확대하고, 다양한 집단 사이의 건강 관련 기대와 서비스 격차를 줄이는 것을 목적으로 한다.

이러한 목적에서 알 수 있는 것은 정신건강을 건강의 한 영역으로 간주한다는 것이다. 세계보건기구(WHO)에서는 건강(health)이란 "신체적, 정신적, 사회적으로 완전한 안녕 상태로서, 단지 질병이 없거나 허약함이 없는 상태만을 말하지 않는다."라고 규정하고 있다(WHO, 2001: 1). 건강은 신체적, 정신적, 사회적 기능이 서로 연관되어 있기 때문에, 정신건강과 신체건강은 불가분의 관계에 있다. 따라서 정신건강증진은 정신건강과 밀접한 관련이 있는 신체건강에도 관심을 갖고, 보다 보편적인 건강의 관점에서 정신건강 문제를 다루고 있다.

일반적으로 패러다임(paradigm)이란 시대의 흐름을 바라보는 인식의 틀이다. 정신건강증진 패러다임은 최근 정신건강의 흐름을 긍정성, 예방, 보편적 건강의 측면에서 접근하려는 인식의 틀로 이해할 수 있다. 다음은 정신건강증진의 특징에 대한 것이다(WHO, 2004b/2018).

표 2-2 ··· 정신건강증진(mental health promotion)의 특징

- 질병보다는 안녕(well-being)을 추구하는 데 초점이 있다.
- 일상의 맥락에서 전 인구집단, 전 생애주기를 강조한다.
- 건강의 성과 측면보다는 건강에 영향을 미치는 요인을 다룬다.
- 위험 요인보다는 보호 요인에 더 관심이 있다.
- 의사소통, 교육, 정책개발, 조직변화, 지역개발 및 지역활동과 같은 전략을 활용한다.
- 전 인구집단의 유능성을 인정하고 강화한다.
- 보건 서비스와 사회 서비스를 함께 제공한다.

출처: 김현수(2013), p. 42; WHO (2004b/2018).

정신건강증진은 정신장애 예방(mental disorder prevention)과 유사한 측면이 있으나 개념적으로 다소 차이가 있다. 정신장애 예방은 정신질환을 유발하는 위험 요인

을 줄이고, 정신건강을 유지하는 보호 요인을 늘리는 데 초점이 있다. 예방은 크게 1차 예방(정신질환의 위험성과 정신질환 발생률의 감소), 2차 예방(조기발견, 조기치료, 유병률의 감소), 3차 예방(재활 및 재발방지, 장애율의 감소)으로 나뉜다. 이 가운데 정신건강증진은 1차 예방을 강조한다. 즉, 전 국민을 대상으로 건강의 관점에서 정신질환의 위험성을 사전에 관리하려는 것이다. 이에 비해 정신장애 예방에서는 정신질환으로 발병된 이후 2차, 3차 예방을 강조한다.

증진(promotion)이나 예방(prevention) 모두 정신장애에 대한 예방을 다루지만, 정신건강증진은 건강의 관점에서 보편적 예방 활동을, 정신장애 예방은 정신질환이라는 질병의 관점에서 선택적 예방 활동을 강조한다. 정신건강증진과 정신장애 예방의 차이 및 몇 가지 예를 소개하면 〈표 2-3〉과 같다(김현수, 2013: 43-45).

표 2-3 ··· 정신건강증진과 정신장애 예방의 차이와 예시

증진과 예방의 차이

정신건강증진은 건강에 초점이 있고, 정신장애 예방은 질병에 초점이 있다. 그러나 많은 부분 중복되는 측면이 있다.

증진과 예방의 실례 비교

- 태아 알코올 증후군은 임신 중 술을 마시는 산모에게 증가한다. 따라서 산모의 알코올 남용을 예방해야 한다.
  → 건강한 태아(promotion), 태아의 지적장애 발생률 감소(prevention)
- 이전 자살시도 경험은 자살로 생을 마감하게 하는 위험 요인이다. 따라서 응급실 자살시도자 관리가 자살예방사업에서 중요하게 다루어져야 한다.
  → 자살시도자가 더 나은 삶을 계획하도록 돕는 것(promotion), 다시 자살을 시도하지 않게 하는 것(prevention)
- 주요 우울증의 경우 직장 스트레스가 높으면 위험성이 증가한다.
  → 직장 대인관계 훈련을 통해 업무를 향상시키는 것(promotion), 우울증을 예방하는 것(prevention)
- 청소년기 조현병의 경우 사회적 철회(withdrawal)는 조기 증상 중 하나이다. 따라서 청소년 사회성 증진 프로그램이 필요하다.
  → 청소년의 사회성을 향상시키는 것(promotion), 사회적 철회를 가능한 한 빨리 발견하는 것(prevention)

출처: 김현수(2013), p. 45 내용 재구성.

정신건강증진을 위한 개입은 크게 세 가지 수준에서 이루어지는데, 현재 위험성이 없는 사람들, 위험성이 증가한 사람들, 정신건강 문제로 고통을 받거나 여기에서 회복하고 있는 사람들을 대상으로 그들의 정신적 안녕을 증가시키는 다양한 전략과 활동을 포함한다(WHO, 2004b/2018). 즉, 개인 및 가족, 지역사회, 전체 사회의 차원에서 〈표 2-4〉와 같은 활동이 이루어진다(김현수, 2013: 42).

표 2-4 ··· 정신건강증진 활동

1. **개인을 강화하기:** 자존감, 생활기술 및 대처기술, 관계협상 기술 및 부모기술을 향상시키는 개입을 통해 정서적 회복력(resilience)을 증가시키는 활동을 한다.
2. **지역사회 강화하기:** 사회적 포용과 참여를 증가시키고, 환경을 개선하며, 정신건강을 비롯하여 작업장의 건강과 지역사회 안전, 그리고 자조적 네트워크를 지원하는 보건 및 사회 서비스를 개발하는 활동을 한다.
3. **정신건강의 구조적 방해물 줄이기:** 차별과 불평등을 감소시키는 활동과 더불어 취약한 사람들로 하여금 교육, 고용, 주택에 접근하는 기회를 늘리고, 이들을 지원하는 구체적인 활동을 한다.

출처: 김현수(2013), p. 42.

우리 정부도 정신건강증진이라는 시대적 흐름에 맞추어, 국가 정신건강 정책을 수립하고 지역사회를 기반으로 다양한 정신건강증진사업을 추진하고 있다(보건복지부, 2020a). 2016년에 전면(전부) 개정된 「정신건강복지법」에는 정신건강증진사업에 대해 다음과 같이 규정하고 있다.

> "정신건강증진사업이란 정신건강 관련 교육 · 상담, 정신질환의 예방 · 치료, 정신질환자의 재활, 정신건강에 영향을 미치는 사회복지 · 교육 · 주거 · 근로환경의 개선 등을 통하여 국민의 정신건강을 증진시키는 사업을 말한다." (제3조 정의)

이러한 정신건강증진사업은 「정신건강복지법」에 규정된 정신건강증진기관 및 시설(정신건강복지센터, 정신의료기관, 정신요양시설, 정신재활시설, 중독관리통합지원센터)에서 전국적으로 시행되고 있다(보건복지부, 2020a).

2) 정신건강사회복지에서 정신건강증진 패러다임의 적용

정신건강증진 패러다임은 최근의 정신건강 정책과 사업의 방향을 주도하고 있는 인식의 틀이다. 예방을 강조하되, 질병 중심이 아니라 건강(보건)을 중심으로 한 긍정적 정신건강을 추구하는 패러다임이다. 이 패러다임이 정신건강사회복지와 어떤 관련성이 있는지 몇 가지로 살펴보고자 한다.

첫째, 정신건강사회복지사들은 정신건강증진 패러다임이 매우 긍정적이고 적극적인 정신건강을 추구한다는 점을 인식할 필요가 있다. 이 패러다임은 전 국민의 정신건강에 관심을 갖고 1차 예방을 중요하게 다루기 때문에 정신건강사회복지사들은 이와 관련한 프로그램과 사업을 개발하는 일에 관심을 가져야 한다. 이를 위해서는 정신건강 관련 기관과의 협력뿐 아니라, 보건소 및 복지현장의 실천가들과 협력할 필요가 있다. 특히 정신건강사회복지사들은 보건소 및 복지 관련 종사자들이 정신장애에 취약한 지역 주민들을 위해 정신건강증진 활동에 참여하고 협력하도록 관련 교육과 훈련을 제공할 수 있다.

둘째, 정신건강증진은 질병보다는 건강 중심의 정신건강을 추구한다는 점을 인식할 필요가 있다. 이런 면에서 정신건강증진은 넓게 보면 공중보건(public health)이라고 할 수 있으며, 한발 더 나아가 사회 정신건강(social mental health)이라고 할 수 있다. 개인이 경험하는 정신장애 외에도 전체 사회 혹은 전 인구, 전 생애주기에서 발생하는 정신건강 문제들이 최근 우리 사회에 많은 관심을 불러일으키고 있다. 대표적으로 자살, 우울, 공포증, 혐오증, 폭력, 중독, 집단적 트라우마 등이다. 이런 문제들은 질병 중심의 접근만으로는 한계가 있으며, 전체 사회에 긍정적인 정신건강(행복감, 유능감, 안녕감)을 확산시키는 사회운동적 접근이 필요하다. 적극적인 예방 정책을 통해 막대한 사회적 비용을 줄이는 방안을 모색해야 한다. 정신건강사회복지사들은 이러한 시대적 흐름에 맞추어 정신건강증진 활동을 주도하는 전문 인력으로 자리매김할 수 있어야 한다.

셋째, 정신건강증진에서는 정신장애를 예방하는 차원을 넘어 사회 구성원들이 행복감을 느끼고 삶의 질을 향상시키는 차원까지 관심을 갖는다. 그런 면에서 전문가와 학자들 사이에서는 정신건강증진의 목적과 이를 구체화하는 사회적 지표가 매우 이상적이고 추상적이라는 점을 한계로 지적하고 있다. 그럼에도 불구하고 사회 구성원들이 정신적 안녕감과 행복감을 느끼기 위해서는 무엇보다 건강 영역에서 사회적 불평등과 차별적 요소가 제거되어야 한다. 즉, 복지, 고용, 거주, 교육 등의 영역에서 차별을 줄이고 사회적 포용의 수준을 높여야 한다. 이러한 환경이 조성되었을 때 비로소 긍정적인 정신건강 상태에 도달했다고 할 수 있다. 따라서 정신건강사회복지사들은 정신건강증진이 추구하는 방향을 분명히 인식하고, 사회 구성원들의 행복감이 향상되도록 정신건강전문가로서의 업무 및 활동 범위를 점차 확대할 필요가 있다.

넷째, 정신건강사회복지사들은 정부가 추진하는 정신건강증진사업에 적극 참여하여 전문적 역량을 보여 줄 필요가 있다. 즉, 지역민을 대상으로 정신장애에 대한 부정적 인식을 개선하고 긍정적 정신건강의 개념을 확산시키는 활동에 참여해야 한다. 아울러 정신건강증진사업은 생애주기별로 이루어지기 때문에 영유아기에서부터 노년기에 이르는 주기별 정신건강 이슈들을 충분히 이해하고 새로운 프로그램을 개발하고 시도해 보는 것이 중요하다. 정신건강증진은 단기적 개입이 아니라 장기적 관점에서 접근되어야 하며, 우리 사회의 정신건강 보호 요인을 찾아내고 이를 강화하여 집단적 회복력을 끌어올리는 사회적 노력이 필요하다.

4. 다학제적 팀워크

1) 다학제적 팀워크의 개요

정신장애는 그 발병 원인에서 생리 · 심리 · 사회적 요인이 복합적으로 작용하는 것으로 알려져 있다. 발병 원인이 복합적이고 정신장애로 인한 심리사회적 문제가 다양한 만큼, 치료나 개입에 있어서도 여러 전문직이 함께하는 다학제적 팀워크를 통해 전인적이고 통합적인 접근이 가능하다(서미경, 2004a; 최명민, 최현미, 김정진, 2009).

팀워크는 어떤 집단에서 공동의 목적을 달성하기 위해 팀원들이 함께 일하는 방식이다. 팀워크는 협력방식에 따라 다학문적 팀워크와 다학제적 팀워크로 구분된다. 다학문적 팀워크(multidisciplinary teamwork)는 특정 전문직의 주도 아래 여러 전문직의 활동이 조정되어 서로의 과업과 역할이 독립적인 것을 말한다. 이른바 수직적 혹은 위계적 형태의 협력인 셈이다. **다학제적 팀워크**(interdisciplinary teamwork)는 전문직 간에 상호의존적이고 의사결정을 공유하면서 공동의 목적을 함께 이루어 가는 과정과 절차를 중요시한다. 이른바 수평적 형태의 협력으로서 시너지 효과를 기대할 수 있다.

이 두 개념을 이해하기 위해 다음과 같이 예를 들 수 있다. 만약 어떤 과업이 두 가지 부분으로 나누어져 있어서 A와 B가 각각 한 부분씩을 담당한다면 그것은 다학문적 팀워크이다. 그런데 A와 B가 함께 일하면서 특정 과업(공동 목적)을 달성하기 위해 서로 다른 기술을 사용한다면 그것은 다학제적 팀워크이다. 다시 말해서, 다학문적 팀워크가 각 전문직이 수행하는 과업에 초점이 있다면, 다학제적 팀워크는 전문직들 간에 집단적 행동과 과정에 초점이 있다고 할 수 있다(서미경, 2004a: 148). 이러한 두 가지 팀워크는 각기 장단점이 있기 때문에 기관이나 현장의 특성에 따라 적절히 활용될 필요가 있다.

현재 우리나라 정신건강 현장은 다학제적 팀워크가 주를 이루고 있다. 과거에는 정신병원을 중심으로 정신건강의학과 의사의 주도 아래 다른 전문직의 과업과 역할이 조정되는 경향이 있었다. 그러나 정신건강의 흐름이 지역사회정신건강과 정신건강증진, 그리고 회복 관점으로 바뀌면서 다양한 정신건강전문가가 특정한 과업이나 업무를 집단적으로 함께 이루어 가는 수평적 협력이 자리를 잡아 가고 있다. 다학제적 팀워크가 효과적으로 이루어지면 서비스 이용자들이 수준 높은 전문적 서비스를 받을 수 있다. 정신건강전문가들도 업무상 소진을 예방하면서 전문가로서 성취감과 보람을 느낄 수 있다.

정신건강 현장은 정신건강의학과 의사를 비롯하여 정신건강사회복지사, 정신건강간호사, 정신건강임상심리사, 작업치료사, 직업재활 전문가 등이 팀워크에 참여한다. 이들은 기본적으로 공동의 목적을 위해 수평적으로 협력하면서 많은 업무를 함께 수행한다. 이때 주요 전문직이 팀워크에서 발휘할 수 있는 고유한 전문성은 다음과 같이 제시할 수 있다(김규수, 2011: 49-50; Bentley, 2002).

- **정신건강의학과 의사:** 정신질환을 진단하고, 이에 따라 항정신성 약물을 처방하는 일을 한다. 의료(질병)모델을 따르는 병원이나 일부 지역 현장에서는 정신

건강 팀(mental health team)의 책임자(리더)로 역할을 수행하며, 환자에게 약물 치료 및 정신치료를 한다.

- **정신건강간호사:** 병원 혹은 지역사회 정신건강 팀의 일원으로, 정신장애인과 신뢰에 기초한 관계를 맺고 약물관리 및 병실생활 관리를 한다. 간호학의 전문성을 바탕으로 환자를 위한 치료환경을 조성한다. 최근에는 지역사회 기관이나 시설에서 정신장애인의 약물관리, 일상생활 관리, 정신재활 업무에 적극 참여하고 있다.
- **정신건강사회복지사:** 정신건강 팀의 일원으로, 정신장애인의 치료 및 재활 환경을 조성함에 있어 사회복지학의 전문성을 활용한다. 즉, 정신장애인과 가족을 지원하고, 사례관리 업무와 같은 자원연계 활동에 적극 관여한다. 정신장애로 인한 차별과 불평등을 개선하는 사회운동에 참여하고, 지역에서 정신장애인의 복지욕구를 충족시키는 활동을 한다. 특히 정신장애인의 사회복귀와 사회통합을 위한 정신재활시설 및 거주시설에서 적극적인 리더십을 발휘하고 있다.
- **정신건강임상심리사:** 정신건강 팀의 일원으로, 임상심리학적 이론과 훈련을 통해 여러 측정 도구를 활용한 심리진단과 행동 및 성격 검사를 수행한다. 인지행동치료를 비롯한 개인치료, 집단치료, 치료기법에 대한 연구 등을 통해 정신장애인의 복잡한 심리상태를 이해하고 치료를 위한 유용한 정보를 제공한다. 지역사회시설보다는 정신병원에서 주로 일을 하며, 최근에는 중독 및 도박 관련 지역사회 현장이나 정신건강연구소 등에서 일하면서, 그 활동 영역을 확대하고 있다.

2) 다학제적 팀워크의 형성과정 및 관련 요인

(1) 팀워크의 형성과정

팀워크는 어떤 조직이나 단체가 공동의 목적을 이루기 위해 일정한 과정을 거치면서 효과적이고 효율적으로 업무를 수행하는 것이다. 팀워크 형성과정은 다음과 같이 5단계로 진행된다(김기태, 황성동, 최송식, 박봉길, 최말옥, 2016; Germain, 1984: 200-203).

- **1단계-역할분리 단계:** 이 단계에서는 각 분야의 전문가들이 자신에게 익숙한 기능과 역할에 따라 관여하려는 경향이 있어서, 협력에 대한 동의는 추상적이고 이론적인 수준에 머문다. 역할분리는 불안과 경쟁을 억제하는 데 기여하지만 구체적으로 언어화되지는 않는 단계이다.
- **2단계-과대평가와 실망 단계:** 이 단계에서는 각 분야의 전문가들이 분담된 협력 목표를 성취하는 데 있어 복잡성을 인식하고 그것을 해결하기 위해 서로 의존하게 된다. 그러나 각 전문가들은 서로의 지식과 기술을 과대평가하는 동시에 목표를 성취하는 데 필요한 과업의 복잡성을 지나치게 단순화한다. 또한 그 자신의 지식과 능력 및 전문지식의 범위 내에서 관여하려고 한다. 따라서 한 팀으로 만난다 하더라도 전문성이 통합되지 않아 실망과 분노 그리고 엄격한 학문 분야로서의 역할에 대한 인식이 강하게 남아 있는 단계이다.
- **3단계-현실적 평가 단계:** 이 단계에서는 분담된 목표를 성취하는 데 다른 분야의 전문가가 어떻게 기여하는가를 점차적으로 인식함으로써 현실적인 평가가 이루어진다. 어떤 한 분야가 다른 분야를 넘어서서 우위를 차지하는 데 쏟는 노력이 적을수록 일상화된 사고와 행동에 도전하게 되고, 전문직 간에도 덜 엄격하게 되는 단계이다.
- **4단계-조정 단계:** 이 단계는 통합적 협력을 위한 활동이 분명해지는 단계로서 각 전문 영역의 차이점을 인정하고 그것이 언어화되며 만족스러운 조정이 이루어진다. 각 전문가들은 자신이 갖고 있는 관점에 따라 정보를 수집하고 공유하여 공동의 목표를 향해 나아가게 된다.
- **5단계-역할의 통합 단계:** 이 단계는 '서비스 이용자-전문가'라는 관계에 기초한 사고의 틀을 벗어나 건강과 질병에 관련이 있는 '서비스 이용자-환경'이라는 관계에 기초한 관점으로 이동하는 단계이다. 이 단계에서 각 전문가들은 분담된 목표와 과업에 대해 서로의 견해를 주고받을 수 있는 개방적 분위기가 형성된다. 과업 활동도 쉽게 협상되거나 수용되며, 타 전문직의 훈련, 지식, 교육, 철학, 가치 등에 대해 이해와 존중이 이루어진다.

(2) 팀워크를 효과적으로 이끄는 요인

좋은 팀워크는 쉽게 이루어지지 않는다. 전문적 배경이 다른 구성원들의 노력과 기관의 뒷받침이 중요하다. 다음은 정신건강 현장에서 팀워크를 효과적으로 이끄는 요인들이다(Bentley, 2002).

① 명확한 목표의 공유

팀워크는 구성원들이 함께하는 것이기 때문에 무엇보다 명확한 목표를 공유하는 것이 중요하다. 정신건강 현장은 예방, 치료, 재활을 위한 업무, 생애주기를 고려한 업무, 전체 주민의 정신건강증진을 위한 업무 등 많은 일을 협력적으로 처리해야 한다. 따라서 서비스 이용자에게 질 높은 서비스를 제공하고, 전문가의 소진을 예방하기 위해서는 무엇보다 협력이 필요한 공동의 목적을 분명히 해야 한다.

② 상호존중과 이해

정신건강전문가에게 요구되는 중요한 덕목은 자율성이다. 전문가들은 정신건강에 관한 공통의 지식과 기술뿐 아니라 각 전문직이 추구하는 고유한 학문과 가치를 습득하고 훈련된 사람들이다. 따라서 효과적인 팀워크를 위해서는 전문가들이 서로를 존중하고 이해하면서 자율적으로 협력하는 분위기가 조성되어야 한다.

③ 분명한 역할분담

협력이 잘 되려면 각 전문가들이 수행하는 역할을 분명하게 설정하고, 구체적인 과업을 분담하는 것이 필요하다. 구성원들 사이에 역할혼란과 기대 불일치는 협력을 방해하는 주요한 원인이다. 따라서 현장에서는 전문가들이 소모적인 역할갈등을 줄이고, 자신의 역할을 최대한 발휘할 수 있도록 적절한 역할분담이 중요하다.

④ 개방적인 의사소통

다학제적 팀워크에서는 구성원들이 의사결정과 권한을 공유하면서 일을 진행한다. 업무의 성과나 효율성 못지않게 구성원들의 신뢰와 자발성에 기초한 개방적인 의사소통이 중요하다. 따라서 팀워크가 잘 이루어지려면 권위에 의한 위계적 의사결정을 줄이고, 전문직들 간에 다양한 의견과 입장의 차이를 수렴해 가는 민주적인 절차가 필요하다.

⑤ 전문적 지식과 기술의 통합

정신건강 팀워크에서는 여러 전문직의 지식과 기술이 어우러질 때 전인적이고 통합적인 서비스가 가능해진다. 정신건강에 대한 생물 · 심리 · 사회적 접근이 팀워크로 구체화되는 것이다. 의사와 간호사는 생물학적(신체적) 측면, 임상심리사는 심리적 측면, 그리고 사회복지사는 사회적 측면에서 전문성을 발휘할 때 정신건강 서비스의 질이 높아질 수 있다. 또한 전문가들도 일의 보람을 느끼고, 자신의 전문적 역량을 강화하려는 동기를 갖게 된다.

표 2-5 ··· 효과적인 팀워크에 대한 정신건강전문가의 인식

- **연구배경**: 대학병원 3곳의 정신건강의학과에서 1년 이상 근무한 정신건강의학과 의사, 간호사, 사회복지사, 임상심리사를 연구 참여자로 설정하여 심층 면담(질적 연구)을 진행하였다. 연구 참여에 대한 자발적 동의를 거쳐, 총 15명(간호사 6명, 사회복지사 2명, 임상심리사 3명, 정신건강의학과 의사 4명)을 면담한 결과를 요약하면 다음과 같다.

① 팀워크란 무엇인가?
- 좋은 리더십이다.
- 환자의 욕구에 초점을 맞추는 것이다.
- 전문가들의 역량을 모으는 것이다.
- 개방적으로 의사소통을 하는 것이다.
- 각 전문가의 역할과 기여를 인정하는 것이다.

② 팀워크의 방해요소는 무엇인가?
- 자신의 책임을 회피하고자 하는 것이다.
- 다른 전문가의 역할과 기여를 낮게 평가하는 것이다.
- 문제에 대해 개인화하는 것(전문가 개인의 책임으로 돌리는 것)이다.
- 협력하지 않으려 하는 것이다.
- 권위적인 위계구조를 들 수 있다.
- 잦은 직원 이동과 인력 부족을 들 수 있다.

③ 팀워크를 효과적으로 하려면 무엇이 필요한가?
- 구성원의 역량과 리더십이 필요하다.
- 효과적으로 의사소통하는 분위기를 조성해야 한다.

- 모든 구성원이 이야기할 권리가 보장되는 구조화된 팀 회의가 필요하다.
- 협력에 도움이 되는 정보를 공유해야 한다.
- 구성원들의 개인적 성장을 다각적으로 지원해야 한다.
- 서로 신뢰하고, 경청하며, 개방적이고, 건전한 비판이 가능해야 한다.

출처: Oflaz, Ancel, & Arslan (2019), pp. 235-241.

3) 정신건강사회복지에서 다학제적 팀워크의 적용

다학제적 팀워크는 정신건강사회복지사들의 일상적인 업무이자 현장에서 일하는 방식이라고 할 수 있다. 현장에서 정신건강사회복지사들이 여러 전문직과 일할 때, 다학제적 팀워크의 개념과 원리를 어떻게 적용할 수 있는지 몇 가지로 살펴보고자 한다.

첫째, 정신건강사회복지는 2차 현장에서 이루어지는 전문적 활동이다. 정신건강사회복지사는 무엇보다 이 점을 분명히 인식하고 다학제적인 팀워크에 주도적으로 참여하는 것이 좋다. 여러 전문직이 함께할 뿐 아니라, 사회복지의 목적과 기능보다는 정신건강의 목적과 기능이 주가 되는 실천 현장이다. 정신건강의학과 의사, 정신건강간호사, 정신건강임상심리사와 협업하는 과정에서 균형감 있게 사회복지의 전문성을 발휘해야 한다. 정신건강사회복지사는 정신건강이라는 공동의 목적을 달성하는 데 우선순위를 두고 최선을 다해 협력하는 자세가 필요하다.

둘째, 정신건강 팀워크에서 정신건강사회복지사에게 기대하는 것은 공통적인 업무 외에도 지역사회 자원을 활용하여 서비스 이용자에게 복지 서비스를 연결하는 일이라고 할 수 있다. 이 일은 기존의 질병모델보다는 지역사회정신건강 이념, 회복 관점, 정신건강증진 패러다임에서 더 강조되고 있다. 오랫동안 지역을 기반으로 활동해 온 사회복지전문직의 강점과 역량을 발휘하여, 정신건강사회복지 실천 현장에서도 그러한 전문성을 인정받는 것이 필요하다.

셋째, 현재 정신건강사회복지사를 비롯한 정신건강전문가의 처우와 업무환경이 열악한 상황이다. 많은 전문가가 고용불안을 느끼고 있다. 대학 졸업 후 1년간의 정신건강 수련과정을 거쳤지만 이에 합당한 처우가 보장되거나 뒷받침되지 못하고 있다. 따라서 정신건강 정책을 입안하고 시행하는 정부 및 지자체에서는 정신건강전문가들이 안정된 근무여건에서 전문성을 발휘할 수 있도록 실질적인 대책을 마련할 필요가 있다. 정신건강사회복지사들도 평소 업무 스트레스 및 소진 관리, 꾸준한 역량강화를 통해 전문가로서 최선의 서비스를 제공할 수 있도록 노력해야 한다.

정신건강전문요원 수련과정을 마치고 현직에서 일하고 있는 정신건강사회복지사들은 후배 수련생들이 앞으로 무엇을 잘 배워야 한다고 생각하고 있을까? 이와 관련하여 최근에 조사된 결과를 소개한다(권자영, 문영주, 최은정, 하경희, 황정우, 2018). 현직에 있는 1급 정신건강사회복지사 144명, 2급 106명, 총 250명이 앞으로 정신건강사회복지 수련을 받을 후배들이 더 잘 배워야 할 것으로 지적한 교육내용의 순위는 다음과 같다. 28개의 수련 교육내용 중 순위별 10개를 소개한다. 이 결과를 통해 최근 시대 변화에 따른 정신건강사회복지사가 갖추어야 할 전문성의 내용과 역할을 가늠해 볼 수 있다.

- **1순위:** 자살의 이해와 개입
- **2순위:** 위기개입
- **3순위:** 가족개입의 이해 및 사례분석
- **4순위:** 정신장애인 인권과 권익 옹호
- **5순위:** 「정신건강복지법」과 정책의 이해
- **6순위:** 생애주기별 정신건강
- **7순위:** 중독의 이해와 개입
- **8순위:** 정신건강의학과적 진단에 따른 면담
- **9순위:** 지역사회 자원동원 및 조직
- **10순위:** 정신건강 프로그램 개발과 평가

또한 정신건강사회복지사, 정신건강간호사, 정신건강임상심리사에게 공통적으로 요구되는 역량으로는 타 직역과의 개방적인 의사소통(1순위), 역할갈등을 다루는 역량(2순위)이 제시되었다. 이는 팀워크에서 중요한 전문가들 간의 의사소통과 갈등관리의 중요성을 잘 보여 준 조사 결과라고 하겠다.

생각해 볼 문제

- 지역사회정신건강이 이념으로 인식되는 이유는 무엇인지 함께 이야기해 보자.
- 정신장애인들이 지역 주민들과 더불어 건강하게 살아가기 위해서는 어떤 통합의 노력이 필요한지 함께 토의해 보자.
- 회복은 하나의 과정이자 인생의 여정이라는 말의 의미를 깊이 되새겨 보자. 그리고 정신장애인 당사자가 쓴 수기나 경험담을 찾아 읽어 보고 마음으로 공감해 보자.
- 정신건강 현장에서 여러 전문직의 팀워크가 중요한 이유를 정신장애인과 서비스 이용자 입장에서 생각해 보고 함께 이야기해 보자.

제2부

정신건강사회복지의 법과 제도

제3장
정신건강복지법과 정책 방향

「정신건강복지법」은 「정신건강증진 및 정신질환자 복지서비스 지원에 관한 법률」[1)]의 약칭이다. 이 법은 1995년에 처음 제정되어 1996년부터 시행되어 오던 「정신보건법」을 2016년에 전면적으로 개정한 것이다. 제3장에서는 정신건강 정책 및 사업을 뒷받침하는 법적 근거로서 「정신건강복지법」의 목적과 이념, 법 제정 과정을 간략히 살펴보고자 한다. 또한 「정신건강복지법」의 구성 및 이 법에 근거한 국가 정신건강종합대책 및 정신장애인의 권리, 법 시행과 관련한 평가 및 향후 과제에 대해 살펴보고자 한다.

---

1) 이 법은 2016년 5월 29일 전부 개정되어 2017년 5월 30일 시행되었다. 그리고 최근 2020년 12월 29일에 일부 내용이 개정된 바 있다. 법의 전체적인 내용은 법제처 국가법령정보센터 홈페이지(http://www.law.go.kr)를 통해 확인할 수 있다.

1. 정신건강복지법의 이념과 법의 전개 과정

1) 정신건강복지법의 목적과 기본 이념

(1) 법의 목적

「정신건강복지법」 제1조(목적)에는 이 법의 목적을 다음과 같이 규정하고 있는데, 그 목적은 크게 '국민의 정신건강증진과 정신질환자의 인간다운 삶' 두 가지로 제시할 수 있다.

> 이 법은 정신질환의 예방 · 치료, 정신질환자의 재활 · 복지 · 권리보장과 정신건강 친화적인 환경 조성에 필요한 사항을 규정함으로써 국민의 정신건강증진 및 정신질환자의 인간다운 삶을 영위하는 데 이바지함을 목적으로 한다.

(2) 정신질환자의 정의

「정신건강복지법」 제3조(정의)에는 이 법에서 사용하는 정신질환자의 정의를 다음과 같이 규정하고 있다.

> 정신질환자란 망상, 환각, 사고나 기분의 장애 등으로 인하여 독립적으로 일상생활을 영위하는 데 중대한 제약이 있는 사람을 말한다.

이 규정의 의미는 정신질환자의 법적 의미를 현실검증력(현실과 비현실을 지각할 때 그 차이를 구분할 수 있는 능력)에서 심한 손상이 있는 경우로 제한함으로써 정신질환에 대한 편견 해소 및 권익 증진을 도모하려는 취지를 담고 있다(정신의학신문, 2019. 2. 18.).

(3) 법의 기본 이념

「정신건강복지법」 제2조(기본 이념)에는 이 법의 기본 이념을 〈표 3-1〉과 같이 규정하고 있다. 즉, 모든 국민이 정신질환으로부터 보호받을 권리를 비롯하여, 정신질환자의 치료받을 권리, 차별받지 않을 권리, 시설 안에서 자유롭게 소통할 권리, 자신과 관련된 서비스 및 정책 사안에 스스로 참여하여 결정할 권리 등을 명시하고 있다.

표 3-1 · · · 「정신건강복지법」의 기본 이념

① 모든 국민은 정신질환으로부터 보호받을 권리를 가진다.
② 모든 정신질환자는 인간으로서의 존엄과 가치를 보장받고, 최적의 치료를 받을 권리를 가진다.
③ 모든 정신질환자는 정신질환이 있다는 이유로 부당한 차별대우를 받지 아니한다.
④ 미성년자인 정신질환자는 특별히 치료, 보호 및 교육을 받을 권리를 가진다.
⑤ 정신질환자에 대해서는 입원 또는 입소가 최소화되도록 지역사회 중심의 치료가 우선적으로 고려되어야 하며, 정신건강증진시설에 자신의 의지에 따른 입원 또는 입소가 권장되어야 한다.
⑥ 정신건강증진시설에 입원 등을 하고 있는 모든 사람은 가능한 한 자유로운 환경을 누릴 권리와 다른 사람들과 의견교환을 할 수 있는 권리를 가진다.
⑦ 정신질환자는 원칙적으로 자신의 신체와 재산에 관한 사항에 대하여 스스로 판단하고 결정할 권리를 가진다. 특히 주거지, 의료행위에 대한 동의나 거부, 타인과의 교류, 복지서비스의 이용 여부와 복지서비스 종류의 선택 등을 스스로 결정할 수 있는 자기결정권을 존중받는다.
⑧ 정신질환자는 자신에게 법률적 · 사실적 영향을 미치는 사안에 대하여 스스로 이해하여 자신의 자유로운 의사를 표현할 수 있도록 필요한 도움을 받을 권리를 가진다.
⑨ 정신질환자는 자신과 관련된 정책의 결정과정에 참여할 권리를 가진다.

출처: 법제처 국가법령정보센터 홈페이지.

2) 정신건강복지법(구 정신보건법)의 전개 과정

「정신보건법」 제정에서부터 「정신건강복지법」으로 전면 개정되기까지 그 전개 과정을 간략히 살펴보면 다음과 같다(김훈, 2009; 최희철, 천덕희, 2017: 340-348).

(1) 우리나라 최초의 정신보건법 제정(1995. 12. 30. 법률 제5133호)

정신건강 정책 및 사업의 법적 근거가 되는 이 법은 정신질환자의 증가로 인해 이를 예방하고 정신질환자에 대한 효율적인 의료 및 사회복귀를 위해 필요한 사항을 정함으로써 국민의 정신건강증진에 이바지하려는 목적으로 제정되었다.

표 3-2 ···「정신보건법」 제정 배경

• 1968년 대한신경정신의학회와 대한의사협회가 공동으로 '정신위생법(안)'을 정부에 건의하면서 법 제정 움직임이 시작됨 • 당시 정신질환자에 대한 의료서비스 체계는 거의 전무하였고, 대부분의 정신질환자를 비인가 기도원이나 정신요양시설에 장기간 격리 수용하거나 보호하는 수준이었음 • 그 후 여러 차례 입법 시도가 있었으나 무산되었음. 무인가시설에 수용된 정신질환자의 비인간적 처우 및 인권침해 사례, 그리고 정신질환자의 사회적 범죄[2)]등이 여론화되면서 법 제정의 필요성이 강하게 제기됨 • 법안에 대한 오랜 사회적 논쟁과 합의를 거쳐 1995년 12월 30일에 우리나라 최초의「정신보건법」이 제정됨

출처: 최희철, 천덕희(2017), pp. 339-340. 내용 재구성.

(2) 정신보건법 개정의 역사

① 정신보건법 전부 개정(1997. 12. 31. 법률 제5486호)

- 개정된 법안에는 정신요양병원을 폐지하여 정신 병상의 무분별한 증가를 억제하고,「사회복지사업법」에 의한 정신질환자 요양시설을 정신보건시설로 규정하며, 지역사회정신보건사업을 지원하는 정신의료기관의 범위를 정신건강의학과 의원까지 확대하는 내용을 담았다. 또한 지역사회정신보건사업에 소요되는 비용을 국가와 지방자치단체가 지원할 수 있는 근거를 마련하였다.
- 보호의무자에 의해 입원한 환자에 대해 정신건강의학과 전문의가 퇴원할 수 있다고 판단하면, 보호의무자의 퇴원신청이 없어도 즉시 퇴원시키도록 절차를 간소화함으로써 불필요한 장기입원을 억제하고 정신질환자의 인권보호를 강화하는 조치를 담았다.

② 정신보건법 일부 개정(2000. 1. 12. 법률 제6152호)

- 법안 개정의 이유는 정신질환자 관리체계를 개선하고, 정신질환자의 인권을 보호하며, 정신보건시설의 대형화를 억제하는 데 있었다. 이를 위해 국가와

2) 1991년에 발생한 두 건의 범죄사건(여의도 광란의 질주 사건, 대구 거성관 나이트 방화사건). 보다 자세한 내용은 안이수(2019)의 글 참조.

지방자치단체는 보건소와 지역사회정신보건센터를 통하여 지역사회정신보건사업을 수행할 수 있는 근거를 마련하였다.

- 정신의료기관의 수용인원에 대한 상한선을 규정하여 300인 이하로 입소할 수 있게 하였다. 국가 및 지방자치단체는 보호의무자에게 구상권을 행사할 수 있도록 하였으며, 사회복귀시설의 새로운 형태로 정신질환자 주거시설과 정신질환자 종합훈련시설이 신설되었다.

③ 정신보건법 일부 개정(2004. 1. 29. 법률 제7149호)

- 법안의 개정 이유는 지역사회정신보건사업을 강화하는 데 필요한 지역사회정신보건센터의 설치근거를 마련하고, 그 위탁법인의 자격을 명시하기 위해서였다. 즉, 국가 및 지방자치단체는 지역사회정신보건사업을 전문적으로 수행하기 위하여 보건소 또는 국·공립 정신의료기관에 정신보건센터를 설치하도록 하였다.
- 지역사회정신보건사업의 전문적이고 집중적인 지원을 위하여 보건복지부 장관과 시·도지사로 하여금 중앙 및 지방 정신보건사업지원단을 각각 설치·운영할 수 있게 하였다.

④ 정신보건법 일부 개정(2008. 3. 21. 법률 제8939호)

- 이 개정안에는 정신질환자의 입원요건을 강화하고, 신체적 제한 등에 대한 근거를 명확히 함으로써 정신질환자에 대한 인권침해를 예방하고 권익을 강화하고자 하였다.
- 보건복지부 장관은 5년마다 국가정신보건사업계획을 수립해야 하며, 자치단체의 장 또한 국가의 계획에 따라 지역보건의료계획과 연계하여 정신보건사업계획을 수립하도록 하였다. 정신보건시설의 설치·운영자와 종사자는 인권교육을 받도록 하였으며, 보건복지부 장관은 정신보건시설을 3년마다 평가하도록 하였다.

⑤ 정신보건법 일부 개정(2015. 1. 28. 법률 제13110호)

- 여성의 정신질환에 대한 이해도를 높이기 위해 정신보건사업계획에서 성별·

생애주기별 정신건강증진사업을 강화하였다.

- 정신보건시설의 장은 정신질환자와 보호의무자에게 이 법에 따른 권리와 행사방법을 알리도록 하고, 관련 서류를 시설 내에 비치하도록 하는 등 정신보건시설장의 의무를 구체적으로 규정하였다. 아울러 인권교육기관의 업무정지 · 지정취소 및 정신보건전문요원의 자격정지 · 자격취소 근거를 마련하였다.

(3) 정신보건법에서 정신건강복지법으로 전부 개정(2016. 5. 29. 법률 제 14224호)

최근에 전면 개정된 「정신건강복지법」의 주요 사항은 다음과 같다(이은환, 김욱, 2018).

① 정신질환자 개념 및 비자의입원 요건의 강화

- 「정신건강복지법」에는 그동안 논란이 되어 온 비자의(비자발적) 입원요건을 강화하여 정신질환자들의 인권보호와 기존 수용 중심 정책에서 지역사회 인프라를 활용한 탈수용화를 유도하고자 하였다.
- 포괄적인 정신질환자의 개념을 축소하여, 비자의입원 대상을 '입원치료가 필요한 (중증)정신질환자'이면서 '자 · 타해 위험성' 요건이 모두 충족된 경우로 강화하였다.
- 입원을 위한 진단요건에서 정신건강의학과 전문의 1인의 진단만으로 가능했던 기존의 규정을 국공립병원 또는 지정기관의 전문의 1인을 포함하여 2인의 전문의의 일치된 소견을 필수요건으로 하였다.

② 정신질환자를 위한 복지서비스 지원 강화

- 정신질환자의 능력과 특성에 적합한 직업훈련, 직업지도 및 일자리 창출, 창업지원 등을 통해 정신질환자가 자신의 능력을 최대한 활용하여 직업생활을 할 수 있도록 하였다.
- 국가 및 지방자치단체는 정신질환자들이 지역사회에 안정적인 거주와 치료를 위한 시책을 강구하도록 하였다.
- 정신건강증진시설에서 퇴소 및 퇴원이 필요한 정신질환자에 대하여 지역사회

통합지원을 위한 노력을 규정하였다.

- 국가 및 지방자치단체는 정신질환자들이 잠재적인 능력을 최대한 발휘할 수 있도록 적합한 서비스의 개발과 연구지원체계를 구축하도록 하였다.

표 3-3 ···「정신건강복지법」에서 알아 두어야 할 관련 용어(제3조 정의)

- **정신건강증진사업(과거: 정신보건사업)**

  이는 정신건강 관련 교육 · 상담, 정신질환의 예방 · 치료, 정신질환자의 재활, 정신건강에 영향을 미치는 사회복지 · 교육 · 주거 · 근로 환경의 개선 등을 통하여 국민의 정신건강을 증진시키는 사업을 말한다.

- **정신건강복지센터(과거: 정신건강증진센터, 정신보건센터)**

  이는 정신건강증진시설, 「사회복지사업법」에 따른 사회복지시설, 학교 및 사업장과 연계체계를 구축하여 지역사회에서의 정신건강증진사업 및 정신질환자 복지서비스 지원사업을 행하는 기관 또는 단체를 말한다.

- **정신건강증진시설(과거: 정신보건시설)**

  이는 정신의료기관, 정신요양시설 및 정신재활시설을 말한다.
  - 정신의료기관이란 주로 정신질환자들이 치료를 목적으로 설치된 정신병원 또는 의원, 정신건강의학과를 말한다.
  - 정신요양시설이란 정신질환자를 입소시켜 요양서비스를 제공하는 시설을 말한다.
  - 정신재활시설이란 정신질환자 또는 정신건강상 문제가 있는 사람의 사회적응을 위한 각종 훈련과 생활지도를 하는 시설을 말한다.

출처: 법제처 국가법령정보센터 홈페이지.

2. 정신건강복지법의 구성과 주요 내용

1) 정신건강복지법의 구성

전면 개정된 「정신건강복지법」은 정신질환자의 인권보호를 위해 강제입원(비자의입원) 제도를 개선하고, 정신질환으로 인한 차별 해소 및 정신건강증진, 복지서비스 제공의 근거를 마련했다는 점에서 큰 의미를 찾을 수 있다.

이 법은 총 8장 89조로 되어 있으며, 주요 내용으로 강제입원 절차 개선, 정신질환자 차별 해소, 정신건강증진 및 복지서비스 근거 마련, 동의입원 신설 등이다. 「정신건강복지법」의 구성은 [그림 3-1]과 같다.

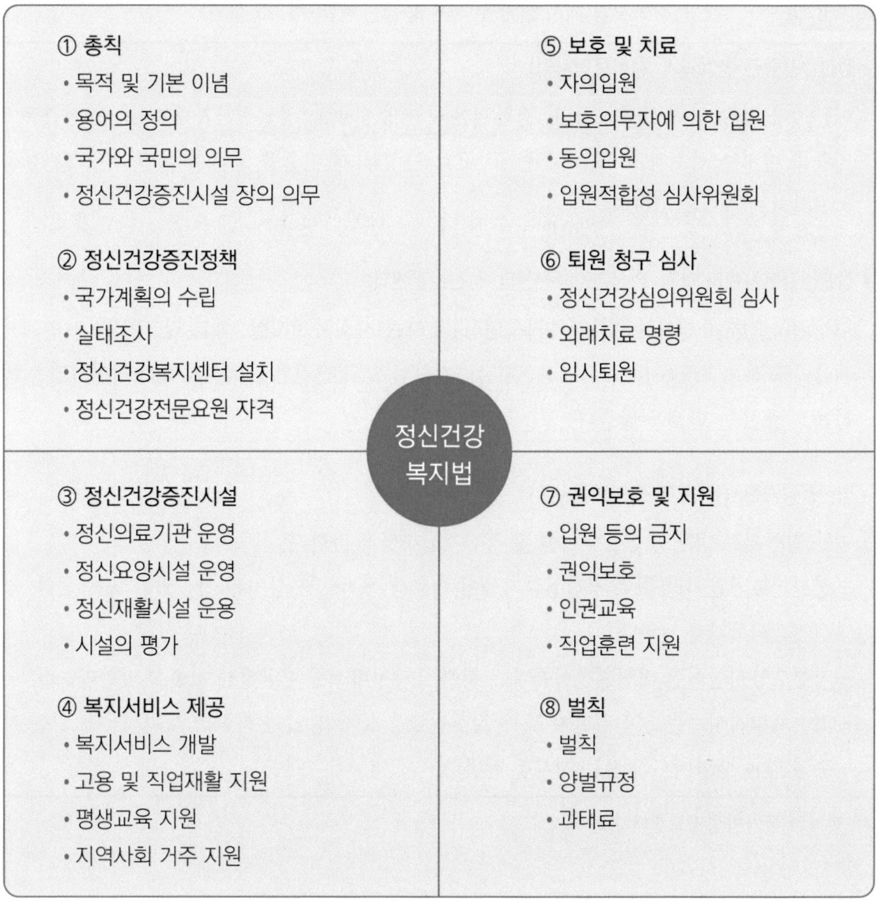

[그림 3-1] 「정신건강복지법」의 구성

2) 정신건강복지법의 주요 내용

「정신건강복지법」의 구성에서 볼 수 있듯이, 법안에는 많은 내용이 담겨 있다. 자세한 내용은 법제처 국가법령정보센터에서 확인할 수 있다. 여기서는 「정신건강복지법」상 입 · 퇴원 제도, 부당한 입원에 대한 인권보호조치를 중심으로 살펴보고자 한다(국립정신건강센터, 2018a; 김나은, 제철웅, 최기홍, 2020; 최희철, 천덕희, 2017).

(1) 정신건강복지법상 입 · 퇴원 제도

「정신건강복지법」상 입원제도는 다섯 가지 유형을 포함한다([그림 3-2] 참조). 자의입원과 동의입원은 환자 본인의 동의에 의해 이루어지며, 보호입원과 행정입원, 응급입원은 비자발적으로 이루어진다(김나은 외, 2020: 8-9).

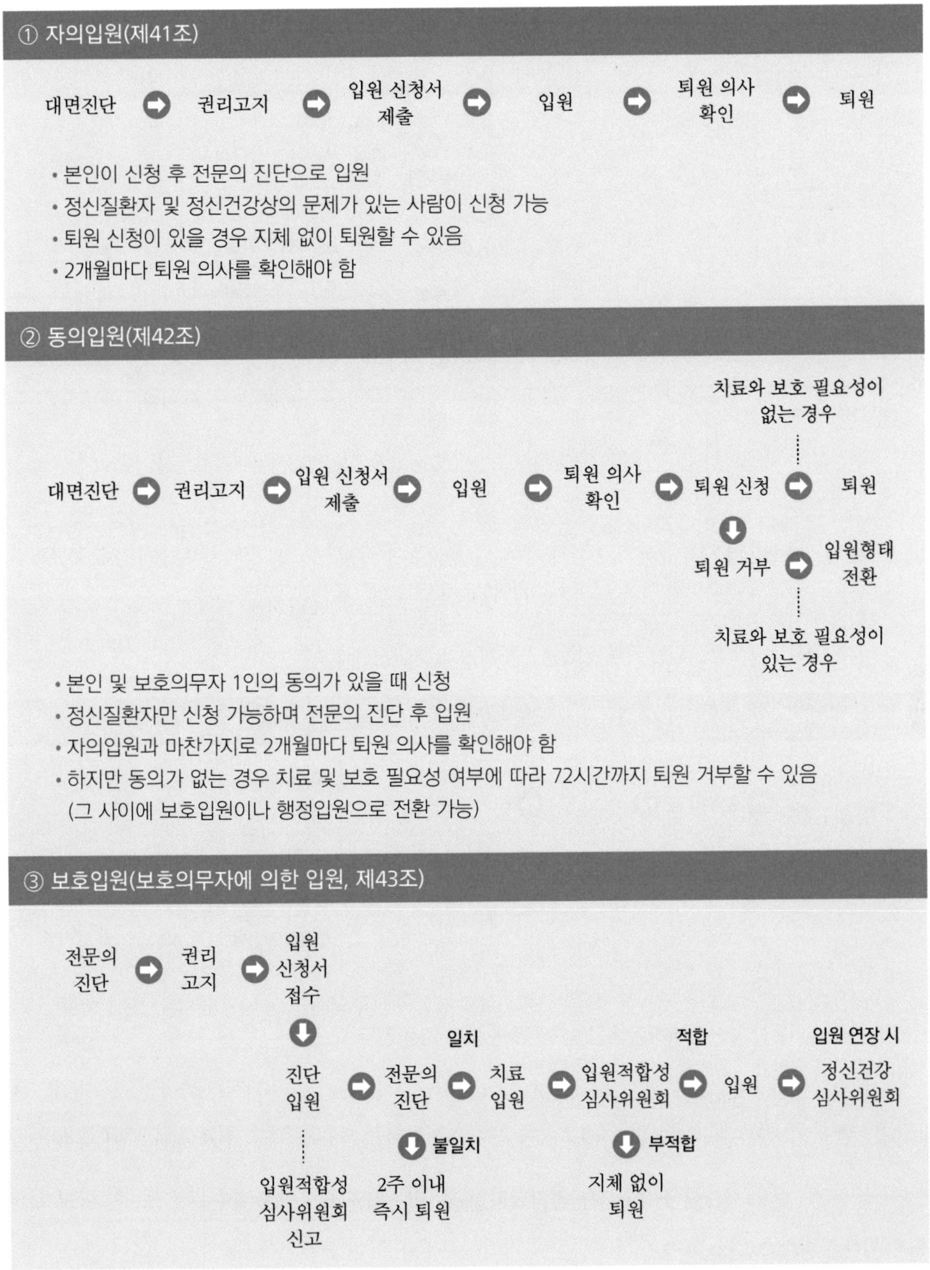

- 입원치료가 필요한 정신질환자가 자신이나 타인에게 해를 끼칠 위험이 있는 경우
- 전문의 권고와 보호의무자 2인 이상의 신청으로 2주 이내 진단을 위한 입원
- 입원 유지를 위해 2인의 전문의 진단 필요(서로 다른 기관의 전문의 2인의 일치된 소견)
- 입원 유지 시 3개월간 입원 가능, 연장을 위해서는 연장심사를 해야 함

④ 행정입원(특별자치시장 · 특별자치도지사 · 시장 · 군수 · 구청장에 의한 입원, 제44조)

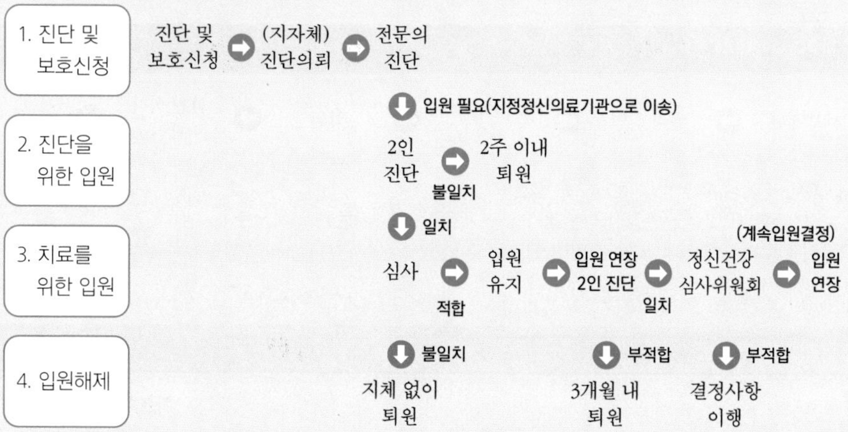

- 정신질환자가 자신이나 타인에게 해를 끼칠 위험이 있는 경우 정신건강전문요원 또는 전문의의 진단 및 보호신청
- 정신질환자가 자신이나 타인에게 해를 끼칠 위험이 있는 경우 경찰관이 정신건강전문요원 또는 전문의에게 진단 및 보호신청 요청
- 전문의 진단 결과에 따라 지정정신의료기관에 2주 이내의 진단을 위한 입원
- 입원 유지를 위해 2인의 전문의 진단 필요
- 입원 유지 시 3개월간 입원 가능, 연장을 위해서는 연장심사를 해야 함

⑤ 응급입원(제50조)

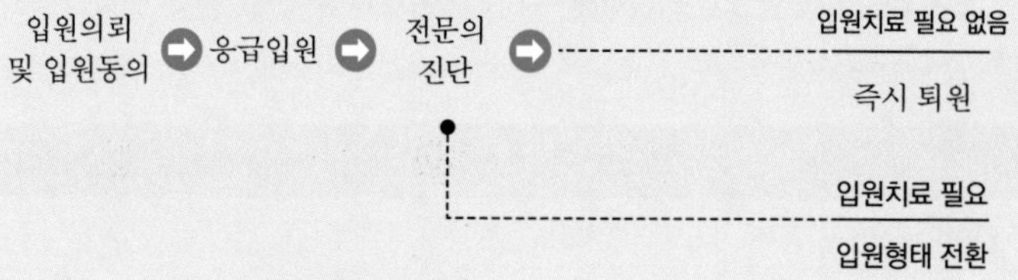

- 정신질환자로 추정되는 사람이 자신이나 타인에게 해를 끼칠 위험이 크고, 다른 입원절차를 진행할 시간적 여유가 없이 급박하게 응급 입원치료를 해야 하는 경우
- 의사와 경찰관의 동의를 받아 입원의뢰 가능
- 경찰관 또는 구급대원의 정신의료기관 호송 가능
- 72시간 이내 입원(공휴일 제외)이며 전문의 진단 후 퇴원 여부 결정(계속입원 필요시 입원형태 전환)

[그림 3-2] 「정신건강복지법」 상 입 · 퇴원 제도의 흐름도

출처: 김나은 외(2020), pp. 8-9.

(2) 부당한 입원에 대한 인권보호 조치

① 자의입원과 전문가 진단에 의한 입원의 원칙

누구든지 응급입원의 경우를 제외하고는 정신건강의학과 전문의의 진단에 의하지 아니하고 정신질환자를 정신의료기관에 입원시키거나 입원을 연장할 수 없다.

② 강제입원(비자의입원)의 입원기간 제한

자의입원을 제외한 비자의입원의 경우 그 필요성이 인정된다 하더라고 인권을 침해할 소지가 있으므로 입원형태에 따라 입원기간을 제한하고 있다. 보호자에 의한 입원은 3개월이고, 행정입원의 경우는 2주간의 입원을 인정하고, 계속입원이 필요한 경우 3개월간 연장할 수 있으며, 응급입원은 3일로 제한하고 있다.

③ 퇴원심사 청구제도

정신의료기관에 입원 중인 자 또는 그 보호의무자는 특별자치시장 · 특별자치도지사 · 시장 · 군수 · 구청장에게 자신 또는 당해 입원환자의 퇴원 또는 처우개선을 청구할 수 있다. 또한 청구내용은 지체 없이 소관 정신건강심사위원회에 회부하여 심사해야 한다. 심사를 할 때는 청구인과 그가 입원하고 있는 정신의료기관의 장의 의견을 들어야 한다. 심사결과 및 이에 따른 조치내용을 청구서 접수일로부터 15일 이내에 서면으로 청구인에게 통지해야 한다.

④ 병동 내 환자 인권보호 조치

- **특수치료의 제한:** 정신질환자에게 필요한 특수치료(전기충격요법, 인슐린혼수요법 등)는 본인과 보호자의 동의를 얻어 제한적으로 사용한다.
- **통신과 면회의 자유 제한의 금지:** 치료 목적의 경우에 통신과 면회의 자유를 최소한으로 제한하여야 한다.
- **수용 및 가혹행위의 금지:** 정신질환자를 의료보호 할 수 있는 시설 외의 장소에 수용해서는 안 되며, 어떠한 폭행이나 가혹 행위를 해서는 안 된다.
- **격리 등 제한의 금지:** 신체적 제한을 가하는 것은 치료와 보호 목적으로 최소한으로 시행되어야 한다.

- **작업치료:** 정신질환자의 상태를 고려하고, 본인의 동의를 받아 치료, 재활, 사회적응에 도움이 되는 단순 작업을 시킬 수 있다. 정신건강의학과 전문의의 지도를 받아야 한다.

⑤ 인권교육의 의무화

정신건강증진시설의 장과 종사자는 인권에 관한 교육을 받아야 한다. 보건복지부 장관은 인권교육을 위하여 인권교육기관을 지정할 수 있다. 또한 관련 시설장과 종사자는 직무상 알게 된 다른 사람의 비밀을 누설해서는 안 된다.

3) 정신건강복지법의 강조점

「정신건강복지법」에서 강조하는 사항은 다음과 같다(김나은 외, 2020: 7-10).

첫째, 정신질환자의 부당한 입원 방지와 권리보호를 위해 비자의입원에 대한 공적인 개입을 강화하였다. 대면조사 신청권에 대한 권리고지 및 서면확인 절차를 도입했고, 보호입원 및 행정입원(시장 · 군수 · 구청장에 의한 입원)에서 환자를 관리하는 병원을 국가기구가 관리하고 감독하도록 하였다. 또한 입원적합성심사위원회를 설치하여 입원이 적절한지를 심사하도록 함으로써 입원의 합법적 근거를 부여하였다. 즉, 입원에서 퇴원까지의 과정에서 책임과 권한이 1차적으로 국가 및 지방자치단체에 있음을 명시하고, 정신의료기관 등의 장은 그 권한을 위임받은 것으로 규정하였다.

둘째, 독립된 국가적 입원심사기구 시스템을 도입하였다. 최초 입원심사기구로서 독립된 의료심사기구인 입원적합성심사위원회를 설치했고, 계속 입원심사기구로 정신건강심사위원회를 유지하여 입원심사기구를 이원화하였다. 그리고 법원 인권보호 청구를 과거와 같이 유지하여 독립된 사법심사기구로 기능할 수 있기 때문에 사실상 의료심사기구와 사법심사기구를 모두 갖추었다고 할 수 있다. 이는 비자의입원의 권한 소재를 명확히 하여 비자의입원의 결정이 적법성을 갖추지 못할 때, 국가 및 지방자치단체, 그 외 책임 있는 정신의료기관 및 위원회 등이 법적 책임의 대상이 되도록 하는 정책적 의미가 있다고 하겠다(제철웅, 2017).

셋째, 정신장애인에 대한 차별적, 권리 제한적 내용을 담았던 「정신보건법」과 비교할 때, 「정신건강복지법」은 우리나라의 정신건강 관련 법을 정신장애인복지법으로 전환했다는 의미가 있다. 구체적으로, 정신질환자에 대한 주거·고용·평생교육·복지서비스 등을 지원하는 조항이 포함되었다. 정신질환자의 자기결정권, 절차참여권, 도움을 받을 권리 등 각종 권리를 보장하도록 하는 조항도 신설·강화되었다. 이로써 「정신건강복지법」은 사회 구성원을 보호하고자 하는 치안입법적 성격, 정신질환자의 치료 및 재활을 목적으로 하는 의료입법적 성격에서 한발 더 나아가 국민 모두의 정신건강증진 및 정신장애인의 복지를 중요하게 고려하는 복지입법적 성격을 갖추게 되었다.

3. 법에 근거한 정신건강종합대책

1) 국가 정신건강종합대책 수립의 배경

우리 정부는 2012년에 '정신건강증진 종합대책'을 수립·발표한 바가 있으나, 구체적인 실행계획이 부족하여 정신건강 문제를 체계적으로 관리하지 못하였다. 이에 정부는 2016년에 정신건강증진을 강조하는 세계적 흐름과 우리 사회의 정신건강 문제의 심각성을 받아들여 관계부처 합동회의를 개최하는 등 보다 실행력 있는 정신건강 종합대책을 수립·발표하였다. 국가가 나서서 5년마다 정신건강사업계획을 수립하는 것은 「정신건강복지법」에 규정된 국가의 공적인 의무이다.

우리 정부가 정신건강종합대책을 수립한 이유는 크게 두 가지이다. 첫째, 우리 국민의 정신건강 수준이 크게 위협받고 있기 때문이다. 최근 정신건강과 관련한 사회적 요구가 지속적으로 증가해 왔지만 일반 국민의 정신건강서비스 이용률은 매우 저조한 편이다. 국민들의 정신건강서비스에 대한 인지도가 낮을 뿐 아니라, 정신질환에 대한 뿌리 깊은 편견으로 서비스 이용에 소극적인 태도를 보이고 있다. 국민의 낮은 행복지수, 높은 스트레스, 약한 사회적 지지망으로 인한 정신건강의 위험성을 조기에 차단하고 정신건강증진을 도모하기 위해서는 정부의 체계적인 정신건강종합대책이 필요하다.

표 3-4 ··· 우리 국민의 정신건강 현주소

- OECD에서 제시한 삶의 만족도 지수에서 우리나라는 5.8점(OECD 평균 6.6점)으로 34개국 중 27위(2014년 기준)로 나타남
- 전체 국민 4명 중 1명(25%)은 전 생애에 걸쳐 한 번 이상 우울, 불안 등 정신건강 문제를 경험하고 있음(2016년 기준)
- 정신건강 문제 발생 시 약 15%만이 정신건강서비스를 이용하며, 최초 치료가 이루어지기까지 약 1.61년이 소요됨
- 일반 국민 중 68%가 지역사회 정신건강서비스를 알지 못함
- 질병에 따른 사회적 비용은 연령이 낮을수록, 질환이 만성화될수록 높아짐. 정신질환의 경우 질병으로 인한 사회경제적 비용은 연간 약 8.3조 원이며, 계속 증가 추세에 있음

출처: 관계부처합동(2016), p. 2.

둘째, 중증 정신질환자 관리를 비롯하여, 중독 및 자살 문제가 사회적으로 심각하게 나타나고 있기 때문이다. 초발 또는 급성 정신질환자를 조기에 집중적으로 치료하여 입원의 장기화를 막고, 직업훈련과 직업지도를 통해 경제활동에 참여할 수 있는 기회를 확대할 필요가 있다. 알코올, 인터넷, 도박, 마약 등의 중독문제와 자살문제가 심각한 수준이며, 이로 인해 막대한 사회경제적 비용이 요구되고 있다. 따라서 정부는 이러한 정신건강 문제에 적극 대응하기 위해 정신건강종합대책을 수립하고 강력한 리더십으로 정책을 추진해야 하는 상황이다.

2) 정신건강종합대책의 비전과 정책목표

「정신건강복지법」에 근거해서 정부가 2021년부터 2025년까지 추진하는 정신건강종합대책(즉, 국가정신건강증진사업)의 정책 목표와 추진 전략은 [그림 3-3]과 같다.

정부는 국가정신건강증진사업의 정책 영역을 5가지로 정하고, 그에 따른 추진 방향과 전략을 제시하고 있다. 5가지 정책 영역으로는 정신건강 예방 및 조기개입, 정신질환 치료 및 보호, 정신질환 사회통합 및 회복, 정신건강서비스 전달체계, 정신건강서비스 질 개선 등이다. 이러한 정책 영역별 목표와 전략들은 정부가 수립한 대책이 전 국민의 정신건강증진은 물론, 정신질환자의 치료, 회복, 사회통합을 포괄적으로 추진하여 삶의 질을 향상시키는 데 집중하고 있다는 점을 보여 준다.

정책 목표	1. **스스로 정신건강을 예방하고 관리할 수 있도록 국가가 지원하겠습니다.** 2. 안정적인 응급대응체계 구축과 인권 중심 정신질환 치료서비스를 통해 안전한 정신건강서비스를 제공하겠습니다. 3. 지역사회에서 모두가 행복할 수 있는 정신건강서비스를 제공하겠습니다. 4. **지역의 정신건강복지 사회안전망을 구축하여 통합적인 정신건강서비스를 제공하겠습니다.** 5. 정신건강서비스의 전문성을 강화하여 질 높은 정신건강서비스를 제공하겠습니다.

정책 영역	추진 방향 및 전략
정신건강 예방 및 조기개입	1. 정신건강에 대한 올바른 정보 제공 2. 생애주기별 정신건강서비스 제공 3. 24시간/7일 정신건강서비스 제공
정신질환 치료 및 보호	1. 안정적 응급대응체계 구축 2. 초기 조현병의 만성화 예방과 회복을 위한 인프라 구축 3. 인권과 치료를 위한 입원제도 개선 4. 적극적 치료와 장기입원 억제를 위한 정신의료기관 기능 개편
정신질환 사회통합 및 회복	1. 주거 등 정신재활시설 인프라 확충 2. 정신질환자를 위한 복지서비스 강화 3. 권익옹호와 인권보장을 위한 제도 강화
정신건강서비스 전달체계	1. 국민을 위한 정신건강복지 인프라 강화 2. 지역사회 정신건강안전망 구축
정신건강서비스 질 개선	1. 정신건강증진시설 및 정신건강복지센터 인력 및 시설 기준 개선 2. 정신건강복지서비스 제공 인력 확충 및 역량강화 3. 정신건강데이터 질 개선 및 정신건강복지 연구개발 강화

[그림 3-3] 국가정신건강증진사업의 정책 목표 및 추진 전략

출처: 한국보건사회연구원(2019), p. 417.

3) 국가정신건강증진사업의 기본 원칙

정부에서 추진하는 정신건강증진사업의 기본 원칙은 다음과 같다.

- 전체 국민을 대상으로 정신건강증진과 예방, 정신건강에 우호적인 환경을 조성한다.
- 지역사회 인프라 강화-정보시스템-협력체계 구축을 통해 서비스 접근성을 확보한다.

- 국가정신건강증진사업의 리더십을 강화한다.
- 정확한 정보와 근거를 기반으로 정신건강 정책과 사업을 수행한다.

이러한 원칙을 통해서 국가정신건강증진사업은 전체 국민의 정신건강을 증진하려는 장기적 목적을 지향하고 있음을 분명히 알 수 있다. 이를 위해 지역사회정신건강 인프라를 확충하여 예방, 치료, 재활, 사회통합에 이르는 전 과정에서 공적인 리더십을 발휘하고, 근거 중심의 정신건강 정책을 바탕으로 다양한 정신건강증진사업을 추진하려는 의지를 확인할 수 있다.

4. 법에 근거한 정신질환자의 권리

1) 정신질환자의 자기결정권

「정신건강복지법」에는 다음과 같이 '정신질환자의 자기결정의 권리(자기결정권)'가 명시되어 있다. 정신장애인의 자기결정권은 자신과 관련된 사항에 대해 자발적으로 동의하고 결정할 권리, 자유롭게 의사를 표현할 권리, 그리고 서비스를 거절할 권리 등을 포함한다.

> 제2조 ⑤ 정신질환자에 대해서는 입원 또는 입소가 최소화되도록 지역사회 중심의 치료가 우선적으로 고려되어야 하며, 정신건강증진시설에 **자신의 의지에 따른 입원 또는 입소**가 권장되어야 한다.
>
> 제2조 ⑦ 정신질환자는 원칙적으로 자신의 신체와 재산에 관한 사항에 대하여 **스스로 판단하고 결정할 권리**를 가진다. 특히 주거지, 의료행위에 대한 동의나 거부, 타인과의 교류, 복지서비스의 이용 여부와 복지서비스 종류의 선택 등을 **스스로 결정할 수 있는 자기결정권**을 존중받는다.
>
> 제2조 ⑧ 정신질환자는 자신에게 법률적 · 사실적 영향을 미치는 사안에 대하여 스스로 이해하여 **자신의 자유로운 의사를 표현**할 수 있도록 필요한 도움을 받을 권리를 가진다.

이러한 자기결정권이 보장되기 위해서는 우선 정신질환자의 자발적 의지에 반하는 강제입원 혹은 강제입소가 원칙적으로 금지되어야 한다. 가능한 한 자발적 동의에 따른 자의입원을 권장하고, 예외적으로 꼭 필요한 경우에 한해서만 동의입원, 보호입원, 행정입원, 응급입원의 절차를 적법하게 밟아 시행해야 한다. 비자의입원의 경우 정신질환자에게 진행 상황을 충분히 설명하고, 증상으로 인한 의사결정력의 손상 여부 및 손상 정도를 최대한 존중하여 동의를 구하는 노력이 필요하다. 보호의무자의 일방적인 동의결정을 따르거나, 법안에 명시된 입원청구 및 퇴원청구 절차를 소홀히 하여 정신질환자의 자기결정권을 침해하지 않도록 유의해야 한다.

또한 성년후견인제도를 활성화하여 그들이 부양의무자(보호의무자)에 우선하여 입원이나 입소, 퇴원이나 퇴소 결정에 동의하도록 하여 가족 간 불화나 재산문제로 인한 부적절한 입·퇴원 문제가 발생하지 않도록 합리적으로 해결하는 노력이 필요하다. 정신질환자가 자신의 신체와 재산, 주거지, 의료행위, 타인과의 교류 등과 관련해 자신의 의사를 자유롭게 표현하고, 중요한 의사결정 과정에 적절한 도움을 받을 수 있도록 지원해야 한다.

2) 정신질환자의 절차 참여권

「정신건강복지법」에는 다음과 같이 '정신질환자의 절차 참여권'이 명시되어 있다.

제2조 ⑨ 정신질환자는 **자신과 관련된 정책의 결정과정에 참여할 권리**를 가진다.

제6조 ③ 정신건강증진시설의 장은 정신질환자 등의 치료, 보호 및 재활 과정에서 **정신질환자 등의 의견을 존중**하여야 한다.

제15조 ④ 정신건강복지센터의 장은 정신건강증진사업 등의 제공 및 연계사업을 수행하기 위하여 정신질환자를 관리하는 경우에 **정신질환자 본인이나 제39조에 따른 보호의무자의 동의**를 받아야 한다.

제68조 ① 누구든지 제50조에 따른 응급입원의 경우를 제외하고는 정신건강의학과 전문의의 **대면진단**에 의하지 아니하고 정신질환자를 정신의료기관 등에 입원 등을 시키거나 입원 등의 기간을 연장할 수 없다.

정신질환자의 절차 참여권은 다양하게 나타날 수 있다. 우선, 법에서 규정한 입원이나 입소 과정, 퇴원이나 퇴소 과정에서 절차상 요구되는 본인의 의견을 제시할 수 있다. 또한 정신건강증진시설에서 치료나 재활 목적으로 제공되는 활동과 관련하여, 자발적으로 동의 혹은 거부 의사를 밝히고, 언제든지 불편함이나 개선사항을 자유롭게 표현할 수 있다.

절차상 참여권을 보장할 때 중요한 것은 원칙적으로 정신질환자를 대면하여 처리해야 한다는 것이다. 「정신건강복지법」에는 정신질환자의 입원이나 입소, 퇴원이나 퇴소, 그리고 퇴원청구 절차의 이행이나 심사 및 재심사 과정, 치료 및 재활 프로그램 참여, 사회적응훈련의 참여와 같은 모든 과정에서 가능한 한 정신질환자를 대면하여 진단하고 상담하는 것을 원칙으로 하고 있다. 대면 접촉을 통해 의견을 청취할 뿐 아니라, 그 의견을 존중하고, 일부 예외적 상황에 한해 서면이나 보호의무자의 의견을 들어 처리하도록 규정하고 있다. 정신건강사회복지사들은 이 점을 유념하여 정신질환자가 자신과 관련된 중요한 의사결정 과정에 직접 참여할 수 있도록 권유하고 지원할 필요가 있다.

3) 정신질환자의 복지서비스 요구권

「정신건강복지법」에는 다음과 같이 '정신질환자의 복지서비스 요구권'이 명시되어 있다.

> 제2조 ⑦ 정신질환자는 원칙적으로 자신의 신체와 재산에 관한 사항에 대하여 스스로 판단하고 결정할 권리를 가진다. 특히 주거지, 의료행위에 대한 동의나 거부, 타인과의 교류, **복지서비스의 이용 여부와 복지서비스 종류의 선택** 등을 스스로 결정할 수 있는 자기결정권을 존중받는다.
>
> 제69조 ① 누구든지 정신질환자이거나 정신질환자였다는 이유로 그 사람에 대하여 **교육, 고용, 시설 이용의 기회**를 제한 또는 박탈하거나 그 밖의 불공평한 대우를 하여서는 아니 된다.

정신질환자가 지역에서 제공받을 수 있는 복지서비스 유형에는 고용 및 직업재활 지원(제34조), 평생교육 지원(제35조), 문화·예술·여가·체육활동 등 지원(제36조), 지역사회 거주·치료·재활 등 통합지원(제37조), 가족에 대한 정보제공과 교육(제38조) 등이다. 이와 관련하여 국가와 지방자치단체는 정신질환자에게 적합한 복지서비스를 적극 개발하기 위해 연구지원체계를 갖추어야 한다고 명시하고 있다(제33조).

정신질환자가 인간으로서의 존엄과 가치를 보장받기 위해서는 최적의 치료를 받을 권리와 함께 복지서비스 요구권이 확보되어야 한다. 다양한 복지서비스를 통해 정신질환자의 지역사회 생존과 통합에 필요한 생활여건을 확충해 갈 수 있다. 이 복지서비스 요구권(법안 제4장 복지서비스 제공)은 「정신건강복지법」이 치안입법적 성격이나 의료입법적 성격을 뛰어넘어 복지입법적 성격으로 전환되었다는 사실을 보여 주는 대목이다.

앞으로 복지서비스 요구권이 현실화되려면 국립정신건강센터(센터 내 정신건강연구소 등)와 광역정신건강복지센터가 주축이 되어 당사자인 정신질환자들의 서비스 욕구를 체계적으로 파악하는 노력이 중요하다. 아울러 정신질환자 개인이나 단체(정신장애인연대 등)가 이러한 서비스를 직접 요청하고 요구할 수 있는 제도적 정치를 마련하고, 이에 공감할 수 있는 사회적 분위기를 조성할 필요가 있다.

5. 정신건강복지법 시행에 대한 평가와 향후 과제

1) 법 시행에 대한 평가

2017년부터 「정신건강복지법」이 시행되면서, 그 효과가 긍정적이라는 평가와 함께 여전히 심각한 한계가 있기 때문에 개정해야 한다는 의견이 있다(이은환, 김욱, 2018).

법 시행의 긍정적 측면은 정신의료기관과 정신요양시설의 비자의입원 및 비자의입소자의 비중이 감소했다는 주장이다. 즉, 정신의료기관과 정신요양시설의 전체 입원 및 입소자 수는 이 법 시행 후인 2017년 6월 23일 76,678명으로 법 시행 전인 2016년 12월 31일 79,343명이었던 것에 비해 2,665명이 감소하였다. 특히 자의

입원 · 입소의 비중이 53.9%로 그전과 비교하여 18.3%가 높아졌다. 이 효과는 「정신건강복지법」에서 강화한 입원요건으로 인해 정신질환자 스스로 입원을 결정하는 경우가 늘고 있기 때문으로 볼 수 있다.

반면, 부정적인 입장에서는 입원요건을 한층 까다롭게 하여 정신질환자가 적기에 치료받을 수 있는 기회를 차단하고 있다는 주장이다. 법에서는 비자의입원을 원칙적으로 금하고 있고, 꼭 필요한 경우에는 보호의무자 2인의 동의와 서로 다른 기관의 정신건강의학과 전문의 2인의 동의를 요구하기 때문에 이러한 절차를 제대로 이행하기가 어렵다는 것이다. 또한 자의입원 · 입소의 비중이 높아진 것은 그동안 비자의입원 형태로 있던 상당수의 정신질환자들이 동의입원 · 입소의 형태로 전환했기 때문으로 보고 있다. 향후 진행 과정을 지켜보면서, 정신질환자들이 적기에 원만하게 치료받을 수 있도록 입원제도의 보완이 필요하다는 입장이다.

2) 법과 정책 발전을 위한 향후 과제

앞으로 「정신건강복지법」이 국가 정신건강 정책의 법적 근거로 자리를 잡고, 이 법에 근거하여 다양한 사업이 제대로 시행되기 위해서는 다음과 같은 사항이 개선되어야 한다.

(1) 정신질환자의 사회복귀를 위한 지역 인프라의 확충

현재 정신질환자들을 지원하기 위한 지역 정신재활시설이 기존 환자들조차 수용하기 어려운 상황일 뿐 아니라, 새로 유입되는 환자들을 위한 공간으로 턱없이 부족한 실정이다. 퇴원이나 퇴소하는 정신질환자를 위한 정신재활시설의 수용역량은 1~2%에 불과하다. 이러한 상황에서 「정신건강복지법」이 강조하는 지역 중심의 치료 및 재활 여건조성은 이루어지기 어렵다. 따라서 환자의 자유로운 의사결정에 따른 입 · 퇴원제도가 정착되고, 진정한 탈원화(탈수용화)가 이루어지려면 국가 및 지방자치단체가 나서서 정신질환자들이 이용할 수 있는 소규모의 정신재활시설을 확충해야 한다. 정신건강 인프라(정신재활시설, 주거지원을 위한 시설과 사업)를 확충하는 과제는 향후 국가 정신건강 정책에 적극 반영되어야 한다.

(2) 복지서비스의 개발과 제공 확대

「정신건강복지법」에는 정신질환자를 지원하기 위한 복지서비스 관련 조항이 크게 강화되었다. 국가 및 지방자치단체는 정신질환자에게 적합한 복지서비스를 개발하고, 지역에서 다양한 복지서비스를 제공하도록 하고 있다. 그러나 구체적으로 복지서비스 개발의 주체는 누구이고, 어떤 절차를 통해 연구가 수행되는지에 대해서는 분명한 규정이 없다. 정부 차원에서는 국립정신건강센터 내에 설치된 정신건강연구소를 통해 전국 단위의 조사가 가능하며, 지방자치단체에서는 광역정신건강복지센터를 중심으로 자체 혹은 위탁 연구가 가능할 것이다. 앞으로 정신질환자를 위한 복지서비스가 확대되려면 ① 당사자인 정신질환자와 가족의 욕구를 충분히 파악하고, ② 현재 추진되고 있는 커뮤니티 케어 사업과 연계하여 다양한 돌봄을 제공하며, ③ 지역의 다양한 복지자원을 활용하는 노력이 요구된다.

(3) 장애인복지법과의 연계

「정신건강복지법」에는 국가나 지방자치단체가 정신건강 정책과 사업을 계획할 때 「장애인복지법」 제10조의2에 따른 장애인정책 종합계획과 연계하도록 권고하고 있다(제7조 제5항). 또한 이 법은 2014년 UN 장애인권리위원회(UN Committee on the Rights of Persons with Disabilities)의 다음과 같은 권고사항(특히 둘째 및 셋째 사항)을 따르도록 하고 있다.

이러한 권고의 이유는 기존 「장애인복지법」의 적용대상에 정신장애인을 제한 혹은 제외시키고 있으며, 그러한 이유로 정신장애인들이 지역사회 내 다양한 복지서비스를 이용하지 못한다는 것이다. 현재 정신장애인(정신질환자)은 「정신건강복지법」에 따른 서비스만 이용할 수 있고, 「장애인복지법」에 의한 서비스는 이용하기 어려운 실정이다. 이와 같은 차별적 구조가 지속된다면 정신질환자에 대한 치료의 연속성과 지역에서의 재활 및 돌봄을 통한 사회복귀를 기대할 수 없다. 따라서 「장애인복지법」과 「정신건강복지법」은 서로 모순이나 충돌 없이 연계되어야 하며, 정신장애인도 다른 장애인과 마찬가지로 「장애인복지법」상의 다양한 서비스를 누릴 수 있어야 한다.

표 3-5 ••• UN 장애인권리위원회의 권고사항

첫째, 대한민국 정부는 장애 관련 법은 물론 모든 법률에 '장애'와 '장애인'에 대한 개념을 협약과 부합하도록 개정할 것을 권고한다. 또한 신체의 손상 정도에 따른 의학적 기준에 의한 '장애인등록제' 및 '장애인등급제'를 폐지하고 각 개인의 손상 조건과 그를 둘러싼 환경 등의 맥락에 따라 요구가 다를 수 있다는 점을 인정하여 개별적 맞춤형 서비스 판정체계의 마련을 권고하였다. 둘째, 대한민국 정부는 「헌법」에 규정된 장애인 관련 조항을 장애를 원인으로 하는 차별을 금지하는 내용으로 개정 또는 관련 조항을 추가하고, **'장애'의 범주에는 신체적, 정신적, 감각적 손상을 가진 사람을 포함하는 포괄적 개념**으로 개정할 것을 권고하였다. 셋째, 대한민국 정부는 **정신장애인**에 대한 차별적 조항인 「장애인복지법」 제15조를 폐지하여 **다른 장애인과 동등하게 「장애인복지법」상의 정책을 향유할 수 있도록 조치**할 것을 권고하였다. 넷째, 대한민국 정부는 협약상 모든 권리가 보장될 수 있도록 입법 · 사법 · 행정 등 모든 국가 관리의 담당자를 체계적이고 지속적으로 교육하는 프로그램을 마련하고, 장애인의 권리를 포괄적으로 규정하는 법률을 제정할 것을 권고하였다.

출처: 안이수(2019), pp. 241-242에서 재인용.

생각해 볼 문제

- 「정신건강복지법은」 어떤 성격의 법이고, 그 강조점이 무엇인지 학습한 후 함께 토의해 보자.
- 「정신건강복지법」상 정신장애인(정신질환자)의 권리와 그들이 누릴 수 있는 복지서비스는 무엇인지 관련 정보를 조사해 보고 발표해 보자.
- 정신질환자의 다섯 가지 입원형태를 알아보고, 자의입원이 왜 중요한지 그리고 현실적인 집행의 어려움과 한계는 무엇인지 생각해 보자.
- 정신장애인들이 지역에서 이용할 수 있는 복지서비스가 무엇인지에 대해 관심을 갖고, 우리 지역을 중심으로 구체적인 복지서비스를 조사해 보자.

제4장
정신건강서비스 전달체계, 예산 및 인력체계

정신건강사회복지는 1차적으로 「정신건강증진 및 정신질환자 복지서비스 지원에 관한 법률」(이하 「정신건강복지법」) 및 이 법에 기초한 정부와 지방자치단체의 정신건강 정책에 영향을 받는다. 그 외에도 정신건강사회복지의 제도적 기반으로 정신건강서비스 전달체계와 예산, 정신건강전문요원을 포함한 인력체계에 의해 영향을 받는다. 이에 제4장에서는 보건복지부 정신건강정책과 및 자살예방정책과에서 시작하여 시 · 도 및 시 · 군 · 구 보건소, 지역 정신건강증진시설로 이어지는 정신건강서비스 전달체계와 예산을 살펴본다. 그리고 정신건강 인력체계 및 정신건강 전문요원에 대해서도 살펴보고자 한다.

1. 정신건강서비스 전달체계

1) 정신건강서비스 전달체계의 흐름과 기능

우리나라 정신건강서비스 전달체계는 [그림 4-1]에서 보는 바와 같다. 중앙정부인 보건복지부가 업무를 총괄하며, 시 · 도를 거쳐 시 · 군 · 구 보건소 및 지역의 정신건강증진시설을 통해 정신질환자 및 가족, 지역 주민들에게 서비스가 전달된다.

구체적으로 보면, 보건복지부 산하에는 국립정신건강센터와 국립정신병원, 중앙정신건강복지사업지원단을 두고 있다. 시 · 도 산하에는 광역정신건강복지센터를 비롯하여 광역정신건강심의(심사)위원회, 지방정신건강복지사업지원단, 공립정신병원을 두고 있다. 시 · 군 · 구 산하의 보건소는 기초정신건강심의(심사)위원회를 비롯하여 정신재활시설, 정신요양시설, 중독관리통합지원센터, 기초정신건강복지센터, 정신의료기관을 두고 있다.

전달체계의 주요 기능은 정부가 수립한 정신건강 정책과 사업계획이 지역 단위로 내려가면서 본래 목적에 맞게 이용자들에게 효과적이고 효율적으로 서비스를 제공하는 데 있다. 전달체계가 안정적으로 갖추어져 있어야 직접 서비스 제공기관인

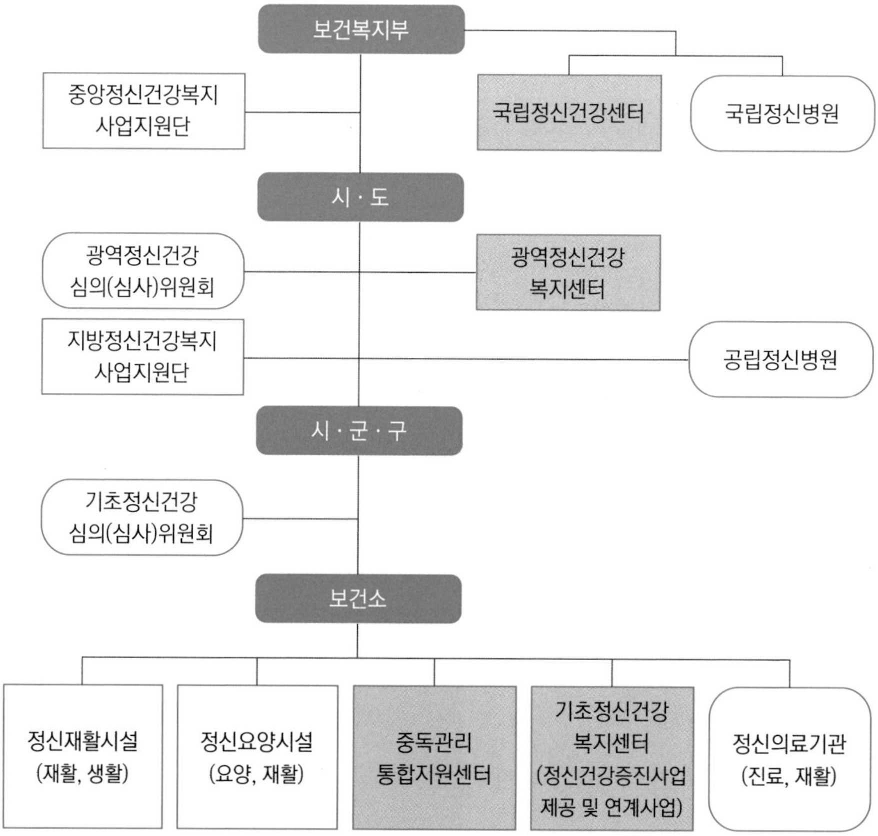

[그림 4-1] 정신건강서비스 전달체계

출처: 보건복지부(2020a), p. 4.

정신건강증진시설을 통해 최적의 서비스를 이용자에게 전달할 수 있다. 이용자에게 전달되는 정신건강서비스는 예방과 조기개입, 치료와 보호, 재활과 사회통합 등으로 이어지기 때문에 관련 기관 간 연계와 협력이 매우 중요하다(전진아, 강혜리, 2020).

이 책에서 정신건강서비스 전달체계와 관련하여, 우리나라 정신건강 정책을 입안하고 사업을 계획하는 보건복지부 행정부서와 지역의 서비스 이용자에게 직접 서비스를 제공하는 다양한 유형의 정신건강증진시설 및 관련 기관을 중심으로 살펴보고자 한다(보건복지부, 2020a).

2) 행정부서의 기능 및 정신건강증진시설 현황

(1) 보건복지부의 정신건강정책과와 자살예방정책과

보건복지부 산하 정신건강정책과에서는 우리나라 정신건강 관련 법안 및 제반 정책, 그리고 그에 따른 정신건강종합대책(국가정신건강증진 사업계획)을 수립하여 발표하는 기능을 수행하고 있다. 우리나라 정신건강 역사를 보면, 1991년부터 보건사회부(현 보건복지부) 내 질병관리과에서 정신건강 업무를 담당하기 시작하였다. 이어서 1997년에는 보건국 내에 정신보건과를 신설하였으며, 현재는 건강정책국 내 정신건강정책과로 변경되어 관련 업무를 담당하고 있다. 현재 정신건강정책과에서 수행하는 업무는 다음과 같다.

- 정신건강증진사업에 관한 종합계획의 수립 및 조정
- 정신건강에 관한 조사 및 연구
- 정신건강 관련 법령에 관한 사항
- 정신질환 예방과 정신질환자 치료 · 재활 · 권익보호지원 및 사회적 인식개선에 관한 사항
- 지역사회 정신건강증진사업의 조정 및 평가
- 국립정신건강센터 및 국립정신병원, 정신건강증진시설의 지원 및 육성
- 알코올 등 중독에 대한 치료 및 재활
- 정신건강전문요원의 양성 및 평가

- 절주를 위한 계획의 수립 및 실행
- 마약류중독자의 치료보호
- 마약류중독자에 대한 실태조사

자살예방정책과는 사회적으로 심각해지는 자살문제에 총체적으로 대응하기 위해 2018년에 보건복지부 건강정책국 내에 신설되었다. 이 부서에서는 자살이 개인의 문제가 아니라 국가적으로 해결해야 할 사회문제라는 인식을 바탕으로 자살예방정책을 수립하고, 각 부처와 지방자치단체를 비롯하여 자살예방 및 정신건강, 복지서비스를 제공하는 다양한 기관이 자살예방 관련 업무를 유기적으로 수행할 수 있도록 연계하고 지원한다. 현재 자살예방정책과에서 수행하는 업무는 다음과 같다.

- 자살예방에 관한 종합계획의 수립 및 조정
- 연도별 자살예방 시행계획에 따른 추진실적 평가에 관한 사항
- 자살의 원인분석 및 실태조사에 관한 사항
- 자살예방을 위한 조사·평가 및 연구에 관한 사항
- 자살예방 사업 및 프로그램의 개발
- 자살예방 관련 법령에 관한 사항
- 자살예방 관련 인식 개선 및 교육에 관한 사항
- 자살예방 전문 인력의 양성 및 지원에 관한 사항
- 자살 고위험군 발굴 및 대응체계 구축에 관한 사항
- 자살 고위험군 지원 및 사후관리에 관한 사항
- 자살자의 가족 지원에 관한 사항
- 자살과 관련한 언론 모니터링 및 자살유해정보 확산 예방에 관한 사항
- 지방자치단체 및 민간의 자살예방 사업 활성화 및 지원에 관한 사항
- 자살수단 관리 등 자살위험 해소를 위한 관계기관 간 협력체계 구축

(2) 정신건강증진기관 및 시설 현황

우리나라에는 광역정신건강복지센터 16개소, 기초정신건강복지센터 241개소,

중독관리통합지원센터 49개소가 설치되어 있다. 정신건강증진시설로는 정신의료기관 1,839개소, 정신재활시설 349개소, 정신요양시설 59개소가 운영되고 있다. 시·도 단위로 보면, 먼저 정신의료기관은 서울(민간 480개소, 국공립 11개소)이 가장 많고, 경기(민간 361개소, 국공립 8개소)가 그다음으로 많다. 정신재활시설은 서울(108개소), 경기(55개소), 대전(29개소), 충남(23개소) 순이며, 정신요양시설은 충남(10개소), 경기(6개소), 경북(5개소)의 순으로 분포되어 있다.

우리나라의 정신건강증진기관 및 시설 현황은 〈표 4-1〉과 같다.

표 4-1 ··· 정신건강증진기관 및 시설 현황 (단위: 개소, 2019. 12. 31. 기준)

구분	기관 수	주요 기능
정신건강복지센터	257	• 지역사회 내 정신질환 예방, 정신질환자 발견·상담·정신재활훈련 및 사례관리 • 정신건강증진시설 간 연계체계 구축 등 지역사회정신건강사업 기획·조정 • 광역 16개소, 기초 241개소
정신의료기관	1,839	• 정신질환자 진료, 지역사회 정신건강증진사업 지원
정신요양시설	59	• 만성 및 정신질환자 요양·보호
정신재활시설	349	• 병원 또는 시설에서 치료·요양 후 사회복귀 촉진을 위한 훈련 실시
중독관리통합지원센터	49	• 중독 예방, 중독자 상담·재활훈련
자살예방센터	42	• 정부 및 지방자치단체 자살예방사업 지원, 자살예방활동 지원
계	2,595	

출처: 국립정신건강센터(2020b), p. 9.

3) 광역정신건강복지센터 및 기초정신건강복지센터

정신건강복지센터는 지역에서 정신건강서비스를 제공하는 핵심 전달체계이다. 「정신건강복지법」 제15조(정신건강복지센터의 설치 및 운영)에 근거하여 정신건강증진시설, 「사회복지사업법」에 따른 사회복지시설, 학교 및 사업장과 연계체계를 구축하여 지역에서 정신건강증진사업 및 정신질환자 복지서비스 지원을 위한 사업을 수행하는 기관이다.

정신건강복지센터는 지역사회를 기반으로 하여 주민들의 정신건강 문제에 대한 통합적이고 지속적인 서비스 제공을 목적으로 하는 공공 정신건강증진 전문기관이다. 정신건강복지센터에서는 다음과 같은 가치와 리더십을 지향한다(〈표 4-2〉 참조).

표 4-2 정신건강복지센터의 가치와 비전

가치 (value)	• 리더십(leadership): 공공성에 기초한 책임 있는 전문적 지도력 • 전문성, 역량(competence): 지식과 수행능력에서 역량 있는 정신건강전문가 • 서비스 통합(integration): 협력과 연계를 통한 서비스 분절 극복 • 지역사회 기반(community-based): 예방, 증진, 회복을 위한 지역사회 중심 정신건강서비스 • 신뢰와 책임성에 기반한 지속적 사례관리
비전 (vision)	• 우리 지역 누구나 아는 오직 하나의 정신건강 전문기관이 된다. • 정신건강에 대한 인식과 민감성을 높여 정신건강 상태의 안녕을 돕는 기관이 된다. • 정신건강 문제를 조기발견하고 조기개입하여 전문서비스를 제공하는 기관이 된다. • 정신질환을 앓고 있는 사람들의 사회복귀를 촉진시키고 사회통합을 도모하는 기관이 된다.

출처: 보건복지부(2020a), p. 23.

(1) 설치와 운영

정신건강복지센터는 광역정신건강복지센터(이하 광역센터)와 기초정신건강복지센터(이하 기초센터)로 구분된다. 센터의 설치자는 국가 또는 지방자치단체장이다. 광역센터는 시 · 도별로 1개소, 기초센터는 인구 20만 명 미만의 시 · 군 · 구에 1개소 설치를 원칙으로 한다.

센터 운영은 직영형의 경우는 주로 보건소에 설치하며, 위탁형의 경우는 민간(정신건강증진시설, 비영리법인, 학교법인 등)에 위탁하여 운영할 수 있다. 센터의 효과적인 업무수행을 위해 운영위원회와 자문위원회를 구성하도록 되어 있다. 인력은 센터장, 부센터장, 상임팀장, 팀장, 팀원 등으로 구성된다.

(2) 사업내용

① 광역정신건강복지센터의 사업내용

광역센터의 기본 방향은 지역사회 내 통합적 정신건강서비스 및 자살예방서비스를 제공하기 위한 기반 구축, 지역특성을 반영한 사업체계의 구축, 지역사회정신건강사업을 위한 자문 및 지원 등이다. 광역센터의 주요 사업내용은 〈표 4-3〉과 같다.

표 4-3 ··· 광역정신건강복지센터의 주요 사업내용

- **지역사회 정신건강복지사업 및 자살예방사업 기획 및 수립**
  - 광역단위 정신건강사업 및 자살예방사업의 기획 및 수립
  - 국가 정책사업을 반영한 지역사회 정신건강사업 및 자살예방사업 기획 및 수립
- **지역사회 진단 및 연구조사 사업**
  - 지역사회정신건강에 대한 진단 및 연구조사
- **교육사업**
  - 지역사회 전문 인력의 교육 및 관리
- **네트워크 구축사업**
  - 지역사회 네트워크 구축 및 자원관리
  - 지역사회 재해(재난) 발생에 따른 네트워크 구축
- **인식개선사업**
  - 정신건강 및 자살문제 인식 개선을 위한 지역사회 홍보 및 사업 수행
- **지역특성화사업**
  - 지역특성 현황 분석 및 사업계획 수립
- **정신건강 위기상담 운영**
  - 위기상담 전화(1577-0199) 설치 및 운영
- **정신응급상황 대응체계 구축**
  - 위기상황 현장출동 및 현장대응 능력 구축(소방관, 경찰관과 연계)
- **응급개입팀 운영(24시간, 365일)**
  - 1개 팀 운영, 2인 1조 기준 3개 조 편성, 휴일 · 야간 근무

출처: 보건복지부(2020a), pp. 50-61.

② 기초정신건강복지센터의 사업내용

기초센터는 만성 정신질환자 및 가족, 도움이 필요한 지역 주민을 대면(접촉)하여 정신건강서비스를 제공하는 최일선의 현장이다. 기초센터의 사업내용은 〈표 4-4〉와 같다.

표 4-4 ··· 기초정신건강복지센터의 주요 사업내용

영역		주요 사업내용
1. 중증 정신질환 관리	시 · 군 · 구 차원	• 지역 주민센터, 지역사회복지관, 공공부문 사례관리 기관과의 신규발견 및 등록체계 활성화 • 전문성 향상을 위한 내 · 외부 슈퍼비전 체계 운영
	중증 정신질환 조기개입체계 구축	• 중증 정신질환의 조기발견과 조기개입을 통한 만성화 예방 및 회복 촉진 도모 • 초발중증 정신질환자 조기발견을 위하여 지역유관기관에 필요한 관련 정보 제공 • 초발중증 정신질환자에 특화된 사례관리서비스 또는 프로그램 운영
	개별적 서비스 계획의 수립과 제공	• 중증 정신질환자의 욕구에 기반한 개별적 서비스 계획 수립 및 제공 • 등록 중증 정신질환자에 대한 주기적인 사례회의 실시 • 사례관리 등록 및 운영 전반에 대한 매뉴얼 구비 • 개별서비스 계획 수립 시 소득, 의료비, 주거, 자활, 건강관리, 돌봄 등의 사회보장 욕구가 있는 경우 공공부문 사례관리 기관에 의뢰하여 지역사회서비스 연계
	위기개입 서비스 제공 및 위기대응체계 구축	• 중증 정신질환자의 증상과 연관된 자 · 타해 위험상황에 대한 위기개입 서비스 • 중증 정신질환자 위기개입을 위한 대응체계 구축 및 매뉴얼 구비 • 사례관리 중 위기개입으로 입원 연계된 대상자의 재원관리와 퇴원계획 수립에 참여 • 정신건강의학과적 증상으로 인해 자 · 타해 위험성이 있는 경우 집중, 위기, 응급 사례 등으로 구분하여 정신건강 및 사회보장에 대한 욕구를 평가
	포괄적 서비스 제공과 지역사회 네트워크 구축	• 중증 정신질환자의 다양한 서비스 요구도 충족을 위하여 사례관리 과정에서 다양한 지역 유관기관과의 긴밀한 협력체계 구축 • 등록 회원의 직업재활 욕구, 신체건강관리, 독립적 생활(주거 훈련 등)을 위한 유관기관 연계체계 가동
	정신건강심사위원회 업무 지원	• 입원연장 청구대상자에 대한 면접 평가 지원 • 퇴원명령 대상자에 대한 지역사회 연계 및 사례관리
	긴급지원 대상자 발굴	• 생계 곤란 등의 위기상황에 처한 경우에 지원
2. 자살예방	인식개선 사업	• 선택적 집단을 대상으로 하는 예방 및 교육사업 • 지식수준 향상을 위한 교육 및 인식개선 사업

	고위험군 조기발견 및 치료 연계	• 지역 네트워크 및 유관기관 연계 강화 • 자살 유족 지원체계 마련
	자살 위기대응 및 사후관리체계 마련	• 전화상담으로 연계된 자살위험군 사후관리 • 자살시도자 사후관리
	자살수단 접근차단	• 일산화탄소 중독 자살예방사업 • 농약안전보관함 보급 및 모니터링
3. 정신건강 증진	인식개선 사업	• 시·군·구 차원 – 선택적 집단을 대상으로 하는 예방 및 교육사업 – 지식수준 향상을 위한 교육 및 인식개선 사업
	고위험군 조기발견 및 치료연계 사업	• 아동·청소년 • 성인 및 노인 정신건강(우울, 불안 등) • 중독
4. 아동·청소년 정신건강 증진	지역사회 현황 파악 및 연계체계 구축	• 지역 유관기관 간 연계·협력을 통하여 통합적인 아동·청소년 정신건강복지서비스 제공체계 구축 • 관내 및 인근 아동·청소년 정신건강 관련 자원, 각급 초·중·고 및 직업·특수학교 현황 파악
	교육 및 홍보	• 아동·청소년 대상 • 교사 및 학부모 대상 • 지역사회 유관기관 대상 교육 및 정보 제공
	정신건강 문제 조기발견 및 사후관리서비스	• 정신건강 문제 조기발견 • 심층사정평가 • 사례관리(개인상담, 집단 프로그램 등) • 치료연계 및 진료(검사 및 치료)비 지원 • 지역사회서비스 투자사업(아동·청소년 심리지원서비스)과 연계
5. 재난 정신건강 지원	신속하고 표준화된 재난정신건강서비스 지원	• 심리지원 계획 및 지원체계 구축, 교육지원 • 현장 위기대응 및 현장 상담소 운영 • 고위험군 대상에 대한 정신의료기관 연계 및 관리

출처: 보건복지부(2020a), pp. 62-142.

4) 정신의료기관

「정신건강복지법」 제3조에는 정신의료기관이란 주로 정신질환자를 치료할 목적으로 설치된 기관으로, 「의료법」에 따른 의료기관 중 제19조 제1항에 따른 기준에 적합하게 설치된 정신병원과 의원 및 병원급 이상의 의료기관에 설치된 정신건강의학과로 규정하고 있다.

정신의료기관은 설립주체에 따라 국 · 공립 정신의료기관과 민간 정신의료기관으로 구분된다. 민간 정신의료기관은 그 규모와 형태, 서비스 내용 등에 따라 대학(종합)병원 정신건강의학과, 전문정신병원, 정신건강의학과 의원, 낮병원 등으로 구분된다. 정신의료기관은 급성 정신질환자를 입원치료 또는 외래치료함으로써 재활 및 사회복귀를 도모하려는 목적이 있다. 이러한 목적이 효과적으로 달성되려면 정신병원에 대한 사회적 편견과 장기입원의 문제가 해결되어야 한다. 여러 유형의 정신의료기관을 살펴보면 다음과 같다(권진숙 외, 2017: 121-124; 보건복지부, 2020a; 최희철, 천덕희, 2017: 268-271).

(1) 국 · 공립 정신의료기관

「정신건강복지법」 제21조에 국가와 지방자치단체는 국립 또는 공립의 정신의료기관으로서 정신병원을 설치 · 운영하도록 규정하고 있다. 또한 설치 시에는 지역적으로 균형 있게 분포되어야 하고, 정신질환자가 지역사회를 중심으로 관리되도록 하고 있다.

현재 우리나라에는 국립정신병원(국립정신병원, 국립춘천병원, 국립공주병원, 국립나주병원, 국립부곡병원 등)이 권역별로 설치되어 있다. 국립정신병원 이외의 병원들은 도립 또는 시립 정신병원으로 분류된다.

국립정신병원에서는 일반 정신질환 및 아동 · 청소년 정신질환, 알코올 중독, 치매와 같은 노인성 정신질환 등에 대해 포괄적인 치료적 개입을 하고 있다. 도립 및 시립 정신병원에서도 일반 시민은 물론 저소득층, 무의탁 · 무연고 환자, 장애인, 노인 등의 요보호계층을 중심으로 정신의료서비스를 제공하여 공공의료보장을 극대화하려는 노력을 하고 있다.

(2) 민간 정신의료기관

① 대학(종합)병원 정신건강의학과

「의료법」 제2조 제3호에 따르면, 300병상을 초과하는 종합병원 내에 정신건강의학과를 설치하고 정신건강의학과 전문의를 두도록 규정하고 있다. 「정신건강복지법」에서는 이를 정신의료기관에 포함시키고 있다(제3조 제5항).

대학병원과 종합병원 내에 설치된 정신건강의학과는 보통 입원병동과 외래진료실을 갖추고 있으며, 정신질환의 진단과 치료를 주로 담당한다. 정신건강의학과 전문의는 외래진료를 통해 급성증상을 호소하는 환자의 입원 여부를 결정하게 되며, 증상의 심각성에 따라 외래치료나 입원치료를 받도록 조치한다. 입원한 후에는 정신건강의학과 전문의가 정신건강임상심리사의 심리검사 결과 등을 참조하여 임상진단(DSM-5의 진단기준에 의한 진단명)을 하게 된다. 입원기간은 급성증상이 소실되는 수일에서 수십 일 이내의 단기로 이루어진다.

대학(종합)병원의 정신건강의학과에 근무하는 정신건강사회복지사는 환자의 사회적응이나 재활보다는 정신건강의학과적 증상과 관련한 심리사회적 문제, 가족문제, 환경문제 등을 사정하고, 이에 단기적으로 개입하는 역할을 수행한다. 또한 치료적 효과가 나타나기 시작하면 퇴원계획을 수립하고, 환자가 집으로 돌아갔을 때 지역에서 적절한 사회생활을 할 수 있도록 가족과 환경을 조정하며, 정신건강복지자원과 서비스를 연결하는 역할을 수행한다.

② 전문정신병원

「의료법」 제3조 제3호에 따르면, 정신병원을 병원급 의료기관의 종류 중 요양병원으로 구분하고 있다. 「정신건강복지법」 제3조에서는 이를 정신의료기관에 포함시키고 있다.

전문정신병원에서는 조현병, 알코올 중독, 조울증, 우울장애, 치매 등의 진단에 대한 치료적 개입을 하고 있으며, 만성 정신장애인에 대한 치료서비스를 제공하고 있다. 최근 정신병원들이 치매, 중독 등과 관련한 특수클리닉을 운영하거나, 폐쇄병동과 개방병동을 함께 운영하는 등 서비스를 다양화 · 전문화하는 경향이 있다.

③ 정신건강의학과 의원

「의료법」 제3조 제1호에 따르면, 의사가 주로 외래환자를 대상으로 의료행위를 하는 의료기관을 의원으로 구분하며, 「정신건강복지법」 제3조에서는 이를 정신의료기관에 포함시키고 있다. 정신건강의학과 의원은 대부분 정신건강의학과 전문의가 개업하여 운영하고 있으며, 정신의료기관 중 가장 많은 수를 차지하고 있다.

정신건강의학과 의원은 외래치료만 가능한 경우와 외래치료와 입원치료가 모두 가능한 곳이 있다. 입원시설이 있는 경우 49병상 이하로 갖추도록 하고 있다. 대부분은 정신질환에 대한 진단과 치료서비스를 제공하고 있으나, 알코올 중독, 소아·청소년 정신건강, 노인정신건강 등 특정한 문제에 대해 전문적이고 집중적인 개입을 하는 경우도 있다.

④ 낮병원

낮병원(day hospital)은 입원치료와 외래치료의 중간 영역으로 부분입원의 한 형태이다. 이곳에서는 투약서비스 등 집중적인 치료서비스를 제공하기 때문에 유용한 입원대체시설이라고 할 수 있다. 정신질환자들은 하루 중 일정 시간 동안 이곳에 머물면서 증상관리, 일상생활 및 대인관계 향상을 위해 다양한 재활 프로그램에 참여한다.

낮병원은 독립적인 기관으로 운영되기보다는 대학병원이나 종합병원, 개인 정신건강의학과 의원의 부속기관으로 운영되는 경우가 대부분이다. 기관의 특성에 따라 주 5일 혹은 주 3일 프로그램을 운영한다. 낮에는 환자들이 함께 생활하고 저녁에는 각자 집으로 돌아가서 가족들과 지내는 형태로 퇴원 후 바로 사회에 적응하기 힘든 환자들에게 적합하다.

또한 낮병원은 정신질환의 재발을 예방하고, 질병관리를 도우며, 대인관계와 일상생활적응, 사회적응이 원활하게 되도록 돕는 기능을 한다. 약물치료 및 증상관리, 당사자와 가족을 대상으로 한 지속적인 정신건강교육, 개인 및 집단상담, 가족상담 등이 실시되며, 사회기술훈련을 비롯한 다양한 재활훈련이 이루어진다. 정신건강사회복지사는 다학제적 정신건강 팀의 일원으로 치료 및 재활 과정 전반에 참여한다.

5) 정신재활시설

(1) 설치와 운영

「정신건강복지법」 제26조에 정신재활시설의 설치·운영에 대하여 규정하고 있다. 정신재활시설은 정신의료기관에 입원하거나 정신요양시설에 입소하지 않은 정신질환자의 사회복귀 촉진을 위해 사회적응훈련, 직업훈련 등의 재활서비스를 제공한다. 국가 또는 지방자치단체가 정신재활시설을 설치·운영할 수 있으며, 필요한 경우 사회복지법인 또는 비영리법인에 위탁하여 운영할 수 있다.

입소 및 이용대상은 만 15세 이상으로 정신의료기관에서 정기적인 치료를 받고 있는 조현병, 양극성 장애, 알코올사용장애 등 정신질환자로서 사회적응훈련이 필

표 4-5 ··· 정신재활시설의 종류

종류		내용
1. 생활시설		가정에서 생활하기 어려운 정신질환자에게 주거, 생활지도, 교육, 직업재활훈련 등의 서비스를 제공하며, 가정으로의 복귀, 재활, 자립 및 사회적응을 지원하는 시설
2. 재활훈련 시설	가. 주간 재활시설	정신질환자에게 작업·기술지도, 직업훈련, 사회적응훈련, 취업지원 등의 서비스를 제공하는 시설
	나. 공동 생활가정	완전한 독립생활은 어려우나 어느 정도 자립능력을 갖춘 정신질환자가 공동으로 생활하며 독립생활을 위한 자립역량을 함양하는 시설
	다. 지역사회 전환시설	지역 내 정신질환자에게 일시 보호 서비스 또는 단기 보호 서비스를 제공하고, 퇴원했거나 퇴원계획이 있는 정신질환자의 안정적인 사회복귀를 위한 기능을 수행하며, 이를 위한 주거제공, 생활훈련, 사회적응훈련 등의 서비스를 제공하는 시설
	라. 직업 재활시설	정신질환자가 특별히 준비된 작업환경에서 직업적응, 직무기능향상 등 직업재활훈련을 받거나 직업생활을 할 수 있도록 지원하며, 일정한 기간이 지난 후 직업능력을 갖추면 고용시장에 참여할 수 있도록 지원하는 시설
	마. 아동·청소년 정신건강 지원시설	정신질환이 있는 아동·청소년을 대상으로 한 상담, 교육 및 정보제공 등을 지원하는 시설
3. 중독자재활시설		알코올 중독, 약물 중독 또는 게임 중독 등으로 인한 정신질환자를 치유하거나 재활을 돕는 시설
4. 생산품판매시설		정신질환자가 생산한 생산품을 판매하거나 유통을 대행하고, 정신질환자가 생산한 생산품이나 서비스에 관한 상담, 홍보, 마케팅, 판로개척, 정보제공 등을 지원하는 시설
5. 종합시설		제1호부터 제4호까지의 정신재활시설 중 2개 이상의 정신재활시설이 결합되어 정신질환자에게 생활지원, 주거지원, 재활훈련 등의 기능을 복합적·종합적으로 제공하는 시설

출처: 보건복지부(2020a), p. 194.

요하며, 자해 및 타해의 우려가 적은 자이다. 알코올사용장애를 동반한 정신질환자 및 만 15세 미만의 소아정신질환자는 특별 프로그램을 분리 · 운영하는 경우에 한하여 입소 · 이용이 가능하다. 지적장애인이 만성 정신질환을 동반하는 경우에도 입소가 가능하다. 인력으로는 시설장을 비롯하여, 적정 수의 정신건강전문요원, 재활활동요원, 재활활동보조원, 조리원, 영양사 등이 배치된다.

정신재활시설의 종류는 〈표 4-5〉와 같다(제27조 관련). 정신재활시설은 유형이 다양한 만큼 지역마다 고루 설치되어야 하며, 인프라 부족으로 가족 보호부담이 가중되거나 장기입소로 이어지지 않도록 해야 한다. 필요한 시설은 민간뿐 아니라 공공이 주도적으로 나서서 확충하는 노력이 필요하다.

(2) 사업내용

정신재활시설에서는 입소 · 이용자가 일상생활을 잘 관리하고 사회생활에 적응하며, 정신질환 치유에 도움을 주기 위해 〈표 4-6〉과 같은 사회재활활동 및 직업재활활동을 실시하여야 한다. 시설장은 사회재활활동 또는 직업재활활동이 가능한 사람에게 적절한 활동의 기회를 제공하되, 직업재활활동 중 보호작업이나 근로활동은

표 4-6 ··· 정신재활시설의 재활활동

종류	내용
사회재활 활동	사회재활활동이란 정신질환자의 일상생활 관리, 사회적응능력 향상 또는 대인관계 증진을 위한 개별 또는 집단 활동으로서 다음의 활동을 말함 • 사회기술 및 일상생활기술을 증진하기 위한 활동 • 약물 및 증상 관리를 포함한 정신건강을 증진하기 위한 활동 • 스트레스 관리 및 긴장 완화를 위한 교육 및 체험활동 • 동료 상담 등을 통한 소통, 여가 및 문화활동 • 정규학교 및 지역사회 평생교육에 참여하는 활동
직업재활 활동	어느 정도 작업능력이 있는 정신질환자의 작업능력 향상과 직업재활을 위하여 정신재활시설 내 · 외부에서 실시하는 활동으로서 다음의 활동을 말함 • 단순 반복적인 작업훈련을 포함하는 보호작업 • 고용 촉진을 위한 지역사회 자원 연계를 통한 작업훈련 • 취업 알선 및 취업 지도 활동 • 취업자의 직업 유지 및 관리 활동 • 정신재활시설 내 · 외부에서 물품을 생산하거나 생산품을 판매하는 활동과 관련된 제반 활동

출처: 보건복지부(2020a), p. 228.

정신질환자인 근로자와의 근로계약을 체결하여 행하여야 한다. 직업재활활동을 실시할 경우에는 1일 8시간, 1주당 40시간을 넘지 않아야 하고, 직업재활활동 시간 중 근로활동에 대한 적절한 보상기준을 마련하고, 직업재활활동으로 얻는 수입이 있는 경우에는 해당 입소·이용자에게 각 개인별 예금계좌를 통하여 지급해야 한다.

6) 정신요양시설

(1) 설치와 운영

정신요양시설은 가족의 보호가 어려운 만성 정신질환자를 입소시켜 요양 및 보호를 함으로써 이들의 삶의 질을 향상시키고 사회복귀를 도모하려는 시설이다(제22조). 입소대상은 정신건강의학과 전문의에 의하여 정신질환자로 진단된 자로서 본인이 시설에 입소하기를 원하거나, 보호의무자의 동의를 받아 시설에 입소하고자 하는 자, 그리고 정신건강의학과 전문의에 의하여 정신요양시설에 입소가 필요하다고 진단된 정신질환자로서 보호의무자 2명 이상이 시설 입소를 신청한 경우에 해당한다. 설치·운영은 국가 또는 지방자치단체, 사회복지법인, 비영리법인이 할 수 있다. 인력으로는 시설장을 비롯하여, 사무국장, 정신건강의학과 전문의 또는 촉탁의, 간호사, 정신건강전문요원, 생활지도원 또는 생활복지사, 작업지도원, 영양사, 사무원 등이 배치된다. 정신요양시설은 탈시설화 흐름에 맞추어 기능전환의 방법(고령의 정신질환자를 위한 장기요양보호시설, 재활을 위한 거주시설 등)을 모색할 필요가 있다.

(2) 사업내용

정신요양시설은 운영의 전문성, 투명성, 개방성 및 효율성을 확보함으로써 정신질환자 요양보호 수준의 향상을 도모하고자 하는 운영 목표를 갖고 있다. 이를 위해 시설장은 철저한 입·퇴소 관리를 해야 하며, 시설 내 폭력이나 인권침해 사례가 발생하지 않도록 예방조치를 취해야 한다. 가족 및 이해당사자 간의 분쟁 등에 의한 강제입소가 발생하지 않도록 해야 하고, 작업치료를 빙자한 강제노역이 발생하지 않도록 주의해야 한다.

이 외에도 입소자의 건강관리(진료, 약물복용, 건강진단 등), 재활 및 생활지도 등에 관한 사항을 구체적으로 기록하여 관리해야 하며, 입소자의 건강 유지와 정서 함양, 효과적인 요양을 위하여 적절한 운동과 오락 등을 제공하여야 한다. 영양사가 작성한 식단에 따라 적정 수준의 급식을 제공하여야 하고, 가급적 가정적인 분위기의 생활환경을 조성하고, 시설은 청결하게 유지하여야 한다.

정신요양시설에서는 작업치료와 사회복귀훈련을 실시해야 한다. 이는 입소자 본인의 신청 또는 동의한 경우에만 정신건강의학과 전문의 또는 정신건강의학과 전문의의 지도를 받은 정신건강전문요원의 지시에 따라 실시하여야 한다. 작업치료사는 작업치료 일지를 기록하여야 하고 정신건강의학과 전문의의 확인을 받아야 한다. 작업시간은 1일 6시간, 1주당 30시간을 초과할 수 없으며, 작업 결과 발생한 수익금 중 필요경비를 제외한 전액을 작업자 개인별 예금계좌로 지급하여야 한다.

7) 중독관리통합지원센터

(1) 설치와 운영

중독관리통합지원센터는 「정신건강복지법」 제15조의3에 근거하여 알코올, 마약, 도박, 인터넷 등의 중독문제와 관련한 종합적인 지원사업을 수행하기 위해 인구 20만 명 이상의 지역(시 · 군 · 구)에 설치 · 운영된다. 시 · 도지사 또는 시장 · 군수 · 구청장은 이를 자치단체(보건소) 또는 국 · 공립 정신의료기관에 설치하여 직접 운영하거나, 정신건강 관련 경험과 인력이 갖추어져 있는 학교법인이나 비영리법인 등에 위탁할 수 있다.

인력은 센터장(정신건강의학과 전문의 또는 1급 정신건강전문요원, 직영형은 보건소장)을 비롯하여 상임팀장(팀원의 규모가 10인 이상인 경우), 팀장(1인), 팀원(정신건강전문요원 2인, 기타 전문 인력 1인), 임상자문의 등으로 구성된다. 정신건강사회복지사는 관련 자격증 및 경력에 따라 센터장 혹은 팀장, 팀원 등으로 참여한다.

(2) 사업내용

「정신건강복지법」 제15조의3에 의하면, 중독관리통합지원센터는 지역사회 내 중독자의 조기발견 체계구축, 중독자 대상 상담 · 치료 · 재활 및 사회복귀 지원사업, 중독폐해 예방 및 교육사업, 중독자 가족에 대한 지원사업, 그 밖에 중독 문제해소를 위하여 필요한 사업(노숙인 및 취약계층 알코올문제 관리사업) 등을 수행하도록 되어 있다. 중독관리통합지원센터의 영역별 필수사업과 선택사업의 내용은 〈표 4-7〉과 같다.

표 4-7 중독관리통합지원센터의 사업내용

영역	필수사업	선택사업
중독 문제 조기발견 및 개입서비스	• 알코올 문제 신규 발견 및 이용체계 구축 • 고위험 음주군 조기발견 및 단기개입 서비스	• 기타 중독(도박, 인터넷, 마약) 신규 발견 및 이용체계 구축 • 기타 중독(도박, 인터넷, 마약) 고위험군 조기발견 및 단기개입 서비스
중독질환 관리사업	• 알코올 중독자 관리체계 구축 - 사례관리 서비스 - 재활 프로그램	• 알코올 중독자 위기관리 서비스 • 알코올 중독자 직업재활 서비스 • 기타 중독 관리체계 구축 - 사례관리 서비스 - 재활 프로그램
중독질환 가족지원사업	• 알코올 중독자 가족 신규 발견 및 이용체계 구축 - 사례관리 서비스 - 가족모임 지원 서비스	• 알코올 중독자 및 기타 중독자 가족 신규 발견 및 이용체계 구축 - 가족교육 및 프로그램
중독폐해 예방 및 교육사업	• 취약계층 알코올 문제 교육사업 • 인식개선 및 홍보사업	• 아동 · 청소년 예방교육사업 • 직장인 중독폐해 예방지원사업 • 지역 주민 예방교육사업
지역사회 사회안전망 조성사업	• 보건복지 네트워크 구축 • 지역 인프라 구축	• 지역 법무 연계 · 협력체계 구축 • 자원봉사 관리 · 운영체계 구축 • 경찰 및 응급지원 네크워크 구축
지역진단 및 기획	• 해당 필수 사업 없음	• 지역사회 진단 및 연구 • 지역 특성을 고려한 특화서비스 기획 • 자원조정 및 중재
노숙인 및 취약계층 알코올 중독 문제 관리사업	• 유관기관 연계망 구축(노숙인 관련 시설, 법무부 보호관찰소, 사회복지관, 경찰서, 소방서, 가정폭력상담소, 여성의 전화 등) • 유관기관 역량 지원(관련 교육 프로그램 지원) • 사례발굴 및 사례관리 서비스(중독 문제 선별, 진단적 평가, 맞춤형 사례관리 등) • 집단상담 · 교육 프로그램 운영	

출처: 보건복지부(2020a), p. 143.

8) 자살예방센터

(1) 설치와 운영

국가가 주도하는 자살예방사업의 목적은 국민의 소중한 생명을 보호하고 생명존중문화를 조성하는 데 있다. 우리나라는 2011년 3월 「자살예방 및 생명존중문화 조성을 위한 법률」을 제정하였다. 이 법에서는 국가 및 지방자치단체, 사업주가 자살예방과 확산방지를 위해 책임과 조치를 다하도록 하고 있다. 국가는 자살예방 기본계획을 수립하며, 자살예방센터를 설치·운영하도록 하고 있다. 이 외에도 자살예방의 날(9월 10일) 운영, 자살 유해정보 예방체계 구축, 자살시도자 등에 대한 지원 등을 규정하고 있다. 정부는 '자살예방 국가행동계획'(2018~2022년)을 수립(2018년 1월)하고, 효과적인 자살예방정책 추진을 위해 전담 부서인 자살예방정책과를 설치하였다.

(2) 사업내용

국가가 주도하는 자살예방사업은 보건복지부(자살예방정책과)와 중앙자살예방센터, 중앙심리부검센터, 광역 및 기초 자살예방센터와 정신건강복지센터에서 이루어지고 있다. 자살예방센터는 「자살예방 및 생명존중문화 조성을 위한 법률」 제13조에 근거하여 설립·운영된다. 이 센터에서는 사회 각계의 민관 협력기관과 네트워크를 구축하고, 자살예방을 위한 홍보 및 교육, 전문 인력 양성, 자살시도자 사후관리, 자살자의 유족지원 등의 업무를 수행한다. 중앙자살예방센터의 주요 사업내용은 〈표 4-8〉과 같다.

이 외에도 보건복지부는 심리부검 사업을 시행하고자 2014년 4월부터 중앙심리부검센터를 설립하고, 현재 위탁 운영하고 있다. 이 센터에서는 자살사망자의 사망원인을 다각도로 분석하고 자살자 유족 및 전문 인력을 지원하는 업무를 수행하고 있다. 광역 단위의 자살예방센터와 정신건강복지센터에서는 지역사회 내 자살예방사업을 기획 및 수립, 조정, 수행하고 있으며, 전국적으로 9개의 광역자살예방센터와 16개의 광역정신건강복지센터가 운영되고 있다.

표 4-8 중앙자살예방센터의 사업내용

구분	사업내용
국가 자살예방정책 및 사업 지원	• 응급실 기반 자살시도자 지원사업 수행기관 모니터링 • 자살예방 인증 프로그램 시스템 관리 및 보급 • 자살예방백서 발간
자살예방 네트워크 구성	• 자살예방사업 기관 네트워크 구성 • 민간 자살예방사업 수행기관 지원 • 자살예방 유관기관 협력
자살예방 교육	• 자살예방 교육 및 강사 양성 • 보건복지콜센터 자살예방 교육 지원 • 자살예방 교육 프로그램 개발 및 보급
자살 관련 통계 분석	• 자살 관련 DB 구축 및 통계자료 연구 분석 • 자살예방사업 현황 및 실적관리
자살예방 인식개선 및 홍보	• 자살예방 캠페인 진행 및 확산 • 공익광고 제작 및 송출
자살유해정보 및 미디어 모니터링	• 유관기관 협조를 통한 자살유해정보 차단 • 언론의 자살보도 권고기준 준수 모니터링

출처: 보건복지부(2017b), p. 21.

9) 기타 관련 기관 및 조직의 업무

(1) 국립정신건강센터

국립정신건강센터는 국가기관으로서 민간 의료기관이 기피하는 필수적인 정신건강복지서비스를 제공하고, 정신건강 정책과 서비스의 질을 향상시키기 위한 체계적 연구와 지원을 위해 설립되었다. 이 센터의 법적 근거는 「보건복지부와 그 소속기관 직제 시행규칙」 제19조에 따른 것이다. 국립정신건강센터 기본운영규정 제3조와 제4조에 따른 사업내용은 〈표 4-9〉와 같다.

표 4-9 국립정신건강센터의 사업내용

구분	사업내용
국립정신건강센터	• 정신질환 예방 및 진료 • 정신질환 진료 관련 조사 연구, 지표 및 표준 개발 · 보급 • 국가 정신건강증진기관 간의 정신건강증진사업 수행 관련 총괄 • 정신건강증진 및 지역사회 정신건강사업 기획 • 중앙정신건강복지사업지원단 업무 지원 • 정신건강 관련 교육 프로그램 개발 · 보급 • 정신건강 관련 전문 인력 양성 및 훈련 • 정신건강전문요원 자격 관리 및 수련기관 관리 • 정신건강 연구 · 개발 기획, 지원 및 관리 • 정신건강연구 수행 및 성과 확산 • 국제교류 및 협력 • 정신건강증진시설 지도 · 감독 등 보건복지부 장관으로부터 위임받은 업무수행 • 국가트라우마센터 설치 · 운영 • 기타 센터의 목적 달성을 위하여 필요한 사항

출처: 보건복지부(2020a), p. 13.

(2) 국가트라우마센터

보건복지부 장관은 재난이나 그 밖의 사고로 정신적 피해를 입은 사람과 그 가족, 재난이나 사고 상황에서 구조 · 복구 · 치료 등 현장대응업무에 참여한 사람으로서 정신적 피해를 입은 사람의 심리적 안정과 사회 적응을 지원하기 위하여 국가트라우마센터를 설치 · 운영하도록 하고 있다(「정신건강복지법」 제15조의2 제1항). 이 센터에서는 우리나라에서 대규모 재난이 발생할 경우 긴급히 요구되는 정신건강서비스를 지원한다. 즉, 심리지원을 위한 직접 서비스 제공, 현장대응 지침서의 마련, 트라우마 치료 프로그램의 운영 및 보급, 찾아가는 재난심리지원 '안심버스' 운행, 재난 정신건강 전문 인력 교육 및 강사 양성, 트라우마 경험자에 대한 연구 및 서비스 개선에 관한 연구 등을 지원한다.

(3) 치매안심센터

치매안심센터는 치매예방과 상담, 조기진단, 보건 · 복지 자원 연계 및 교육 등을 통하여 치매 통합관리 서비스를 제공하고, 치매환자와 그 가족, 일반시민의 삶의 질 향상에 기여하고자 설립 · 운영되고 있다. 즉, 시장 · 군수 · 구청장이 지역사회 치매관리사업의 전문적 수행을 위해 「지역보건법」에 따른 보건소에 치매안심센터를 직접 설치하여 운영하도록 하고 있다. 설치 형태는 통합형, 거점형, 방문형, 소규모형 중에서 한 가지를 지자체가 선택하도록 하고 있다. 주요 사업으로는 치매환자의 등록 · 관리, 치매등록통계사업의 지원, 치매의 예방 · 교육 및 홍보, 치매환자를 위한 단기쉼터의 운영, 치매환자의 가족지원사업 등이다(「치매관리법」 제17조).

(4) 정신건강복지사업지원단

보건복지부는 앞에서 살펴본 다양한 정신건강기관과 시설이 보다 전문적이고 효과적으로 사업을 수행하도록 필요한 자문과 지원을 제공하고자 중앙정신건강복지사업지원단과 각 시 · 도에 지방정신건강복지사업지원단을 설치 · 운영하고 있다.

표 4-10 ••• 정신건강복지사업지원단의 사업내용

구분	사업내용
중앙정신건강복지 사업지원단	• 국가계획 수립 · 시행 관련 자문 • 국가계획 및 지역계획 시행 결과에 대한 평가 지원 • 정신건강증진사업의 기획 및 조정에 대한 지원 • 정신건강증진시설, 정신건강복지센터 등 정신질환자 등과 관련된 시설, 기관 및 단체 사이의 연계체계 구축 지원 • 정신건강 및 정신질환 인식개선 사업 • 정신건강복지사업 및 정신건강증진시설 평가 자문과 지원 • 정신건강복지사업의 현황 파악 및 통계 수집 · 분석 또는 지원 • 지방정신건강복지사업지원단 지원 • 그 밖에 정신건강복지사업과 관련하여 보건복지부 장관이 요청하는 사항
지방정신건강복지 사업지원단	• 지역계획 수립 · 시행 관련 자문 • 지역계획의 관할 시 · 군 · 구 시행 결과에 대한 평가 또는 평가 지원 • 정신건강증진사업의 기획 및 조정에 대한 지원 • 해당 지역 내 정신건강 및 정신질환 인식개선 사업 • 해당 지역 내 정신건강복지사업 및 정신건강증진시설 평가 자문과 지원 • 해당 지역 내 정신건강증진시설, 정신건강복지센터 등 정신질환자 등과 관련된 시설, 기관 및 단체 사이의 연계체계 구축 지원 • 해당 지역 내 정신건강복지사업의 현황 파악 및 통계 수집 · 분석 또는 지원 • 그 밖에 정신건강복지사업과 관련하여 시 · 도지사가 요청하는 사항

출처: 보건복지부(2020a), p. 21.

이 지원단의 설치 근거는 「정신건강복지법」 제12조(국가와 지방자치단체의 정신건강증진사업의 추진 등)와 동법 시행령 제6조(중앙정신건강복지사업지원단의 구성 및 운영), 제7조(지방정신건강복지사업지원단의 구성 및 운영)에 따른 것이다. 각 지원단의 사업내용은 〈표 4-10〉과 같다.

2. 정신건강복지 예산

정신건강 정책과 사업을 계획하고 집행하기 위해서는 많은 예산이 필요하다. 정부의 정신건강 관련 재원은 일반회계와 특별회계, 국민건강증진기금으로 이루어져 있다. 보건복지부에서 매년 발표하는 예산 및 기금운용계획 개요와 기획재정부의 상세재정통계DB를 토대로 그 내역을 파악할 수 있다. 2020년 정신건강복지 예산의 구체적인 현황은 [그림 4-2]와 같다.

2020년에 책정된 정신건강복지 관련 예산은 전년 대비 12.4% 증가한 3,191억 원이다. 이는 지난해 대비 351억 원 증가한 액수이다. 이는 일반회계 및 국민건강증진기금뿐만 아니라 특별회계 내 5개 국립정신병원 예산을 포함한 액수이다.

보건복지부 소관 예산은 일반회계와 특별회계의 예산과 기금(국민건강증진기금, 국민연금기금, 응급의료기금)으로 구분된다. 그 내역을 보면, 정신건강 관련 예산은 전년 대비 4.8% 증가한 2,203억 원으로, 이는 일반회계 1,086억 원과 특별회계 1,117억 원으로 구분된다. 일반회계 내 정신건강 관련 예산에서 증액된 부분은 정신요양시설 운영지원 823억 원, 정신건강 문제해결 연구 62억 원, 정신질환자 치료비 지원사업 43억 원, 중독관리통합지원센터 36억 원 등이다. 정신건강증진시설 확충(105억 원), 정신의료기관 절차보조인 지원(3억 원), 국가 입·퇴원 관리시스템(3억 원)은 지난해와 예산이 같았다.

특히 정신질환자 치료비 지원사업은 초기치료지원사업(14억 원), 외래치료지원제 치료비 지원(14억 원), 행정입원 치료비 지원(6억 원), 응급입원비용 지원(9억 원)으로 모두 증가하였다. 정신질환자 치료비 지원 예산을 세부적으로 명시한 것은 이번이 처음으로 지역사회 내 정신질환자의 적정치료에 대한 책임을 국가가 부담하려는 의지가 반영된 것이다.

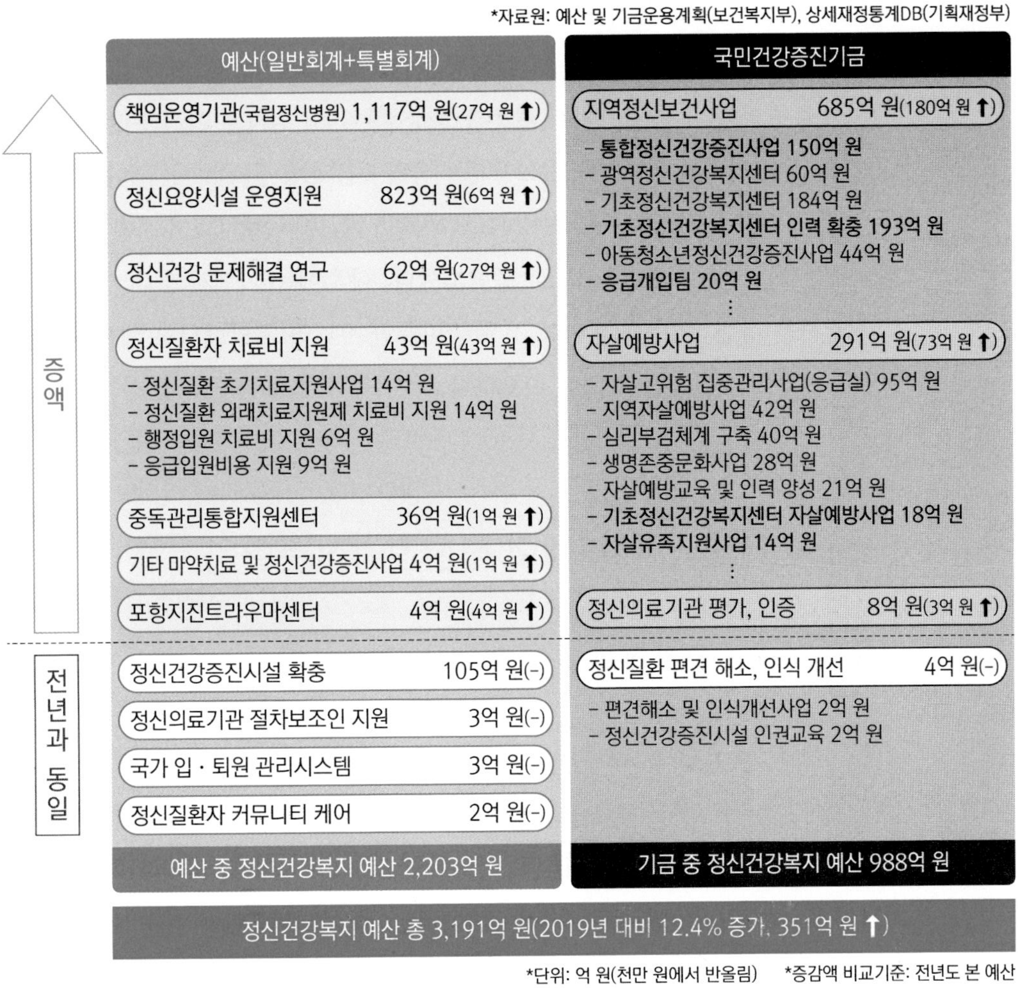

[그림 4-2] 2020년 보건복지부 정신건강복지 예산 주요 현황

출처: 중앙정신건강복지사업지원단(2020b), p. 1.

특별회계 내 정신건강 관련 예산은 전년 대비 27억 원(2.5%) 증액된 1,117억 원이었다. 국민건강증진기금 내 정신건강복지 예산은 988억 원으로 전년 대비 33.9% 증액되었으며, 정신질환 편견해소 및 인식개선사업(4억 원)을 제외하고 모두 증액되었다. 지역정신보건사업은 전년 대비 35.6% 증가한 685억 원이었다. 전년 대비 가장 많이 증액된 사업은 '통합 정신건강증진사업'으로 전년 46억 원에서 150억 원으로 104억 원 증가했다. 이 사업은 광주광역시가 시행했던 통합 정신건강증진사업을 전국 7개 지역(광주, 부산, 대전, 경기, 전남, 경북, 제주)으로 확대하기 위한 것이다.

또한 기초정신건강복지센터 인력 확충에 193억 원(55억 원 증액), 응급개입팀 지원에 20억 원이 증액되었다. 자살예방사업은 291억 원으로 전년 대비 73억 원(33.5%) 증액되었다. 자살고위험 집중관리사업은 95억 원으로 가장 큰 비중을 차지하고 있으며, 지역자살예방사업(42억 원), 심리부검체계 구축(40억 원)이 뒤를 이었다. 자살유족지원사업은 8억 원(125%) 증가한 14억 원이며 기초정신건강복지센터 자살예방사업 지원은 18억 원으로 증액되었다. 향후에는 지역사회 내 직접 서비스를 제공하는 정신건강복지센터의 경우 국비뿐만 아니라 지방에서도 예산을 적극적으로 증액하고 확보하는 노력이 필요하다.

3. 정신건강 인력체계와 정신건강전문요원

1) 정신건강 인력체계

(1) 정신건강 분야 인력 현황

정신건강 인력체계는 정신건강서비스의 질과 양에 직접적으로 영향을 미친다. 따라서 정신건강서비스를 계획하고 실행하는 데 있어 전문 인력의 확보는 지방자치단체 및 국가의 중요한 과제이다. 먼저, 최근 정신건강 분야의 기관[1]에서 상근하고 있는 인력에 대한 지역별 현황을 살펴보면 [그림 4-3]과 같다.

정신건강 인력은 정신건강의학과 전문의와 전공의, 정신건강전문요원, 간호사, 사회복지사, 임상심리사, 간호조무사, 기타 행정직 등 다양하게 구성된다. 2017년 말 기준으로 우리나라 정신건강 분야 인력 수는 인구 10만 명당 30.6명이다. 그중 전문 인력은 16.1명으로 절반을 겨우 넘는 수준이며, 간호조무사 및 기타 행정직을 포함하면 전문 인력 비중은 더욱 낮을 것으로 추정된다.

지역별로 보면, 인구 10만 명당 정신건강 분야 인력 수가 가장 높은 곳은 광주(45.1명)이며, 충남(42.9명), 전남(40.4명), 충북(37.4명), 전북(36.7명) 순이었다. 인구 10만 명당 전문 인력 역시 광주(27.1명)가 가장 많았으며, 대구(19.8명), 전남(18.8명),

1) 정신의료기관, 정신요양시설, 정신재활시설, 정신건강복지센터, 중독관리통합지원센터를 포함한다.

서울(18.2명), 부산(18.1명) 순이었다. 정신건강기관별로는 정신의료기관(21.6명)이 가장 높았으며, 이는 정신건강복지센터(4.3명)의 5배 수준이다. 정신요양시설의 경우, 정신건강 전문 인력보다 일반 인력이 5배 높았다. 정신건강 전문 인력은 정신의료기관(국 · 공립정신병원, 사립정신병원, 종합병원 정신건강의학과, 정신건강의학과 의원)을 중심으로 분포되어 있었다.

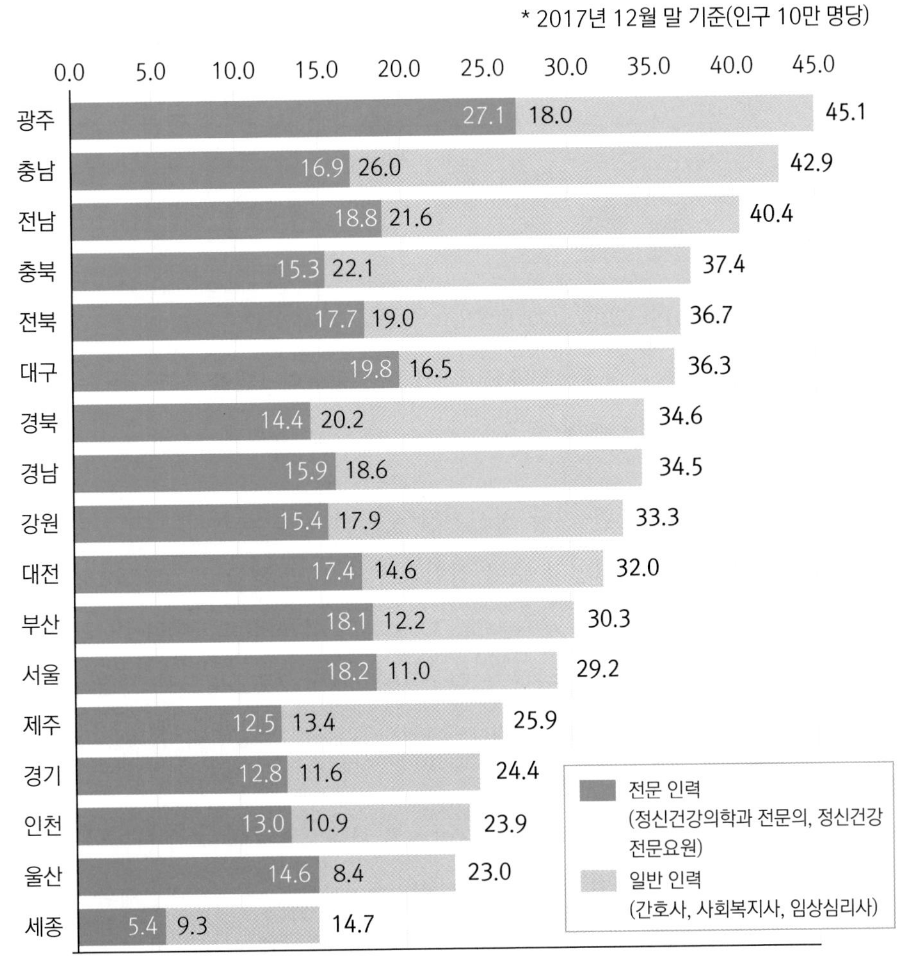

* 자료원: 국립정신건강센터(2018d).
* 산식: 지역 내 정신건강 상근인력/지역 내 주민등록인구 수×100,000명

[그림 4-3] 시 · 도별 인구 10만 명당 정신건강 분야 상근인력

출처: 중앙정신건강복지사업지원단(2020a), p. 1.

(2) OECD 국가별 비교

우리나라 정신건강 인력 수는 OECD 국가들 중 최하위 수준이다. WHO의 GHO (Global Health Observatory) 데이터 중에서 OECD 가입 국가별[2)] 정신건강 인력자원을 살펴본 결과는 [그림 4-4]와 같다.

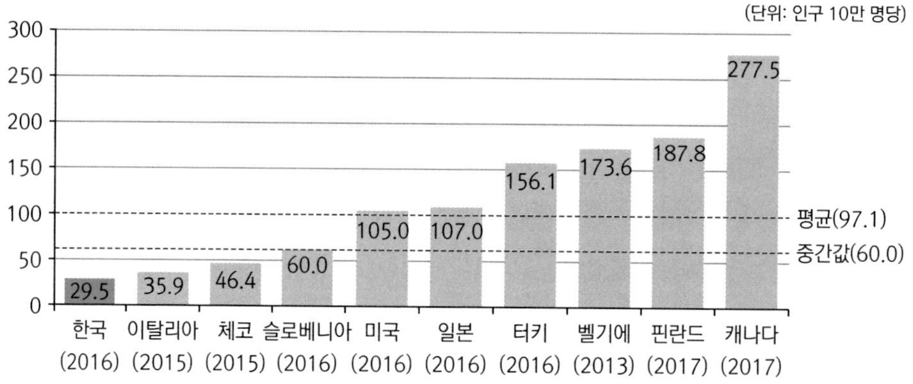

[그림 4-4] OECD 주요 국가의 정신건강 분야의 인력

출처: 중앙정신건강복지사업지원단(2020a), p. 2.

OECD 13개국의 인구 10만 명당 정신건강 분야의 인력 평균치는 97.1명(중간값 60.0명)이었다. 우리나라 정신건강 분야 인력은 인구 10만 명당 29.5명(2016년 기준)으로 최하위 수준으로 나타났다. 이는 OECD 국가의 평균치(97.1명)와 비교했을 때 1/3에도 못 미치는 수준이다. 캐나다가 인구 10만 명당 277.5명으로 가장 높았고, 핀란드(187.8명), 벨기에(173.6명), 터키(156.1명), 일본(107.0명), 미국(105.0명) 순이었다.

최근 전 세계적으로 정신건강 정책과 서비스가 지역을 중심으로 주민들의 정신건강 증진 및 예방부터 정신질환자에 대한 조기발견 및 치료, 위기대응, 재활, 사회적응에 이르기까지 광범위하게 이루어지고 있다. 이에 정신건강 분야의 충분한 인력 확보와 전문성이 더욱 강조되고 있는 추세이다. 따라서 우리나라도 정신건강 분야의 인력이 OECD 평균치에 근접할 수 있도록 국가 및 지방자치단체의 노력이 절실하다.

2) OECD 가입국 중 정신건강의학과 의사, 간호사, 사회복지사, 임상심리사 데이터가 모두 취합된 13개의 국가이다.

2) 정신건강전문요원

(1) 정신건강전문요원의 법적 근거

「정신건강복지법」 제17조에는 정신건강 분야에 관한 전문 지식과 기술을 갖추고 수련기관에서 수련을 받은 사람에게 정신건강전문요원의 자격을 줄 수 있다고 규정하고 있다. 전문요원은 그 전문 분야에 따라 정신건강임상심리사, 정신건강간호사, 정신건강사회복지사, 정신건강작업치료사로 구분되며, 자질 향상을 위해 보수교육을 받도록 하고 있다.

특히 정신건강작업치료사의 경우 2020년 4월 7일자로 「정신건강복지법」이 일부 개정되면서, 정신건강전문요원의 범위에 추가적으로 포함되었다. 그러나 경과조치에 따라 향후 2년간 준비과정을 거쳐 2022년 4월 이후 보건복지부의 승인을 받아 「정신건강복지법」에 정신건강작업치료사가 정식으로 편입될 예정이다. 2022년에 정식으로 편입되면, 「정신건강복지법 시행령」에 정신건강작업치료사의 구체적인 자격기준이 제시되게 된다. 보다 자세한 사항은 한국정신보건작업치료학회 홈페이지를 통해 확인할 수 있다.

① 보건복지부 장관은 정신건강 분야에 관한 전문 지식과 기술을 갖추고 보건복지부령으로 정하는 수련기관에서 수련을 받은 사람에게 정신건강전문요원의 자격을 줄 수 있다.

② 정신건강전문요원은 그 전문 분야에 따라 정신건강임상심리사, 정신건강간호사, 정신건강사회복지사 및 정신건강작업치료사로 구분한다. 〈개정 2020. 4. 7.〉

③ 보건복지부 장관은 정신건강전문요원의 자질을 향상시키기 위하여 보수교육을 실시할 수 있다.

⑧ 제1항부터 제3항까지의 규정에 따른 정신건강전문요원 업무의 범위 · 자격 · 등급에 관하여 필요한 사항은 대통령령으로 정하고, 수련과정 및 보수교육과 정신건강전문요원에 대한 자격증의 발급 등에 관하여 필요한 사항은 보건복지부령으로 정한다. 〈개정 2019. 4. 23.〉

(2) 정신건강전문요원의 등급 및 자격기준

정신건강전문요원의 등급은 각각 1, 2급으로 구분된다. 전문 분야별 등급에 따른 구체적인 자격기준은 〈표 4-11〉과 같다.

표 4-11 정신건강전문요원의 등급 및 자격기준

등급	정신건강사회복지사	정신건강임상심리사	정신건강간호사
1급	1. 「고등교육법」에 따른 대학원에서 사회복지학 또는 사회사업학을 전공한 석사학위 이상 소지자로서 보건복지부 장관이 지정한 전문요원 수련기관에서 3년 이상 수련을 마친 자 2. 2급 정신건강사회복지사 자격 취득 후 정신건강시설, 보건소 또는 국가나 지방자치단체로부터 지역사회정신건강사업을 위탁받은 기관이나 단체에서 5년 이상 정신건강 분야의 임상실무 경험이 있는 자	1. 「고등교육법」에 따른 대학원에서 심리학을 전공(보건복지부 장관이 정하는 임상심리 관련 과목을 이수한 경우에 한한다)한 석사학위 이상 소지자로서 보건복지부 장관이 지정한 전문요원 수련기관에서 3년 이상 수련을 마친 자 2. 2급 정신건강임상심리사 자격 취득 후 정신건강시설, 보건소 또는 국가나 지방자치단체로부터 지역사회 정신건강사업을 위탁받은 기관이나 단체에서 5년 이상 정신건강 분야의 임상실무 경험이 있는 자 3. 「국가기술자격법 시행령」 제10조 제1항에 따른 임상심리사 1급 자격소지자로서 보건복지부 장관이 지정한 전문요원 수련기관에서 3년 이상 수련을 마친 자	1. 「의료법」에 따른 간호사 면허를 취득하고, 「고등교육법」에 따른 대학원에서 간호학을 전공한 석사학위 이상 소지자로서 보건복지부 장관이 지정한 전문요원 수련기관에서 3년 이상 수련을 마친 자 2. 2급 정신건강간호사 자격 취득 후 정신건강시설, 보건소 또는 국가나 지방자치단체로부터 지역사회정신건강사업을 위탁받은 기관이나 단체에서 5년 이상 정신건강 분야의 임상실무 경험이 있는 자 3. 2급 정신보건간호사 자격소지자로서 간호대학에서 5년 이상 정신간호 분야의 조교수 이상의 직에 있거나 있었던 자(자격 취득 이전의 경력을 포함한다)
2급	1. 「사회복지사업법」에 따른 사회복지사 1급 자격소지자로서 보건복지부 장관이 지정한 전문요원 수련기관에서 1년 이상 수련을 마친 자	1. 「고등교육법」에 따른 대학 또는 이와 동등한 학력이 있다고 교육부 장관이 인정하는 학교에서 심리학을 전공(보건복지부 장관이 정하는 임상심리 관련 과목을 이수한 경우에 한한다)한 학사학위 이상 소지자로서 보건복지부 장관이 지정한 전문요원	1. 「의료법」에 따른 간호사 면허를 가진 자로서 보건복지부 장관이 지정한 전문요원 수련기관에서 1년 이상 수련을 마친 자 2. 「의료법」에 따른 정신전문 간호사 자격이 있는 자

		수련기관에서 1년 이상 수련을 마친 자 2. 「국가기술자격법 시행령」 제10조 제1항에 따른 임상심리사 2급 자격소지자로서 보건복지부 장관이 지정한 전문요원 수련기관에서 1년 이상 수련을 마친 자	

※ 외국에서 전문요원과 유사한 교육 · 수련을 받거나 전문요원과 유사한 자격을 취득한 자는 보건복지부 장관이 정하는 바에 의하여 전문요원과 동등한 자격을 인정받을 수 있다.

(3) 정신건강전문요원의 업무범위

정신건강전문요원의 구체적인 업무범위는 〈표 4-12〉와 같으며, 이들은 다양한 기관과 시설에서 활동하고 있다. 이들의 업무범위는 「정신건강복지법 시행령」 제12조에 근거한다. 이들은 정신건강 팀의 일원으로서 공통 업무 외에도 해당 전문직에 요구되는 고유 업무를 수행한다. 각 전문직의 고유 업무는 두 가지씩만 규정되어 있는데, 실제로 수행하는 업무와 역할을 충분히 반영하지 못한 한계가 있어 규정 보완이 필요하다.

표 4-12 ··· 정신건강전문요원의 업무범위

종별	업무내용
공통	1. 정신재활시설의 운영 2. 정신질환자 등의 재활훈련, 생활훈련 및 작업훈련의 실시 및 지도 3. 정신질환자 등과 그 가족의 권익보장을 위한 활동 지원 4. 법 제44조 제1항에 따른 진단 및 보호의 신청 5. 정신질환자 등에 대한 개인별 지원계획의 수립 및 지원 6. 정신질환 예방 및 정신건강복지에 관한 조사 · 연구 7. 정신질환자 등의 사회적응 및 재활을 위한 활동 8. 정신건강증진사업 등의 사업 수행 및 교육 9. 그 밖에 제1호부터 제8호까지의 규정에 준하는 사항으로 보건복지부 장관이 정하는 정신건강증진 활동
정신건강사회복지사	1. 정신질환자 등에 대한 사회서비스 지원 등에 대한 조사 2. 정신질환자 등과 그 가족에 대한 사회복지서비스 지원에 대한 상담 · 안내

정신건강임상심리사	1. 정신질환자 등에 대한 심리 평가 및 심리 교육 2. 정신질환자 등과 그 가족에 대한 심리 상담 및 심리 안정을 위한 서비스 지원
정신건강간호사	1. 정신질환자 등의 간호 필요성에 대한 관찰, 자료수집, 간호 활동 2. 정신질환자 등과 그 가족에 대한 건강증진을 위한 활동의 기획과 수행

앞에서 서술한 바와 같이, 정신건강작업치료사는 2020년 4월 7일자로 「정신건강복지법」이 일부 개정되면서 정신건강전문요원에 포함되었는데, 그 배경은 최근 정신질환자의 신체적 · 정신적 기능장애의 회복을 돕는 작업치료사의 역할이 중요하게 인식되기 때문이다. 그동안 세계보건기구(WHO)는 정신건강전문가에 정신건강의학과 전문의, 임상심리사, 사회복지사, 간호사와 함께 작업치료사가 포함되어야 한다고 권고해 왔다. 또한 정신건강증진과 관련한 인력자원 및 훈련에 관한 지침서에도 관련 기관 및 시설에 작업치료사를 필수 전문 인력으로 배치해야 함을 명시하고 있다(메디팜뉴스, 2020. 3. 9.).

일반적으로 작업치료란 신체적, 정신적, 그리고 발달과정에서 어떠한 이유로 기능이 저하된 사람에게 의미 있는 치료적 활동(작업)을 통해 최대한 독립적으로 일상생활을 수행하고 능동적으로 사회생활에 참여함으로써 행복한 삶을 영위할 수 있도록 치료 및 교육하는 활동을 의미한다. 정신질환에 있어서 작업치료란 생활기능의 회복 · 유지 · 개발을 촉진시키는 작업활동을 이용하여 행하는 치료 · 훈련 · 지도 등의 활동을 말한다.

작업치료사는 신체적 · 정신적 기능장애를 회복시키기 위해 ① 감각 · 지각 · 활동훈련, ② 삼킴장애 재활치료, ③ 인지재활치료, ④ 일상생활훈련, ⑤ 운전재활훈련, ⑥ 직업재활훈련, ⑦ 작업수행능력 분석 · 평가, ⑧ 작업치료에 필요한 기기의 사용 · 관리, ⑨ 팔보조기 제작 및 팔보조기를 사용한 훈련, ⑩ 작업치료에 필요한 교육을 주요 업무로 한다(「의료기사 등에 관한 법률」 제2조). 이 가운데 정신질환자를 위한 업무로는 인지재활치료, 일상생활훈련, 직업재활훈련, 작업수행능력 분석 · 평가, 작업치료적 교육 등이라고 할 수 있다. 2020년 현재 국가면허를 받은 작업치료사는 총 20,445명이다. 한국정신보건작업치료학회에서는 2017년부터 현행 정신건강전문요원 수련기준과 동일하게 연간 이론교육 150시간, 임상실습수련 850시간 등 총 1,000시간으로 구성된 정신건강작업치료사 수련 과정을 운영해 오고 있다.

(4) 정신건강전문요원의 현황

1995년 12월 지역사회정신보건을 강조한 「정신보건법」이 제정되면서, 정신건강전문가를 양성하기 위한 목적으로 1997년 3월 정신보건전문요원(mental health specialists) 제도가 시작되었다. 그 후 2017년 「정신건강복지법」으로 개칭되면서 정신건강전문요원으로 명칭이 변경되었다. 2018년 4월부터는 정신건강전문요원을 위한 보수교육제도(매년 12시간)를 시행하고 있다. 보건복지부 자격증 발급기록에 따르면, 최근까지 배출된 정신건강전문요원의 수는 16,449명에 이른다(〈표 4-13〉 참조). 2019년 정신건강수련 현황을 보면, 총 205개소의 수련기관에서 정신건강사회복지사 132명, 정신건강임상심리사 115명, 정신건강간호사 26명 등 260명이 참여하였다.

현재 국립정신건강센터에서 정신건강전문요원 관리시스템을 운영하고 있는데, 그동안 자격증을 발급받은 사람 중에서 회원으로 가입한 경우가 9,412명이다. 이들의 근무지 분포를 살펴보면 의료기관(41.75%), 정신건강복지센터(21.85%), 국공립기관(12.3%), 정신재활시설(10.3%)의 순이었다. 간호의 경우는 의료기관(42.1%), 국공립기관(18.41%), 정신건강복지센터(12.2%)의 순이고, 사회복지는 정신건강복지센터(30.8%), 정신의료기관(28.4%), 정신재활시설(16.6%)의 순이다. 임상심리의 경우는 정신의료기관(36.1%), 기타(15.8%), 정부기관(8.0%)의 순이다. 이러한 결과는 전문분야별로 근무지 선호도가 달라 기관유형별로 전문 인력이 고르게 배치되어 있지 못함을 알 수 있다.

따라서 정신건강 영역에서 다학제적 팀워크가 잘 유지되고 보건과 복지서비스가

표 4-13 ••• 정신건강전문요원 인력 현황 (단위: 명)

구분	정신건강사회복지사	정신건강임상심리사	정신건강간호사	계
1급	2,069	1,565	2,988	16,449
2급	2,974	1,355	5,498	
계	5,043	2,920	8,486	

출처: 이상훈(2020), p. 44.

원활하게 연계되려면, 전문 분야별 인력편성과 충원계획이 체계적으로 수립될 필요가 있다. 또한 전문 인력의 직업만족도를 높이며, 과도한 업무에 따른 소진을 예방하고, 취약한 고용여건을 안정화시킬 수 있는 현실적 대안이 마련되어야 한다(이상훈, 2020).

정신건강사회복지사의 경우 초창기 수련과정은 한국정신보건사회복지학회(현 한국정신건강사회복지학회)에서 관련 업무를 주관하였다. 수련제도가 시행된 첫해(1997년)에는 「정신보건법」 경과규정이 적용되었는데, 한국사회복지사협회와의 협력을 통해 1급 72명, 2급 111명을 배출하였다. 그리고 1997년부터 2008년까지 한국정신보건사회복지학회가 수련과정을 주관하였다. 2002년에는 한국정신보건사회복지사협회의 주관하에 관련 기관이나 시설에서 5년간 실무경험이 있는 2급 정신보건사회복지사들을 대상으로 1급 승급시험을 실시하였다. 그 후 2009년부터는 학회가 주관하던 수련과정을 협회로 완전히 이관하여 현재에 이르고 있다. 2016년부터는 「정신건강복지법」으로 개칭되면서, 학회는 한국정신건강사회복지학회로, 협회는 한국정신건강사회복지사협회로 명칭이 변경되었다(학회 및 협회 홈페이지 참조).

생각해 볼 문제

- 정신건강서비스 전달체계가 중요한 이유는 무엇이고, 우리나라 정신건강서비스 전달체계는 어떻게 구성되어 있는지 관련 홈페이지를 찾아보고 발표해 보자.
- 지역사회 정신건강서비스 전달체계의 핵심인 정신건강복지센터(광역과 기초)를 온라인 혹은 오프라인으로 방문해 보고, 센터의 조직구성과 업무체계 등을 알아보자.
- 보건복지부와 국립정신건강센터 홈페이지를 방문하여, 연도별 정신건강복지 예산은 어떠한지 살펴보자. 그리고 구체적인 예산내역을 보고 어떤 변화가 있는지 알아보자.
- 정신건강전문요원 제도란 무엇이며, 어떤 특징이 있고, 어떤 현실적인 어려움이 있는지 함께 토의해 보자.

제3부

정신건강사회복지 실천

제5장
정신건강사회복지 사정

정신건강사회복지는 제1장에서 서술한 바와 같이, 정신건강과 사회복지가 만나는 영역에서 정신질환의 예방과 회복뿐 아니라 일반 시민의 정신건강증진을 도모하기 위한 전문적 활동이다. 정신건강사회복지사가 실천의 과정에서 가장 기본적이고 핵심적으로 수행하는 일이 사정(assessment) 업무이다. 사정은 정신건강에 대한 이해 및 사회복지의 전문성을 기반으로 클라이언트(이용자)의 심리사회적 문제와 정신증상, 그리고 그를 둘러싼 환경적 요소를 체계적으로 파악하는 일이다. 이와 관련하여 제5장에서는 정신건강사회복지 사정의 특성과 범위, 정신질환 분류체계에 의한 사정의 의미와 한계, 그리고 치료 및 재활에서의 사정, 예방 및 증진에서의 사정에 대해 살펴보고자 한다.

1. 정신건강사회복지 사정의 특성과 범위

1) 사회복지실천에서 사정의 특성

일반적으로 사회복지실천의 과정은 '접수(intake)-사정(assessment)-개입

(intervention)-평가 및 종결(evaluation & termination)-사후관리(follow-up)'의 순으로 이루어진다. 이 중에서 사정은 사회복지사의 전문성이 요구되는 핵심 단계로서, 사정의 결과에 따라 개입의 내용이 결정된다.

사정은 한마디로 클라이언트와 그를 둘러싼 환경에 대한 충분한 정보(자료)를 수집하고, 그 정보들을 체계적으로 분석·종합하는 과정이다. 사정은 대체로 다음의 세 가지 요소를 포함한다. ① 클라이언트에 관한 정보는 그의 욕구와 문제뿐 아니라 강점과 자원을 균형 있게 수집한다. ② 클라이언트를 둘러싼 환경에 관한 정보는 그와 직·간접적으로 연관되어 있는 가족, 친구, 이웃, 주변 체계 등을 접촉하고, 그들로부터 의미 있는 자료를 수집한다. ③ 클라이언트 및 주변 환경에 대한 정보를 체계적으로 분석, 종합하여 클라이언트가 처한 상황을 총체적으로 이해하고 개입계획을 수립한다. 사정이 효과적으로 이루어지기 위해서는 관련 정보가 충분하고 신뢰성이 있어야 하며, 사회복지사가 정보를 활용하고 해석하는 능력을 갖추어야 한다. 이러한 세 가지 특징은 실천 현장의 유형(1차, 2차 현장)과 상관없이 공통적으로 적용된다고 하겠다.

사회복지실천에서 사정은 다음과 같은 특성이 있다(최해경, 2009: 290-292; Johnson & Yanca, 2007). 사정은 클라이언트와 그가 처한 상황을 이해하려는 사회복지사의 노력이면서 동시에 결과물이라고 할 수 있다. 사정은 일회적인 것이 아니라 지속적인 과정이며, 클라이언트를 개별적이고 역동적으로 탐색하는 작업이다. 클라이언트와 함께하면서, '환경 속 인간'이라는 사회복지의 이중관점에 따라 수직적(종적)이고 수평적(횡적)으로 클라이언트를 이해하려는 과정이다.

표 5-1 ··· 사회복지실천에서 사정의 특성

① 사정은 사회복지사의 클라이언트에 대한 이해의 과정이자 결과이다.
② 사정은 지속적으로 이루어진다. 즉, 초기 단계에 사정이 주로 이루어지나, 필요시 언제든 재사정을 할 수 있다.
③ 사정은 환경 속의 클라이언트를 이해하는 것과 개입 계획과 행동의 토대를 제공하는 것에 초점을 두는 두 가지 측면이 있다.
④ 사정은 클라이언트와 사회복지사가 참여하는 상호 간의 과정이다.
⑤ 사정에는 순서가 있다. 즉, '필요한 관련 정보의 검토 → 정보수집 → 정보가 갖는 의미 설명 → 전체 상황에 맞게 사실과 의미를 종합'하는 과정이다.

⑥ 수평적이고 수직적인 탐색이 중요하다. 즉, 사정의 초기 단계에는 상황을 수평적으로 바라보고 모든 관련 부분들 및 강점과 자원 등을 폭넓게 검토하고, 그 후 문제와 욕구에서 가장 중요하다고 확인된 부분들은 수직적 혹은 심층적으로 검토한다.
⑦ 환경 속 클라이언트를 이해하기 위해 지식기반을 활용한다. 개인과 가족에 대한 이해, 기관 및 지역사회에 대한 이해, 그리고 생태체계적 환경에 대한 이해를 위해 지식을 필요로 한다.
⑧ 사정은 생활 속의 욕구들을 확인하고 그 욕구들의 의미와 유형(패턴)을 설명한다.
⑨ 사정은 클라이언트와 생태 환경의 강점을 확인하고, 개입과정에서 그 강점을 강화하고자 한다.
⑩ 사정은 개별화된 것이다. 모든 상황은 다르기에, 클라이언트의 관점에서 그 상황과 상황의 의미를 다각적으로 이해한다.
⑪ 사정에서 판단은 중요하다. 문제와 욕구를 어떻게 정의할 것인지, 어떤 측면이 강조되어야 하는지, 어떤 지식기반을 활용해야 하는지, 클라이언트를 참여시킬 것인지 등에 대해 신중하게 평가하여 판단할 필요가 있다.
⑫ 사정에는 한계가 존재한다. 상황을 완전히 이해하는 것은 불가능하며, 일정한 시간이나 기간을 요구한다. 따라서 사회복지사는 이러한 한계를 받아들이고, 사정이 연속적인 과정이라는 점을 기억해야 한다.

출처: 최해경(2009), pp. 290-292 내용 재구성.

2) 정신건강사회복지 사정의 특성

정신건강사회복지는 정신건강 영역(2차 세팅)에서 이루어지는 사회복지실천이다. 정신건강사회복지 사정은 크게 두 가지 특성이 있다.

첫째, 정신장애인과 그를 둘러싼 환경에 대한 사정은 정신건강에 대한 충분한 이해와 지식을 바탕으로 이루어져야 한다. 정신질환, 정신장애, 정신증상에 대한 이해를 비롯하여 정신질환의 예방 · 치료 · 재활 · 회복 등에 대한 이해, 정신건강 관련 법과 전달체계, 정신건강 정책 및 사업 전반에 대한 충분한 이해를 바탕으로 전문적인 사정 업무가 가능하다. 이를 위해 정신건강사회복지사는 관련 교과목(정신건강사회복지론, 정신건강론) 이수와 1년간의 수련과정을 거쳐 정신건강에 대한 필수 지식과 기술을 갖춘 후에 정신건강 팀의 일원으로 사정 업무를 원만히 수행할 수 있다.

둘째, 정신건강사회복지사의 사정은 사회복지전문직의 고유한 특성과 역량을 바탕으로 이루어져야 한다. 정신건강 영역은 기본적으로 다학제적 팀워크를 통해 전문요원별 공통 업무와 고유 업무가 수행된다. 「정신건강증진 및 정신질환자 복지서비스 지원에 관한 법률 시행령」 제12조에는 전문 영역별로 고유 업무가 규정되어 있다. 정신건강사회복지사의 경우는 ① 정신질환자에 대한 사회서비스 지원에 대한 조사, ② 정신질환자 및 그 가족에 대한 사회복지서비스 지원에 대한 상담·안내의 업무를 하도록 되어 있다. 따라서 정신건강사회복지사는 정신질환자 및 그 가족에 대한 복지서비스 제공을 위해 사회복지전문직의 고유한 특성과 역량을 적극 활용하여 사정 업무를 수행할 필요가 있다.

3) 정신건강사회복지 사정의 범위

정신건강사회복지 사정은 한마디로 심리사회적 사정(psychosocial assessment)이라 할 수 있다. 이는 사회복지전문직의 기본 관점인 환경 속 인간의 관점에서 정신장애인과 그 가족, 그리고 환경체계를 총체적으로 이해하고 필요한 정보를 수집, 분석, 종합하는 것을 말한다. 이에 대해 살펴보면 다음과 같다.

(1) 정신장애인과 그 가족에 대한 사정

정신장애인의 상태와 그가 처한 상황을 이해하기 위해서는 우선 그의 정신증상과 전반적 기능수준을 파악해야 한다. 현장에서는 정신건강의학과 전문의가 정신질환의 진단 및 통계 편람(Diagnostic and Statistical Manual: DSM)에 근거하여 임상적인 진단명을 부여한다. 정신건강사회복지사를 비롯한 정신건강전문요원은 정신건강의학과 전문의의 진단결과에 따라 환자의 질병을 이해하고 필요한 정보를 공유한다. 또한 환자의 병력(illness history)과 주요 증상을 파악하며, 그의 정신적 상태를 알아보기 위해 정신상태검사(Mental Status Examination: MSE)를 시행한다.

그 외에도 정신건강사회복지사는 정신장애인의 다양한 욕구와 문제를 깊이 있게 이해하고, 그의 강점과 자원을 파악하여 개입의 근거를 확보한다. 또한 정신질환을 치료하고 회복하는 과정에서 가족의 지지와 협력은 매우 중요하기 때문에, 가족에 대한 사정을 통해 환자의 성장배경과 발달이슈, 그리고 가족의 생애주기 및 강점, 자원, 지지 등을 파악한다. 이를 위해 기본적으로 가계도와 생태도를 활용하며, 가족관계나 가족기능을 파악하기 위해 표준화된 척도를 사용할 수 있다.

(2) 정신장애인의 주변 환경에 대한 사정

정신장애인을 둘러싼 주변 환경에 대한 사정은 횡적이며 수평적인 사정이라고 할 수 있다. 정신질환의 발병과 진행과정, 그리고 재활 및 회복의 과정에서 보호 요인이나 위험 요인으로 작용할 수 있는 환경적 요소(environmental factors)를 검토하고 관련 정보를 수집하는 것이다. 정신장애인을 둘러싼 인적 환경으로 친구, 동료, 이웃과 같은 사회적 관계망(social network)을 살펴본 후, 향후 개입과정에서 이를 어떻게 활용하고 조정할 것인지 검토할 필요가 있다. 또한 정신장애인이 과거에 이용했거나 현재 이용하고 있는 정신건강서비스 및 복지서비스를 살펴본 후, 향후 이러한 서비스 이용을 어떻게 할 것인지를 검토하게 된다.

(3) 정보에 대한 종합적 판단과 개입계획의 수립

정신장애인과 그 가족, 그리고 주변 체계에 대한 정보는 서로 연관되어 있기 때문에 종합적인 분석을 통해 중요한 의미를 찾아내야 한다. 사회복지는 인간과 환경간의 상호작용에 관심이 있고, 체계들 간의 관련성을 중요하게 다루는 특성이 있다. 따라서 정신건강사회복지사는 이러한 관련성을 고려하여 다양한 정보를 분석하고 종합할 필요가 있다. 또한 전문적 판단에 기초하여 개입계획을 세울 때 정신건강사회복지사는 정신장애인과 가족의 의사결정권 및 참여권을 존중해 주어야 하며, 사회복지전문직이 추구하는 지식, 기술, 가치가 잘 드러나도록 최선을 다해야 한다. 사정이 제대로 이루어지면, 그 이후의 개입에서 정신장애인의 사회적 기능 향상과 역량 강화, 사회적 관계망이나 지지체계의 확대와 같은 긍정적인 성과로 나타날 수 있다.

(4) 기타: 정신의학적 증상에 대한 탐색

현장에서 정신건강사회복지사가 사정 업무를 수행할 때 정신의학적 증상(psychiatric symptoms)에 대한 이해가 필수적이다. 이는 정신장애인의 현재 상태를 파악하고 개별화된 개입계획을 수립할 때 중요하게 다루는 사항이다. 정신의학적 증상은 인간의 의식, 행동, 지각, 사고, 언어, 감정, 지남력, 기억, 지능, 병식과 판단

에서 나타나는 다양한 장애를 포함한다. 이에 대한 자세한 내용은 이 책의 부록을 참고하기 바란다.[1)]

정신의학적 증상의 유형과 내용을 탐색하는 것 외에도, 이러한 증상이 어떻게 형성되는지를 이해하는 것은 정신건강사회복지사의 사정 업무에 도움이 된다. 신경증(neurosis)과 정신증(psychosis)을 포함한 증상 형성의 과정은 다음과 같이 6단계로 이루어진다(김규수, 2011: 89-100; Dewald, 1974/1978; 괄호 안은 정신증의 증상 형성).

① **증가된 긴장과 불안:** 좌절, 상실, 위협, 위험, 충동 등으로 인해 긴장과 불안이 증가한다. 어떤 사람은 긴장과 불안을 성공적으로 다루지만, 어떤 사람은 그렇지 못하고 다음 단계로 진행된다.

② **자아분리(혹은 붕괴)의 위협:** 견딜 수 없는 수준의 긴장과 불안을 느끼는 상황이 되면 자아는 무의식적으로 억압기제를 사용하지만 결국 실패한다. 즉, 자아기능이 취약하여 생존의 위협을 느낀다.

③ **주된 고착수준으로의 부분 퇴행(혹은 전면 퇴행):** 취약한 자아의 방어망을 뚫고 유아기의 고착된 수준으로 퇴행한다.

④ **유아갈등의 재생과 억압된 것의 재기:** 퇴행으로 인해 주요 고착지점에 남아 있던 미해결된 유아기 갈등이 재생되며, 이것이 전의식과 의식 세계로 분출되려 한다.

⑤ **방어적 변형과 이차적 수정:** 분출되려고 하는 순화되지 않은 원초적 에너지는 그 자신에게 남아 있는 자아의 힘에 의해 방어적으로 변형되고 수정되어 표출된다.

⑥ **증상의 궁극적 출현:** 증상은 적나라한 충동이나 원시적 형태가 아니라, 누구나 인정할 수 있는 그럴듯한 형태의 신경증적 증상(반복적 행동이나 의례 등)으로 출현하거나 순화되지 않고 적나라한 형태의 정신병적 증상(환각, 망상 등)으로 출현한다.

---

1) 2020년 한국사회복지교육협의회가 발간한 『교과목 지침서』에 의하면, 정신의학적 증상은 정신건강론에서 다루도록 권고하고 있다. 따라서 정신건강론이 개설되어 있지 않은 대학을 고려하여 이 책 부록에 소개했으니, 선택적으로 참고하기 바란다.

결국 증상은 불안과 긴장을 유발하는 내·외적 스트레스, 취약한 자아기능, 미해결된 유아기 갈등이 복합적으로 작용하여 나타난다고 할 수 있다. 증상 형성의 과정은 전적으로 무의식의 수준에서 이루어지기에 환자는 전혀 의식하지 못한다. 증상으로 인해 환자는 생활의 능률이 저하되지만, 정신적으로는 긴장과 불안이 어느 정도 해소된다. 이것이 증상이 갖는 1차적 기능이다. 환자는 불가피하게 증상에 의지하여 생존해야만 하는 상황에 처하게 된 것이다. 증상으로 인해 인격의 붕괴를 막고, 그가 할 수 있는 최선의 균형을 유지하고 있는 것이다. 이러한 증상 형성의 과정을 이해함으로써 "The patient is always right(환자는 항상 옳다)."라는 말의 의미를 새롭게 인식할 수 있다.

2. 정신질환 분류체계에 의한 사정

여기서는 정신질환 분류체계의 도입 배경과 발전과정을 간략하게 고찰한 후, 정신질환 분류체계에 의한 사정의 의미와 한계에 대해 살펴보고자 한다(권진숙 외, 2017; 한국정신건강사회복지사협회, 2012; American Psychiatric Association, 2013/2015).

1) 정신질환 분류체계의 개요

(1) 정신질환 분류체계의 변천

20세기 초 정신질환에 대한 통계 및 역학 자료의 필요성이 사회적으로 대두되면서 분류체계에 대한 관심이 확대되었다. 이 당시 에밀 크레펠린(Emil Kraepelin, 1856~1926)이 정신질환 분류체계를 처음 만들었는데, 이것이 계기가 되어 정신질환에 대한 과학적이고 체계적인 분류작업이 시작되었다. 크레펠린의 초기 노력은 지금까지 정신건강 분야에서 널리 사용하고 있는 두 가지 대표적인 분류체계인 ICD와 DSM의 토대가 되었다.

세계보건기구(WHO)가 1938년에 제정한 국제질병분류(International Classification of Disease) 5판(ICD-5)에서 처음으로 정신질환을 언급하였고, 6판(ICD-6)부터 정신질환을 별도의 항으로 다루기 시작했다. 1992년에 ICD-10으로 개정된 이후, 정신질환 분류체계가 널리 사용되게 되었다. 또한 2018년에 발표된 ICD-11은 2022년부터 사용된다.

한편, 미국에서는 1869년 미국정신의학회(American Psychiatric Association: APA) 연례회의에서 처음 분류체계를 소개하였는데, 1952년에 『정신질환의 진단 및 통계 편람(Diagnostic and Statistical Manual of Mental Disorders) 제1판(DSM-I)』을 통해 정신질환 분류작업을 시도하였다. 이후 WHO에서 제정한 ICD의 개정판들과 서로 보완하면서 DSM-II(1968), DSM-III(1980), DSM-III-R(1987)을 차례로 출간하였다. 1994년에는 DSM-IV를 발간하였고, 그로부터 20년 후인 2013년에 DSM-5[2]를 내놓게 되었다. 우리나라에서는 정신건강 영역에서 정신건강의학과 전문의가 임상적으로 진단할 때에는 주로 DSM 체계를 사용한다. 그러나 행정적으로 보험청구와 의료비 산출, 다른 질병과의 비교분석을 위해서는 ICD를 사용한다. 현재 ICD-10에 의한 정신질환 분류는 〈표 5-2〉와 같다.

표 5-2 국제질병분류(ICD-10)에 따른 정신질환 분류

코드	분류
F00~F09	증상을 포함한 기질성 정신장애
F10~F19	정신활성물질 사용으로 인한 정신 및 행동장애
F20~F29	조현병, 조현형 및 망상장애
F30~F39	기분(정동)장애
F40~F49	신경증적, 스트레스 관련성 및 신체형 장애
F50~F59	생리적 장해 및 신체적 요인과 연관된 행동증후군
F60~F69	성인 인격 및 행동장애
F70~F79	지적장애
F80~F89	심리적 발달장애
F90~F98	아동기 및 청소년기 후기에 흔히 발생하는 행동 및 정서장애
F99	비특정 정신장애

출처: WHO (2007).

2) 제5판부터는 로마 숫자 대신 아라비아 숫자를 사용하여 DSM-5로 표기하였다.

(2) 정신질환 분류체계의 특징

정신질환을 분류하는 이유는 크게 세 가지로 요약된다. 첫째, 분류를 통해 정신건강전문가들이 서로 소통할 수 있는 공식 언어를 제공한다. 둘째, 질환들의 특성을 밝힘으로써 서로 유사하거나 상이한 질환들과 어떻게 다른지를 이해하며, 효과적인 치료법을 개발할 수 있다. 셋째, 궁극적으로 다양한 질환의 원인을 이해할 수 있다.

그러나 정신질환은 유전적, 심리적, 사회환경적 요인이 복합적으로 작용하여 발생하는 경향이 있어 그 정확한 원인을 밝혀내기 어렵다. 더욱이 정신질환은 특정 신체기관과 관련되어 있다는 근거를 찾기 어려운 특성이 있다. 따라서 정신질환 분류는 자연히 현상학적 내지는 기술적(설명적) 방식으로 접근할 수밖에 없으며, 증상과 증후 및 질환의 자연적 경과에 대한 전문가의 직접 관찰을 중요하게 다룬다. 정신질환 분류가 갖는 특징을 정리하면 다음과 같다.

- 정신질환은 원인에 대한 지식이 불충분하기 때문에 주로 증상에 따른 분류를 한다.
- 진단은 주로 병력 청취, 정신상태 검사와 같은 임상기술과 면담기술에 의존한다.
- 진단을 위해서는 환자뿐 아니라 가족이나 친구 등 주위 사람들로부터 다양한 정보를 얻어야 한다.
- 환자에게 나타난 이상(abnormality)은 정신질환 때문이기도 하지만 생활에서 겪는 어려움 때문에 생기는 경우가 많다.

2) 정신질환 분류체계에 의한 사정의 의미와 한계

미국정신의학회(APA)가 출간한 『정신질환의 진단 및 통계 편람 제5판(DSM-5)』을 중심으로 정신질환 분류체계에 의한 사정의 의미와 한계를 살펴보고자 한다. DSM은 정신건강의학과 전문의를 비롯한 관련 전문가들에게 정신질환에 대한 정확한 진단과 치료에 도움을 주며, 오랜 기간을 거쳐 보완되고 개정되었기 때문에 상당히 실용적이고 효과적인 지침서라고 할 수 있다.

정신질환 분류체계에 따른 사정은 한마디로 정신질환에 대한 진단(diagnosis)을 의미한다. 이 진단은 공식적으로 정신건강의학과 전문의가 수행하도록 되어 있다. 정신건강사회복지사를 비롯한 관련 전문가들은 환자가 보이는 정신질환의 특성과 증상을 이해하고, 치료에 필요한 의사소통을 위해 분류체계에 대한 이해와 훈련이 필요하다. 현재 DSM-5에 따른 정신질환 진단분류표는 〈표 5-3〉과 같다.

정신질환 분류체계에 따른 사정은 전문가들 사이의 의사소통, 질병이해와 치료, 관련 연구 등에 많은 도움이 되지만 한편으로는 한계도 존재한다. 첫째, 진단분류

표 5-3 ··· DSM-5에 따른 정신질환 진단분류표

- 신경발달장애(Neurodevelopmental Disorders)
- 정신분열 스펙트럼 및 기타 정신병적 장애(Schizophrenia Spectrum and Other Psychotic Disorders)
- 양극성 및 관련 장애(Bipolar and Related Disorders)
- 우울장애(Depressive Disorders)
- 불안장애(Anxiety Disorders)
- 강박 및 관련 장애(Obsessive-Compulsive and Related Disorders)
- 외상 및 스트레스 관련 장애(Trauma-and Stressor-Related Disorders)
- 해리장애(Dissociative Disorders)
- 신체증상 및 관련 장애(Somatic Symptom and Related Disorders)
- 급식 및 섭식장애(Feeding and Eating Disorders)
- 배설장애(Elimination Disorders)
- 수면-각성장애(Sleep-Wake Disorders)
- 성기능 부전(Sexual Dysfunctions)
- 성별 불쾌감(Gender Dysphoria)
- 파괴적, 충동조절 및 품행장애(Disruptive, Impulse Control, and Conduct Disorders)
- 물질 관련 및 중독장애(Substance-Related and Addictive Disorders)
- 신경인지장애(Neurocognitive Disorders)
- 성격장애(Personality Disorders)
- 변태성욕장애(Paraphillic Disorders)
- 기타 정신질환(Other Mental Disorders)
- 약물로 유발된 운동장애 및 약물치료의 기타 부작용
- 임상적 주의의 초점이 될 수 있는 기타의 상태

체계가 갖는 본질적 한계를 들 수 있다. 정신질환을 분류하고 진단하기 위해서 아무리 과학적이고 합리적으로 연구한다고 해도 완전한 기준(criteria)을 찾아내기가 어렵다. 그렇기에 지난 수십 년간 이어진 DSM 개정에서 많은 정신질환이 추가 · 변경 · 삭제되어 왔음을 확인할 수 있다. 그리고 DSM 체계에는 정신질환의 각 범주들(categories)을 구분해 주는 경계가 뚜렷하지 않으며, 게다가 다른 정신질환이나 정신질환이 없는 정상상태와 구분되는 분명한 기준도 존재하지 않는다. 동일한 정신질환 혹은 동일한 진단명을 갖는다 해도 각 개인들은 그의 경험과 성격, 인성, 문제와 욕구 면에서 너무 다양할 뿐 아니라, 이러한 다양성을 반영하는 분명한 기준을 찾아내기 어렵다는 본질적 한계가 있다.

둘째, 진단으로 인한 낙인(stigma)의 문제가 있다. 그동안 항정신성 약물의 꾸준한 개발과 지역사회를 중심으로 한 정신건강사업의 전개로 정신질환에 대한 사회적 편견과 차별은 다소 완화되었다. 그러나 우리 사회에는 여전히 정신질환 진단에 대한 부정적 인식이 팽배해 있다. 정신질환이 있는 사람은 다른 사람보다 능력, 신뢰성, 안정성 등에서 부족하다고 생각하는 경향이 있다. 이러한 낙인적 태도는 정신질환으로 진단받은 사람들에게서 더욱 부정적으로 나타난다.

따라서 정신건강사회복지사들은 정신질환 분류체계에 따른 사정(진단)이 갖는 의미와 유용성을 인정하면서도 여전히 한계가 있다는 점을 인식할 필요가 있다. DSM에 기술된 정신질환은 질병을 기술한 것이지, 사람을 분류하거나 차별하기 위한 것이 아니라는 것을 분명히 인식해야 한다.

3. 치료 및 재활에서의 사정

정신건강사회복지사의 사정은 다양한 정신건강 영역(치료와 재활, 예방과 증진)에서 이루어진다. 모든 영역에서 공통적으로 적용하는 사정 내용에 대해서는 앞서 '정신건강사회복지 사정의 특성과 범위'에서 제시하였다.

사정을 영역별로 나누어 살펴보는 것은 각 영역의 특성을 잘 드러내는 장점이 있다. 만약 정신건강사회복지사가 치료 및 재활 영역과 예방 및 증진 영역에서 동일한 기준을 갖고 사정을 하게 되면 각 영역별 특성과 강조점이 간과될 수 있다.

따라서 치료 및 재활 영역에서는 의료적 관점에서 환자의 정신증상 및 정신상태에 대한 사정[3)], 그리고 정신사회재활서비스에 대한 사정이 필요하다. 또한 예방 및 증진 영역에서는 지역사회정신건강 이념에 기초하여 정신장애인의 심리사회적 기능에 대한 사정, 자원 및 강점에 대한 사정, 그리고 정신질환의 위험성에 대한 사정이 필요하다. 이러한 맥락에서 먼저 치료 및 재활에서의 사정을 크게 세 가지로 살펴보고자 한다. 즉, ① 정신상태검사에 의한 사정, ② 병력 조사에 의한 사정, ③ 정신사회재활서비스 사정이다(국립정신건강센터, 2003, 2018c; 민성길, 1999). 정신건강사회복지사는 이러한 사정 업무를 통해 정신질환자의 진단과 치료, 재활에 전문적인 도움을 제공할 수 있다.

1) 정신상태검사에 의한 사정

정신상태검사(Mental Status Examination: MSE)는 환자와의 면담을 통해서 정서, 사고, 지각, 인지의 상태와 치료 동기 등을 종합적으로 파악하는 것이다. 환자와 편안한 상태로 대화하면서 다음과 같은 8가지 평가항목에 대해 순서에 상관없이 전체적으로 청취하고 관찰한 후 보고서를 작성한다. 현장에서는 정신의학적 증상에 대한 이해(부록 참조)를 바탕으로 이 검사를 실시한다.

(1) 외모, 전반적 태도 및 행동

환자의 외견상 나타나는 모습, 태도나 행동에 대해 관찰한다. 환자가 병이 들어 보이는지, 실제 나이에 맞게 보이는지, 자세는 어떤지, 불안하지 않은지 등을 관찰한다. 검사하기 위한 요구에 잘 응하는지, 말투는 어떤지, 활동이 현저하게 감소되었는지, 증가되었는지, 반복적인 행동은 없는지, 자세의 이상은 없는지를 살핀다. 치료자에 대한 태도가 협조적인지, 적대적인지, 회피적인지 등을 객관적으로 기술한다.

---

3) 정신질환에 대한 진단과 치료를 시작할 때, 환자는 몇 가지 검사를 선택적으로 받게 된다. ① 정신상태검사, ② 정신과 병력 청취, ③ 신체검사: 이학적 검사 및 신경과적 검사, ④ 심리검사(psychometry): 지능검사(한국판 웩슬러 지능검사, Korean Wechsler Intelligence Scale), 벤더-게슈탈트 검사(Bender-Gestalt Test: B-G 검사), 다면적 인성검사(MMPI), 로샤 검사(Rorschach Test), 문장완성검사, 인물화 성격검사(Draw-A-Person test, House-Tree-Person), ⑤ 실험실 혈액 및 소변검사, 방사선 검사, 심전도 검사, 뇌파검사 및 뇌구조 검사 등이다.

(2) 사고의 진행

사고의 흐름을 살펴본다. 말수가 많은지, 말을 하지 않는지, 스스로 이야기하는지, 질문을 받을 때만 이야기하는지, 천천히 이야기하는지, 빨리 말하는지, 요점이나 줄거리 없이 이야기하는지, 이야기 도중 갑자기 다른 이야기를 하는지, 알아들을 수 없는 용어를 사용하는지 등을 살펴본다.

(3) 사고의 내용

환자 자신과 주위 사람들, 주변 일에 대한 환자의 생각을 알아본다. 자신이 특별히 주목받고 있다고 생각하는지, 사람들이 특별히 자신을 피하고 있다고 생각하는지, 존경받고 있다고 생각하는지, 자신의 과거행동과 도덕성, 소유물, 건강 등에 대해 어떻게 평가하는지 등을 알아본다. 비현실적인 생각(망상)과 강박증, 공포증, 건강염려증의 존재와 그 내용을 확인할 필요가 있다.

(4) 지각

착각과 환각(환청, 환시, 환취, 환촉, 환미 등)에 대해 살펴본다. 환자가 귀에서 이상한 소리를 들은 적이 있는지, 이상한 것을 본 적이 있는지 등을 질문한다. 그리고 이에 대해 환자는 어떻게 받아들이는지, 어떤 상황에서 나타나는지, 구체적으로 무슨 내용인지 등을 알아본다.

(5) 감정반응

환자에게 기분은 어떠한지를 묻는다. 감정이 쉽게 변하는지, 감정변화의 요인은 무엇인지, 환자의 행동과 표정이 환자 자신이 말하는 자신의 감정상태와 일치하는지를 살핀다. 지나치게 과장되어 있는지, 불충분하게 표현되는지, 지나치게 억제되어 있는지, 들떠 있는지, 우울한지, 불안한지, 부적절한지, 양가적인지 등을 살펴보고 기술한다.

(6) 지적 능력

기억력, 계산력, 지남력, 읽기, 쓰기, 독해력, 일반적인 지식, 상식, 추상력, 판단력 등과 같은 지적 능력(intellectual function)에 대해 조사한다. 개인적인 과거 역사를 물어봄으로써 장기 기억력을 알아볼 수 있고, 몇 시간 전의 일을 물어봄으로써 단기기억을 확인할 수 있다. 100에서 7씩 빼 나가게 함으로써 주의집중력을, 길에서 편지를 주웠을 때 어떻게 할 것인지를 물어보아 사회적 판단력을, 속담 풀이를 통해 추상적 능력을 알아볼 수 있다.

(7) 의식

의식(consciousness)의 장애가 있는 경우 대부분 기질성 뇌장애가 있다고 볼 수 있다. 의식혼탁은 주변을 파악하는 능력이 전반적으로 감소되어 있는 상태이고, 외부의 자극에 집중할 수 없고 목표를 향한 일관성 있는 사고나 행동을 할 수 없다. 그 외에도 의식의 장애에는 몽롱, 혼미, 혼수 등이 있다.

(8) 병식

이는 현재 자신이 병이 있는지, 어떤 병인지, 치료를 받아야 하는 이유는 무엇인지를 아는 것이다. 병식(insight)의 수준은 다양한데 병을 완전히 부인하는 것, 병을 어느 정도 인식하고 도움이 필요하다는 것을 아는 것, 병을 인식하나 타인을 탓하는 것, 그리고 지적인 병식과 진실한 감정적 병식까지 여러 수준이 있다.

〈표 5-4〉는 정신상태검사의 결과를 기록한 예이다(한국정신건강사회복지학회, 2000: 168-169).

표 5-4 ··· 정신상태검사 기록의 예

1. 외모, 전반적 태도 및 행동
   - 보통 키, 마른 체구, 단발머리, 약간 긴장되어 보임, 위생상태 양호
   - 증가되거나 지체된 활동은 보이지 않음
   - 보통 크기의 목소리, 보통 빠르기, 자발적으로 자신의 이야기를 함
   - 대체로 협조적인 태도를 보이나, 자신의 과거에 대해서는 이야기를 꺼림
2. 사고의 진행: 연관성이 없고, 비논리적, 지리멸렬
3. 사고의 내용: 관계사고, 피해망상
4. 지각: 환청
5. 감정반응: 다소 억제됨, 순환적 감정(슬픔과 들뜸이 교차)이 보임
6. 지적 능력: 보통 수준의 지능

• 기억력 손상 없음, 지남력 이상 없음
7. 의식: 주위 경계상태 정상, 주의력 장애 없음
8. 병식: 손상됨(병식 없음)
9. 기타: 자해 및 타해의 위험성 없음

2) 병력 조사에 의한 사정

병력(illness history) 조사는 흔히 병력 청취라고 하며, 정신질환의 진단과 치료에 필수적인 사항이다. 병력 청취에서 중요한 것은 환자로 하여금 스스로 판단하여 이야기를 자유롭게 하도록 하는 것이다. 이야기를 충분히 들은 후 기록은 다음과 같이 체계적으로 작성한다.

(1) 신원

여기에는 환자의 이름, 성별, 나이, 주소, 학력, 종교, 결혼상태, 경제상태, 군대경력, 과거 입원력, 현재 입원일, 정보제공자, 초발인지 재발인지, 병원에 오게 된 경로 등이 포함된다.

(2) 주된 호소

정신건강의학과를 찾게 된 가장 중요한 이유를 주된 호소(주소)라고 한다. 환자나 보호자의 말을 그대로 적는 것이 좋다. 또한 어떻게 방문하게 되었는지, 즉 환자가 자진해서인지, 가족에 의해서인지, 법원의 요구에 의해서인지 등을 기록한다. 이러한 문제가 시작된 시기, 기간, 정도 등도 기록한다.

(3) 현 병력

현 병력은 현재 상태에 이르기까지 처음 발병과 진행경과를 포괄적이고 시간적 순서에 따라 기술한다. 현 병력을 조사할 때 다음의 사항들을 유념할 필요가 있다(국립정신건강센터, 2018c).

- 환자의 과거 병력 및 정신건강의학과적 증상을 사정한다.

- 발병 시기, 발병 상황, 발병하게 된 유발요인 또는 사건을 사정한다.
- 환자의 발병 시기에 일어나는 정신건강의학과적 증상이나 행동상의 변화를 사정한다.
- 환자의 정신질환에 미치는 생활환경에 대해 사정한다.
- 환자의 성격 및 인지기능에서의 역기능 정도를 사정한다.
- 재발인 경우 환자의 사회적 기능에 초점을 두고 사정하며, 재발 당시 특이한 사건이나 에피소드(episode, 삽화)가 있는지를 사정한다.

(4) 과거 질병력

이는 과거에 앓았던 정신질환이나 신체질병에 대해 알아본다. 특히 음주나 물질 사용의 병력을 반드시 확인해야 한다.

(5) 가족력

가족력은 기본적으로 가계도(genogram)를 활용하여 파악한다. 부모에 관한 자료부터 기록하되, 건강하신지, 살아 계신지, 돌아가셨다면 언제인지, 사인은 무엇인지 등을 알아본다. 가족의 사회경제적 수준, 가족질환의 유무, 유전적 요소, 가족의 분위기, 가족 구성원 간의 인간관계, 가족생활의 주요 사건 등을 묻는다. 가족력을 사정할 때 다음의 사항들을 유념할 필요가 있다(국립정신건강센터, 2003: 27).

- 가족 구성원의 일반적 사항(나이, 직업, 동거 여부, 경제 수준, 정신질환 유무 등)을 사정한다.
- 환자와의 관계 및 가족역동을 중심으로 사정한다.
- 가족 구성원이 환자의 질환 및 치료에 대해 이해가 있는지, 환자의 질환과 관련하여 부담을 느끼는지, 환자에 대한 감정이 어떠한지, 또한 환자의 질환이 가족 구성원에게 어떤 영향을 미치는지를 포괄적으로 사정한다.
- 가족 구성원이 환자의 질환에 미치는 영향은 무엇인지 사정한다.
- 가족 내 문제 또는 환자의 질환과 관련된 문제나 위기가 발생할 때 대처방법은 무엇인지 사정한다.
- 가족 중 정신질환이 있거나 자살로 인한 사망자가 있는지를 파악한 후, 그러한

실례가 있는 경우에는 내용을 구체적으로 사정한다.

(6) 개인력

개인력은 발달과정에서 환자에게 중요한 영향을 미쳤던 시기의 사건과 그 당시에 느낀 감정, 대처 방법, 사건의 의미 등을 파악하는 것이다.

① 유아기(출생~6세)

환자의 출생지, 원하는 아이였는지, 정상출산인지, 임신 중과 출산 후의 모친의 건강, 수유방법, 말하거나 걷기를 시작한 시기 등의 발육 상황, 성격 특징, 가족관계, 신경증적 경향과 행동문제(예: 야뇨, 말더듬, 경련 등)를 파악한다.

② 학령기(7~12세)

학교생활의 적응, 인지기능과 운동능력, 신체건강, 정서문제, 성적인 행동, 학력, 성적, 교우관계, 특별활동, 학교공포, 선생님에 대한 태도 등을 조사한다. 성장 과정에 영향을 주었던 사람과 그와 관련된 사건과 감정, 기억 등을 알아본다.

③ 청소년기(13~19세)

청소년기는 주요 정신질환이 처음으로 발병하는 중요한 시기이다. 사춘기를 겪으면서 나타난 신체적, 정신적, 성적 측면의 변화, 그리고 전반적 성장에 대해 환자와 가족이 어떻게 대처했는지를 알아본다. 그 외에 동성 및 이성과의 대인관계를 비롯하여 자아정체성의 문제, 학교진학 문제와 일탈행동 등을 파악한다.

④ 성인기

직업에 관한 자료로서 취직, 일의 내용, 직장에서의 인간관계, 근무상태 등을 살펴보며, 직장을 자주 옮겨 다녔다면 그 이유를 알아본다. 결혼의 과정, 부부관계, 유산경험, 자녀 수, 양육방법, 성적인 문제와 외도, 이혼이나 별거, 그 외에 술, 담배, 약물 등과 관련된 문제를 포함하여 전반적인 생활여건을 알아본다.

3) 정신사회재활서비스 사정

병원치료를 받고 퇴원한 정신장애인을 위해서는 지역 내 다양한 재활서비스가 필요하다. 최근 지역사회정신건강이 계속 확대되면서 재활 영역에서 정신사회재활 모델(psychosocial rehabilitation model)이 주목받고 있다. 이 모델은 정신장애로 인해 오랫동안 기능장애를 경험한 사람에게 적절한 훈련과 환경적 지지를 제공하여 지역에서 만족스러운 삶을 살아가도록 지원하는 것이다. 정신장애를 가진 사람은 손상(impairment), 기능결함(dysfunction), 역할장애(disability), 사회적 불이익(disadvantage)을 경험할 가능성이 높고, 그로 인해 자신의 거주지에서 이웃과 함께 살아가는 데 많은 어려움을 겪는다. 따라서 재활 영역에서의 사정은 정신장애인의 사회적 기능을 강화하고 증상 및 질병을 관리하는 데 필요한 정신사회재활서비스를 가능한 한 신속하고 정확하게 파악하는 데 초점을 두어야 한다.

정신사회재활서비스 영역은 크게 4가지로 분류된다. 즉, 정신장애인을 위한 임상관리 영역, 기능 영역, 역할수행 영역, 자기옹호 영역이다. 정신건강사회복지사

표 5-5 정신사회재활서비스 사정 영역 및 성과 척도

상위 영역	하위 영역	성과 측정을 위한 주요 질문 문항
임상관리 영역	• 병식 • 병관리	• 나는 나에게 정신질환이 있다는 것을 인정한다. • 나는 처방받은 약을 매일 복용하고 있다. • 나는 나에게 증상이 나타날 때면 어떻게 행동해야 하는지 알고 있다.
기능 영역	• 일상생활기술 • 대인관계기술 • 스트레스 대처 및 문제해결능력	• 매일 세수와 양치질을 한다. • 나는 상대방의 감정과 생각을 잘 이해할 수 있다. • 나는 다른 사람들과의 관계가 비교적 원만한 편이다. • 나는 문제가 발생하면 스스로 해결하려고 노력하는 편이다. • 나는 스스로 스트레스를 해결할 수 있다.
역할수행 영역	• 직업 • 사회적 역할 • 가족 내 역할	• 나는 취업을 위해 교육이나 훈련을 받을 생각이 있다. • 나는 지역사회에서 이루어지고 있는 활동이나 모임에 참여한다. • 나는 가족들과의 관계가 좋다. • 가족들은 나의 병과 상태에 대해 관심이 많다.
자기옹호 영역	• 낙인 및 차별대처 • 임파워먼트	• 나는 정신장애인에 대한 편견을 해소하기 위한 활동에 관심이 많다. • 나는 정신장애인을 위한 제도적 개선활동에 적극적으로 참여할 것이다. • 나는 나에게 일어난 일들에 대해 스스로 결정을 내릴 수 있다.

출처: 박병선, 배성우(2013), pp. 141-142에서 재구성(각 하위 영역별 질문들 중 1~2문항씩만 제시).

는 각 영역별로 정신장애인의 상태를 파악하고, 이를 토대로 재활을 지원하는 계획을 수립하게 된다. 현재 관련 척도가 개발되어 사용되고 있다(박병선, 배성우, 2013: 141-142).[4] 정신사회재활서비스 사정 영역 및 성과 척도는 〈표 5-5〉와 같다.

4. 예방 및 증진에서의 사정

예방 및 증진에서의 사정은 지역사회를 기반으로 하는 사정이다. 즉, 지역 주민들의 정신질환을 예방하고 정신건강을 증진하기 위해 필요한 사정이다. 병원에서 퇴원하여 가정이나 지역 내 소규모시설에서 생활하는 정신장애인, 정신질환의 위험성이 높은 주민들, 긍정적 정신건강 상태를 유지 · 강화하려는 일반 주민들이 대상이 된다. 따라서 정신장애인 개인의 전반적인 기능에 대한 사정과 함께 그들을 둘러싼 가족 및 주위 환경체계에 대한 사정이 필수적이다. 정신건강사회복지사는 생태도(ecomap) 및 지지망 척도 등을 활용하여 주변 환경체계에 대한 정보를 수집한다. 특히 퇴원한 정신장애인을 대상으로 병의 재발을 막고 지역사회 생존과 회복을 지원하는 사례관리 차원의 사정(욕구사정, 자원사정, 강점사정 등)도 매우 중요하다(사례관리에 대해서는 제7장 참조).

따라서 예방 및 증진에서의 사정은 지역사회정신건강 이념에 기초하여 ① 정신장애인의 심리사회적 기능에 대한 사정, ② 자원 및 환경, 강점에 대한 사정, ③ 위험 평가로 나누어 살펴볼 수 있다(국립정신건강센터, 2018c).

1) 정신장애인의 심리사회적 기능에 대한 사정

지역에서 생활하는 정신장애인들이 지역사회정신건강 이념에 따라 질병관리, 기능적 기술의 재활, 삶의 질 증진을 이루어 가기 위해서는 일상생활에서 건강한 심

4) 이 척도는 4가지 서비스 영역에서 총 50문항으로 구성되어 있다. 즉, ① 임상관리 영역 10문항, ② 기능 영역 15문항, ③ 역할수행 영역 15문항, ④ 자기옹호 영역 10문항이다. 각 문항은 5점 리커트 척도(1=전혀 그렇지 않다~5=매우 그렇다)로 측정된다. 자세한 사항은 관련 자료(박병선, 배성우, 2013)를 참조하기 바란다.

리사회적 기능을 유지하는 것이 필요하다. 이를 위해 정신건강사회복지사는 정신장애인의 심리사회적 기능을 수시(초기 사정 및 계속 사정)로 정확하게 파악할 필요가 있다. 지역 정신건강증진시설에서 파악하는 정신장애인의 심리사회적 기능은 다음과 같은 영역을 포함한다.

- **일상생활 관리 기능:** 개인위생, 금전관리, 식생활, 주거관리, 대중교통 이용하기 등
- **대인관계 기능:** 대화기술, 주장기술, 갈등관리, 문제해결 기능
- **직업 기능:** 현재 구직상태, 직장 내 인간관계, 직무수행, 자격 및 면허 소지 여부 파악 등
- **여가활용 기능:** 취미, 여가기술, 여가자원 탐색 등

이상과 같은 4가지 기능에 대해 각 하위 항목별로 기능수준을 확인한다. 예를 들어, 일상생활 관리 기능과 대인관계 기능에서는 '스스로 수행이 가능하다.' '내·외부자원의 도움을 받거나 도움을 요청하여 수행한다.' '심각한 수행의 어려움이 있다.'로 나누어 평가할 수 있다. 또 다른 평가 방식으로, 일상생활 관리와 관련하여 개인위생(하), 집안 정리정돈(중), 금전관리(하) 등으로 평가할 수 있다. 수준별 평가가 어려운 사항에 대해서는 취미(있음/책을 읽거나 글쓰기), 정기적인 여가활동(없음) 등으로 간단하게 기술하기도 한다.

이러한 심리사회적 기능을 제대로 사정하기 위해서는 전문가의 일방적인 판단에 의하기보다는 정신장애인과 적극 소통하고 참여시키면서 충분한 정보를 확보해야 한다. 그리고 기능 사정을 위한 자료원으로는 정신장애인의 치료기록이나 재활기록을 검토하는 것, 실제적인 관찰, 당사자 및 가족이나 주변인을 면접하는 것, 질문지를 활용하는 방식이 있다.

2) 자원 및 환경, 강점에 대한 사정

(1) 자원 및 환경에 대한 사정

지역에서 생활하는 정신장애인을 지원하기 위해서는 자원 및 환경에 대한 사정이 필요하다. 첫째, 자원에 대한 사정은 정신장애인의 욕구 충족과 문제해결에 도

움이 되는 다양한 인적 자원에 대한 파악으로, 내부 자원(개인, 가족)과 외부 자원(비공식 자원, 공식 자원)을 포함한다. 정신건강사회복지사는 정신장애인의 치료 및 사회복귀의 과정에서 현재 활용하고 있는 자원이 무엇인지, 또한 현재 활용하고 있지는 않지만 도움이 될 수 있는 신규 자원이 무엇인지를 파악할 필요가 있다. 아울러 자원을 연계하고 활용하는 데 장애가 되는 요인이 있다면 이에 대해서도 사정해야 한다. 자원 사정을 위해 정신건강사회복지사는 생태도, 사회관계망 척도를 활용하여 체계적으로 파악한다. 둘째, 주변 환경에 대한 사정은 크게 주거지의 내부 환경, 주거지의 외부 환경, 사회적 관계망, 외부 단체나 조직 참여도 등을 파악한다. 구체적인 사항은 다음과 같다.

- **주거지의 내부 환경**: 거주지 형태는 어떤지, 기본 시설이 잘 갖추어져 있는지, 주거지는 안전한지, 위생은 청결한지, 내부 환경 개선이 필요하지 않은지 등을 알아본다.
- **주거지의 외부 환경**: 주거지역이 우범지역인지, 대중교통을 쉽게 이용할 수 있는 지역인지, 병원이나 서비스 기관을 이용하기에 접근성은 어떤지 등을 알아본다.
- **사회적 관계망**: 친구가 있는지, 친구는 그를 위해 어떤 일을 해 주는지, 그들과의 관계는 어떤지 등을 알아본다.
- **외부 단체나 조직 참여도**: 현재 참여하고 있는 단체나 조직은 있는지, 복지관이나 서비스 기관을 이용하는지, 그리고 어떤 도움을 받고 있고, 장애물은 무엇인지 등을 알아본다.

(2) 강점에 대한 사정

최근 현장에서 강점관점을 활용한 실천이 늘고 있다. 정신건강 영역도 예외가 아니다. 이 관점은 기존의 병리적 접근과 달리, 클라이언트의 역량을 강화하고 그가 가진 강점이나 장점을 적극 활용하고자 하는 것이다. 정신장애인에게 있어 강점이란 그가 갖고 있는 능력, 용기, 의지, 자신감, 가능성, 책임감, 희망 등을 말한다. 그 외에도 그가 갖고 있는 대처기술, 지지체계, 문제해결기술, 성취동기, 대인관계능력, 건강한 습관도 강점이라 할 수 있다.

정신건강사회복지사는 정신장애인을 사정할 때, 우선 정신질환으로 인한 증상이나 기능의 저하와 같은 임상적 상태를 정확히 파악해야 한다. 그러나 그에 못지않게 그가 갖고 있는 강점과 가능성을 충분히 사정해야 한다. 정신건강사회복지사의 관심은 증상이나 질병 자체에 머물러서는 안 되며, 그 질병으로 인한 심리사회적 문제와 그 문제를 해결할 수 있는 클라이언트의 역량, 강점, 사회적 기능, 그리고 주변 환경체계로 확대되어야 한다. 따라서 강점 사정을 통해 정신장애인 스스로 치료와 회복의 과정을 주도해야 하고, 자신의 삶을 긍정적으로 만들어 갈 수 있도록 지원해야 한다. 정신건강사회복지사는 강점 사정을 위해 다음과 같은 원리를 적용할 필요가 있다(권진숙 외, 2017: 163에서 재인용).

- 상황에 대해 클라이언트가 이해하는 것이 중심이 되어야 한다.
- 클라이언트가 원하는 것이 무엇인지 발견하라.
- 클라이언트의 언어를 사용하라.
- 사정의 과정에 클라이언트와 함께 하라.
- 진단하지 말고 사정하라.
- 인과적 사고를 지양하라.

3) 위험평가

위험평가(risk assessment)는 자해와 타해의 가능성을 사전에 파악하는 것이다. 이 평가의 대상은 지역에서 생활하고 있는 정신장애인과 정신질환의 위험성이 높은 주민들이다.

지역에서 정신건강증진시설이나 정신재활시설을 이용하는 정신장애인을 돕기 위해서는 초기면접과 그 후 정기적인 평가를 통해 자살 과거력과 자살 의도를 사정할 필요가 있다. 자살 과거력을 파악하기 위해서는 과거 자살시도 유무, 자살을 결심하게 된 문제나 사건, 횟수와 시도방법, 시도 후 대처 등을 확인한다. 현재의 자살 위험성을 파악하기 위해서는 자살생각의 유무 및 원인, 구체적인 계획수립 여부, 지지체계 등에 대해 폭넓게 사정한다. 위험평가는 다음과 같은 사항을 포함해야 한다.

- 폭력에 대한 과거력과 관련 요인을 사정한다.
- 대상자의 분노조절 문제 유무를 사정한다.
- 폭력이나 공격성과 관련된 알코올 및 약물 사용을 평가한다.
- 가정폭력 상황에 대해 평가한다.
- 약물순응도 및 재발과 관련된 요인을 사정한다.
- 주거 불안정 상태나 관련 요인을 파악한다.
- 대상자에게 위험이 될 수 있는 또는 대상자가 위험을 초래할 수 있는 가족관계인지 사정한다.
- 폭력행동을 조장하는 환청이나 예기치 못한 행동을 일으킬 수 있는 피해망상 등 대상자의 주요 정신건강상태 지표를 사정한다.
- 최근 정신건강상태 변화와 이로 인한 서비스 이용의 감소 여부를 파악한다.

위험평가 후 입원치료가 필요하다고 생각될 때는 상황의 긴급성에 대한 판단이 우선되어야 한다. 정신질환으로 인해 긴급한 상황이 발생되었거나, 자해 및 타해 위험으로부터 보호조치가 필요한 경우에는 응급입원을 최우선으로 시행한다. 긴박한 상황이 아니면, 대상자에게 입원치료가 필요한지, 입원의사가 있는지, 보호의무자가 있는지 등을 자세히 평가하고 이후에 입원절차에 개입한다.

또한 지역에서 정신질환을 예방하고, 정신건강을 증진하기 위해서 지역민 누구나 자신의 정신건강상태를 수시로 평가하고 필요한 도움을 받을 수 있어야 한다. 특히 우울(depression)은 자살과 밀접한 관련이 있기에 사전 우울검사를 통해 위험성을 예측할 수 있다. 우울상태를 파악하는 척도는 언제든 신속하고 간편하게 활용할 수 있는 것이 좋다. 그런 면에서 〈표 5-6〉과 같은 단축형 우울척도(CESD-10-D)는 유용한 사정도구라 하겠다(신서연, 2011: 국립정신건강센터, 2018c: 86-87에서 재인용).[5)]

5) 우울을 측정하는 척도로 간이형과 단축형의 우울척도들이 많이 활용되고 있다. 예를 들어, 단축형 우울척도(CESD-10-D), 우울증 건강설문-9(Patient Health Questionnaire-9) 등이다. 우울 및 기타 불안, 스트레스 등에 대한 척도는 국립정신건강센터 홈페이지를 방문해 보기 바란다.

표 5-6 ··· 단축형 우울척도

단축형 우울척도(CESD-10-D)

다음의 문항을 읽고, 지난 1주 동안 당신이 느끼고 행동한 것을 가장 잘 나타낸다고 생각되는 문항에 ✓ 표를 하십시오. 한 문항도 빠짐없이 답해 주시기 바랍니다.

	문항	아니다	그렇다
1	비교적 잘 지냈다.*	1	0
2	상당히 우울했다.	0	1
3	모든 일들이 힘들게 느껴졌다.	0	1
4	잠을 설쳤다(잠을 이루지 못했다).	0	1
5	세상에 홀로 있는 듯한 외로움을 느꼈다.	0	1
6	큰 불만 없이 생활했다.*	1	0
7	사람들이 나에게 차갑게 대하는 것 같았다.	0	1
8	마음이 슬펐다.	0	1
9	사람들이 나를 싫어하는 것 같았다.	0	1
10	도무지 뭘 해 나갈 엄두가 나지 않았다.	0	1

해석

- *는 역문항임
- 전체 10문항의 점수를 합산함
  - 점수가 0~2점일 때: 정상이며, 우울 관련 정서문제를 호소하는 정도가 일반 사람들과 비슷한 수준임
  - 점수가 3~10점일 때: 우울상태이며, 우울과 관련된 증상들이 유의한 수준으로, 스트레스가 가중되면 우울증상이 확산되거나 평소에 비해 일상생활 기능이 저하될 수 있으므로 주의가 필요함

출처: 신서연(2011): 국립정신건강센터(2018c), p. 86에서 재인용.

5. 심리사회적 사정의 예

1) 심리사회적 사정의 내용 구성

정신건강사회복지사의 사정은 한마디로 심리사회적 사정(psychosocial assessment)이라 할 수 있다. 이는 2차 현장인 정신건강 영역에서 정신건강 및 정신장애에 대

한 이해를 바탕으로, 사회복지의 고유한 관점과 사회복지 전문성의 토대인 지식, 기술, 가치를 적용하여 이루어지는 사정이다. 앞서 제시한 바와 같이, 치료 및 재활 영역과 예방 및 증진 영역의 특성에 따라 사정내용이 달라질 수 있다. 그러나 정신건강사회복지사가 수집한 다양한 정보를 담아내고 기록하는 사정 틀(asessment framework)은 어느 현장이든 동일하게 적용된다. 사정 틀 안에는 앞서 살펴본 다양한 사정내용이 통합적으로 반영된다.

여기서는 현재 한국정신건강사회복지사협회가 주관하는 정신건강전문요원 수련과정에서 사용되는 심리사회적 사정을 소개한다. 현재 전국의 정신병원과 지역 현장에서 수련과정이 이루어지고 있으며, 어느 현장이든 동일한 사정 틀을 사용하고 있다. 심리사회적 사정 틀에 포함되는 내용 구성은 〈표 5-7〉과 같다(한국정신건강사회복지사협회, 2012: 780).

표 5-7 ··· 심리사회적 사정의 구성 내용

I. 정보수집
1. 인적사항: 개별 인적사항, 환자 질병과 관련된 사항, 정보제공자 및 정보의 신뢰도
2. 의뢰과정 및 주요 문제: 클라이언트가 호소하는 것, 정보제공자(주 보호자)가 제시하는 문제
3. 현 문제 및 과거병력: 발병 시점부터 지금까지의 병력 및 현재 환자의 증상과 문제
4. 면담 시 클라이언트의 상태: 정신상태검사(MSE)의 결과를 기록
5. 개인력: 발달단계에 대한 전반적 정보 파악과 기록
6. 가족력: 가계도 및 생태도 작성, 가족에 관한 전반적인 정보 파악과 기록
II. 심리사회적 사정
1. 심리사회적 · 환경적 문제: 현실적으로 개입 가능한 문제 중심
2. 강점과 약점: 문제해결에 도움이 되거나 장애가 되는 특성 파악
3. 이용자원체계: 공식, 비공식 자원
4. 사정을 위한 이론적 근거: 이론을 근거로 문제의 원인 및 상황 설명
III. 목표 및 계획
1. 개입을 위한 이론적 근거: 이론을 근거로 개입전략과 방법 서술
2. 장 · 단기 목표: 문제해결을 위한 구체적 · 객관적 목표설정
3. 치료계획: 설정된 목표에 따른 구체적 개입계획

IV. 사회복지사의 의견과 논의

V. 슈퍼바이저의 의견

2) 심리사회적 사정의 예

여기에 제시한 사례는 한국정신건강사회복지학회에서 발간하는 학술지인 『정신보건과 사회사업』에 실린 것이다.[6] 개인정보를 고려하여 신상정보와 내용을 다소 바꾸었으며, 심리사회적 사정 내용도 학습자가 이해하기 쉽게 일부 가감하였다. 이 사례는 지역사회 현장에서 이루어진 심리사회적 사정의 예이다.

6) 최희철, 오지현(2007). 심리사회적 사정을 통한 클럽하우스모델 적용사례 연구. 정신보건과 사회사업, 26, 432-441. 이 연구는 현장 사례연구로서, 한국정신건강사회복지학회 홈페이지에서 확인할 수 있다.

I. 정보수집

1) 인적사항

<table>
<tr><td>이름</td><td>이○○</td><td>연령</td><td>31세</td><td>성별</td><td>남</td></tr>
<tr><td>현 주소</td><td colspan="5">서울시 ○○구 ○○동</td></tr>
<tr><td>최종 학력</td><td>고졸</td><td>종교</td><td>기독교</td><td>병역</td><td>면제</td></tr>
<tr><td>결혼 상태</td><td>미혼</td><td>현 직업</td><td>없음</td><td>이전 직업</td><td>없음</td></tr>
<tr><td rowspan="3">경제 상태</td><td>월수입</td><td colspan="4">100~200만 원</td></tr>
<tr><td>주거형태</td><td colspan="4">부모의 자가(주택)</td></tr>
<tr><td>생활비 부담자</td><td colspan="2">부, 모</td><td>치료비 부담자</td><td>부, 모</td></tr>
<tr><td rowspan="2">약물복용상태</td><td rowspan="2">양호</td><td>의료보장형태</td><td>의료보험</td><td>주치의</td><td>○○○</td></tr>
<tr><td>장애등록/등급</td><td>정신장애 3급</td><td>진단명</td><td>조현병</td></tr>
<tr><td>등록 의뢰경로</td><td colspan="5">병원 주치의 소개</td></tr>
<tr><td>등록일</td><td colspan="3">○○○○년 ○○월 ○○일</td><td>사례 개시일</td><td>○○/○○/○○</td></tr>
</table>

2) 주요 문제

(1) 회원이 제시한 문제

① 취업을 해서 집안에 경제적으로 보탬이 되고 싶다고 함

② 대인관계에 있어 자신감이 부족하다고 함

③ 간이 좋지 않아 건강관리를 잘했으면 좋겠다고 함

(2) 가족이 제시한 문제

① 비만과 신체건강의 문제

② 자신감과 의욕이 떨어짐

③ 취업의 문제

(3) 사회복지사가 제시한 문제

① 비만, 불규칙적인 간 수치 등으로 인한 신체건강의 문제

② 말투가 부정확하고 타인과의 의사소통에서 이해력이 다소 떨어지는 면이 있음

③ 부모가 모두 생업에 종사하여 회원과의 관계가 소원한 편임

3) 현 문제와 과거 병력

회원은 어릴 때에 한글을 또래 아이들보다 빨리 깨우치지 못해 부모가 걱정이 많았다고 한다. 초등학교에 올라가서도 공부를 잘 따라가지 못했고, 중·고등학교 시절에도 마찬가지였다고 한다. 또래에 비해 인상이 순하고 말투가 뚜렷하지 못하고 어눌한 편이어서 반 친구들에게 심한 따돌림을 당하면서 이후 환청과 망상이 나타나 대학병원에 의뢰되어, 2년간 두 차례의 입원과 외래치료를 받았다고 한다. 고등학교를 졸업하고 방송 분야에 관심이 많아 방송연예 관련 학과로 진학하고자 했으나, 삼수 이후 포기하였다고 한다. 이후 마땅한 직장 없이 부모님이 운영하는 음식점 일을 도우며 생활을 해 오다가 가게의 수입이 어려워지면서 가게를 정리하게 되었다고 한다. 마침 주치의의 소개로 우리 기관에 등록하고 취업 프로그램을 원해서 활동하게 되었다. 현재 여러 부서의 일을 배우고 익히면서 활동하고 있다.

4) 의뢰과정

외래를 다니고 있는 주치의의 소개로 회원이 원하는 취업 프로그램에 연계시키기 위해 본 기관에 의뢰되었다.

5) 개인력

회원은 경제적으로 부유한 집안의 장남으로 태어나 장손이었던 탓에 가족들로부터 귀여움을 받았으며, 특히 할머니가 예뻐하는 손자였다고 한다. 영유아기 때는 가정형편이 좋아 돌잔치를 크게 하였다고 한다. 7세에 유치원에 보냈으며, 한글을 깨우치지 못해 걱정이 많았다고 한다. 초등학교를 다닐 때, 아버지가 직장을 그만두면서 음식점을 운영하게 되었고, 할머니가 회원을 돌보았다고 한다. 회원은 학업에 집중하지 못하여 학업성적은 하위권이었다. 친구관계에서도 소외되어 지내는 경우가 많았고, 심리적으로 스트레스가 컸다고 한다.

중학교에 올라가서는 영어를 잘하지 못하여 선생님께 꾸중을 들었고, 말투가 어눌하여 친구들에게서 따돌림을 당하였다. 이 무렵 환청과 망상이 나타나 대학병원에 의뢰되어 두 차례 입원치료를 받았다고 한다. 회원은 취미생활로 음악을 좋아해 용돈이 있으면 음악테이프를 많이 샀다고 한다. 권위적인 아버지와 바쁜 부모로 인해 적대감과 분노의 감정이 컸고, 대가족의 장손이라는 심리적 부담감이 컸다고 한다.

고등학교를 졸업하고 방송연예 관련 학과로 진학하고자 꿈꿨으나, 삼수 후 포기했다고 한다. 지금도 회원은 자신이 방송국에서 일했던 적이 있고, 자신이 만든 곡으로 어떤 가수가 노래를 불렀다는 망상을 갖고 있다. 최근 식당 운영이 어려워지면서, 회원은 집안경제에 보탬이 되고자 직업을 구하려는 결심을 하게 되었다고 한다.

6) 가족력

(1) 가계도 및 생태도: 생략

(2) 가족 구성원에 대한 기술

① 조모(80): 회원을 어릴 때부터 양육하였고, 가게 운영으로 일손이 부족하여 집안일을 주로 맡아서 하였다. 회원이 장손이라 끔찍이 아끼고, 현재 가족 중 가장 밀착되어 있다.

② 부(63): 정이 많지만, 독선적이고 권위적이라고 한다. 회원은 아버지를 무서워하고 반항하지 않기 때문에 겉으로 갈등이 나타나지 않았으나, 어머니는 그 안에 억눌려 있던 것이 언젠가 터질 것 같아 불안하다고 한다. 가게가 어려워 정리한 후, 현재는 경비 일을 하고 있다.

③ 모(58): 자상하며 외향적이고 순종적인 편이다. 회원과의 관계는 비교적 좋고, 아버지와의 이런저런 갈등이 있을 때 중재하는 역할을 하고 있다. 고부갈등이 신혼기부터 있었으며, 현재는 가게를 접은 후 학교의 급식 관련 일을 하고 있다. 일요일에는 두 아들과 함께 교회에 다니고 있다.

④ 남동생(30): 체육고등학교를 나와 임용고시에 실패한 후 이런저런 일을 하면서 지내고 있다. 어릴 때부터 형과 늘 비교되면서 지냈고, 시기심도 있고 애잔한 마음도 있다고 한다. 현재 회원은 동생의 눈치를 많이 보고 있다.

II. 심리사회적 사정

1) 심리사회적 문제

(1) 직업재활서비스 제공의 문제

회원은 현재 취업의 욕구가 가장 높다. 일시취업의 기회가 생기면 언제든 일하고 싶어 한다. 회원은 성실하고 책임감이 있지만, 인지기능이 부족하고, 무엇보다 발음이 정확하지 않은 취약성을 가지고 있다. 약점을 개선하면서 장기적으로 일할 수 있는 취업장 개발이 필요하다.

(2) 가족 지지체계의 문제

회원은 할머니와는 관계가 좋지만, 아버지와 남동생과는 다소 부정적인 감정을 가지고 있다. 아버지에 대해서는 억압된 감정이 있고, 자신보다 우월한 남동생에 대해서는 열등감과 소원함, 비교의식이 있다. 현재 부모가 일을 하고 있어서 가족상담이나 가족교육이 쉽지 않고, 그로 인해 가족역동을 제대로 파악하는 데 한계가 있다.

(3) 신체건강관리의 문제

회원은 약물부작용으로 간 상태가 좋지 않고, 당뇨와 비만 등의 건강문제를 갖고 있다. 간 수치가 높으면 정신건강의학과 약물을 조절해야 하고, 주기적인 건강검진과 내과검진 등이 필요하다. 건강관리를 위해 꾸준한 운동이 요구되는 상황이다.

2) 강점 및 약점

(1) 강점

① 책임감이 강하고 성실하다.
② 뚜렷한 삶의 목표가 있고 취업에 대한 의지가 강하다.
③ 일에 대한 성취욕구가 강하다.

(2) 약점

① 가정형편이 어렵다.
② 다소 부족한 인지기능 및 부정확하고 어눌한 말투의 문제가 있다.
③ 자신감이 부족하다.
④ 가족 지지체계가 부족하다.

3) 이용자원 체계

(1) 공식 자원: 클럽하우스, 병원 등

(2) 비공식 자원: 교회, 클럽하우스 내 지지집단, 가족 등

4) 사정을 위한 이론적 근거: 심리사회이론

심리사회이론에서는 생리적 · 심리적 요인과 환경적 요인의 역동성을 중시한다. 회원의 개인력과 가족력에서 나타난 취약성이 성장과정에서 환경적 요인과 결합하여 현재의 정신증상이나 심리사회적 기능상의 문제를 초래한 것으로 생각된다. 회원은 어릴 적부터 또래에 비해 인지기능이 떨어지고, 발음이 부정확하고 말투가 어눌하여 대인관계에서 소통이 원활하지 못하였다. 이런 개인적 취약성으로 대인관계에서 따돌림을 당하고, 수업을 제대로 따라가지 못해 학업을 유지하는 데 어려움이 있었다. 이로 인해 자신감이나 자존감이 낮아질 수밖에 없는 상황에서 가족 내 분위기도 우호적이거나 지지적이지 못하였고 부모에게 방임되다시피 조모의 손에서 키워졌다. 또한 이러한 취약성은 성장기에 회원이 관심을 가졌던 방송연예계

분야에서 꿈이 좌절되었고, 그로 인해 정신건강의학과적 문제와 결합되어 망상을 갖게 되었던 것으로 보인다.

III. 목표 및 계획

1) 개입을 위한 이론적 근거

(1) 강점관점

강점관점은 회원의 강점과 잠재력을 강조하고, 과거보다는 현재를 중심으로 자기결정권과 협력을 중요시하는 접근이다. 병리적 접근과는 달리, 회원의 강점을 사정하고 회원이 가진 개인적 · 대인적 · 지역사회 관련 자원을 활용하여 개입을 한다. 본 회원은 개인력이나 가족력에서 취약성이 있지만, 강점관점을 강조하는 클럽하우스에서 회원이 가진 강점이나 장점을 충분히 활용하여 긍정적인 재활을 이루어 낼 것으로 보인다. 성실성과 책임성, 현실적 목표에 맞춘 취업계획 등을 지역사회 자원을 활용하여 긍정적인 성과를 만들어 낼 수 있다.

(2) 클럽하우스 모델

회원과 직원들의 경험이 구조화되어 클럽하우스와 지역사회의 개별 구성원 모두에게 유익을 주는 모델이다. 이 모델은 지역사회 적응에 도움이 되는 지속적인 지지를 제공하고 다양한 활동으로 원조한다. 본 사례의 회원이 가진 가능성을 활용하여 클럽하우스 내에서 회원으로 존중받고, 자신이 가진 능력을 발휘하여 인정받고 성취하는 경험을 통해 지역사회 내 재활을 돕는 것이 필요하다고 판단되어 개입의 이론적 근거로 선택하였다.

2) 장 · 단기 목표 및 치료계획

장기목표	단기목표	치료계획	개입 방법
직업재활 서비스 제공	관심분야를 파악하도록 한다.	1) 가능한 취업장과 취업정보 제공 2) 취업형태에 대한 정보 제공 3) 취업정보 검색하기	1) 취업 워크숍 참여 2) 취업부와 연계하여 취업 제공 3) 일시/임시취업
가족 지지체계 강화	취약한 가족 지지체계를 강화할 수 있도록 한다.	1) 주기적인 가정방문 실시 2) 가족과 자주 연락을 취해 근황 확인 3) 회원들의 가족모임에 대한 정보 제공 4) 억눌린 가족에 대한 감정 다루기	1) 가정방문 2) 전화상담 3) 개별상담

건강관리 및 유지	신체적 건강을 유지할 수 있도록 한다.	1) 비만과 당뇨 관리를 위해 매일 일정 시간 꾸준히 유산소 운동하기 2) 음식섭취 조절과 지속적 관리 3) 정기적인 건강검진과 내과검진을 하도록 하여 간 수치를 확인, 당뇨관리	1) 유산소 운동 2) 건강검진 3) 내과검진

IV. 사례에 대한 의견

이 사례는 심리사회적 사정을 활용하여 정신장애인과 가족의 상황을 이해하고 문제와 관련한 여러 요인들을 분석해 본 것이다. 개인적 · 심리적 요인과 가족적 · 사회환경적 요인으로 인해 취약성이 두드러졌던 회원은 강점관점을 강조하는 클럽하우스에서 여러 부서활동에 참여했다. 그리고 이 과정에서 자신의 약점을 보완하고 강점과 잠재력을 발휘하면서 보다 긍정적인 삶으로 조금씩 나아질 수 있었다. 회원이 가진 증상이 호전되고, 이로 인해 여러 취업의 기회들을 가지면서 회복의 여정을 스스로 만들어 갈 수 있었다. 앞으로도 꾸준한 증상관리와 건강관리, 가족 및 사회적 지지체계의 강화, 취업유지 등의 과제를 잘 해결해 가야 하지만, 자신의 삶을 스스로 만들어 가려는 용기와 희망을 유지할 수 있게 정신건강전문가의 지지와 도움이 필요하다고 하겠다.

앞서 제시한 심리사회적 사정 사례를 학습할 때 다음의 방식을 고려하면 학습효과를 높일 수 있다.

심리사회적 사정 사례에 대한 학습 방법

① 학생들로 하여금 이 사례를 읽은 후 전반적인 느낌과 의견을 나누도록 한다.
② 생태도와 가계도를 그려 보도록 한다.
③ 정신상태검사(MSE)를 가상으로 시행해 보고, 그 결과를 적어 보도록 한다. 필요시 사례 내용을 일부 추가하거나 변경할 수 있다.
④ 학생들에게 다음과 같은 질문을 할 수 있다.

- 발병과 관련한 개인적 · 환경적 요인은 무엇인가?
- 사정을 위한 이론적 근거로, 이 사례를 설명할 수 있는 다른 이론은 무엇인가?
- 개입을 위한 이론적 근거로, 이 사례에 적용할 수 있는 다른 이론은 무엇인가?
- 목표설정과 개입계획에서 달리 생각하거나 추가할 사항은 무엇인가?
- 학생이 이 사례를 도와주는 전문가의 입장이라면, 구체적으로 어떻게 개입하겠는가?
- 이 사례 보고서에서 긍정적인 점과 아쉬운 점은 무엇인가?

⑤ 정신건강 및 정신장애에 대한 이해와 사회복지의 전문성을 토대로, 정신건강사회복지사가 수행하는 심리사회적 사정의 의미와 특성을 이해하도록 한다.

학습자 소감문의 예

내가 생각하는 사회복지의 특성은 한 사람을 볼 때 생리적 요인, 심리적 요인, 사회환경적 요인 등 그 사람을 둘러싼 모든 부분을 세심하게 살펴보고 중요하게 생각한다는 것이다. 또한 그 사람의 강점을 적극적으로 인정하고 지지한다는 점이다.

이 사례를 읽으면서 나도 심리사회이론의 관점으로 바라보려고 노력했다. 그렇게 읽다 보니 확실히 회원의 강점과 가능성, 잠재력이 보였고, 회원에게 영향을 미치는 요소들이 보였다. 그럴 때마다 나는 열심히 밑줄을 긋게 되었다. 밑줄을 그어 가며 집중해서 회원의 생활을 공감해 보았다.

이런 자세가 앞으로 내가 클라이언트를 만날 때 취해야 할 자세라고 생각되었다. 클라이언트의 이야기에 최선을 다해 집중할 때, 클라이언트가 가진 감정, 풀리지 않는 문제 등을 보다 정확하게 사정할 수 있다. 정확한 사정이 이루어져야 더 나아가 클라이언트의 문제와 욕구를 효과적으로 해결하는 개입계획을 세울 수 있다.

-필자의 강의를 수강했던 한 학습자의 소감 일부를 재구성함-

생각해 볼 문제

- 정신건강사회복지 사정의 특성은 무엇이고, 어느 범위까지 사정해야 하는지 함께 토의해 보자.
- 정신장애인이 경험하는 증상은 어떤 의미가 있고, 어떤 과정을 통해 증상이 형성되는지 함께 생각해 보자.
- 정신질환 분류체계에 따른 사정은 어떤 장점이 있는지, 그리고 진단으로 인한 낙인의 문제점은 무엇인지 함께 토의해 보자.
- 치료 및 재활에서의 사정과 예방 및 증진에서의 사정은 어떤 차이점이 있고, 각각의 특성은 무엇인지 함께 이야기해 보자.

제6장
정신건강복지법에 근거한 실천 영역

「정신건강증진 및 정신질환자 복지서비스 지원에 관한 법률」(이하 「정신건강복지법」)에 따르면, 정신질환자가 지역에서 제공받을 수 있는 복지서비스 유형에는 고용 및 직업재활 지원(제34조), 평생교육 지원(제35조), 문화 · 예술 · 여가 · 체육활동 등 지원(제36조), 지역사회 거주 · 치료 · 재활 등 통합 지원(제37조), 가족에 대한 정보제공과 교육(제38조) 등이다. 또한 국가와 지방자치단체는 정신질환자에게 적합한 복지서비스를 적극 개발하기 위해 연구지원체계를 갖추어야 한다고 명시하고 있다(제33조). 이와 관련하여 제6장에서는 「정신건강복지법」에 근거한 실천 영역을 주거와 고용, 교육과 정보, 문화와 건강으로 나누어 살펴보고자 한다. 이 영역들은 현재 서비스가 어느 정도 갖추어진 부분도 있지만, 대부분이 정신장애인의 지역사회 통합을 위해 앞으로 적극 개발되어야 할 서비스 영역에 해당한다.

1. 주거와 고용 영역

1) 주거 영역

(1) 정신장애인을 위한 주거지원의 개요

안정된 주거지에서 살고 싶은 것은 인간의 공통된 욕구이다. 주거지를 통해 일상생활이 가능하고 사회적 관계가 유지된다. 정신장애인도 마찬가지이다. 정신장애인이 지역에서 독립적으로 살아가려면 안정된 주거지가 필요하다. 적절한 거주지가 없으면 지역에서 장기적인 재활이나 회복을 기대하기 어렵고, 불안정한 주거로 인해 오히려 재발이나 증상의 악화로 이어질 수 있다.

2017년 장애인 실태조사에 따르면, 재가 정신장애인의 주거형태는 단독가구(48.5%), 아파트(38.9%), 다세대(11.6%) 등의 순이었다. 살고 있는 집의 소유형태는 자가(49.2%), 보증금 있는 월세(21.5%), 전세(10.2%) 등이었고, 집의 소유주는 부모(33.7%), 본인(34.2%), 형제(12.5%), 배우자(8.9%) 등이었다. 앞으로 살고 싶은 주거형태에 대해서는 일반 주택(86.2%)이 가장 많았고, 공동생활가정(2.0%), 거주시설(1.7%) 등을 선호하였다. 일반주택에서 살 경우, 원하는 삶의 형태로는 가족과 살고 싶다(80.4%), 혼자 살고 싶다(13.4%), 마음 맞는 친구나 동료와 함께 살고 싶다(0.2%) 등의 의견이 제시되었다(보건복지부, 한국보건사회연구원, 2017a).

이렇듯 정신장애인은 주거와 관련한 다양한 욕구를 갖고 있지만, 현실적인 문제가 많이 있다. 첫째, 지역에서 이용할 수 있는 주거시설의 수가 적고, 이용기간도 제한적이어서 안정된 주거여건을 확보하기 어렵다. 그리고 정신장애인의 경제수준이 열악하여 독립적인 주거지를 마련하거나 유지하는 데 어려움이 있다. 둘째, 전반적으로 주거지원 서비스 및 관련 정보가 부족하여 정신장애인들이 자신의 욕구와 상황에 맞는 주거계획을 세우기 어렵다. 셋째, 독립적인 주거생활이 가능한 경우에도 전문 인력이 부족하여 지역에서 일상생활지원이나 심리정서적 지원을 제대로 받고 있지 못하다.

(2) 주거시설과 주거서비스

「정신건강복지법」에는 정신장애인 주거(거주)와 관련하여 다음과 같이 규정하고 있다.

> 제37조(**지역사회 거주**·치료·재활 등 통합 지원)
>
> ① 국가와 지방자치단체는 정신질환자의 지역사회 거주 및 치료를 위하여 필요한 시책을 강구하여야 한다.
>
> ② 국가와 지방자치단체는 정신건강증진시설에서의 퇴원 등이 필요한 정신질환자에 대한 지역사회 재활 지원 등 지역사회 통합 지원을 위하여 노력하여야 한다.
>
> ③ 제1항 및 제2항에 따른 거주·치료·재활 등 통합 지원을 위하여 필요한 사항은 보건복지부령으로 정한다.

현재 우리나라에서 지역사회 거주와 관련한 서비스는 주로 주거시설을 통해 제공된다. 주거시설이란 정신질환자가 지역사회 내의 한 거주자가 되어 보호자들(예: 가족)과는 독립적으로 생활해 가는 모든 비입원 시설을 말한다. 따라서 보호자가 있는 집은 주거시설로 보지 않으며, 거주의 개념이 없는 낮병원이나 주간보호소 등도 주거시설이라고 하지 않는다. 과거 「정신보건법」에서는 사회복귀시설이라는 명칭을 사용했으나, 최근 개정된 「정신건강복지법」에서는 정신재활시설의 한 종류로서 주거시설(생활시설, 공동생활가정, 지역사회전환시설 등)을 포함시키고 있다. 참고로 지역사회전환시설은 그동안 중간집(halfway house)으로 부르던 것이다. 정신재활시설은 병원 또는 시설에서 치료나 요양 후 사회복귀 촉진을 위한 훈련을 행하는 시설이다(제4장 참조).

주거시설은 크게 세 가지 유형으로 구분된다(한국정신건강사회복지사협회, 2012). 첫째는 심한 증상을 가진 사람들을 위한 치료형 주거시설, 둘째는 독립주거로 가기 전 단계의 훈련주거 혹은 체험 홈, 셋째는 독립주거이다. 이러한 유형을 근거로 실제로는 각 나라의 상황과 여건에 맞게 다양한 형태가 제시되어 왔다. 지금까지 논의된 것을 정리하면, 전문가의 관리 및 통제 정도에 따라 다음의 4단계로 제시된다(양옥경, 2006).

① 중간집

중간집(halfway house, 지역사회전환시설)은 병원과 지역사회의 중간 지점에 위치하면서, 치료와 거주의 특성을 모두 갖고 있는 주거서비스이다. 정신장애인들이 병원에서 퇴원 후 지역에서 안정적으로 살아갈 수 있도록 집중적인 단기 재활 프로그램을 제공하는 곳이다. 이곳에서는 정신장애인들에게 사회화 및 재사회화를 이루도록 지원하고, 직업재활 및 건강한 여가선용을 지원한다. 이곳은 단지 주거의 목적으로만 활용되지 않기에 정신장애인의 개별적 욕구에 따라 다양한 프로그램이 제공된다. 정신건강전문가들이 24시간 교대근무를 하면서 정신장애인들이 지역사회로 원만히 이전되도록 다양한 도움을 제공한다. 예로, 환경치료(milieu therapy), 치료공동체(therapeutic community), 행동수정, 현실치료 등을 실시한다. 그 외에도 상담서비스, 일상생활훈련, 직업재활서비스 등이 제공된다.

② 그룹홈

그룹홈(group home, 공동생활가정)은 소수의 정신장애인이 서로 의지하면서 함께 생활하는 곳이다. 정신건강전문가가 같이 살기도 하고 그렇지 않은 경우도 있다. 함께 살지 않는 경우, 수시로 방문하여 필요한 도움을 제공한다. 일반 가정의 형태를 띠고 있기에 인원수를 제한하는 것이 필요하다. 이곳은 정신장애인들이 일정 기간 동안 생활하면서 재활에 필요한 상담과 훈련 등의 서비스를 제공받으며 사회복귀를 준비하거나 장애로 인하여 장기간 생활하는 시설이다. 낮에는 학교나 보호작업장, 취업장, 정신건강증진시설 등으로 출근했다가, 저녁에는 돌아와 함께 시간을 보내면서 가족 같은 경험을 하게 된다. 이곳에는 일상생활훈련을 비롯하여 인지재활훈련, 여가활용훈련, 대인관계교육, 약물관리교육, 상담 및 사례관리 등이 제공된다.

③ 지원주거

지원주거(supportive housing)는 독립적인 생활을 시작하기 전 단계에서 정신건강전문가의 특별한 도움 없이 정신장애인이 거의 독립적으로 기능을 수행하면서 생활하는 것이다. 거주지는 지역사회 내의 주택으로 하되, 전문가가 일방적으로 배치해 주기보다는 정신장애인이 선택하며, 개인의 욕구에 따라 지원내용과 지원시간을 유연하게 조정한다. 지원주거의 특징은 정신장애인이 소비자로서 주거와 관련한 사항을 스스로 선택하고 결정하는 데 있다. 입주자들을 위한 정규적인 프로그램은 없지만 입주자가 요청할 경우 그가 원하는 시간에, 원하는 장소에서, 원하는 내용으로 개별 서비스가 제공된다. 그러나 현실적으로 소득이 낮은 정신장애인이 안전하고 저렴한 거주지를 쉽게 구할 수 있는가의 한계도 있다.

다음은 우리나라에서 지원주거 서비스를 받은 6명의 정신장애인(원룸형 주택 한 채당 1인 사용)을 심층 면접한 결과를 일부 재구성한 것이다(배은미, 박희정, 2017).

● 동전의 양면과 같은 홀로서기

"……이제 혼자만의 공간을 이렇게 자유롭게 쓸 수 있으니까, 그게 남의 눈치 안 보고 고시원에서처럼 남의 눈치 안 보고…… 이렇게…… 그게 좋은 것 같고."

"그게 이제 혼자라는 게, 집에 분명히 들어가기 싫어할 거라는 걸 알았죠. 제가 일찍 들어가면, 진짜 나머지 시간에 뭐해요. …… 그게 힘들더라구요."

● 직원과 동료가 살펴봐 줌

- 내 형편을 물어봐 주고 알아 줌
- 일상의 문제에 대한 대처방안이나 해결방안을 함께 모색함
- 동료 정신장애인과 서로 돕고 배움

● 내 집에서 가꾸어 가는 나의 삶: 자립의 능력을 다짐

"내 집 같아서…… 밥해서 먹고 자기도 하고 청소도 하고…… 그러니까 내 집 같더라구요. 처음에는 어색했는데, 살다 보니까 꼭 내 집 같아서 편해요."

"자기관리 하는 거 중요하고, 마음을 다잡는 거, 그것도 중요해요……. 무슨 문제가 생겼을 때 내가 해결하지 않으면 안 될 그런 책임감이나 의무 이런 것들이 있잖아요."

"옛날 같았으면 처졌으면 더 좌절하고 그랬는데 요새는 안 그래요. 많이 좋아진 거 같아요……. 이제 좀 뭔가 옆집에 사는 사람들하고 이렇게 좀 조심해야 될 것도 있고……."

④ 독립주거

독립주거(independent housing)는 더 이상 시설이 아닌 일상적 주거 자체를 의미하며, 보통 집 또는 아파트에서 독립적인 생활을 하는 것이다. 자신의 소유나 임대 모두를 포함하는 이 주거형태의 특징은 정신장애인 자신에게 모든 생활의 책임과 자유 그리고 자율성이 보장된다는 점이다. 정신장애인이기 때문에 지역사회의 다른 주민들과 격리되어 특수한 형태의 시설에서 주거생활을 강요받지 않는다. 독립주거는 지역사회정신건강의 정상화 이념을 가장 잘 실현할 수 있고 사회통합을 이루는데 긍정적인 요소로 작용한다.

(3) 정신건강사회복지의 과제

이상에서 정신장애인을 위한 주거지원이 필요한 이유, 주거 관련 욕구와 현실적 문제, 그리고 주거서비스 유형에 대해 살펴보았다. 우리나라에서 현재 운영되고 있는 주거시설은 주로 거주 목적의 생활시설과 공동생활가정, 지역사회전환시설(중간집), 그리고 일부 지원주거 프로그램(시범사업) 등이다. 국가와 지방자치단체로부터 지원을 받는 대부분의 주거시설에는 정신건강전문가가 배치되어 다양한 도움을 제공하고 있다. 주거시설은 전문가의 지도감독 및 관리의 정도에 따라 생활시설에서부터 독립주거까지 그 스펙트럼이 넓은 특성이 있고, 가능한 한 연속적으로 배치되는 것이 바람직하다.

정신건강사회복지사는 이와 같은 다양한 주거시설에서 시설장 혹은 실천가로서 정신장애인의 재활과 사회복귀를 돕는 활동을 하고 있다. 앞으로 지역사회전환시설, 공동생활가정, 지원주거 등이 확대되면 그 역할이 더욱 늘어날 것이다. 따라서 정신건강사회복지사는 현재 진행 중인 주거서비스를 잘 이해할 뿐 아니라, 지역에서 정신장애인이 저렴하게 구입할 수 있는 민간주택과 공공주택(임대주택)의 유형, 자격요건, 신청방법 등을 충분히 숙지하여 정확한 정보를 제공할 수 있어야 한다.

2) 고용 영역

(1) 정신장애인을 위한 고용지원의 개요

정신장애인은 증상 및 약물관리가 잘 이루어지고 일상생활이 회복되면 직업적 활동이 가능한 상태가 된다. 일부 정신장애인의 경우는 증상이 안정되고, 사회기술과 직업기술이 충분히 향상되어 주위 사람이 장애를 거의 식별하지 못할 수 있다. 그러나 장애가 여전히 남아 있거나 본인이 장애를 공개할 경우 정신질환에 대한 사회적 편견과 낙인, 차별에 대한 우려로 정신장애인이 일반 고용시장에 참여해 구직활동을 하기가 쉽지 않다. 그렇기 때문에 사회적으로 다양한 고용 및 직업재활 지원을 통해 사회참여의 기회를 제공해야 한다.

정신장애인에 맞는 고용지원이 이루어지려면 그들의 직업적 특성을 이해하는 것이 필요하다. 첫째, 정신장애인은 사전에 완벽한 준비를 하는 방식보다는 직장에 배치한 후 현장에서 지속적인 훈련과 지원을 통해 직업을 유지하는 방식이 도움이 된다. 둘째, 직장에서 여러 심리사회적 문제를 경험하기 때문에 이에 대한 평가와 함께 적절한 편의제공이 요구된다. 셋째, 정신장애인에게는 탄력적인 근무시간, 일정한 업무의 내용과 리듬, 명확한 업무 매뉴얼을 제공하는 것이 유용하다(김문근, 2018: 32-61).

2019년 장애인 경제활동 실태조사에 따르면, 정신장애인의 고용률은 11.6%였다. 이는 전체 장애인의 고용률(34.9%)에 비해 상대적으로 낮은 수치이다. 참고로 2019년 15세 이상 전체 인구의 고용률은 61.5%로서, 정신장애인의 고용률은 우리 사회 전체 고용률의 5분의 1 수준에 불과하다. 세부 내용을 보면, 정신장애인의 고용상태는 주로 임시근로자(종사자의 지위), 시간제 근로(근로시간 형태)이며, 일반사업체(사업체 유형)에서 단순노무자로 일하는 경우가 많다. 이들은 주로 부모와 친척, 친구, 지인 그리고 직업재활시설을 통해 취업이 이루어지고 있다. 정신장애인은 취업장에서 장애로 인한 근로지속의 어려움, 편견과 선입견, 관련 경험과 기술 부족, 낮은 임금, 불안과 자신감 결여 등의 문제를 호소하는 것으로 나타났다(한국장애인고용공단, 고용개발원, 2019).

따라서 정신장애인이 취업을 통해 독립적인 생활을 유지하려면 여러 현실적인 어려움을 극복해 가야 한다. 그 대표적인 것이 정신질환과 관련한 편견과 차별, 장애로 인한 직업유지의 어려움, 열악한 근무환경이다. 그 외에도 정신장애인에 특화된 직업훈련의 기회가 적고, 직업재활을 지원하는 정보시스템과 전문 인력이 절대적으로 부족하다. 지역 내 복지 및 고용 관련 기관들 간에 서비스 연계도 잘 이루어지지 않고 있다(김용탁, 2018).

(2) 정신장애인을 위한 고용지원 서비스

「정신건강복지법」에서는 정신장애인 고용 및 직업재활과 관련하여 다음과 같이 규정하고 있다.

> 제34조(**고용 및 직업재활** 지원)
>
> ① 국가와 지방자치단체는 정신질환자가 자신의 능력을 최대한 활용하여 직업생활을 영위할 수 있도록 일자리 창출, 창업지원 등 고용촉진에 필요한 조치를 강구하여야 한다.
>
> ② 보건복지부 장관은 정신질환자의 능력과 특성에 적합한 직업훈련, 직업지도 등을 지원하기 위하여 필요한 조치를 강구하여야 한다.
>
> ③ 제1항 및 제2항의 고용촉진 및 직업훈련 등에 필요한 사항은 보건복지부령으로 정한다.

그리고 국가나 지방자체단체가 정신건강 정책과 사업을 계획할 때는 「장애인복지법」 제10조의2에 따른 장애인정책 종합계획과 연계하도록 하고 있다. 따라서 앞으로는 「정신건강복지법」「장애인복지법」「장애인고용촉진 및 직업재활법」이 서로 모순 없이 통합적으로 정신장애인 고용지원을 위해 연계될 것으로 전망된다. 이에 여기서는 넓은 의미의 장애인 고용에서 정신장애인을 위한 고용지원을 살펴보고자 한다.

① 장애인 의무고용

정신장애인도 장애인 의무고용(「장애인고용촉진 및 직업재활법」 제27조 및 제28조) 제도를 활용할 수 있다. 2017년 6월 기준으로 장애인 의무고용률(공공 및 민간기관의 경우 2.9~3.2%)을 실제로 이행한 경우는 전체 평균의 46.8%에 불과하다. 특히 공공기관보다 민간기관의 이행률이 매우 낮은 상황임을 고려하면 앞으로 민간기관의 장애인 고용을 더 확대해야 한다.

② 장애인 일자리 지원

현재 시행되고 있는 장애인 일자리 지원은 다양하다. 그중에서 장애인 표준사업장은 경쟁적인 노동시장에서 직업 활동이 곤란한 중증장애인들을 대상으로 맞춤형의 작업환경을 조성하여 일자리를 제공하는 것이다. 또한 장애인 일자리사업은 장애인에게 행정도우미, 관리업무보조, 돌봄 보조 등의 기회를 제공하여 사회참여와 소득지원을 제공한다. 그 외에도 장애인보호작업시설 및 근로활동시설, 사회적 기업 등이 있다. 그러나 이러한 일자리 지원사업에 정신장애인의 참여가 제한되어 있고, 주로 신체장애인에 적합한 사업으로 운영되고 있다. 따라서 앞으로 정신장애인의 특성을 고려한 일자리 지원을 확대해야 한다.

③ 지원고용

지원고용(supported employment)은 중증장애인의 고용지원을 위해 사전에 장애인고용업체를 선정하고, 관련 직무에 적합한 장애인을 대상으로 간단한 사전훈련을 거친 후 바로 직장에 배치하여 일정 기간 훈련한 후 일반고용으로 전환되도록 지원하는 서비스이다. 현재 상당수의 정신장애인이 지원고용에 참여하고 있는데, 이는 정신장애인 중 직업 활동이 가능한 경우가 적지 않고, 이들에게는 선 배치 후 훈련이라는 고용방식이 유용한 대안임을 보여 준다.

④ 장애인 고용알선

장애인 고용알선에는 크게 일반 고용알선체계와 전용 고용알선체계가 있다. 일반 고용알선은 고용노동부의 '워크넷'을 통해 이루어지며, 장애 정도가 경미하고 직업기술이 있는 장애인들이 일반 경쟁을 통해 일자리를 구할 수 있다. 그러나 보호된 일자리를 원하는 경우에는 한국장애인고용공단의 장애인 전용 고용알선체계인 '워크투게더'를 이용할 수 있다. 그리고 고용노동부의 고용센터에서도 도움을 받을 수 있다. 현재 정신장애인들의 고용서비스 이용이 조금씩 늘고 있으며, 실제 취업으로 연결되는 경우도 적지 않다. 아직은 신체장애인의 이용률에 크게 미치지 못하지만, 정신재활시설에서 조금 더 관심을 갖고 지원한다면 긍정적인 성과를 이루어 갈 수 있을 것이다.

⑤ 정신장애인 직업재활

「장애인복지법」상 정신장애인 직업재활서비스는 법정 등록정신장애인이 장애인 직업재활시설을 이용할 때 제공되는 보호고용을 중심으로 이루어지고 있다. 그러나 정신장애인 직업재활은 「장애인복지법」이나 「장애인고용촉진 및 직업재활법 시행규칙」에 포함되어 있지 않으며, 「정신건강복지법」(제34조)에만 명시적으로 규정되어 있다. 더욱이 「정신건강복지법」에 명시된 직업훈련, 직업지도 등의 직업재활서비스가 정신재활기관에서 직업재활을 전공하지 않은 인력(정신건강전문가)에 의해 제공되고 있어서 향후 이 부분에 대한 개선이 필요하다.

(3) 정신건강사회복지의 과제

앞으로 정신장애인을 위한 고용지원이 확대되려면, 첫째, 장애인 의무고용 기업체 및 고용주를 대상으로 정신장애인의 직업적 장점과 역량을 적극 홍보할 필요가 있다. 고용주가 긍정적으로 인식하게 되면 정신장애인을 지속적으로 고용할 가능성이 높아진다. 둘째, 지원고용의 일자리를 더 확대하고, 취업한 정신장애인이 직업을 잘 유지하도록 정신건강전문가의 집중적인 사후관리가 필요하다. 셋째, 정신재활시설을 중심으로 정신장애인 일자리 창출을 위해 사회적 기업을 창업하거나, 직업재활을 전공한 인력을 채용하여 정신장애인 직업재활을 강화할 필요가 있다.

이를 위해 정신건강사회복지사들은 정신장애인의 고용 및 직업재활에 더 많은 관심을 가져야 한다. 정신장애인들이 「장애인복지법」에 근거한 장애인 고용지원제도를 보다 많이 활용할 수 있도록 관련 단체들과 연대하고 실질적인 대안을 찾아야 한다. 현재는 주로 정신재활시설(예: 직업재활시설)에서 직업재활 활동[1]을 지원하고

---

1) 직업재활 활동의 예는 다음과 같다.
- 단순 반복적인 작업훈련을 포함하는 보호작업
- 고용 촉진을 위한 지역사회 자원 연계를 통한 작업훈련
- 취업 알선 및 취업 지도 활동
- 취업자의 직업 유지 및 관리 활동
- 정신재활시설 내 · 외부에서 물품을 생산하거나 생산품을 판매하는 활동 등

있지만, 앞으로는 지역의 정신건강증진시설에서도 사례관리나 자립생활 지원을 위해 정신장애인 고용지원서비스(예: 정신장애인 전용 취업지원센터, 정신장애인을 위한 사회서비스)를 확대해 가야 한다.[2)]

참고로 최근 정신장애인을 위해 새롭게 개발한 직업 영역으로 '동료지원가 모델(peer supporter model)'에 대해 소개하고자 한다(김용탁, 2018: 29-30).[3)]

- 동료지원가 모델이란?
  - 치료와 재활을 통해 일상생활이 비교적 안정된 정신장애인이 자신의 장애극복 경험을 바탕으로 회복이 필요한 다른 '동료' 정신장애인의 회복을 돕는 것
  - 주요 업무: 동료상담, 프로그램 운영, 교육강사 활동
  - 장애인 당사자가 장애와 관련된 경험, 지식, 대처기술이라는 자신의 경험을 바탕으로 동료가 겪는 어려움을 해결하도록 도와주고 생활 전반에서 지지적인 도움을 제공하는 업무수행
- 동료지원가의 효과
  - 사회적 지지: 소속감과 성장에 대한 긍정적 지지
  - 경험적 지식: 질병에 대한 대처, 자기결정 및 선택에 대한 정보와 접근
  - 사회적 학습을 통한 긍정적 행동변화 및 자기효능감 강화
  - 사회적 비교를 통해 성장과 희망에 대한 동기 제공
  - 동료지원가 스스로 도움 제공을 통해 역량과 자신감 향상
- 동료지원 활동
  - 한국정신재활시설협회: 'Bravo My Life'
  - 사회복지공동모금회 지원: '동행' 프로그램
  - 한울지역정신건강센터 외 3개 기관: '너나들이 Plus'
  - 포항시 북구정신건강복지센터: '두 손 Job Go'
  - 서울시 당사자 리더 양성 프로그램: 연 50명 정신장애인 동료지원가 활동

2) 정신장애인의 취업이나 직업재활의 실제를 이해하기 위해서는 온라인에서 태화샘솟는집, 경기정신재활센터, 위캔클럽, 스롤라인 등을 검색하면 유용한 도움을 얻을 수 있다.

3) 보다 자세한 내용은 서울시정신건강복지센터 자료실에서 '정신장애인을 위한 동료지원가 직무 지침서'를 참조할 수 있으며, '정신장애동료지원센터'를 검색해 볼 수 있다.

2. 교육과 정보 영역

1) 교육 영역

(1) 정신장애인을 위한 교육지원의 개요

현재 우리나라는 모든 국민에 대해 초등학교와 중학교 과정의 의무교육을 실시하고 있다. 고등학교 과정은 의무교육은 아니지만 무상교육으로 이루어지고 있다. 국가가 의무교육을 실시하는 이유는 교육의 기회균등 사상에 입각하여 모든 국민에게 사회적·경제적 지위에 관계없이 최소한의 필수적인 공통교육을 보장하기 위해서이다. 장애인의 의무교육은 「장애인 등에 대한 특수교육법」상 만 3세(유치원 과정 특수교육 대상)부터 만 17세(고등학교 과정)까지 이루어진다. 특수교육기관으로는 유·초·중·고 특수학교 또는 특수학급이 해당된다. 만 3세 미만 영아도 무상교육을 받을 수는 있으나, 현실적으로 제대로 된 권리보장을 받지 못하고 있다.

또한 최근 지식기반사회의 도래로 사회 구성원의 평생학습의 욕구가 증가하고 있다. 이 가운데 성인 장애인의 경우 학령기에 장애로 인해 교육기회를 놓친 경우가 많아 평생교육의 욕구가 매우 크다. 이에 국가에서는 일반 평생교육시설에서 장애인 평생교육과정을 운영할 수 있게 하였고, 장애인만을 위한 별도의 시설로서 학교 형태의 장애인평생교육시설을 설치·운영할 수 있도록 하였다. 이러한 지원은 교육 영역에서 상대적으로 소외되어 있는 장애인들에게 교육기회를 확대하고 삶의 질을 개선하는 데 큰 도움이 되고 있다.

정신장애인의 경우도 마찬가지이다. 정신질환의 발병과 치료로 인해 학령기에 제대로 된 교육을 받지 못했거나, 중퇴 혹은 자퇴로 학업을 중단하는 경우가 많다. 2017년 장애인 실태조사에 따르면, 재가 정신장애인의 교육 정도는 고등학교(42.1%), 대학 이상(29.6%), 중학교(11.9%), 초등학교(15.1%), 무학(1.3%)으로 나타났다. 응답자 중에서 학교를 다니지 않았거나 그만둔 이유는 경제적으로 어려워서(37.7%), 심한 장애로 인해(29.9%), 다니기 싫어서(24.0%) 등의 순이었다. 또한 대부분의 정신장애인이 평생교육 프로그램(학력보완교육, 인문교양 교육, 문화·체육·예술 교육, 시민참여 교육 등)에 참여한 경우가 많지 않으며, 일부 참여한 경우라도 지난 1년간 프로그램 한 개 정도였다(보건복지부, 한국보건사회연구원, 2017a). 이러한 결과를 볼 때, 앞으로 정신장애인의 특성 및 욕구에 맞는 교육과정을 확대 개설해야 하고, 학습보조금을 현실화하여 교육의 참여 기회를 늘리는 방안이 필요하다.

(2) 정신장애인을 위한 교육지원 서비스

「정신건강복지법」에는 정신장애인 평생교육 지원과 관련하여 다음과 같이 규정하고 있다.

> 제35조(**평생교육** 지원)
>
> ① 국가와 지방자치단체는 정신질환자에게 「교육기본법」 제3조 및 제4조에 따른 평생교육의 기회가 충분히 부여될 수 있도록 특별자치시장 · 특별자치도지사 · 시장 · 군수 · 구청장별로 「평생교육법」 제2조 제2호의 평생교육기관을 지정하여 정신질환자를 위한 교육과정을 적절하게 운영하도록 조치하여야 한다.
>
> ② 국가와 지방자치단체는 제1항에 따라 지정된 평생교육기관에 대하여 예산의 범위에서 정신질환자를 위한 교육과정 운영에 필요한 경비의 전부 또는 일부를 지원할 수 있다.
>
> ③ 제1항에 따른 평생교육기관의 지정기준과 절차, 정신질환자를 위한 교육과정의 기준, 교육제공인력의 요건 등은 교육부 장관이 보건복지부 장관과 협의하여 정한다.

2016년에 개정된 「평생교육법」에는 장애인 평생교육이 단지 장애인 관련 법(예: 「특수교육법」)에만 명시된 사항이 아니라, 일반 평생교육체계 안에 포함된다는 사실을 분명하게 규정하였다. 이에 따라 정신장애인 평생교육도 「평생교육법」에 근거하여 다양한 지원이 이루어질 전망이다. 여기서는 「평생교육법」상 장애인 평생교육이 어떻게 달라졌는지, 그리고 정신장애인에게 어떻게 적용될 수 있는지를 중심으로 살펴보고자 한다(김기룡, 2016).

① 평생교육법의 장애인 관련 주요 개정 내용

개정된 「평생교육법」을 보면, 장애인 평생교육에 대한 국가와 지방자치단체의 책무성을 더욱 강화하였으며, 각종 위원회 및 협의회 활동에 장애인 평생교육의 주체(관련 전문가)가 참여하도록 하고 있다. 또한 국가장애인평생교육진흥센터, 장애인평생교육시설, 장애인을 위한 평생교육과정, 전문 인력의 배치 등 장애인 평생교육 지원체계를 새롭게 구축하도록 하였다.

② 다양한 기관에서 장애인 평생교육 지원

법 개정으로 인해 앞으로는 다양한 기관에서 평생교육 서비스를 받을 수 있다. 이전에는 주로 학교 형태의 장애인평생교육시설에서 장애인 평생교육을 전담했으나, 앞으로는 학교교육의 형태뿐 아니라 다양한 학습기관에서 장애인 평생교육 프로그램을 제공하게 된다. 교육서비스 내용도 학력보완교육, 문화예술교육, 시민교양교육, 직업능력향상교육, 기초문해교육 등을 비롯하여 장애인의 생애주기별 욕구와 시대 변화에 맞게 보다 다양하게 제공하게 된다.

③ 정신장애인을 위한 평생교육 서비스

그동안 장애인 평생교육 정책이나 프로그램에서 정신장애인 당사자 및 전문가의 참여가 거의 이루어지지 않았다. 최근 「정신건강복지법」에 관련 조항이 포함되면서 정신장애인 평생교육의 필요성이 본격적으로 논의되기 시작하였다. 다소 늦은 감이 있으나, 앞으로 정신장애인의 평생교육이 장애인 평생교육 차원에서 통합적으로 지원될 것으로 기대된다. 즉, 정신장애인을 위한 평생교육시설이 설치·운영되고, 정신장애인의 특성과 욕구에 맞는 교육과정을 개발하여 시행하게 된다. 정신장애인은 장애인평생교육시설 또는 장애인 평생교육 교육과정을 운영하는 일반 평생교육시설 등을 이용할 수 있고, 「정신건강복지법」에 근거하여 별도로 지정된 정신장애인을 위한 평생교육기관에서 프로그램을 이용할 수 있을 것이다.

(3) 정신건강사회복지의 과제

정신장애인 평생교육이 활성화되려면, 첫째, 정신장애인의 평생교육 욕구를 파악하고 이에 적합한 교육 프로그램을 개발하는 노력이 필요하다. 현재 일반 평생교육시설을 이용하고 있는 정신장애인들의 학습 특성과 교육적 욕구를 고려하여 직업능력 향상이나 학력 보완 등 정신장애인에 특화된 교육 프로그램을 개발해야 한다. 둘째, 정신장애인을 위한 별도의 평생교육지원센터를 설치·운영하는 방안을 검토해야 한다. 발달장애인을 위한 평생교육센터가 설립된 점을 검토하여 정신장애인에 특화된 평생교육센터를 설치하는 방안을 모색해야 한다. 이 센터를 중심으로 다양한 교육 프로그램의 개발과 보급, 전문 강사의 양성, 교육 컨설팅 등을 할 수 있을 것이다.

이와 관련하여 정신건강사회복지사는 법에 규정된 정신장애인 평생교육의 필요성을 분명히 인식하고, 다양한 기관에서 평생교육 프로그램이 시행될 수 있도록 여건을 조성해야 한다. 정신장애인 복지에서 평생교육은 새롭게 개척해야 할 영역이다. 정신건강사회복지사는 평생교육에 관한 지식과 역량을 강화하여, 지방자치단체로 하여금 관련 조례나 예산지원을 통해 정신장애인 평생교육 사업을 추진하도록 권고하고 옹호하는 활동을 적극 펼쳐야 한다.

2) 정보 영역

(1) 정신장애인을 위한 정보지원의 개요

최근 정보기술의 발달로 정신장애인을 비롯한 모든 장애인의 삶에 많은 영향을 미치고 있다. 정보기술은 장애를 극복하고 지역사회에 통합하는 데 긍정적으로 작용하는 면이 있다. 그러나 장애로 인해 정보격차가 발생하고, 정보화의 흐름에서 뒤처지거나 소외되는 측면도 함께 존재하고 있다. 정보격차를 줄이는 대안으로 거론되는 것이 정보접근성이다.

정보접근성은 정보 관련 제품·시스템·서비스·시설 등을 신체적·기술적 여건과 관계없이 정보취약계층인 장애인이 쉽고 편리하게 이용할 수 있도록 보장하는 것이다. 이를 위해, 첫째, 공평한 사용(누구라도 차별감, 불안감, 열등감 없이 사용 가능), 둘째, 사용상의 융통성(다양한 사용 환경에서 자유롭게 사용 가능), 셋째, 간단하고 직관적인 사용(사용 방법을 간단히 알 수 있도록 간결하게 사용 가능), 넷째, 물리적 노력(무리한 힘, 반복동작 없이 자연스럽게 사용 가능)의 측면에서 원활하게 이루어지도록 하는 것이다.

최근에는 기존 PC 및 웹 중심의 ICT 환경에서 ICBMs(IoT, 클라우드, 빅데이터, 모바일, 정보보호)로 대표되는 모바일 및 앱 중심 미디어로 디지털 환경이 급변하고 있는 만큼 장애유형을 고려한 정보접근성을 강화하는 방안이 필요하다. 또한 정신장애인을 비롯한 다양한 유형의 장애인들에게 정보화교육을 통한 디지털 이용역량 강화 및 정보화 사회에 능동적으로 적응할 수 있도록 다각적인 지원이 필요하다(임종호, 이영미, 이은미, 2016).

(2) 정신장애인을 위한 정보지원서비스

정보지원서비스는 두 가지 측면에서 살펴볼 수 있다. 첫째는 정신장애인의 정보접근성을 강화하는 방안으로서 정보화 교육에 대한 것, 둘째는 정신장애인 가족을 위한 정보제공과 교육에 대한 것이다. 현재 「정신건강복지법」에는 정보접근성 관련 조항은 없으며, 가족에 대한 정보제공 및 교육에 대해 다음과 같이 규정하고 있다.

> 제38조(가족에 대한 **정보제공과 교육**)
>
> ① 국가와 지방자치단체는 정신질환자의 가족이 정신질환자의 적절한 회복과 자립을 지원하는 데 필요한 정보를 제공하거나 관련 교육을 실시할 수 있다.
>
> ② 제1항에 따른 정보와 교육의 내용 · 방법 등에 필요한 사항은 보건복지부령으로 한다.

현재 장애인의 정보접근성에 관한 법률은 「장애인차별금지 및 권리구제 등에 관한 법률」(이하 「장애인차별금지법」) 제20조, 제21조, 제23조, 「지능정보화 기본법」 제46조, 제47조, 제49조, 제50조, 「방송법」 제69조, 「방송법 시행령」 제52조 등이다. 관련 자료에 따르면 최근 장애인의 정보접근성은 일반 국민에 비해 전반적으로 낮은 편이다.[4] 더욱이 정신장애인의 경우는 전국적인 실태조사(과학기술정보통신부, 한국정보화진흥원, 2019a; 한국정보화진흥원, 2014)에 포함되어 있지 않아 정보격차 상황을 정확히 알 수가 없다. 그러나 정신장애인의 정보화 역량은 지역사회 통합의 차원에서 매우 중요하기 때문에 이에 대한 적극적인 관심이 필요하다.

4) 장애인의 디지털 정보화 수준은 꾸준히 증가하고 있으나, 비장애인인 국민 대비 75.2% 수준으로 격차가 여전히 존재한다. 참고로 저소득층은 87.8%, 농어민은 70.6%, 고령층은 64.3%로 나타났다(과학기술정보통신부, 한국정보화진흥원, 2019a).

① 정보화 교육 지원

정보소외계층을 위한 집합 정보화 교육(정보화 교육)은 「지능정보화 기본법」 제50조(정보격차해소교육의 시행)에 의한 장애인, 수급자, 북한이탈주민에 대한 교육을 말한다. 이는 정보격차를 해소하기 위한 방안이다. 정보격차란 사회적, 경제적, 지역적, 신체적 여건으로 인하여 정보통신서비스에 접근하거나 정보통신서비스를 이용할 수 있는 기회에 차이가 생기는 것을 말한다. 정보화 교육의 종류에는 컴퓨터와 인터넷 등에 대한 기본교육, 컴퓨터와 인터넷 등을 활용하여 필요한 정보를 검색·가공 및 생산하는 방법에 관한 교육으로 구성된다. 정신장애인(등록장애인 및 직계가족)도 「장애인복지법」상 장애인에 해당하므로, 필요시 정보격차해소를 위한 정보화 교육을 가까운 곳에서 무료로 받을 수 있다.

② 퇴원하는 정신장애인과 가족에 대한 정보제공 및 교육

정신건강전문가는 정신장애인이 병원에서 퇴원할 때 그와 그의 가족에게 적절한 회복과 자립을 지원하는 데 필요한 정보를 제공하거나 관련 교육을 실시하고 있다. 이 업무는 그동안 정신병원에 근무하는 정신건강사회복지사들이 정신장애인의 퇴원계획을 위해 시행해 온 서비스이다. 이 업무의 중요성 때문에 「정신건강복지법」에도 이를 명시하여 병원에서 퇴원하는 환자 모두가 가능한 한 이 서비스를 받도록 하고 있다. 정신장애인과 그 가족은 정신건강전문가로부터 퇴원 후 지역사회에서 이용할 수 있는 기관 및 서비스, 프로그램 등에 대해 교육을 받거나 충분한 정보를 얻을 수 있어야 하고, 또한 이를 적극 활용할 권리가 있다.

국가인권위원회(2018)의 조사에 의하면, 정신장애인이 병원에서 퇴원할 때 정신건강전문가가 지역사회기관을 소개하거나 연계해 주었다는 응답이 54%에 머물렀다. 그리고 조사 대상인 정신장애인들 중에서 '퇴원계획이 필요하다.'고 응답한 비율은 90%였다. 이 결과는 현재 정신장애인과 가족이 퇴원 시점에서 정신건강전문가로부터 지역사회 적응에 필요한 정보를 충분히 제공받고 있지 못하며, 병원과 지역사회기관 간에 연계가 활발하지 못함을 보여 준다. 조사에 참여한 응답자들은 병원 퇴원계획의 내용 및 공유대상에 대해 다음과 같은 의견을 제시하였다.

● 병원 퇴원계획에 포함될 내용의 우선순위

- 약물 교육
- 퇴원 후 병원에서 이용할 수 있는 서비스/프로그램 소개
- 지역사회 내 사회복지서비스 제공기관 안내
- 증상 재발현 시 방문/이용 가능한 기관들 안내
- 가족지원 서비스 안내
- 병원 퇴원 후 증상 관련 사례관리 기관 안내
- 지역사회 내 고용 관련 서비스 제공기관 안내 등

● 퇴원계획 공유대상
- 정신건강복지센터, 정신재활시설, 사회복지관 및 장애인복지관, 보건소, 관련 장애인기관 등

③ 정신질환 및 정신건강에 대한 교육

정신장애인과 가족은 정신질환과 정신건강에 대해 충분히 인지하고 이해할 수 있어야 한다. 이러한 정보능력은 정신장애의 치료 및 회복, 지역사회 적응에 필수적인 요소이다. 여기에는 정신질환의 발병 및 치료과정에 대한 지식, 전문적인 도움 요청 및 위기관리에 대한 지식, 가벼운 증상을 다스리는 전략(운동, 식이조절, 스트레스 관리 등), 정신장애인의 생활을 지원하는 방법과 기술, 정신질환을 예방할 수 있는 지식 등을 포함한다. 이러한 정보능력은 체계적인 교육과 훈련을 통해 효과적으로 터득할 수 있다. 현재 정신건강증진시설과 정신재활시설에서는 정신장애인 당사자 및 가족을 대상으로 정신질환을 올바르게 이해하고, 치료 및 재활과정에 효과적으로 대처하며, 위기를 관리하는 방법 등을 지속적으로 교육하고 있다(가족교육 내용은 제7장 참조).

(3) 정신건강사회복지의 과제

정신장애인을 위한 정보지원서비스는 앞으로 더 개발해야 할 실천 영역이다. 지금까지 장애인의 정보접근성(혹은 정보접근권)이 주로 신체장애인을 중심으로 이루어져 왔다면, 앞으로는 정신장애인의 정보접근성에 대해서도 관심을 가져야 한다. 정보취약계층의 정보격차 및 장애인 정보접근성을 파악하는 전국 실태조사에도 정신장애인이 의무적으로 포함되어야 한다. 정신장애인은 「장애인복지법」상 장애인에

해당하므로 우리나라 장애인정책 종합계획에 정신장애인 정보지원에 관한 사항도 포함되어야 한다.

「장애인복지법」에 장애인 정보접근성을 분명히 명시한 것과 같이, 「정신건강복지법」에도 정신장애인을 위한 정보접근성 조항을 별도로 두어 이를 강화할 필요가 있다. 보건복지부 정신건강정책과 혹은 국립정신건강센터에서 정신장애인의 정보접근성 및 정보화 교육, 정보 욕구 등을 체계적으로 조사하여 정보지원 서비스를 확대하는 근거를 마련해야 한다.

정신건강사회복지사는 현장에서 정신장애인의 정보화 수준을 파악하고, 필요시 디지털 이용역량을 강화하는 정보화 교육을 받도록 안내하고 적절한 기관으로 연계할 필요가 있다. 또한 퇴원을 앞둔 정신장애인과 가족들에게 지역사회에서 활용할 수 있는 정신건강서비스 및 관련 기관에 대해 충분한 정보를 제공하고, 필요시 책임 있는 연계 활동을 해야 한다.

3. 문화와 건강 영역

1) 문화 영역

(1) 정신장애인을 위한 문화지원의 개요

「정신건강복지법」에 규정된 문화지원의 범위는 문화 · 예술 · 여가 등을 포함한다. 즉, 예술 영역에서부터 취미활동과 여가에 이르는 광범위한 내용을 포함하고 있는데, 문화와 예술은 상호 연관된 영역으로 볼 수 있다. 우리나라 「장애인차별금지법」(제3조)에 따르면, 문화 · 예술 활동이란 「문화예술진흥법」(제2조 제1항 제1호)의 규정을 인용하여 문학 · 미술 · 음악 · 무용 · 연극 · 영화 · 연예 · 국악 · 사진 · 건축 · 어문 및 출판에 관한 활동을 말한다. 그렇기 때문에 이 모든 활동을 문화라는 말로 사용하기에는 한계가 있으며, 경우에 따라 문화 · 예술로 표현하는 경우가 많다. 또한 동법 제24조에는 문화 · 예술 활동의 차별금지 조항을 두어 장애인들이 문화 · 예술 활동에 참여함에 있어 부당한 차별을 받아서는 안 된다는 점을 명시하고 있다.

이러한 문화활동은 인간이라면 누구나 갖는 기본권적 욕구로서 개인의 삶의 질과 사회적 관계에 긍정적인 영향을 미친다. 정신장애인의 경우도 다양한 문화활동에 참여함으로써 생활의 활력을 찾고, 대인관계의 중요성을 배우며, 사회적응력 향상 및 심리 · 정서적 안정에 도움이 된다(한지연, 심경순, 2016). 그러나 정신장애인을 비롯한 여러 유형의 장애인을 위한 문화지원은 여전히 부족한 실정이다.

관련 연구(국가인권위원회, 2018)를 보면, 정신장애인들이 가장 많이 하는 여가활동은 텔레비전 보기(TV로 영화 시청하기 포함)였고, 그다음으로는 컴퓨터 또는 인터넷하기, 종교활동, 영화 · 연극 · 연주회 관람, 운동하기, 라디오 듣기, 휴식, 산책, 친구 및 가족 모임, 독서 및 학습, 예술 활동, 여행, 봉사활동, 동식물 기르기, 바둑과 장기 등의 순이었다. 여가활동은 주로 혼자서 하는 경우가 가장 많았고(41.5%), 그 외에는 가족(19.9%)과 친구 · 이웃(19.1%), 동호회 회원(5.1%), 직장동료(1.9%)와 함께였다. 정신장애인들은 여가활동을 하고 싶지만 함께 할 사람이 없거나, 여가 정보 및 프로그램이 없어서, 그리고 장애가 있어서 참여할 수 없거나, 경제적 부담 때문에 어려움을 경험한다고 하였다. 따라서 앞으로는 정신장애인이 문화활동의 주체이면서 동시에 참여자가 될 수 있다는 인식하에 관련 서비스를 확대해야 한다.

(2) 정신장애인을 위한 문화지원 서비스

「정신건강복지법」에서는 정신장애인 문화지원과 관련하여 다음과 같이 규정하고 있다.

> 제36조(**문화 · 예술 · 여가** · 체육활동 등 지원)
>
> 국가와 지방자치단체는 이 법에서 정한 지원 외에 문화 · 예술 · 여가 · 체육활동 등의 영역에서 정신질환자에게 필요한 서비스가 지원되도록 노력하여야 한다.

정신장애인을 위한 문화지원 서비스는 매우 다양할 수 있다. 문화 · 예술의 개념과 적용 범위가 아주 넓고, 전문적인 활동에서부터 일상적인 여가생활에 이르기까지 모두를 포괄하기 때문이다. 이와 관련하여 정신장애인을 위한 문화지원서비스는 다음과 같이 세 가지로 분류될 수 있다(김두영, 2013; 이경준, 최윤영, 2018).

① 문화예술 향유 프로그램

이는 정신장애인을 비롯한 여러 유형의 장애인들에게 문화 · 예술에 접근하는 기회를 제공하고, 일상생활에서 문화 · 예술을 접목하여 삶을 보다 풍요롭게 향유할 수 있도록 지원하는 프로그램이다. 이에 속하는 예로는 미술교실, 노래교실, 민요교실, 생활공예, 뜨개질교실, 사진교실, 문화 · 예술관람 등이 있다.

② 문화예술 향상 프로그램

이는 문화 · 예술 활동과 기술들을 숙련시키는 일련의 과정과 문화 · 예술적인 가치가 높은 작품을 창작할 수 있도록 체계적으로 지도하는 프로그램이다. 이에 속하는 예로는 영상미디어 프로그램, 연극동아리, 풍물교실, 난타교실, 서예교실, 도자기 공예교실, 합창단, 뮤지컬 등이 있다.

이와 관련하여, 지역에서 4년간 인문학을 활용한 문화 · 예술교육 프로그램에 참여해 자신의 작품을 전시하고 발표한 경험이 있는 정신장애인 10명의 경험을 소개한다. 참가자들은 다음과 같은 면에서 자신의 역량이 강화되었다고 하였다(한지연, 심경순, 2016, 일부 재구성).

- 마음의 안정을 얻고 자신에 대해 알게 됨

"……예전에는 성격이 급해서 한번 욱하는 게 있었는데 글을 쓰면서 성격이 조금 차분해지고 온순해졌어요. 저 자신도 감정을 조절하려고 노력도 하고요."

"글을 쓰고 완성하면서 나 자신에 대한 인정, 나도 할 수 있다는 생각에 감동을 할 수 있는 것 같습니다."

- 타인과의 소통을 통한 외적인 힘이 생김
  - 타인에 대한 관심과 인식
  - 교류와 소통의 즐거움
  - 더불어 사는 삶의 의미

● 사회참여를 통한 역량 강화

"스스로에게 당당해지는 기회가 된 것 같아요. 타인에게 보여 줄 수 있다는 것이 뿌듯하고 초심을 다시금 일깨워 준 것 같아 앞으로도 열심히 살고 싶어요."

"사람들이 나의 말에 귀를 기울이고 공감해 주는 경험으로 사람들을 통해 위로를 받고 인정을 받고 치유를 받는 느낌이 들어요."

"인문학 프로그램은 자신의 존재를 확인하고 찾게 해 주고 앞으로 어떻게 살아야 하는가에 대한 답을 주는 것이라 생각합니다. …… 병원에 있을 때는 수동적인 존재로 살았지만 사회에 나와서 글을 쓰고 사람들과 소통함으로써 사회의 구성원으로 준비를 해 나가는 느낌입니다."

③ 여가 스포츠 프로그램

이는 레저스포츠 활동을 포함하여 건강생활과 체력증진을 위하여 여가시간에 실행할 수 있는 것으로 자발적인 신체활동을 향상시키는 프로그램이다. 예로는 보치아, 승마, 볼링, 게이트볼, 배드민턴, 론볼링, 벨리댄스, 요가 등이 있다.

(3) 정신건강사회복지의 과제

앞서 살펴본 정보지원과 마찬가지로, 문화지원도 앞으로 더욱 활성화해야 할 실천 영역이다. 정신장애인에게 문화지원이 중요한 이유는 그들의 문화적 욕구를 충족시키고, 내적 잠재력과 창의성을 개발함으로써 자신의 삶에 대한 인식을 새롭게 하고, 회복과 재활에 긍정적인 힘을 제공할 수 있기 때문이다. 특히 정신장애인과 비장애인이 함께 하는 문화활동은 정신장애에 대한 편견을 극복하도록 해 주고, 서로 소통하고 접촉하면서 지역사회 통합의 가능성을 높이는 효과가 있다. 장애인 문화활동 지원에 관한 사항이 여러 법에 명시되어 있듯이, 「정신건강복지법」에도 정신장애인 문화지원 사항을 보다 구체적으로 명시해야 한다. 그리고 정신장애인 문화지원이 정부 및 지방자치단체의 정신건강 정책과 사업으로 연결될 수 있도록 관련 시행령과 서비스 체계를 보완할 필요가 있다.

정신건강사회복지사는 현장에서 정신장애인의 문화 · 예술 활동에 관심을 갖고, 정신장애인이 주체가 되는 새로운 프로그램을 개발하는 노력이 필요하다. 현재 정신병원을 비롯한 정신건강증진시설과 정신재활시설에서 치료적 관점에서 정신장애인을 위한 다양한 문화 · 예술, 여가활용 프로그램을 진행하고 있다. 앞으로는 강점관점, 당사자 관점에서 문화지원 서비스를 개발하고, 정신장애인의 창작 및 예술 활동을 장려해야 한다. 정신장애인에 특화된 강사를 양성하고 복지 네트워크를 활용하여 비장애인과 함께 하는 문화 · 예술 활동을 확대하는 방안도 모색해야 한다. 정신장애로 인해 문화 · 예술 활동이 제약되거나 차별받지 않도록 정신장애인의 문화 향유권을 보장하는 일에도 관심을 가져야 한다.

2) 건강 영역

(1) 정신장애인을 위한 건강지원의 개요

일반적으로 장애인은 비장애인에 비해 만성질환 유병률이 높고, 장애로 인해 2차 질환이 쉽게 발생하는 등 건강상태가 좋지 않다. 또한 건강검진을 받는 비율이 낮아 질병으로 이어질 가능성이 높으며, 이는 건강보험 재정의 손실로 이어진다. 이에 사전 예방적 건강관리는 사회적 비용 차원에서도 매우 효과적인 방법이다.

2017년 장애인 실태조사에 따르면, 정신장애인이 건강검진을 받지 못한 이유로 '별다른 증상이 없고 건강하다고 생각해서'가 49.4%로 가장 높았으며, '검진결과에 대한 불안감(이상소견) 때문에'가 9.5%, '검진기관까지 이동하는 것이 불편해서'가 7.3%의 순이었다(보건복지부, 한국보건사회연구원, 2017a).

정신장애인의 경우, 질환의 특성상 의료 및 건강 관련 서비스에 대한 요구가 클 수밖에 없다. 그러나 [그림 6-1]에서 보는 바와 같이, 일반건강검진 수검률은 비장애인 74.1%보다 28.0%p 낮고, 15가지 장애유형 중 두 번째로 낮은 수치이다(전체 장애인 수검률 64.8%). 또한 검진판정 및 종합소견 현황에서 유질환자 혹은 질환의심 수치에서도 비장애인보다 상대적으로 높다. 이는 정신장애인의 높은 의료보장 욕구에도 불구하고 기본적인 건강관리에 매우 취약하다는 것을 보여 준다(보건복지부, 국립재활원, 2016).

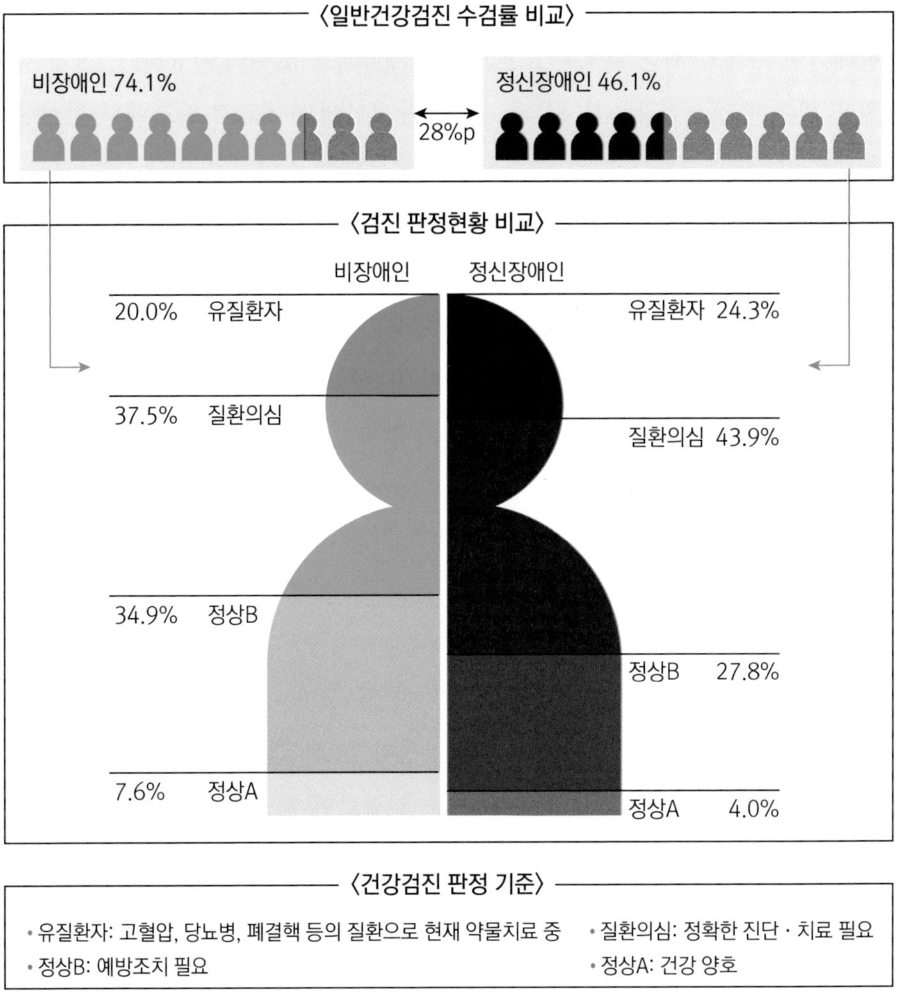

[그림 6-1] 정신장애인의 건강검진 현황

출처: 중앙정신건강복지사업지원단(2019), p. 1.

한편, 전국적으로 정신요양시설 거주인(396명)을 대상으로 조사한 결과를 보면, 입소자 중 상당수가 적정 체중을 유지하지 못해서 저체중 상태를 보이고 있다. 운동량이 부족한 거주자들에게서 일반 인구보다 높은 비율의 저체중이 나타난 것은 영양관리의 문제를 드러낸 것으로 볼 수 있다(국가인권위원회, 2017). 또한 2017년 장애인 실태조사에 따르면, 정신장애인들이 필요하다고 생각하는 보건 · 건강 관련 정보는 질환 관련 정보(38.9%), 건강생활 정보(35.2%), 예방 또는 검진 정보(13.2%), 재활치료 정보(5.3%) 등이었다(보건복지부, 한국보건사회연구원, 2017a).

(2) 정신장애인을 위한 건강지원 서비스

「정신건강복지법」에서는 정신장애인의 건강지원과 관련하여 다음과 같이 규정하고 있다. 건강이라는 용어 대신 체육활동으로 명시하였으나, 이는 여가선용의 의미보다는 건강관리(health management) 차원으로 이해하는 것이 타당할 것이다.

> 제36조(문화 · 예술 · 여가 · **체육활동** 등 지원)
> 국가와 지방자치단체는 이 법에서 정한 지원 외에 문화 · 예술 · 여가 · **체육활동** 등의 영역에서 정신질환자에게 필요한 서비스가 지원되도록 노력하여야 한다.

일반적으로 건강관리란 질병치료뿐 아니라 질병을 예방하고, 나아가 삶의 질을 높이는 데 필요한 모든 조치를 의미한다. 정신장애인의 적극적인 건강관리는 자신의 주요 질환인 정신질환에 대한 치료 순응도를 높이고, 만성화 과정에서 손상된 위생관리와 스트레스 관리, 그리고 사회적 관계와 활동에 긍정적인 영향을 미친다(서미경, 2018).

① 정신장애인의 자가 건강관리

정신장애인이 타인의 도움 없이 주도적으로 자신의 건강을 관리하는 것을 자가 건강관리라고 한다. 즉, 정신장애인이 자발적으로 치료와 약물에 순응하고, 위생관리와 스트레스를 관리하며, 규칙적인 생활과 의미 있는 사회적 관계를 유지하는 것이다. 정신장애인이 매일 확인해야 하는 자가 건강관리 목록은 다음과 같다.

- 정기적으로 외래를 방문한다.
- 처방된 약을 스스로 규칙적으로 복용한다.
- 힘든 일이 생기면 가능한 한 긍정적으로 생각하려고 노력한다.
- 스트레스가 쌓일 때 휴식을 취한다.
- 정해진 시간에 규칙적으로 식사한다.
- 정해진 시간에 잠을 자고 정해진 시간에 일어난다.
- 깨끗이 씻고 위생관리를 한다.
- 의미 있는 활동(취미, 운동, 등교 및 직장생활 등)을 한다.

- 매일 사람들과 최소한 30분 이상 대화한다.
- 증상으로 인해 힘들어지면 전문가에게 도움을 요청한다.

이러한 자가 건강관리가 잘 이루어지려면, 무엇보다 스스로 할 수 있다는 신념 혹은 자기효능감이 중요하다. 자기효능감을 유지하기 위해서는 반복적인 훈련과 '할 수 있다'는 격려, 도움을 요청한 부분에 대해 구체적으로 연습하고 모델링하는 노력이 필요하다(서미경, 2018).

② 다양한 건강관리 프로그램

정신장애인들은 일반인에 비해 신체질환에 이환될 가능성이 높다. 심혈관계 질환, 호흡기 질환, 대사증후군, 비만, 관절염과 같은 만성질환을 흔하게 경험한다. 이뿐만 아니라 활동량이 적은 일상생활과 운동부족, 흡연, 고염 · 고지방 식품의 섭취, 과일이나 신선식품 섭취부족, 음주나 약물 남용 등으로 신체질환을 일으키는 경우가 많다. 따라서 정신질환에 대해서는 의학적 치료와 정신사회재활이 필요하지만, 동시에 신체건강 및 올바른 생활양식에 대한 지원도 필요하다. 정신장애인의 신체건강은 정신질환의 관리와 정신건강에도 영향을 미친다.

이와 관련하여 현재 정신병원과 정신재활시설, 정신건강복지센터 등에서 정신장애인을 대상으로 체중조절 프로그램이나 웰니스 프로그램 같은 구조화된 프로그램과 산책이나 운동 따위의 일상적 여가 프로그램을 운영해 오고 있다. 특히 운동과 같은 신체활동은 활력을 증가시키고 긴장과 피곤을 감소시켜 긍정적 기분과 자신감을 향상시키는 데 효과가 있다. 이런 프로그램들은 정신장애인의 건강관리 차원에서 이루어지는 것이다.

최근 정신건강 영역에서 확대되고 있는 웰니스(wellness) 프로그램을 소개하고자 한다. 웰니스란 웰빙(well-being)과 행복(happiness)이 합쳐진 말이다. 웰빙이 신체건강에 초점이 있다면, 웰니스는 정신적으로 즐겁고 행복한 삶을 추구한다. 이 프로그램은 정신장애인이 식이요법과 운동요법으로 신체건강을 호전시키고, 자신감과 성취감을 향상시켜 사회복귀 및 삶의 질을 높이는 데 목적이 있다. 주로 비만관리에 초점을 두고 진행된다. 현장에서는 전문적으로 계획된 프로그램에서부터 정신장애인의 개별적 상황과 기관 상황을 고려하여 자체적으로 개발한 프로그램까지 다양하다. 활동 방식은 스트레칭, 유산소 운동, 전신 의자 스트레칭, 에어로빅, 마사지볼, 건강밴드 스트레칭, 줌바 댄스, 다이어트 댄스 등이다.

(3) 정신건강사회복지의 과제

정신장애인에게 건강지원이 필요한 이유는 꾸준한 건강관리는 입·퇴원을 줄이고 기능회복 및 사회복귀를 촉진함으로써 사회적 비용을 절감할 수 있기 때문이다.[5] 이를 위해서는 정신장애인의 일상적 건강관리 프로그램을 확대하고, 찾아가는 건강검진 등 물리적 접근성을 높이는 노력이 필요하다. 그리고 의료인들의 정신장애에 대한 인식을 개선하여 정신장애인이 언제 어디서든 필요한 질병치료와 건강관리를 받을 수 있게 보장해야 한다. 건강검진에 관한 교육은 정신장애인 스스로 자신의 건강 수준을 이해하게 하고, 건강관리에 필요한 기본 정보를 습득하게 함으로써 자기관리가 가능하도록 해야 한다. 그 외에도 정신장애인의 검진율 향상과 의료 사각지대 해소를 위한 사회적 관심도 필요하다.

다음은 정신장애인들이 왜 질병 발생의 위험도가 높은지 그 이유를 제시한 것이다(Gould, 2010: 35-37). 〈표 6-1〉의 내용을 보면, 앞으로 정신장애인의 신체건강을 위해 사회적으로 개선되어야 할 점이 무엇인지 알 수 있다.

표 6-1 ··· 정신장애인들에게 질병 발생의 위험도가 높은 이유

- **건강관리를 위한 서비스 접근성의 부재:** 대부분의 정신병원(입원병동)에는 정신장애인의 건강관리(physical health care)를 위한 연계 시스템이 없으며, 그로 인해 건강관리에 필요한 서비스 접근성과 기회가 매우 취약하다. 지역사회 정신건강증진기관에도 기초적인 건강관리 지원서비스가 잘 구비되어 있지 않다.
- **신체적 문제를 정신장애와 연관시켜 접근하는 것의 문제:** 정신장애인이 호소하는 신체적 증상을 대부분 정신질환(우울이나 불안 등)으로 인한 것으로 보는 경향이 있다. 이를 진단의 그림자(diagnostic overshadowing)라고 부른다. 그렇기 때문에 정신장애인의 신체적 증상을 제대로 진단하지 못하고, 치료시기를 놓쳐 악화되는 경우가 있다.

5) 우리나라 18세 이상 성인 인구의 경우 17개 주요 정신질환의 평생유병률은 25.4%이다. 또한 1년 유병률(11.9%)을 기준으로 할 경우 470만 명이 17개 정신장애에 이환되어 있다. 이들로 인한 경제적 비용은 약 8조 3,000억 원 이상이 될 것으로 추산된다(국립정신건강센터, 2020a).

- **치료의 우선권(우선순위)에 대한 책임 논쟁:** 정신건강전문가들은 신체적 질병에 대한 전문성이 약하고, 일반 의사들은 정신질환에 대한 전문성이 약하다. 이로 인해 정신장애인에 대한 전인적 치료의 기회가 약화되고, 치료에 대해 누구에게 1차적 책임에 있는가에 대한 논쟁을 일으킨다.
- **정신장애인의 생활양식과 빈곤:** 낮은 소득과 경제적 취약성은 흡연과 음주, 영양불균형의 문제를 초래하고, 이는 정신장애인의 만성질환 이환율을 높이는 원인이 된다. 그리고 국가가 추진하는 건강증진사업이나 캠페인에 정신장애인들의 참여가 매우 저조하다.
- **항정신성 약물의 문제:** 많은 항정신성 약물은 정신증상을 조절하는 순기능이 있지만, 한편으로는 다양한 부작용을 동반하는 경우가 많다. 특히 약물 부작용으로 인한 체중증가는 비만의 문제로 발전할 가능성이 높다.
- **증상으로 인한 무기력과 주도적 자기관리의 어려움:** 정신질환의 특성상 만성적인 치료과정에서 정신질환자들은 때로 무기력과 수동성을 경험한다. 이로 인해 자신의 신체건강을 돌보고 치료하려는 의지가 약화되는 경우가 많다.

정신건강사회복지사들은 현장에서 정신장애인을 도울 때 그의 건강상태를 수시로 확인하고 필요한 도움을 제공할 수 있어야 한다. 일상적인 건강상태 확인뿐 아니라, 정기적인 건강검진 여부 및 검진 결과를 확인함으로써 심각한 신체질환을 예방할 수 있다. 환자들에 대한 개별적인 모니터링뿐 아니라 다양한 건강관리 프로그램을 통해 보다 적극적으로 건강지원을 할 수 있다. 건강관리 프로그램을 실시하는 보건소나 정신의료기관, 장애인 및 노인복지기관 등과 연계하여 보다 다양한 서비스를 제공할 수 있다.

생각해 볼 문제

- 정신장애인에게 주거지는 어떤 의미가 있으며, 주거지원 서비스에는 어떤 것이 있는지 알아보자. 그리고 우리 지역에 있는 정신장애인 주거시설에 대해 온라인, 오프라인으로 조사해 보자.
- 최근 커뮤니티 케어 정책이 추진되면서, 정신장애인을 위한 중간집(지역사회전환시설)에 대한 관심이 커지고 있다. 이에 수업을 통해 중간집에 대해 학습한 후, 우리나라에 있는 중간집을 조사해 보고, 중간집의 필요성을 같이 토론해 보자.
- 「정신건강복지법」에 규정된 복지서비스(거주, 고용, 평생교육, 정보제공, 문화, 건강 등)가 정신장애인에게 필요한 이유는 무엇이고, 앞으로 어떤 서비스가 더 확대되어야 하며, 새롭게 개발되어야 할 것인지에 대해 각 주제별로 조를 편성하여 토의하고 발표해 보자.

제7장
정신건강사회복지 실천 방법

앞서 제3부(정신건강사회복지 실천)의 제5장에서 정신건강사회복지 사정에 대해 살펴보았고, 제6장에서 「정신건강증진 및 정신질환자 복지서비스 지원에 관한 법률」(이하 「정신건강복지법」)에 근거한 실천 영역으로 주거와 고용, 교육과 정보, 문화와 건강에 관한 지원서비스를 살펴보았다. 이러한 흐름에서 제7장에서는 정신건강사회복지의 실천 방법으로 상담과 치료, 교육과 홍보, 사례관리, 위기개입, 옹호, 프로그램 기획과 실행, 자원 발굴과 연계에 대해 살펴보고자 한다. 실천 방법은 정신건강사회복지의 역사만큼이나 오래된 것이며, 시대적 상황과 복지환경의 변화에 맞추어 꾸준히 발전해 왔다. 정신장애인 개인과 가족, 지역사회(일반 시민)를 대상으로 한 다양한 실천 방법을 학습함으로써 정신건강사회복지사가 현장에서 어떤 활동을 하는지를 이해할 수 있다.

1. 상담과 치료

상담(counseling)은 어느 현장이든 사회복지사가 클라이언트를 도울 때 가장 흔히 사용하는 개입 방법이다. 정신건강 영역도 마찬가지이다. 정신건강사회복지사가 정신건강증진시설이나 정신재활시설에서 정신장애인과 가족을 도울 때 상담을 통해 관계를 형성하고 필요한 도움을 제공한다. 경우에 따라서는 보다 전문적인 상담 방식인 치료(therapy)를 활용한다. 치료는 상담에 비해 좀 더 계획적이고 의도적으로 문제를 해결하는 방식이며, 일정한 훈련과정(수련과정과 보수교육, 슈퍼비전 등)을 통해 전문성을 터득하게 된다.

현장에서는 상담을 치료와 혼용하여 부르는 경우가 많으며, 정신장애인의 심리 내적 변화나 행동 변화를 위해 정신건강사회복지사가 직접적으로 개입하는 방법으로 인식하고 있다. 정신건강 영역에서는 다양한 상담과 치료 방법이 적용될 수 있으나, 대체로 정신역동치료, 인지행동치료, 인간 중심 치료, 가족상담 및 치료가 많이 활용된다. 정신건강 영역의 특성을 고려하여, 이 네 가지 치료에 대해 살펴보면 다음과 같다(박미은, 신희정, 이혜경, 이미림, 2020; Gould, 2010: 93-95).[1)]

1) 정신역동치료

정신역동치료(psychodynamic therapy)는 19세기 후반 프로이트(Sigmund Freud)가 주장한 정신분석학에 기반을 두고 있다. 그의 제자와 동료들이 정신분석 이론을 정교화하거나 확대하여 다양한 치료기법을 개발하였다. 정신역동치료에서는 무의식의 상태로 억압되어 있는 초기 아동기 경험과 정서가 현재의 사고와 감정, 행동에 미치는 영향을 미친다고 전제한다. 과거 아동기 경험과 현재의 문제 사이에는 의미 있는 관련성이 있다고 믿으며, 클라이언트의 해결되지 않은 과거 트라우마(trauma)가 현재의 개인적인 삶과 대인관계에 역기능을 초래한다고 본다. 한 가지 예를 제시해 본다(김규수, 2011: 245).

> 의존적 욕구가 좌절될 때마다 떼를 쓰고 어머니를 귀찮게 만들어 어머니의 관심을 유지하던 아동이 적개심의 좌절은 무의식화되고, 겉으로는 행동만 조건화되어 고정행동양식이 형성되었다. 그는 청년이 되어 사랑하는 사람을 괴롭히거나 귀찮게 하는 행

1) 정신역동치료, 인지행동치료, 인간 중심 치료에 대한 이론적 기초는 인간행동과 사회환경, 사회복지실천론, 사회복지실천기술론 과목에서 연속적으로 다루어진다. 따라서 이론에 대한 구체적인 내용은 관련 과목을 참조하기 바란다.

동을 되풀이하곤 한다. …… 증상이란 인간이 태어나서 5~6세 이전에 잘못 조건화된 정서적인 반응양식이 현실에 맞지 않는데도 되풀이하여 나타나는 외현적인 현상이다.

이때 치료란 무의식적인 것을 의식화하거나 병적인 아동기의 고정된 정서적 반응양식을 통찰하고 이해하여 새로운 반응양식을 적용해 보는 데 있다.

정신역동 이론에 기초한 치료자들은 클라이언트와 함께 이러한 과거 경험과 정서를 밝혀내고, 과거와 현재의 연결성을 통찰하도록 돕는다. 즉, 클라이언트로 하여금 자신의 미해결된 과거 경험이 현재의 삶에서 어떻게 나타나며, 또한 대인관계에는 어떻게 나타나는지를 깨닫도록 하고, 이를 충분히 이해하도록 하여 현재 자신의 문제에 새로운 반응양식으로 대처하도록 돕는 역할을 한다.

현장에서 정신건강사회복지사는 기본적으로 정신장애인의 정신증상을 이해하고, 정신의학적 면담을 진행하기 위해 정신역동치료를 활용한다. 환자의 욕구와 상태에 따라 혹은 전문가 자신의 훈련 정도에 따라 정신역동치료는 다양한 수준에서 이루어진다. 정신질환의 발병은 복합적인 원인에 의한 것이므로, 과거의 미해결된 욕구나 트라우마를 강조하는 정신역동치료가 절대적인 대안이 될 수는 없다. 그러나 아동기 상처와 현재 정신적 문제 사이에는 의미 있는 연결이 있다고 보는 견해가 여전히 설득력을 얻고 있다(Corey, 2009/2010). 정신건강사회복지사는 정신장애인의 정신상태를 이해하고, 아동기의 왜곡된 영향력에서 벗어나 새로운 반응양식을 훈련할 수 있도록 정신역동치료를 배우고 익히는 데 최선을 다해야 할 것이다. 인간의 무의식과 정신세계를 다루는 정신역동치료는 정신건강 영역에서 가장 기본이 되는 치료 방법이다. 정신역동에 대한 이해(무의식, 욕동, 전이, 저항, 방어기제, 꿈의 분석, 자유연상 등)를 바탕으로 하여, 이후에 기술하는 치료 방법(인지행동치료, 인간중심 치료)을 익히고 적용하는 것이 바람직하다.

2) 인지행동치료

인지행동치료(cognitive behavior therapy)는 1970년대와 1980년대에 정신건강 영역에서 널리 알려지기 시작하였다. 초기에는 스키너(B. F. Skinner)의 행동주의 이론(조작적 조건형성)을 적용하여 인간의 공포반응, 강박적 사고, 심각한 불안 등에 대해 건강하고 생산적으로 반응하는 행동양식을 학습할 수 있었다. 치료자들은 클라이언트의 환경을 의도적으로 통제하고 바람직한 행동결과를 유도하고자 하였다. 일부 행동에 대해서는 무관심하거나(관심의 철회나 처벌의 경우) 혹은 강화하는 방식으로 개입하였다. 그러나 이러한 접근에 대해 인도주의적 관점에서 윤리적 문제가 발생할 수 있다는 비판이 확산되었다. 결국 이러한 점을 수용하여, 현장에서는 행동주의 대신 인지행동치료가 새로운 대안으로 주목을 받았다.

인지행동치료는 1960년대와 1970년대에 벡(Aaron Beck)과 엘리스(Albert Ellis)가 주창한 이론에 토대를 두고 있다. 초기에는 주로 우울로 진단받은 사람을 치료하였으나, 점차 다양한 진단을 가진 사람들에게 적용하였다. 치료 전제는 인간의 행동(behavior)을 결정짓는 것은 그 행동과 관련한 사건(event) 자체보다는 사건을 해석하고 받아들이는 그의 인지(cognition)에 달려 있다는 것이다. 인지행동치료자는 인간의 심리적 고통(distress)은 그 고통과 관련된 사건을 지각하는 왜곡된 생각에 기인한다고 본다. 그렇기에 치료자들은 클라이언트로 하여금 그의 심리적 고통을 다루는 새로운 기술로서, 그 고통을 일으킨 왜곡된 사고를 찾아내고 이를 바꾸도록 도와준다. 부정적인 사고 대신 긍정적인 사고로 대체하도록 하고, 달라진 사고에 따른 건강한 정서와 행동을 경험하도록 체계적으로 훈련한다.

인지행동치료는 과거보다는 '지금 그리고 현재'의 어려움에 초점을 둔다. 치료자는 클라이언트가 현재 경험하고 있는 것에 집중하면서, 문제의 원인과 접근에 대한 생각을 함께 공유하고 발전시키면서 치료적 공감대를 형성한다. 인지행동치료는 개별화된 접근이고 시간제한적인 접근으로서, 치료자는 클라이언트의 문제행동이 개선될 때까지 지속적으로 모니터링하고 평가하면서 변화를 안정화시킨다. 인지행동치료를 효과적으로 활용하면 클라이언트를 임파워링(empowering)하는 효과를 거둘 수 있다. 즉, 클라이언트로 하여금 자신의 상황을 되돌아보면서 부정적인 생각을 찾아내어 건강한 생각으로 대체하고, 과제수행(homework)을 통해 변화를 점검하고 평가하는 작업을 거치면서 내적 성숙으로 이어질 수 있기 때문이다. 그리고 자신의 생각을 바꾸어 일상의 삶을 방해하던 문제에서 벗어났다는 자신감은 클라이언트의 자기효능감을 높이고 유사한 상황에 대한 대처능력을 강화시켜 준다.

현장에서 정신건강사회복지사는 정신장애인 및 다양한 클라이언트의 정서적 문제(우울, 불안, 분노, 공포 등), 사고방식의 문제(강박적 사고, 왜곡된 사고, 지나친 의심 등), 심각한 스트레스를 다루기 위해 인지행동치료를 활용한다. 인지행동치료는 주로 개별적으로 적용하지만, 경우에 따라서는 정신재활을 목적으로 스트레스, 분노, 불안 관리 집단이나 프로그램의 형식으로 이루어진다. 인지행동치료는 정신장애인으로 하여금 자신의 감정 혹은 행동의 1차적 원인이 스트레스를 유발하는 사건이나 상황 자체보다는, 그것을 받아들이는 자신의 사고방식(인지)에 있다는 것을 강조하기 때문에 현실 인식과 책임성을 키울 수 있다. 따라서 정신건강사회복지사는 충분한 교육과 훈련(수련과정, 보수교육 및 슈퍼비전)을 통해 정신장애인을 돕는 유용한 개입 방법과 기술로서 인지행동치료의 활용도를 높여 가야 할 것이다.

3) 인간 중심 치료

상담의 영역에서 가장 많이 알려진 것이 인간 중심 치료(person-centered therapy)이다. 이는 1950년대부터 대중화되기 시작하였고, 미국 심리학자 로저스(Carl Rogers)의 이론에 기초하고 있다. 로저스는 인간은 자신에게 부여된 지적, 정서적, 창조적 잠재성을 깨달을 필요가 있다고 하였다. 이러한 잠재성은 의미 있는 타인들의 무조건적인 수용과 긍정적인 배려를 통해 발현된다. 그러나 평소 자기 자신에 대한 이미지와 타인에 의해 표출된 이미지(반사된 이미지) 사이에 간격이 발생하면 이러한 잠재성은 크게 위축된다. 다른 사람의 견해나 지각에 지나치게 의존하는 경우 매우 취약하고 파편화된 자기 이미지를 형성하게 된다.

인간 중심 치료에서는 세 가지 전제 조건을 강조한다. 즉, 무조건적인 긍정적 배려(unconditional positive regard), 공감적 이해(empathic understanding), 일치성(congruence)이다. 치료자는 클라이언트로 하여금 타인에 대한 지나친 의존에서 벗어나 자신만의 방식(관점)을 발달시키고 성장하도록 돕는다. 자신의 정체성을 강화하고 확장하며, 실제로 그런 사람이 되도록 지원한다. 타인의 압력으로부터 자유로워지도록 능동적인 대처방법을 훈련한다. 인간 중심 치료에서는 클라이언트 스스로 자신의 이야기를 주도하도록 격려하고, 치료자는 클라이언트의 이야기를 경청하면서 공감적 이해를 표현한다. 치료자의 상담방식은 비지시적이며, 주로 촉진자의 역할을 수행한다. 치료자의 무조건적인 배려와 격려 속에 클라이언트는 자신의 내면세계를 탐색하고, 자신의 문제를 스스로 해결하는 방법을 찾게 된다.

현장에서 정신건강사회복지사는 정신장애인을 대할 때 인간 중심 치료에서 강조하는 원칙들을 기본적으로 적용한다. 무조건적인 긍정적 배려, 공감적 이해, 일치성은 단지 치료적 장면뿐만 아니라, 평소 클라이언트를 대할 때 사회복지사가 취해야 하는 바람직한 행동원리이다. 사회복지의 가치나 철학과 상통하는 원리로서 정신건강 영역에서 강조되어야 할 사항이다. 특히 정신장애인이 처한 차별적 상황이나 사회적 배제(social exclusion)의 여건을 고려할 때, 그들에게 부여된 지적, 정서적, 창조적 잠재성을 믿고 이를 충분히 발휘할 수 있도록 배려하고 격려하는 것은 정신건강사회복지사의 자연스러운 접근이라고 하겠다. 앞으로 정신건강증진시설이나 정신재활시설에서 전문적 상담과 치료의 여건이 확충된다면, 정신건강사회복지사가 인간 중심 치료를 깊이 있게 적용할 수 있는 기회도 늘어날 것이다.

4) 가족상담 및 치료

정신장애인을 돕기 위해 정신건강사회복지사가 중요하게 고려하는 체계가 가족이다. 가족은 정신장애인의 성장과 발달에 영향을 미칠 뿐 아니라, 정신질환의 발병 및 치료, 재활과정에서 중요한 역할을 한다. 가족은 하나의 역동적인 체계이다. 가족 안에 정신질환자가 생기면 그것은 특정 가족원의 문제이기 전에 가족 전체의 문제가 된다. 가족은 서로 돌봄과 관심을 주고받는 지지체계이면서 동시에 서비스와 지원이 필요한 대상이다. 정신장애인 가족을 돕는 주요 방법으로 가족상담과 가족치료를 들 수 있다.

(1) 가족상담

가족상담(family counseling)은 정신장애인과 함께 살고 있는 가족 구성원을 대상으로 그들이 경험하는 다양한 욕구와 문제를 상담해 주고 필요한 서비스를 제공하는 활동이라고 할 수 있다. 가족의 문제와 욕구는 주로 정신장애인 가족이 받는 생활 스트레스와 돌봄 및 보호에 따른 부담과 관련이 있다. 정신건강사회복지사는 가족들이 호소하는 건강의 문제, 경제적 문제, 일상생활의 문제, 그리고 상실감, 분노, 슬픔, 죄의식 등의 감정적 문제를 다루어 주면서, 정신질환에 대해 충분히 이해하고 효과적으로 대처할 수 있도록 유용한 대안을 함께 모색한다.

(2) 가족치료

가족치료(family therapy)는 정신장애인 가족이 경험하는 가족관계의 문제, 심각한 가족갈등, 가족의 역기능을 다루기 위해 접근하는 전문적인 개입 방법이다. 가족치료는 가족체계이론(family system theory)을 기반으로 하여, 정신장애인 가족의 역기능적 가족구조, 관계, 의사소통, 권력, 역할 등의 문제를 해결하고자 일정 기간 동안 회기를 정하여 치료자와 만나게 된다. 치료적 성과를 거두기 위해서는 가족의 적극적인 참여와 문제해결의 동기, 그리고 치료자의 전문성이 중요하다. 심각한 가족갈등은 정신장애의 치료와 재활에 부정적으로 작용하기 때문에, 정신건강사회복지사는 가족치료의 방법을 적극 활용하여 정신장애인 가족관계 개선 및 건강한 기능회복에 힘써야 할 것이다.

2. 교육과 홍보

1) 교육

정신건강 영역에서 교육은 정신장애인과 가족, 일반 시민을 대상으로 정신장애 및 정신건강에 관한 정보제공과 경험의 공유를 목적으로 이루어진다. 이에 대해 살펴보면 다음과 같다.

(1) 정신장애인을 위한 교육

정신질환이 발병하면 환자는 증상으로 인해 막연한 불안을 느끼게 되고, 자신의 의지와 생각으로 증상을 통제하기 어렵다고 느끼면서 심한 좌절과 우울, 공포를 경험한다. 이로 인해 가족관계 및 사회적 관계에서 의사소통의 왜곡이 나타나고, 타인과의 관계를 회피하거나 타인들로부터 배척을 당하는 경험을 하게 된다. 내면적으로 외로움과 소외감, 죄책감을 느끼면서도, 현실적인 관계갈등이나 스트레스로 인해 억압된 감정을 공격적으로 표출하게 되고, 경우에 따라 위기 상황을 맞을 수 있다.

정신건강사회복지사는 정신장애인의 이와 같은 고통과 어려움을 이해하고, 적절한 치료 및 재활을 돕기 위해 교육을 실시한다. 정신장애인에게 필요한 정보는 교육을 통해 효과적으로 전달될 수 있다. 현재 대부분의 정신병원, 정신재활시설, 정신건강증진시설에서 정신장애인을 위한 교육을 개별적 혹은 집단적으로 시행하고 있다. 교육내용으로는 정신질환의 이해, 약물 부작용 및 약물관리, 증상관리, 건강관리 등에 관한 것이다. 한 예로, 정신사회재활을 위해 시행되는 건강관리 교육에서는 〈표 7-1〉과 같은 주제들이 다루어진다(권자영 외, 2004: 39-68).

표 7-1 ··· 정신장애인을 위한 건강교육

• **건강교육의 목적**: 자신의 병을 이해하고, 질병 관리법을 익혀 증상에 적절히 대처하고 재발을 예방한다.
• **진행 방법**: 다양한 시청각 자료의 활용, 질의응답 방식의 진행, 사례발표 등
• **건강교육의 주제**
- 정신질환에 대한 교육(질병이해, 약물치료, 위기관리 등)
- 일반적인 건강에 관련된 주제(감기, 알레르기, 비만 등)
- 정신장애인이 관심을 나타내는 주제(커피, 술, 담배, 마약, 기타 약물 등)
- 관련 전문가를 초청하여 정확한 정보 제공(영양사, 관련 의사, 운동처방사 등)

출처: 권자영 외(2004), p. 39.

(2) 정신장애인 가족을 위한 교육

정신건강사회복지에서 정신장애인 가족을 위한 교육은 오랜 역사를 갖고 있다. 정신장애인과 함께 생활하는 가족들이 많은 어려움을 경험하고 있으며, 가족의 협력과 지원 없이는 정신장애인의 치료와 재활이 힘들기 때문이다. 과거에는 가족을 정신장애를 발생시키는 원인으로 간주하기도 했으나, 최근에는 원인적 접근보다는 치료 및 회복의 관점에서 가족을 중요한 지지원 혹은 협력적 파트너로 인식하고 있다.

정신건강사회복지사는 정신장애인 가족에게 정신질환에 대한 정보제공 및 대처기술 훈련, 그리고 정신장애인을 돌보는 데 따른 스트레스와 부담을 완화시키기 위해 교육을 실시한다. 특히 정신장애인 가족이 경험하는 보호부담(care burden)은 현실적으로 매우 심각하며, 이는 가족 단위를 넘어 사회적으로 책임을 분담해야 할 이슈이다. 가족교육을 통해 가족들이 보호부담을 서로 공유하고, 지지망을 형성하며, 질병에 대한 효과적인 대처방안을 찾게 된다. 정신장애인 가족이 경험하는 보호부담은 〈표 7-2〉와 같다(양옥경, 2006: 482-487).

표 7-2 • • • 정신장애인 가족의 보호부담

• **정서적 부담**: 정신장애의 발생은 가족에게 심각한 정신적 고통을 안겨 준다. 우리 가족에게 왜 이런 병이 발생했는지에 대한 분노와 함께, 향후 전개될 상황에 대한 불안과 두려움, 그리고 발병에 대한 과도한 죄책감을 경험한다.
• **행동적 부담**: 환자의 증상이 언제 어떻게 나타날지 모르기에 가족들은 늘 긴장과 불안 속에 지내게 되고, 혹여 행동적 대처가 실패하면 더욱 긴장된 상태에서 환자 옆을 지키게 된다. 또한 환자의 약물복용 및 자기관리를 도와주기 위해 많은 시간을 소요하게 되며, 돌봄의 과정에서 가족들은 자신의 것을 희생하게 되고, 신체건강과 정신건강을 위협받게 된다. 가족관계에 어려움이 생기고, 가족 내 역할갈등과 소외, 역할혼돈이 나타나기도 한다.
• **사회적 부담**: 가족 구성원이 정신장애인을 돌보면서 직업을 상실하는 경우도 있고, 사회적 관계 및 사회활동이 줄어들거나 고립되기도 한다. 주위 사람들로부터 받는 수치와 낙인으로 인해 심각한 스트레스와 고립을 경험하게 된다. 지역사회 내 정신건강서비스가 부족하거나, 정신장애인의 자립을 위한 취업 및 거주대책이 부족하여 평생계획에 대한 불안을 지속적으로 경험한다.
• **경제적 부담**: 정신질환 치료비와 가족 내 돌봄과 보호에 드는 비용이 상당한 수준이다. 정신장애인의 수입이 거의 없는 상태에서, 장기적인 약물치료와 입원 및 통원치료에 소요되는 비용을 가족이 전적으로 책임지는 것은 매우 심각한 고통이고 부담이 아닐 수 없다.

출처: 양옥경(2006), pp. 482-487에서 내용 재구성.

정신장애인 가족을 위한 교육 방식은 가족 구성원들이 생계유지와 직장 등으로 일정한 시간에 모이기 어렵기 때문에 개별 혹은 집단의 형태로 융통성 있게 진행된다. 교육내용에는 환자 및 가족의 특성을 반영해야 하고, 의료적(치료적) 측면과 함께 환자의 권리 및 인권의 측면을 균형 있게 다루어야 한다. 또한 다양한 전문가가 포함된 팀으로 운영하되, 당사자 및 가족을 교육자로 활용하는 방안도 시도해 볼 수 있다. 현재 우리나라에서 널리 활용되고 있는 '가족과 함께하는 교육 프로그램'에서 다루는 교육내용은 패밀리 링크 홈페이지(http://www.familylink.or.kr)에서 확인할 수 있으며, 그 주요 제목은 다음과 같다.[2)]

2) 이 교육 프로그램(Family Link)은 미국의 NAMI(National Alliance on Mental Illness, 정신장애연대)의 Family-to-Link 프로그램을 기초로 하여 만들어졌다. 우리나라에서는 한국정신사회재활협회와 용인정신병원(세계보건기구 협력기관)이 함께 번역하여 2004년 이후부터 전국적으로 활용되고 있다.

- 정신질환의 이해
- 누가 나를 이해해 줄 것인가
- 정신질환에 대한 약물치료
- 위기관리
- 가족으로서의 행복한 생활과 즐거운 인생
- 회복
- 권리와 옹호
- 미래를 위한 전진

가족교육이 충분히 이루어지면 정신장애의 재발을 예방할 수 있고, 가족 구성원의 대처기술이 향상되며, 환자의 증상과 정신상태를 이해하여 치료와 재활에서 지지체계로서 역할을 수행하는 등 여러 가지 긍정적 효과를 기대할 수 있다(배성우, 김이영, 허만세, 박병선, 진혜민, 2013). 〈표 7-3〉은 최근 복지환경 및 정신건강 정책의 흐름을 반영하여, 보건복지부가 국립정신건강센터, 대한정신장애인가족협회와 공동으로 주관한 정신건강 가족교육(mental health family education) 프로그램의 예이다.

표 7-3 ··· 보건복지부와 함께하는 온/오프라인 정신건강 가족교육

"가족의 힘이 회복의 지름길입니다"

- **대상**: 전국 정신질환 · 장애인 가족
- **교육내용**: 정신질환 가족을 위한 의료서비스, 사회서비스, 가족의 경험 공유
- **교육목적**: 가족 구성원이 정신질환을 인정하고 위기상황 극복을 돕고, 가족 자조모임 등을 통해 가족에 대한 지원 제공
- **주별 교육주제**(2020. 6. 12. ~ 11. 28.)
  - 정신질환과 치료에 대한 이해(정신질환의 이해, 진단, 약물치료, 증상 및 위기관리 등)
  - 사회서비스의 종류와 활용방안
  - 치료와 회복에 대한 가족의 경험

• 가족교육의 기대효과

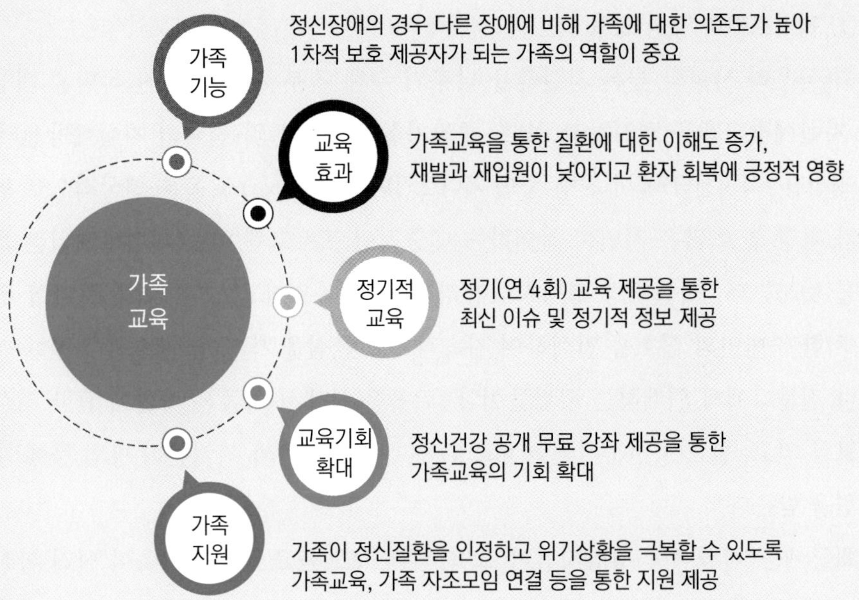

출처: 국립정신건강센터 홈페이지.

(3) 일반 시민을 위한 교육

최근 정신건강 정책의 흐름이 지역사회를 기반으로 하는 정신건강증진이 강조되면서, 일반 시민의 정신건강에 관한 인식을 개선하려는 교육이 확대되고 있다. 교육을 통해 시민들 스스로 자신의 정신건강 상태를 점검할 수 있고, 필요한 정신건강서비스를 요청할 수 있다. 또한 교육을 받는 시민들이 정신적으로 취약한 이웃을 돌보고 필요시 전문적인 도움으로 연결하는 역할을 할 수 있다. 정신건강증진은 공공과 민간의 전문 인력만으로는 충분하지 않으며, 지역 주민들의 자발적인 참여와 활동을 통해 효과를 높일 수 있다.

현재 지역 단위 및 정부 차원에서 시민이나 주민을 대상으로 한 다양한 정신건강 교육이 실시되고 있다. 정신건강사회복지사는 정신건강전문가로서 교육 프로그램을 기획하거나 혹은 교육자로서 직접 프로그램을 진행한다. 교육의 형식과 내용은 정신건강 문제의 유형(예: 자살, 우울, 불안 등)과 주관 기관(지역 정신건강복지센터, 중앙자살예방센터, 지역자살예방센터 등)에 따라 다양하다. 여기서는 관련 홈페이지를 통해 확인할 수 있는 몇 가지 교육 사례를 소개하고자 한다.

① 게이트키퍼 양성 교육

최근 우리 사회의 높은 자살률을 낮추기 위해 정부 차원에서 전 국민을 대상으로 자살예방교육을 실시하고 있다. 중앙자살예방센터 및 전국의 자살예방센터(혹은 정신건강복지센터)에서 진행 중인 게이트키퍼(gatekeeper) 교육은 전국적으로 인지도가 가장 높고 많은 시민이 참여하는 대중적인 프로그램이다. 게이트키퍼란 문지기를 뜻하는데, '자살예방 생명지킴이'라는 말로 사용되고 있다. 이들은 자살 위험에 처한 주변인의 신호를 인식하여 지속적으로 관심을 가지며, 필요시 적절한 기관이나 전문가에게 연계하는 사람들이다. 교육을 통해서 이들은 자살에 관한 지식과 정보를 얻고, 필요시 전문적인 서비스로 연계하는 방법과 위기관리 방법 등에 대해 훈련을 받는다.

최근에는 '자살예방 생명지킴이' 교육 외에 '보고 듣고 말하기' 교육이 널리 확산되고 있다. 여기서 '보기'는 자살을 암시하는 언어적, 행동적, 상황적 신호를 확인하는 것이며, '듣기'는 실제 자살생각을 묻고 죽음의 이유와 삶의 이유를 경청하는 것이다. '말하기'란 안전점검 목록을 확인하고 전문가에게 도움을 의뢰하는 것을 말한다. 이 교육은 한국형 표준자살예방 프로그램으로 개발되어 2013년부터 전국적으로 보급되고 있다. 이 교육을 통해 많은 시민들이 자살예방에 관한 지식이 향상되었으며, 실제로 자살을 생각하고 있는 사람을 접한 게이트키퍼들의 상당수가 교육받은 대로 전문기관에 연결하거나 관련 정보를 제공한 것으로 나타났다(중앙자살예방센터 홈페이지 참조).

② 정신건강 교육

자살예방교육 외에도 일반 시민들의 정신건강증진을 위한 다양한 교육이 개별상담이나 프로그램의 형식으로 진행되고 있다. 정신건강사회복지사를 비롯한 정신건강전문가들이 지역 단위의 정신건강증진센터에서 주민들의 정신건강서비스 욕구를 파악하여 정기적·비정기적으로 교육을 실시한다. 교육내용은 유익한 정신건강 정보를 제공하는 것에서부터 구체적인 정신질환이나 정신건강 문제를 예방하는 것까지 다양하다. 교육대상도 일반 주민에서부터 아동, 청소년, 노인, 이주민, 경찰

등으로 다양하다. 다음은 관련 홈페이지(국립정신건강센터, 서울시정신건강복지센터 등)에서 확인할 수 있는 교육의 명칭들이다. 보다 구체적인 내용은 온라인 검색을 통해 확인 가능하다.

- 112, 119, 정신건강증진센터가 함께 보는 실무지침
- 찾아가는 교육(다양한 지역 주민)
- 정신건강 아카데미
- 시민을 위한 주제별 정신건강 강좌
- 유관기관 종사자, 새터민, 직장인 등을 위한 정신건강 교육
- 정신건강 선별검사 및 간이상담, 정신건강 관련 정보 제공
- 생애주기별 맞춤형 정신건강 교육
- 스트레스 고위험군 대상 예방교육
- 서울시의 불안 및 우울 온라인 자가관리 프로그램 '마음터치'(마인드스파 홈페이지)[3]

2) 홍보

정신건강 홍보란 정신건강 기관이나 시설이 관련 사업의 1차 대상인 정신장애인과 가족 및 관련 전문가, 그리고 2차 대상인 여론주도층 및 일반인들과의 쌍방적 의사소통을 통해서 정신건강에 대한 이해와 호의를 도모하려는 활동이다(박미은, 2000a). 즉, 정신건강증진사업이나 서비스를 대중에게 적극 알리고, 필요한 대상자들이 언제든 쉽고 편하게 접근할 수 있도록 안내하고 정보를 제공하는 일이다. 최근에는 정신장애에 대한 편견극복이나 인식개선을 넘어 정신장애인의 권리와 행복추구권, 지역사회 통합의 필요성을 알리고 현실적인 대안을 찾기 위해 보다 적극적으로 홍보활동을 하고 있다. 정신건강사회복지사는 지역사회에 대한 이해 및 복지

3) '마음터치'는 불안이나 우울 등 정신건강 문제로 어려움을 겪는 사람들에게 도움을 주는 자가치료 프로그램이다. 이는 시간과 장소의 제약 없이 언제 어디서든 서비스를 받을 수 있으며, 익명성 보장과 저렴한 비용, 높은 접근성이 장점이다. 서울시에서 개발한 이 프로그램은 불안한 감정에 대한 편견과 오해를 되짚어 보고, 다양한 대응 방법을 습득하여 스스로 훈련할 수 있는 교육이다.

네트워크 활용에 관한 강점을 바탕으로 홍보활동에 주도적으로 참여할 필요가 있다. 주요 대상자별 홍보의 필요성을 제시하면 다음과 같다.

- **정신장애인과 그 가족**: 당사자와 그 가족들이 갖고 있는 자기편견을 극복하지 못하면, 주변인들이 갖는 편견을 넘어서거나 극복하기 어렵다.
- **정신건강전문가**: 일반인과 유사한 수준의 편견을 갖고 있기 때문에, 정신장애에 대한 사회적 인식을 개선하기 위해서는 전문가들이 먼저 달라져야 한다.
- **여론주도층**: 정신장애에 대한 부정적 인식은 언론을 통해 확산되는 경우가 많이 있다. 여론을 주도하는 언론인들의 인식이 변해야 정신장애인의 권익옹호가 가능하다.
- **지역민 혹은 시민들**: 정신장애에 대한 올바른 정보 제공 및 정신건강서비스(치료 및 재활 등)에 대한 인식 개선을 통해 지역사회에서 정신장애인과 더불어 살아가는 사회통합을 이루어 갈 수 있다.

현재 정신건강 홍보는 전국적으로 정신건강복지센터와 정신재활시설 등에서 필수사업의 일환으로 시행되고 있다. 그 대표적인 경우를 들어 보면 다음과 같다(유수현, 서규동, 유명이, 이봉재, 이종하, 2014: 152-154).

(1) 정신건강 행사와 캠페인

대표적인 예로 '정신건강의 날(10월 10일)'과 그날이 포함된 한 주를 '정신건강 주간'으로 정하여 실시하는 행사와 캠페인을 들 수 있다. 지역에서는 관련 기관이나 단체들이 연합하여 정신장애인 축제 한마당, 어울림 한마당, 체육대회, 강연회, 정신장애극복 재활대회, 정신장애 편견극복 캠페인, 우울증 예방 캠페인 등의 행사를 개최한다. 이 행사는 정신장애인 당사자와 가족들에게는 자기편견을 극복하고 재활의지를 다지는 기회가 되고, 전문가 및 지역 주민들에게는 정신장애인의 치료와 재활을 응원하는 기회가 된다.

(2) 정신건강 인식 개선 홍보

전국의 정신건강복지센터 및 정신재활시설에서는 지역 특성에 맞게 정신건강 인식 개선을 위한 홍보활동을 하고 있다. 이 사업은 지역 주민의 정신건강서비스 욕구 및 정신건강 문제의 심각성, 정신건강 정책의 우선순위 등을 고려하여 매년 연속적 혹은 비연속적으로 진행된다.

최근에는 인터넷과 스마트폰을 활용하는 정보화 시대에 맞게, 새로운 차원의 홍보 방법이 활용되고 있다. 기관 홈페이지 활용 및 웹 기반 프로그램, 각종 영상 및 온라인(유튜브 및 SNS) 홍보 등이 확대되고 있다. 기관 홈페이지를 통해 해당 지역의 정신건강 문제 및 자원 현황을 적극 알리고, 언제 어디서든 이용할 수 있는 정신건강서비스를 안내하고 있다. 사회적 차원의 정신건강 문제(우울, 불안, 자살생각 등)에 대해서는 간단한 **자가검진 프로그램**을 활용해 손쉽게 자신의 상태를 확인할 수 있다. 정부 및 중앙 기관에서는 공중파를 통해 정신건강에 대한 공익광고를 방영하고, 보도권고안(예: 자살보도 권고기준 3.0)을 마련하여 방송매체에서 정신질환에 대해 정확하고 올바른 보도를 하도록 지침을 제공하고 있다.

다음은 관련 홈페이지(국립정신건강센터, 지역 정신건강복지센터 등)에서 확인할 수 있는 홍보활동의 명칭들이다.

- 정신장애인 편견 해소 홍보: 라디오, 지하철 등 영상미디어 홍보
- 정신장애인 합창단 운영 및 정기연주회 개최
- 정신건강 소책자, 리플릿, 소식지, 연구결과물, 홍보물품 제작
- 정신건강 행사 및 서비스에 대한 기획기사 작성 및 언론 홍보
- 정신건강 관련 콘서트 및 홍보대사 활동
- 일반인을 위한 무인 정신건강 검진 시스템
- 경찰, 소방공무원, 사회복지공무원, 감정노동자 등의 정신건강 검진 캠페인

[그림 7-1] 정신건강 인식 개선 홍보물

출처: 국립정신건강센터 홈페이지.

3. 사례관리

최근 전국의 모든 정신건강증진시설(정신건강복지센터 및 정신재활시설 등)에서 사례관리가 이루어지고 있고, 정기적인 시설평가에도 중요한 평가항목으로 포함되어 있다. 앞서 제6장에서 살펴보았듯이, 「정신건강복지법」에 명시한 다양한 복지서비스(주거, 고용, 교육, 정보, 문화, 건강)는 사례관리라는 실천 방법을 통해 더욱 효과적으로 제공될 수 있다. 이러한 필요성을 반영하여 최근 국립정신건강센터(2018c)에서는 '지역사회 정신건강 표준 사례관리 매뉴얼'을 개발하여, 현장에서 필요한 사례관리 실천의 방향성과 방법을 제시한 바 있다.[4] 여기서는 이 매뉴얼을 중심으로 지역 정신건강복지센터에서의 사례관리에 대해 살펴보고자 한다.

4) 국립정신건강센터가 제작한 매뉴얼은 ① 지역사회 정신건강 표준 사례관리 매뉴얼(2018c), ② 정신재활시설 표준 사례관리 매뉴얼(2020), ③ 중독정신건강 표준 사례관리 매뉴얼(2020) 등이다. 이 책에서는 ①을 중심으로 제시하였으며, 정신재활시설과 중독 관련 시설의 경우는 해당 홈페이지를 참조하기 바란다.

1) 정신건강 사례관리의 개념과 특징

정신건강 사례관리(mental health case management)란 지역에서 정신장애인들이 건강한 삶을 영위할 수 있도록 다학제로 구성된 팀(정신건강의학과 의사, 정신건강사회복지사, 정신건강임상심리사, 정신건강간호사)에 의해 개인 맞춤형 돌봄을 조정·통합하고, 필요한 서비스를 제공하는 것을 말한다. 정신건강 사례관리는 만성의 중증 정신장애인들이 지역에서 필요한 서비스를 연속적으로 받게 하는 것이 1차 목적이며, 이외에도 사회적 관심의 대상이 되는 조기 정신증이나 다양한 정신질환자의 만성화를 예방하기 위한 목적으로 이루어진다.

정신건강복지센터의 업무는 크게 전문적 정신건강서비스와 정신건강증진서비스로 구분되는데, 사례관리는 전문적 정신건강서비스에 포함된다. 정신건강사회복지사는 정신건강 팀의 일원으로 사례관리 업무를 수행하며, 사회복지전공자로서 지역복지 네트워크와 복지서비스에 대한 지식과 경험을 바탕으로 사례관리에서 전문성을 발휘하고 있다.

정신건강 사례관리는 두 가지 특징이 있다. 첫째, 통합적인 서비스를 제공하는 것이다. 지역에서 정신장애인이 건강한 삶을 유지하기 위해서는 안정된 정신건강과 더불어 일상생활, 신체건강, 복지서비스 등 다양하고 복합적인 요소들이 보장되어야 한다. 이를 위해 지역사회 자원 연계활동을 통해 다양한 서비스를 통합적으로 제공할 수 있다. 둘째, 전문적인 서비스를 제공하는 것이다. 정신장애인들은 단지 정신건강 문제만 있는 것이 아니라 여러 생활상의 문제를 함께 갖고 있다. 그렇기 때문에 정신건강에 대한 전문적 평가와 더불어 그들의 복합적 욕구에 대한 체계적 사정과 계획수립, 개입, 그리고 제공된 서비스에 대한 점검이 적절하게 이루어져야 한다. 이를 위해 정신건강 사례관리자는 수준 높은 역량과 전문성을 갖추어야 한다.

2) 정신건강 사례관리의 대상 및 과정

사례관리의 대상은 정신건강복지센터에 등록한 정신장애인들 가운데 센터에서 설정한 서비스 대상자 충족기준에 비추어 지속적인 서비스 제공이 필요하다고 판단되는 경우이다. 대상자 구분은 다음과 같이 위기관리(crisis management), 집중관리(intense care), 유지관리(continuing care)로 나누어지며, 일부 사례에 대해서는 재평가를 통해 일시관리 및 파악관리의 형태로 유지된다.

- **위기관리:** 즉각적인 위기개입이 필요거나 입원치료가 필요한 경우
- **집중관리:** 복합적이고 다양한 욕구가 있고, 재발예방을 위해 집중관리가 필요한 경우
- **유지관리:** 지역에서 지속적인 관리가 필요한 만성 정신장애인의 경우
- **일시관리:** 문제의 심각도가 낮으면서, 정기적인 평가나 점검이 필요한 경우
- **파악관리:** 오랫동안 접촉이 없거나, 서비스 거부, 타 기관 연계 등으로 상태 파악이 필요한 경우

정신건강 사례관리의 과정은 '대상자 초기상담-사정-계획-개입-점검-평가'의 단계로 이루어진다. 과정별 기능과 주요 활동을 정리하면 〈표 7-4〉와 같다.

표 7-4 ··· 사례관리 과정별 기능과 주요 활동

과정	사례관리 과정별 기능	주요 사례관리 활동
초기상담	• 제공서비스 소개 • 서비스의 결정 • 사례등록 여부 결정	• 서비스의 목적과 과정에 대한 설명 • 일반적 정보 및 정신적 문제와 관련된 주 호소에 대한 정보 습득
사정	• 사례관리 확정 및 등록 • 대상자의 욕구사정 및 강점, 한계점 파악 • 자원사정 및 장애물 파악 • 가족의 정보 및 욕구 파악	• 대상자 및 가족의 신체적 · 정신적 건강 상태에 대한 전반적인 정보 수집 • 등록관리 중 정기적인 재평가와 재사정 수행 및 기록 필요
계획	• 욕구 영역에 대한 특정화 • 명확한 목적 · 목표 설정과 항목화 • 수행자(담당자) 선정 및 시간 분배 • 기대되는 변화 진술	• 욕구사정 도구를 이용한 관리 구분 • 대상자의 능력 및 기술의 개선을 위한 목표의 우선순위와 장단기 구분 • 관리 등급에 따른 구체적 계획 작성
개입	• 직접 서비스(개별 및 가족상담, 집단 프로그램, 자원조정 등) • 간접 서비스(교육, 행사, 캠페인 등)	• 관리구분에 따른 직 · 간접적 사례관리 서비스 제공 • 대상자의 기본 자원 점검 및 활용
점검	• 계획, 수행결과에 대한 질적, 양적 점검	• 대상자의 사회적 기능에 대한 평가 • 사례관리 계획의 이행 정도 점검

평가	• 계획에 대한 평가 • 서비스 목적 달성 평가 • 전반적 효과성 평가 • 대상자 만족도 평가	• 대상자의 기능수준 및 삶의 질 서비스에 대한 만족도가 개선되고 있는지 평가 • 성공요인의 분석과 긍정적 강화 제공 • 장애요인 분석 • 정기적인 재평가와 재사정 수행 후 사정단계에서부터 계획을 재수립

출처: 국립정신건강센터(2018c), p. 7.

〈표 7-4〉에서 보는 바와 같이, 사례관리는 대상자를 발견하고 등록하는 단계부터 시작되며, 사정평가를 통해 대상자의 욕구를 파악한다. 또한 파악된 욕구에 따라 개별서비스계획(Individualized Service Plan: ISP)을 수립하고 계획에 맞게 서비스를 제공한다. 제공되는 서비스로는 약물관리 및 증상관리, 치료지원(입원 관련), 사회재활, 직업재활서비스, 의뢰 및 연계 서비스, 상담(개별상담, 가족상담), 교육 및 훈련, 자원조정(취업장 관리, 복지서비스 연계 및 자문 등) 등이 포함된다. 사례관리 서비스를 수행하는 방법은 가정방문, 전화관리(사이버 상담), 내방상담(대면상담), 지역방문 등이다.

정신건강증진시설에서 이루어지는 모든 사례관리 활동과 업무는 온라인상의 정신건강사례관리시스템을 통해 기록·유지된다. 정신건강사례관리시스템(Mental Health Information System: MHIS)은 보건복지부가 2018년에 구축하여 현재까지 전국적으로 사용되고 있는 전산시스템이다. 이는 또한 국가입퇴원관리시스템(Admission Mental Health Information System: AMIS)과 사회보장정보시스템(행복e음)과 정보연계를 통해 사례관리 대상자에게 정신건강 및 복지의 통합서비스를 제공할 수 있는 기반을 마련하고 연계체계를 강화하였다.

4. 위기개입

정신건강 영역에서 위기개입(crisis intervention)은 매우 중요하다. 인간은 누구나 살아가면서 예기치 않은 위기를 만나게 된다. 그리고 그 위기에 대응하면서 상처와 고통을 겪기도 하고, 내적으로 성장하기도 한다. 정신장애인의 경우는 이러한 생활상의 위기 외에도 정신질환으로 인한 특수한 위기를 경험한다. 자해나 타해의 위험성을 동반한 위기상황이 예기치 않게 발생한다. 따라서 정신장애인을 돌보는 가족이나 정신건강전문가는 이러한 위험성에 민감하게 대처해야 한다. 여기서는 일반적인 위기개입에 대한 고찰보다는 정신장애인의 자해 및 타해의 위험성을 중심으로 이에 대한 효과적인 대처방안을 살펴보고자 한다(박미은, 2000b; 이구상, 2012).

1) 위기 및 위기개입의 개요

(1) 위기의 정의와 특징

일반적으로 위기는 삶의 발달단계에서 유발되거나 혹은 우발적으로 발생한다. 위기상태 자체는 병이 아니며, 안정상태의 혼란 혹은 체계의 불균형 상태를 의미한다. 이 불균형은 위협적인 사건 자체의 심각성, 개인의 대처능력, 그리고 지지체계의 관여 정도에 따라 달라질 수 있다. 즉, 위협적인 사건이 너무 심각하거나, 개인에게 특별한 취약성이 있거나, 개인적인 대처기제가 효과적이지 않거나, 주변의 도움이 부족한 경우에 이러한 요인들이 상호작용하여 위기가 발생한다. 위기는 크게 발달적 위기(결혼, 자녀출생, 은퇴 등), 상황적 위기(실직, 질병, 장애 등), 실존적 위기(삶의 의미나 역할 상실 등), 환경적 위기(태풍, 폭우, 전염병 등)로 분류된다.

위기에는 몇 가지 공통점이 있다. 첫째, 시간적으로 만성이 아니고 급성이며 시간제한적이다. 둘째, 파괴적인 행동 변화가 나타날 수 있다. 셋째, 무능감과 무력감을 초래하기도 한다. 넷째, 삶에 다양한 형태로 체험되고 해소된다. 다섯째, 위기에 대한 지각은 개인마다 다르다. 여섯째, 위기는 항상 부정적인 촉발 요인이나 결과와 관련되는 것이 아니며 스트레스와 마찬가지로 위기를 어떻게 받아들이고 대처하는가에 따라 개인적 성장을 촉진할 수 있다. 즉, 위기는 그 자체로 위험(risk)이지만 성장의 기회(opportunity)가 될 수 있다.

(2) 위기개입의 정의와 특징

위기개입이란 위기에 처한 사람을 돕는 하나의 실천 방법이다. 이는 단기간에 걸쳐 집중적인 활동을 하는 것으로, 현재 상황의 구체적인 사실(사건)과 이를 변화시키기 위한 클라이언트와 전문가의 협력적 노력을 강조한다. 다시 말하면, 위기로 인한 불균형 상태를 회복시키기 위해 단기적으로 이루어지는 전문적인 개입이라고 하겠다.

위기개입의 목표는, 첫째로 증상의 제거이고, 둘째는 위기 전 상태로 기능을 회복하는 것, 셋째는 불균형 상태를 초래한 촉발적인 요인을 밝혀내고 이해하는 것, 넷째는 다양한 자원을 동원하여 신속한 개입 방법을 찾는 것, 다섯째는 당면한 위기의 해결뿐 아니라 예방적인 면에서 새로운 적응유형을 찾고 훈련하는 것이다.

이러한 위기개입의 가장 큰 특징은 무엇보다 신속하게 개입하는 데 있다. 전문가들이 신속하게 행동하면서 위기에 처한 사람에게 희망과 기대를 갖게 하고, 필요한 구체적인 도움을 제공하는 것이다. 위기개입은 크게 네 가지 단계로 진행된다. ① 위기사례가 발생하여 대상자 자신이나 주변인으로부터 도움 요청을 받는다(위기사례 발생 단계). ② 신속하게 대상자의 문제와 상황을 파악하고 안정된 관계형성과 안전을 확보한다. 그리고 위기를 완화시키거나 제거할 수 있는 구체적인 계획을 수립한다(위기사정 및 계획 단계). ③ 그 계획에 따라 다양한 개입 방법(지시적, 지지적 기법)을 활용하여 대상자가 위기에서 벗어나 이전의 상태로 회복되도록 돕는다(개입 단계). ④ 개입 후 일정 기간 동안 대상자의 상태를 점검한다(사후관리 단계).

2) 정신건강 영역에서 위기개입의 과정

정신질환으로 인해 발생하는 위기는 특수한 상황적 위기이다. 그렇기 때문에 정신건강사회복지사는 사전에 충분한 교육과 훈련을 받고 신중하게 접근해야 한다. 정신질환자를 위한 위기개입의 과정은 다음과 같이 네 단계로 진행된다(서울시자살예방센터, 2011; 이구상, 2012: 312-314).

(1) 위기사례 발생 단계

위기사례는 매우 다양한 장면에서 발생하며, 개인뿐 아니라 여러 관련 기관을 통해 의뢰된다. 그 예로는 본인, 가족 및 친척, 친구 및 선후배, 경찰 및 소방구급대, 지역사회 내 복지 및 공공서비스 기관, 행정기관(구청, 주민센터, 보건소) 등을 들 수 있다. 위기가 발생하여 정신장애인이 정신건강전문가를 처음 접촉하는 경우가 있으므로, 대상자와의 치료적 관계형성에 많은 관심을 두어야 한다.

(2) 위기사정 및 계획 단계

위기는 사례관리와는 달리 단기간에 많은 정보를 신속하게 수집해야 하기 때문에 고도의 전문성이 요구되며, 이를 통해 보다 정확한 판단을 내릴 수 있어야 한다. 또한 상담을 통해 확보된 정보는 기록 보존하여 추후에 발생할 수 있는 만일의 사태에 대비해야 한다. 다음은 대상자 및 상황에 대한 평가(위기사정) 및 계획수립을 위해 유념해야 할 사항이다.

- 면담이 불가능하여 신속한 응급개입이 이루어져야 할 상황이라도 반드시 대면평가를 하도록 한다.
- 면담이 가능한 대상자인 경우 조용한 장소로 이동하여 환경자극을 제거하고 안정시켜 평가할 수 있도록 한다.
- 응급 출동한 전문가는 자신을 소개하여 대상자를 안심시키고 대상자의 관점에서 위기상황을 이해하도록 한다.
- 신체적 어려움이 있는지 파악한다.
- 입원치료를 위한 자원을 파악하고 준비한다.
- 기타 복지서비스 자원을 파악하고 준비한다.
- 개입계획은 구체적으로 세운다.
- 필요하다면 주치의와 통화하여 객관적인 정보를 파악하도록 한다.
- 자살에 대해 구체적으로 질문한다. 자살생각, 자살시도 경험, 자살도구 등에 대해 확인하고 자살도구가 있다면 제거한다.
- 대상자를 혼자 방치하지 않도록 하며, 가족이나 다른 지지체계를 통해 지켜보게 함으로써 안전을 유지한다.

(3) 개입 단계

위기 상황에서 문제는 매우 복잡하기 때문에 정신건강의학과적 문제를 파악하는 것뿐 아니라 사회경제적 · 법적으로 필요한 지식을 갖추고 있어야 한다. 다음은 개입과 관련하여 유의할 사항이다.

- 대상자의 안전, 응급 출동한 전문가의 안전, 가족과 주민들의 안전 모두를 고려하여 개입한다.
- 난폭한 행동으로 인해 언어적인 방법으로 안정을 시키거나 설득이 불가능하여 위험성이 지속될 경우 억제와 제압을 통해 난폭한 행동을 중단시킬 수 있다. 이때는 여러 사람이 협동하여 실시하며 응급 출동한 정신건강전문가가 단독으로 실시해서는 안 되며 경찰과 구급대원 등이 함께 실시하도록 한다.
- 공공안전망과 경찰과 구급대원의 도움을 받기 어려운 경우 사설 응급이송서비스를 활용할 수 있다.
- 대상자를 안정시킬 때는 주의분산 또는 말로써 달래기 등 심리적인 접근을 통해 상황을 진정시키는 시도가 필요하다. 대상자와 논쟁하여 자극하지 않도록 주의하며, 대상자로 하여금 체면을 살릴 기회를 제공하도록 한다. 비위협적이고 비언어적인 공감의 태도가 필요하다. 직면시키지 않으면서도 확고한 면담이 이루어져야 한다.

(4) 사후관리 단계

위기는 비슷한 상황에 처하게 되면 언제든 다시 발생할 가능성이 매우 높으므로 이에 대한 사전적 대응이 무엇보다 중요하다. 지속적으로 위기상황 수준을 점검하고, 필요시에는 다양한 자원을 활용하여 지속적인 관리를 이어 가야 한다. 다음은 사후관리와 관련하여 유의할 사항이다.

- 평가 시 수립된 개입계획이 적절히 이루어지고 있는지 점검한다.
- 만성이 아닌 급성의 경우는 4~8주가 고비이므로, 최소 8주간의 위기관리를 유지한다.
- 종결 후 수개월이 되는 시점에서 대상자 모니터링을 실시하여 재개입 여부를 결정해야 한다.
- 만약 응급상황 발생으로 입원이 요구되는 경우 우선 대상자의 증상이 호전되는지를 살피고, 만약 대상자가 입원과정에 대한 부당함을 호소할 경우 「정신건강복지법」상의 적법한 절차를 통해 입원을 지원해야 한다.

현장에서 경험하는 정신장애인의 위기는 심각한 정신건강의학과적 증상(망상이나 환청)이나 재발 전조증상과 관련된 경우가 많기에 정신건강사회복지사는 이에 대한 충분한 이해와 대비가 필요하다. 특히 자해와 타해의 위험 때문에 신속하게 강제입원과 같은 조치를 취해야 할 경우에는 최근 개정된 「정신건강복지법」에 규정된 절차와 조건을 철저히 준수할 필요가 있다. 그리고 위기개입의 모든 과정은 전문성에 근거한 기록과 보존을 통해 언제든 평가를 받을 수 있어야 한다. 정신건강사회복지사는 평소 정신장애인의 인권과 권리규정을 충분히 숙지하고, 필요시 자문과 슈퍼비전을 통해 적법한 실천이 되도록 노력해야 한다.

5. 옹호

1) 정신건강 옹호의 개요

일반적으로 옹호(advocacy)란 어떤 변화에 영향을 주거나 그 변화를 주도하는 사회적 활동으로 정의할 수 있다. 사회복지사들은 오래전부터 다양한 현장에서 클라이언트와 가족, 집단, 지역사회를 위해 옹호활동을 해 왔다. 정신건강사회복지사의 경우도 마찬가지이다. 옹호가 필요한 이유는, 첫째, 제공되지 않은 서비스와 자원을 얻기 위해서, 둘째, 집단과 지역사회에 부정적으로 영향을 미치는 정책과 절차를 수정하기 위해서, 셋째, 관련 법과 정책에 영향을 미쳐 요구가 많은 서비스와 자원을 충분히 제공하기 위해서이다(서미경, 2007: 209-217; Hepworth, Rooney, & Larsen, 2002). 옹호에는 두 가지 형태가 있다.

- **개별옹호:** 특정 개인과 가족이 서비스를 제공받거나, 전달체계상에서 적합한 자격을 얻고 충분히 존중받을 수 있도록 일하는 것
- **계층옹호:** 특정 집단과 계층에 관련된 정책이나 법 혹은 실천 방법에 영향을 주기 위해 일하는 것

개별옹호와 달리 계층옹호는 지역사회 조직과 입법에 영향을 주는 등 활동범위

가 넓고 거시적 수준의 개입이 많은 것이 특징이다. 정신건강 옹호(mental health advocacy)는 정신장애인의 인권을 보장하고 편견과 차별을 줄이기 위한 목적으로 발달해 왔다. 다양한 현장에서 정신건강사회복지사는 이러한 옹호를 위해 인식 개선 활동, 정보제공, 교육, 훈련, 상담, 중재, 관련 법 개정 및 정책제안 활동에 참여해 왔다.

최근 확대되고 있는 일반 대중을 위한 정신건강 옹호는 두 가지로 이루어진다. 첫째는 정신건강을 위한 옹호(advocacy for mental health)이다. 이는 개인, 가족, 집단, 지역사회 수준에서 구성원들이 일상생활에서 정신건강을 증진시키고 보호하려는 목적에서 이루어진다. 이를 위해 구성원들의 자존감, 대처능력, 의사소통기술, 사회적 지지체계 같은 보호 요인은 강화하고 스트레스, 알코올, 약물, 폭력, 빈곤 등의 위험 요인은 줄이고자 다양한 활동이 이루어진다. 둘째는 정신장애와 관련한 옹호(advocacy around mental disorders)이다. 이는 일반 대중의 정신장애에 대한 지식과 수용성을 향상시켜, 정신장애 발병 시 가능한 한 조기에 치료받을 수 있도록 인식을 개선하는 것이다. 또한 사회 구성원들이 지역에서 정신장애에 대한 편견과 차별 없이 정신장애인을 접촉하는 방법을 배워 사회적 통합을 도모하는 활동이다(WHO, 2004c/2008).

2) 정신장애인 옹호활동

미국에서 정신장애인 옹호는 1970년대에 들어 당사자들보다는 일반 시민들의 인간의 보편적 권리 및 정신건강증진에 대한 관심에서 시작되었다. 처음에는 정신장애인이 정신병원이나 거주시설, 학교 등에서 경험하는 인권침해와 사회적 차별을 이슈화하면서 이에 대한 대책을 주장하였다. 그 후에는 정신장애에서 회복된 사람들, 정신장애인 가족, 당사자들이 직접 참여하는 권익옹호나 자기옹호 활동이 늘어났다(국가인권위원회, 2016). 우리나라의 경우는 1990년대에 들어 정신장애인 가족들이 소비자로서 권리의식을 가지면서 정신보건정책에 영향력을 행사하고자 집단적인 연대활동을 시작하였다. 미국과 우리나라의 대표적인 예를 들어 보면 다음과 같다.

(1) 미국의 정신장애인 옹호활동

① 정신장애인 소비자 조직 활동

현재 미국에서 활동하는 대표적인 정신장애인 소비자 조직(consumer organization)은 정신건강 미국(Mental Health America)을 비롯하여 1985년에 설립된 전국정신질환생존자협회(The National Association of Psychiatric Survivors: NAPS), 2006년에 설립된 전국정신건강회복동맹(The National Coalition for Mental Health Recovery: NCMHR) 등이 있다. 이 소비자 조직들은 정신건강 정책과 서비스, 연구에 많은 영향을 미치고 있다. 이러한 영향력은 정신장애인의 권리를 보호하고, 자신들의 삶을 변화시키는 데 기여할 뿐 아니라 정책적 차원에서 소비자의 욕구가 반영되도록 정신보건서비스의 계획과 전달, 평가에 적극 참여하여 목소리를 내고 있다.

② 자조집단 활동

자조집단(self-help groups)은 1970년대 이후 많은 정신건강서비스 집단이 권리옹호와 함께 자조를 강조하게 되었다. 초기의 자조집단은 정신건강전문가의 참여를 허용하지 않았으나, 시간이 흐르면서 보다 유연한 모형이 생겨났다. 자조집단은 정신건강전문가의 참여를 완전 배제하는 모형에서부터 부분적으로 도와주는 모형, 적극적으로 함께하는 동반자 모형까지 다양하다. 최근에는 정신건강 소비자가 드롭인(drop-in) 센터, 사례관리, 아웃리치프로그램, 취업 및 거주 프로그램, 위기서비스를 직접 운영하거나 대안적인 정신건강서비스를 제공하기도 한다.

③ 가족의 옹호활동

1970년대 후반부터 급격히 증가한 가족운동은 서비스에 대한 불만으로부터 시작되었다. 특히 정신장애인의 탈시설화는 성인 자녀를 돌보아야 하는 부담을 가족에게 지우게 되는 결과를 가져왔다. 가족운동의 또 다른 원동력은 자녀의 정신장애로 인해 부모가 받는 부정적인 인식이다. 정신장애연대(National Alliance on Mental Illness: NAMI), 정신장애아동가족연대(Federation of Families for Children's Mental Health: FFCMH) 등의 조직이 가족에 대한 옹호활동과 지원, 조사연구 및 인식개선 사업을 주도하는 대표적인 조직들이다. 이 가운데 특히 NAMI는 1979년 위스콘신

주의 매디슨에서 부모모임에 참여하는 284명의 정신장애인 가족에 의해 결정되었다. 현재 NAMI는 50개 주에 약 20만 명 이상의 회원을 가진 대규모의 풀뿌리조직으로 운영되고 있다. 이 조직은 만성 중증정신장애인을 위한 서비스 개선을 목적으로 옹호활동을 시작하여 점차 정신질환에 대한 대중의 인식을 바꾸고 낙인을 줄이기 위해 활동을 확대해 왔다. 현재도 정신장애인을 위한 지역사회 서비스를 획기적으로 개선하고 이를 확대하기 위해 적극적인 역할을 하고 있다. 아울러 주정부의 정신건강기획위원회에 정신장애인 가족이 참여해야 한다는 내용을 포함시킨 연방법령을 성공적으로 통과시키는 데에 결정적인 영향력을 행사하였다.

(2) 우리나라의 정신장애인 옹호활동

① 정신장애인가족협회 활동

우리나라에서는 1995년 7월 서울에서 대한정신보건가족협회(Korean Family Association for Mental Health Corp)가 설립되었다. 2016년에는 이 협회의 명칭을 '(사)대한정신장애인가족협회'로 개칭하였다. 이 협회는 현재 16개 지부 253개 가족회가 자조모임의 형태로 운영되고 있다. 협회에서는 정신장애인의 삶의 질을 향상시키고, 사회복귀를 증진시키는 목적을 지향하면서, 다음과 같은 사업을 수행하고 있다(대한정신장애인가족협회 홈페이지 참조).

- 정신장애인을 위한 정신재활시설 설치 및 운영
- 정신장애인을 위한 사회적 기업 설치 및 운영
- 정신장애인 및 가족에 대한 사회적 편견해소를 위한 교육 및 홍보사업
- 정신장애인의 삶의 질 향상을 위한 기금조성 사업
- 기타 관련 연구사업 및 국내외 교류협력 사업

② 정신장애연대 활동

우리나라에서 정신장애인과 관련한 옹호활동은 2010년 5월에 한국정신장애연대(Korean Alliance on Mental Illness: KAMI)가 창립되면서 본격적으로 시작되었다. 한국정신장애연대(KAMI)에는 정신장애인과 가족, 각계 전문가, 인권활동가, 일반 시민

등이 참여하고 있다. 특히 KAMI가 출범할 당시부터 지금까지 정신건강사회복지를 전공한 교수 및 정신건강사회복지사들이 상당수 참여하여 활동하고 있다. KAMI는 미국의 NAMI를 본보기로 한 것으로, 정신장애인의 사회통합을 위한 인식개선 및 인권옹호, 교육과 연구, 국제교류 등 각종 사업을 수행하고 있다. 또한 회원 상호간의 교류와 협력 및 정보제공을 통해 정신장애에 대한 사회적 차별과 편견을 해소하고, 정신장애인의 인권증진을 도모함을 목적으로 하고 있다. 보다 구체적인 사업은 다음과 같다(홈페이지 참조).

- **정신장애인 인식개선 사업**: 정신장애에 대한 편견해소와 정신장애인 인권침해를 근절하기 위한 인식개선 활동을 한다. 이를 위해 정신장애 관련 기자간담회, KAMI Walk's(길거리 행진), 상담 및 모니터링 등이 이루어진다.
- **정신장애인 인권교육사업**: 정신장애인 인권에 대하여 당사자와 가족, 시민을 대상으로 다양한 교육을 진행하고, 당사자 활동가의 역량강화를 위한 훈련(워크숍과 포럼 등)을 한다.
- **정신장애인 인권 관련 연구, 출판사업**: 정신장애인 인권에 대한 학술연구와 출판사업을 통해 다양한 정보를 제공함은 물론, 이를 통해 인식 개선과 인권 증진을 도모한다.
- **국내외 교류사업**: 국내외적으로 정신장애인 당사자, 가족, 전문가의 교류를 통해 네트워크를 형성한다. 이를 위해 정신장애로 인한 피해자 소송지원 및 법개정을 위한 연대활동, 인권상담 등을 진행한다.

6. 프로그램 기획과 실행

1) 정신건강 프로그램의 개요

정부에서 정신건강 정책과 사업의 방향을 설정하면, 그에 따라 각 지역의 정신건강증진시설과 정신재활시설에서는 다양한 프로그램을 기획하고 실행하게 된다. 보건복지부는 매년 초에 정신건강사업 안내서를 현장에 제공하지만, 구체적인 프로그램은 각 지역의 특성과 지역 주민(대상자)의 욕구와 문제, 그리고 지난해 사업에 대한 평가결과를 종합적으로 고려하여 새롭게 개발하거나 수정하여 시행한다. 정신건강사회복지사는 프로그램 기획자이면서 동시에 실행자로서 지역사회를 기반으로 하는 다양한 정신건강 프로그램을 진행한다.

일반적으로 프로그램(program)이란 특정 목적을 달성하기 위해 의도적으로 수행하는 계획된 활동이다(이민홍, 정병오, 2012). 프로그램에는 목적과 목표가 분명해야 하고, 그에 따라 구체적인 사업내용을 체계적으로 명시해야 한다. 아울러 사업을 진행하는 데 필요한 적절한 예산과 수행인력, 전문적인 지식과 기술을 포함해야 한다.

정신건강 프로그램은 정신건강 정책과 사업의 목적을 달성하기 위해 대상자(지역주민, 정신장애인과 가족 등)의 여건과 상황에 맞게 의도적으로 기획하여 실행하는 계획된 활동이다. 이 프로그램은 정신장애인의 사회적 기능, 인지기능, 증상 개선을 위해 정신건강전문가가 일정한 장소에서 다양한 자원을 활용하여 제공하는 서비스라고 할 수 있다(이현주, 2014). 현장에서 프로그램을 기획하고 실행하는 것은 프로그램 개발의 핵심 요소이다. 현재 사회복지 분야에서 통용되는 프로그램 개발이란 프로그램의 기획, 설계, 실행, 평가 등을 일컫는다. 따라서 정신건강 프로그램 기획과 실행은 프로그램의 개발이라는 측면에서 전에 없던 것을 새롭게 개발하는 것과 기존 내용을 수정·보완하여 시행하는 것 모두를 포함한다.

세계보건기구(WHO)의 권고안에 따르면, 정신건강 프로그램은 정확한 근거(evidence)에 기초해야 하고, 정확한 일정을 세우고, 주요 활동들을 정해야 한다. 또한 목표와 지침을 정하고, 예산과 자원, 담당자를 결정하며, 주의 깊게 모니터링을 하고 평가해야 한다. 즉, 정신보건 프로그램의 개발은 다음의 과정을 밟아야 한다고 제안하고 있다(WHO, 2004c/2008).

- 조사연구와 수집된 정보를 기초로 전략과 일정을 정한다.
- 목표와 지표를 정한다.
- 주요 활동을 정하고, 누가 어떻게 실행할 것인지를 정한다.
- 예산과 이용 가능한 자원을 정하고, 그에 따라 프로그램의 방향을 설정한다.
- 모니터링과 평가의 과정을 정한다.

2) 정신건강 프로그램의 실례

현재 우리나라에서 집단 형태로 실시되는 프로그램은 사회기술훈련을 비롯하여 스트레스관리 훈련, 인간관계훈련, 건강증진 프로그램, 성교육, 인지재활, 작업치료, 여가활용이나 각종 활동요법(영화, 문예, 음악, 연극, 작문, 요리, 무용동작, 원예치료, 치료레크리에이션), 행사성 프로그램 등이다. 이 프로그램들은 목표, 회기, 진행시간, 집단크기, 접근방법(관련 이론, 활동 방법, 매개체) 등으로 구성된다.

여러 프로그램 중에서 가장 많이 활용되고 선호도가 높은 프로그램이 사회기술훈련(social skill training)이다. 사회기술이란 좁게는 의사소통기술이면서 넓게는 사회생활이나 인간관계에 관한 기술을 말한다. 이 프로그램은 정신병원을 비롯한 지역 정신건강증진시설, 정신재활시설에서 널리 활용되고 있다. 사회기술훈련 프로그램은 관련 매뉴얼이 보급되어 있으며, 각 기관 및 이용자의 상황에 맞게 수정 · 보완되어 적용되고 있다. 한 예를 소개한다(백형의 외, 2010: 21-46; 〈표 7-5〉 참조).[5]

표 7-5 ··· 사회기술훈련 프로그램 소개

- **프로그램의 목적**: 정신장애인의 사회적 기능을 유지하고 강화시키며, 증상 악화 및 사회적 불안을 감소시키기 위하여 그들의 환경에서 발생하는 스트레스에 능동적으로 대처할 수 있도록 지원하는 것이다. 즉, 다음과 같은 세 가지 목적을 갖는다.

  1. 자신의 문제를 인지하고 발견하도록 돕는다.
  2. 타인과 신뢰관계를 형성하며, 대인관계가 보다 원만해질 수 있도록 훈련한다.
  3. 문제해결능력을 향상시켜 지역사회에서 경험할 수 있는 환경적 스트레스에 잘 대처할 수 있도록 돕는다.

- **프로그램의 구성**

  1. 대상 선정 기준
  - 평소 대인관계에 어려움을 겪고 있거나 행동상의 문제나 사회기능이 낮은 사람, 퇴원 예정이거나 사회적응이 필요한 정신장애인을 대상으로 한다.

5) 정신보건 프로그램의 실제에 대해서는 다음의 책을 참조할 수 있다.
- 백형의, 박승일, 서연우, 이은희, 강은옥, 윤현주, 류미나, 이재숙, 유혜선, 나평안, 최윤희(2010). 정신보건사회복지사를 위한 집단프로그램 활용지침서. 서울: 신정.
- 삼성서울병원 정신과 낮병원(2004). 정신과 환자를 위한 통합재활 프로그램 워크북. 서울: 학지사.
- 박상규(2006). 정신재활의 이론과 실제. 서울: 학지사.

2. 프로그램 내용 구성(매 회기에 포함되는 내용)

1단계: 기본적인 대화 기술
- 오리엔테이션(사회기술훈련 소개, 개별 목표 정하기)
- 기본적인 의사소통 기술(비언어적인 표현, 언어적 표현)
- 대화 시작, 유지, 종결 기술

2단계: 친근감 표현의 사교 기술
- 경청하고 질문하기
- 칭찬하기와 칭찬 받아들이기
- 사과하기
- 고마움 표현하기

3단계: 갈등관리 기술
- 부탁하기
- 거절하기
- 타협과 협상하기(의견 조율하기)

4단계: 자기주장 기술
- 불쾌한 감정 표현하기
- 요구하기
- 문제해결 기술

• **프로그램 진행 가이드라인**
- 각 단계별 내용은 기관 특성과 이용자의 기능 수준에 맞게 선택적으로 활용할 수 있다.
- 매 회기마다 각 주제에 대해 이용자들의 경험과 상황을 공유하되, 진행자가 그날 주제에 맞는 일반적인 몇 가지 상황을 준비하여 적절하게 제시하고 직접 시범을 보일 수 있어야 한다.
- 역할연기가 끝나면 그날 주제에 맞는 과제를 내주고 연습하도록 지지한다.
- 훈련 시간은 집단의 집중도를 높이기 위하여 1시간을 넘지 않는 것이 적당하며, 역할연기를 충분하게 진행할 수 있도록 8~10명 이내로 구성한다.
- 이용자의 기능 수준에 따라 진행자 및 보조진행자의 개입 수준은 융통성 있게 조절한다.
- 매 회기별 필요한 도구는 주제에 대한 상황설명 판, 음료, 명찰, 필기도구, 강화물 등이다.

• **평가도구 및 평가방법**
- 집단의 목적에 맞게 대인관계변화척도, 자아존중감척도, 사회행동척도, 주장성척도, 문제해결척도, 관찰자 평가 등을 사용할 수 있다. 평가방법은 사전 · 사후평가를 통해 이용자들의 변화를 측정한다.

출처: 백형의 외(2010), pp. 21-46 참조.

세계보건기구(WHO)에서는 효과적인 정신보건 프로그램의 예로 다음과 같은 것을 제시하고 있다(WHO, 2004c/2008). 몇 가지 경우를 소개한다(〈표 7-6〉 참조).

표 7-6 ··· 효과적인 정신건강 프로그램의 예

증진과 예방 영역

- **빈곤지역의 모자 유대 강화 프로그램**: 이는 수년에 걸친 가정방문과 부모지지, 사회기술훈련, 지역사회 자원에 대한 안내, 부모의 교육 및 직업적인 목표에 관한 도움 등을 포함하는 집중적인 개입이다. 이를 통해 유아의 인지기능을 향상시키고, 청소년기 행동문제를 줄이며, 우울증의 위험도를 낮추어 준다.
- **일반적인 예방 프로그램**: 이는 아동학대, 노인방임, 이주자와 피난민의 정신적 외상, 빈곤, 가족 내 고립, 저학력과 경제적 의존으로 인한 무기력, 여성에 대한 억압에 대항할 수 있도록 하는 프로그램으로 여러 분야의 개입으로 진행된다.
- **학교 정신보건(학생들의 대처기술과 친구관계 개선 프로그램)**: 이는 전체 아동이나 고위험 집단을 대상으로 인지기능 강화, 사회기술 및 감정과 분노조절 기술, 학교에 대한 긍정적 태도 형성을 포함하는 서비스를 제공한다. 이를 통해 인지기능이 향상되고, 친구에 대한 거부감이 낮아지고, 수치심이 줄고, 사회적응 능력이 향상된다.

우울증과 자살 영역

- **1차 진료기관에서의 외래치료 프로그램**: 이는 1차 진료기관에서 서비스가 필요한 청소년과 성인에게 서비스를 제공하는 것이다. 여기에는 우울증의 조기발견, 항우울제가 필요한 경우의 우울증 치료, 개인 정신치료 및 집단 정신치료, 중증 우울증인 경우 전문기관으로의 의뢰 등이 포함된다. 이를 통해 보건서비스의 비용이 줄어들고 증상이 호전된다.
- **우울증을 가진 대상자의 조기발견 및 조기치료 프로그램**: 이는 정신건강의학과 전문의나 지역사회 정신건강 팀이 자살 위험성이 높은 정신장애(우울증, 알코올 및 약물 남용, 조현병)을 가진 사람을 대상으로 서비스를 제공한다. 여기에는 외래치료, 낮병원, 입원치료가 포함된다. 이를 통해 우울증의 조기발견과 치료 유지로 자살률이 감소한다.

조현병, 알코올과 약물 남용의 영역

- **급성기 낮병원 치료 프로그램**: 이는 선별된 환자에 대해 입원의 대안으로 고려하는 방법이다. 조현병의 급성기 증상을 가진 사람과 집중적인 정신사회적 개입 및 약물치료를 받고 있는 대상자에게 정신건강 팀이 낮 시간 동안 보호를 제공하는 것이다. 이 개입은 증상관리에 효과적이고, 입원치료에 비해 비용절감의 효과가 있다.

• **조기 음주문제자에 대한 1차 진료 인력의 단기 개입 프로그램:** 이는 몇 회기에 걸쳐 실제적인 충고와 함께 음주행동에 대한 교육과 금주에 대한 동기 강화를 제공한다. 이러한 개입을 통해 음주량과 과음이 줄어들고, 비용 면에서도 효과적이다.

출처: WHO (2004c/2008).

이상과 같은 정신건강 프로그램은 다양한 치료적 효과가 있는 것으로 밝혀지고 있다. 한 예로, 1995년부터 2011년까지 국내에서 수행된 정신건강 프로그램 관련 연구 172편(학위논문, 학술지 논문, 학술자료집)을 메타분석한 결과(이현주, 2014), 대부분의 프로그램이 효과적이었음을 보여 주었다. 구체적으로 보면, 프로그램 회기는 10회기 내외(9~16회기), 진행시간은 2시간 이내(61~120분), 집단크기는 중간 규모(11~20명)에서 가장 효과적이었다. 프로그램 실시장소는 병원에서, 이론적 접근으로는 사회환경적 관점에 기반했을 때 가장 효과적이었다. 또한 정신건강 프로그램의 효과성에 영향을 미치는 집단크기로는 대규모 집단보다는 중간 혹은 소규모 집단으로 구성하는 것이 보다 효과적인 것으로 나타났다.

정신건강사회복지사는 현장에서 정신장애인과 가족, 지역 주민을 위한 다양한 프로그램을 기획하고 실행한다. 이러한 프로그램 개발업무를 효과적으로 수행하기 위해서는 정신건강사회복지사가 자신의 실천에서 최선의 결과가 예측되는 개입 방법을 효과적으로 선택해야 한다. 정확한 근거자료와 신뢰할 만한 정보에 기초하여 프로그램을 구성해야 하며, 자신의 열망이나 의무감보다는 클라이언트가 꼭 필요로 하는 것을 프로그램에 반영하도록 노력해야 한다.

7. 자원 발굴과 연계

1) 정신건강 자원의 개요

정신건강사회복지사는 정신장애인을 둘러싸고 있는 환경으로서 지역사회를 유용한 자원으로 생각해야 한다. 정신장애인을 떠나서 정신건강사회복지사가 존재할 수 없고, 지역사회가 아니면 그들을 돕거나 서비스를 지속할 수가 없다. 지역에서 정신장애인이 필요로 하는 자원을 발굴하고 연계하는 것은 정신건강사회복지사의 중요한 역할이다.

일반적으로 자원(resources)이란 인간의 다양한 욕구를 충족하고 문제를 해결하기 위해 활용하는 인적, 물적 제 요소를 말한다. 사회복지실천에서는 클라이언트의 변화나 그들의 생활을 향상시키는 데 유용하게 사용될 수 있는 인력, 물질, 조직, 정보 등을 자원으로 간주한다. 정신건강 현장도 마찬가지이다. 정신장애인의 치료, 재활, 사회통합 그리고 삶의 질 향상을 위해 유용하게 사용할 수 있는 것이 자원이다(문용훈, 연현진, 2012; 박미은, 2020).

자원은 크게 공식 자원과 비공식 자원으로 구분된다. 공식 자원(formal resources)은 공식 조직을 통해 제공되는 자원으로 국가기관, 공공법인, 민간기관이나 시설, 사회단체, 공식협의회, 회원조직 등 일정한 제도하에 체계적으로 운영되는 시설이나 기관을 일컫는다. 이러한 공식 자원은 일정한 요건을 갖춘 대상자에게 서비스를 제공하는 경우가 많으므로 정신건강사회복지사는 이러한 지원체계가 제공하는 서비스를 확인하고 목록화하여 활용도를 높여야 한다. 또한 관련 규정이나 지침의 변화를 민감하게 파악하여 최신의 정보를 소유하고 있어야 한다. 비공식 자원(informal resources)은 가족, 지역 주민, 자조집단, 자원봉사자 등과 같이 상호부조적인 성격을 띠면서 명확하게 제도화되지 않은 형태를 말한다. 이러한 자원은 개인적인 배경 혹은 사람 사이의 정과 이타적 동기, 선행 등에 의해 형성된다. 클라이언트는 생활상의 위기나 어려움에 처할 때 공식 자원보다는 가까운 주변인의 도움을 먼저 청하는 경향이 있다. 그 이유는 그의 삶을 가까이서 지켜봐 주고, 존재하는 그 자체로 위로가 되고, 지금은 도움을 청하는 처지에 있지만 언젠가는 자신도 그들에게 도움이 될 것이라는 자기위로가 가능하기 때문이다.

2) 정신건강 자원의 발굴과 연계

정신건강 자원을 발굴하기 위해서는 우선 정신장애인이 필요로 하는 것이 무엇인지와 지역사회 자원에 대해 파악해야 한다. 즉, 다음과 같은 질문을 던질 수 있다.

- 정신장애인이 원하는 것은 무엇인가?
- 원하는 것을 얻기 위해 필요한 것은 무엇인가?
- 정신장애인이 원하는 것은 실제로 도움이 되는 것인가?
- 정신장애인이 활용할 수 있는 자원은 무엇이며, 주변에 있는가?
- 원하는 것을 얻기 위해 이전에 활용했던 자원이 있는가?
- 활용했던 자원은 도움이 되었는가, 혹은 도움이 되지 않았는가?
- 정신장애인이 살고 있는 지역에는 어떤 자원이 있는가?
- 이용하는 데 제한이나 자격조건이 있는가? 비용은 얼마나 드는가?
- 자원을 이용하기 위해 누구와 접촉해야 하는가?

정신건강사회복지사가 정신장애인에게 필요한 자원을 찾아내어(자원 발굴), 이를 연결(연계)한 후에는 구체적인 사항을 협상하고, 필요시 점검과 조정을 통해 자원의 활용도를 높인다. 정신건강 영역에서는 사례관리 실천을 위해서뿐만 아니라, 다양한 목적으로 자원 활용이 이루어진다. 다음과 같은 예를 들 수 있다.

- 정신장애인에 도움이 되는 프로그램이나 사업, 서비스의 개발을 위해 각종 후원금이나 기부금을 활용할 수 있다.
- 사회복지공동모금회나 기업 사회공헌팀(혹은 복지재단)에 사업계획서를 제출하여 정신장애인에게 필요한 새로운 프로그램을 제공할 수 있다.
- 지역사회서비스 투자사업에 사업을 신청하거나, 지역 단위의 다양한 사회서비스를 활용하여 정신장애인의 사회통합과 삶의 질에 도움을 줄 수 있다.
- 유사한 경험을 가진 정신장애인 가족을 협력적 파트너로 인정하여, 정신건강서비스를 보완하는 데 중요한 인적 자원으로 활용할 수 있다.
- 다양한 정신건강사업이나 프로그램을 진행할 때, 지역의 자발적인 자원봉사자를 활용하여 업무 효과성을 높일 수 있다.
- 정신장애인 당사자는 서비스 이용자이면서 동시에 동료를 지원하거나 정신건강 프로그램을 주도적으로 이끌어 가는 협력적 파트너로서 여러 가지 역할을 부여할 수 있다.
- 그 외에도 지역 주민 누구나 정신장애 인식개선, 편견극복, 자살예방, 정신건

강증진 활동에 주체적으로 참여하면서 정신건강전문가의 협력적 파트너로서 역할을 수행할 수 있다.

현재 지역사회에서 활용 가능한 공공 및 민간 자원의 예는 다음과 같다. 이러한 기존 자원을 적극 활용하여 정신장애인의 다양한 욕구와 문제를 효과적으로 해결할 수 있다.

- **일상생활 지원:** 가사, 식사, 위생 지원 서비스, 이불세탁 지원 서비스, 병원동행 및 연계, 가사지원(청소)서비스, 공공요금 지원, 무료 집수리업체 연결 등
- **의료비 지원:** 긴급 의료비 지원사업 연계, 희귀 및 난치성 질환 지원사업, 재활치료, 보장구 지원, 간병 및 치료비 지원 등
- **경제적 지원:** 경제적 지원(생계비, 주거비), 결연후원금 지원, 어린이재단 교육비 지원 등
- **요양 및 돌봄 지원:** 가사지원, 외출동행, 요양보호사 파견 서비스, 아동/청소년 쉼터, 출산 및 산후조리 지원 등
- **주거 지원:** 주거환경 개선, 임대주택, 이사지원, 장·단기 임시거처 제공 등
- **문화 및 여가 지원:** 각종 문화 프로그램 참여 지원 등
- **법률적 지원:** 법률 소송, 인권보호, 생활법률 상담 등
- **일자리 지원:** 노인일자리, 적성검사, 직업교육, 자활지원, 취업 알선 등
- **보육 및 교육 지원:** 유아 보육, 방과후 돌봄, 특수교육, 아동보호(방임, 학대) 지원, 중퇴자 지원 등
- **심리·정서적 지원:** 정신질환과 각종 중독상담, 위기상담, 정신건강 및 폭력 피해자 상담 등

생각해 볼 문제

- 다음의 사례를 읽고, 이 장에서 배운 정신건강사회복지 실천 방법을 적용해 보자. 제시된 문제나 상황에 대해 어떤 실천 방법을 적용할 수 있으며, 또한 어떤 효과를 기대할 수 있는가?

  "70세의 여성 독거 어르신이 얼마 전까지 교회에 열심히 다니면서 지역사회에서 잘 살아왔으나, 최근 이웃 주민의 말에 의하면 얼마 전부터 집 밖 출입을 잘 안 하고 사람을 피하며, 방 안에 쓰레기를 모아 놓는 등 치매와 정신질환이 의심되는 이상행동을 하고 있다."

- 정신건강 교육에 대한 홈페이지 검색과 인터넷 자료를 살펴보고, 학습자가 주도적으로 일반 시민을 위한 정신건강 교육 프로그램을 새롭게 구성해 보자. 어떤 교육내용을 포함시킬 것이며, 또한 어떤 교육효과를 기대하는지 함께 이야기해 보자.

- 학습자 자신이 우리 지역에서 실시하는 생명지킴이 교육(게이트키퍼)에 참여해 보자. 그리고 자살 위험성이 있는 사람을 돕는 방법에 대해 함께 이야기해 보자.

- 정신건강과 정신장애에 대한 작은 스티커나 홍보물을 개별적 · 집단적으로 직접 만들어 보고, 그 결과물을 자신의 SNS에 올려 홍보해 보자. 이를 통해 정신건강 홍보의 의미를 실감해 보자.

- 조를 구성하여 한국정신장애연대(KAMI)와 미국정신장애연대(NAMI)의 활동을 인터넷으로 검색하여 그 결과를 발표해 보고, 앞으로 정신장애인 옹호는 어떻게 전개되는 것이 바람직한지를 함께 토론해 보자.

제8장

생애주기별 정신건강 이해와 실천

인간의 정신건강 문제는 영유아기부터 노년기에 이르기까지 모든 생애주기에서 나타난다. 그러나 좀 더 면밀히 살펴보면, 각 생애주기의 특성에 따라 정신건강 문제의 유형과 경험비율이 다르다는 것을 알 수 있다. 그렇기에 생애주기별로 필요한 정신건강 사업 및 서비스가 달라질 수밖에 없다. 최근 우리나라 정신건강 정책과 서비스도 이러한 생애주기별 특성을 반영하려는 노력을 하고 있다. 이에 제8장에서는 관련 자료를 참조하여 생애주기별 주요 대상으로 아동·청소년, 성인, 노인의 정신건강에 대해 살펴보고자 한다. 주요 대상의 생애주기별 특성을 고려해야 하는 이유와 정신건강 정책 및 서비스에 이러한 특성을 어떻게 반영할 것인가를 중심으로 살펴보고자 한다.

1. 아동 · 청소년 정신건강

1) 아동 · 청소년의 정신건강 문제

최근 들어 아동 · 청소년이 경험하는 정신건강 문제에 대해 사회적 관심이 증가하고 있다. 스트레스, 우울, 불안 외에도 아동 · 청소년의 자해와 자살행동이 주요 문제로 부각되고 있다. 실제로 2018년 학생정서행동 특성검사에서 나타난 자해 경험률은 중학생의 경우 전체의 9.7%, 고등학생은 6.4%로 나타났다(전진아, 2020에서 재인용). 또한 아동 · 청소년의 사망률에서 자살사망률은 이들 연령대에서 가장 높은 사망원인이다. 최근에는 아동이 일상생활에서 경험하는 다양한 형태의 트라우마와 게임 과몰입 등 새로운 정신건강 이슈가 사회문제가 되고 있다. 이와 관련하여 아동 · 청소년의 스트레스, 우울, 불안, 공격성, 자살생각 등에 관한 자료를 살펴보고자 한다(보건복지부, 한국보건사회연구원, 2019).[1)]

(1) 스트레스

아동 · 청소년의 스트레스 경험률을 보면, 조사 대상인 9~17세 아동 · 청소년 중에서 평상시 스트레스를 '대단히 많이' 혹은 '많이' 느낀다고 응답한 경우가 16% 정도로 나타났다. 이러한 응답은 기초생활보장 수급 가구이고, 소득 수준이 낮고, 농어촌에 거주하며, 한부모 및 조손 가구인 경우에 높게 나타났다. 응답자들이 지적한 스트레스 요인은 [그림 8-1]과 같다. 이를 요약하면 숙제나 시험, 성적으로 인한 스트레스가 가장 많고, 그다음으로는 부모님과의 관계, 입시나 취업부담 등이었다.

1) 2018년 아동종합실태조사는 일반가구 대상 조사와 저소득층 가구 대상 조사로 구분하여 이루어졌다. 이 조사의 표본크기는 총 4,000가구였으며, 이 중 일반가구 2,500가구, 저소득층 가구 1,500가구로 구성되었다.

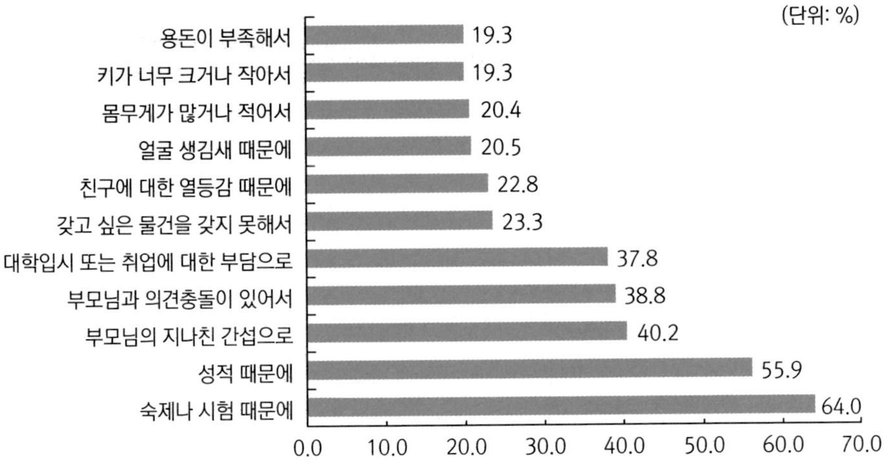

[그림 8-1] 9~17세 아동 · 청소년의 스트레스 경험률

주: 평상시 스트레스를 '대단히 많이' '많이' '조금' 느낀다고 응답한 경우에 한해 그 이유를 응답하도록 한 것으로, 여러 스트레스 요인에 대해 중복으로 응답한 결과임.
자료: 류정희 외(2019), 〈표 5-47〉을 그림으로 도식화한 것임.
출처: 보건복지부, 한국보건사회연구원(2019), p. 35.

(2) 우울, 불안, 공격성, 문제적 게임 이용

같은 조사에서, 아동 · 청소년의 우울 및 불안의 경우 남자보다는 여자 아동 · 청소년의 경우에 약간 더 높았다. 반면, 공격성은 남자 아동 · 청소년의 경우가 더 높았다. 또한 연령이 증가할수록 우울 및 불안의 수준은 높아졌으나 공격성은 연령에 따른 차이를 보이지 않았다. 일반가구와 수급가구 아동 · 청소년을 비교해 보면, 수급가구의 경우에 우울 및 불안, 공격성 수준이 모두 높았다. 소득 수준별로는 우울 및 불안은 소득 수준에 따라 'U'자형 분포를 보였으나, 공격성은 소득 수준이 증가할수록 감소하는 양상을 보였다. 농어촌 지역과 한부모 및 조손 가구의 경우에 우울 및 불안, 공격성 수준이 모두 높았다. 게임 이용에서는 응답자의 16.7%가 문제적 게임 이용군으로 나타났다. 응답자 특성별로는 남자 아동 · 청소년, 수급가구, 소득 수준이 낮은 경우에 문제적 개입 이용군에 속한 비율이 높았다.

(3) 자살생각률

같은 조사에서 지난 1년 동안 심각하게 자살을 생각한 적이 있는지의 여부를 파악한 결과, 응답자의 1.3%가 '그렇다'고 하였다. 이와 관련한 사항은 [그림 8-2]와 같다. 이를 요약하면, 조사 대상 아동 · 청소년 중에서 여자이고, 대도시에 거주하는 경우에 자살생각률이 높게 나타났다.

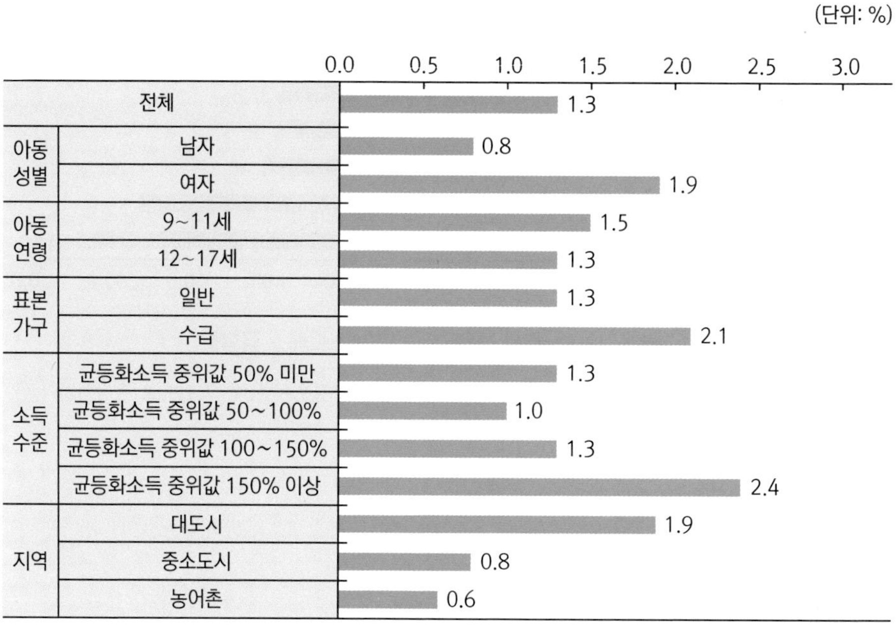

[그림 8-2] 9~17세 아동 · 청소년의 자살생각률

자료: 류정희 외(2019), 〈표 5-52〉의 일부를 그림으로 도식화한 것임.
출처: 보건복지부, 한국보건사회연구원(2019), p. 37.

이상의 결과들을 보면, 아동 · 청소년의 정신건강 문제는 전반적으로 그들이 속한 가족의 사회경제적 특성과 밀접히 관련되어 있음을 알 수 있다. 즉, 사회경제적으로 취약한 아동 · 청소년일수록 정신건강도 취약한 경향이 있다. 따라서 정신건강복지센터나 관련 정신건강시설에서는 이러한 취약계층의 아동 · 청소년을 대상으로 정신건강사업을 확대할 필요가 있다. 특히 정신건강사회복지사는 아동 · 청소년의 스트레스 요인으로 지적된 성적, 학교생활, 또래관계, 가족관계, 거주여건 등을 고려하여 수요자 중심의 정신건강 프로그램을 개발할 필요가 있다.

2) 아동 · 청소년기 정신장애

아동 · 청소년기에는 이상에서 살펴본 스트레스, 불안, 우울, 자살생각, 인터넷/게임의 과다사용 외에도 여러 정신질환이 나타난다. 아동 · 청소년기에 나타나는 주요 정신장애를 DSM-5(정신질환의 진단 및 통계 편람 제5판)를 중심으로 제시하면 〈표 8-1〉과 같다(American Psychiatric Association, 2013/2015).

표 8-1 ··· 아동 · 청소년기에 나타나는 주요 정신장애: 신경발달장애

신경발달장애는 전형적으로 초기 발달단계인 학령전기에 발현되기 시작하여, 개인적 · 사회적 · 학업적 또는 직업적 기능에 손상을 야기하는 발달 결함이 특징적이다.

1. **지적장애(intellectual disability)**: 지적장애(지적발달장애, 즉 정신지체)는 또래에 비해 전반적인 정신능력이 비정상적으로 낮으며 학습과 사회적 활동에 어려움을 느끼는 경우를 말한다. 지능지수(IQ)가 70 미만인 경우에 해당한다.
2. **의사소통 장애(communication disorder)**: 의사소통을 하는 과정에 문제가 있는 경우이다. 지능은 정상적이지만 언어, 말하기, 의사소통에 장애가 있는 경우이다. 언어장애, 말소리장애, 말더듬, 사회적(실용적) 의사소통 장애 등으로 진단된다.
3. **자폐 스펙트럼 장애(autism spectrum disorder)**: 이는 사회적 상호작용 및 의사소통에 대한 문제를 나타낼 뿐만 아니라 관심을 갖는 대상이 제한되며 반복적인 행동을 한다. 이러한 손상으로 인한 심각도 수준(지원을 필요로 하는 수준)이 3단계로 분류된다.
4. **주의력결핍 과잉행동 장애(attention-deficit/hyperactivity disorder)**: 이는 기능 또는 발달을 저해하는 부주의와 과잉행동-충동성의 특징을 갖는다. 주의집중에 상당한 어려움이 있고, 자신의 행동을 통제하지 못하고 충동적인 모습을 보이는데, 이 두 가지가 결합된 경우도 있다.
5. **특정 학습장애(specific learning disorder)**: 이는 특정한 부분에서 현저한 학습부진이 나타나는 경우이다. 지능이나 정서에는 문제가 없지만 읽기, 쓰기(철자), 수리적 계산 등의 학습기술을 사용할 때 어려움을 나타낸다.
6. **운동장애(motor disorder)**: 운동장애는 다양하게 구분되는데, 발달성 협응장애는 앉기나 걷기, 뛰기 등의 운동 발달이 늦고 물건을 자주 떨어뜨리고 운동을 잘하지 못하는 경우이다. 상동증적 운동장애는 특정한 행동을 반복적이고, 억제할 수 없는 수준으로 계속하는 경우이다. 틱 장애는 얼굴근육 및 신체 일부를 갑작스럽고 빠르며 반복적이고 비율동적으로 움직이는 경우에 해당한다.

출처: American Psychiatric Association (2013/2015), pp. 31-91.

이상과 같은 신경발달장애 외에도 다양한 정신장애를 청소년기에 처음으로 경험할 수 있다. 그 예는 우울증, 불안장애, 분리불안장애(학교공포증), 외상 및 스트레스 관련 장애, 급식 및 섭식장애, 행동장애(반항장애, 품행장애), 수면장애 등이다. 관련 조사에 따르면, 아동 · 청소년기에 정신장애가 최초로 발병하는 비율이 전체의 약 42%에 달하는 것으로 나타났다. 즉, 정신장애 발병 시기가 초등학교(4.6%), 중학교(7.8%), 고등학교(29.5%), 대학교(20.9%), 직장근무 중(13.9%), 군 제대 후(8.6%), 대학원(1.1%), 기타(13.7%)로 나타났다. 그러나 정신의료기관에서 외래진료를 받은 만 18세 미만의 아동 · 청소년은 단지 19만 1,702명으로 전체 진료 인원(203만 5,486명)의 10%에도 미치지 못하였다. 즉, 아동 · 청소년의 정신질환은 무엇보다 조기 발견 및 치료, 예방적 노력이 중요한데, 관련 대책의 부족으로 치료의 적기(골든타임)를 놓치고 있는 실정이다(국가인권위원회, 2018).

3) 아동 · 청소년 정신건강증진 서비스

(1) 정신건강복지센터를 중심으로 한 서비스

이 서비스는 지역사회 내 아동 · 청소년 정신건강서비스 제공체계를 구축하여 정신건강 문제의 예방, 조기발견 및 상담 · 치료를 통해 건강한 사회 구성원으로 성장하도록 지원하는 데 있다. 현재 각 지역의 정신건강복지센터(또는 보건소)에서는 지

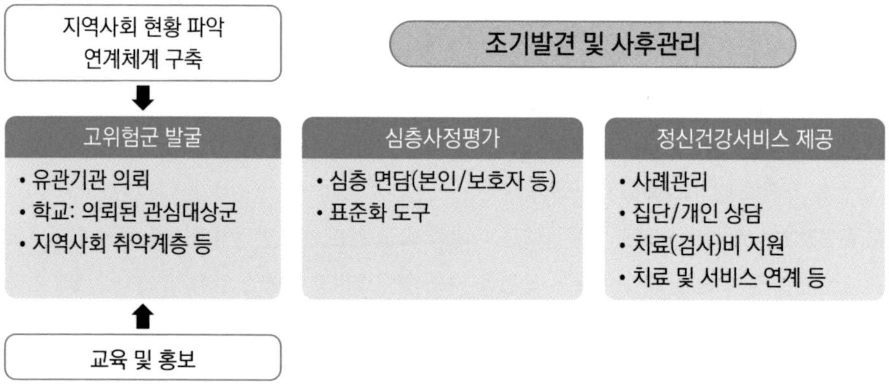

[그림 8-3] 아동 · 청소년 정신건강증진사업의 추진체계

출처: 보건복지부(2020a), p. 74.

역 내 18세 이하의 아동 · 청소년, 취약계층 아동 · 청소년, 아동 · 청소년 정신건강 관계자(부모, 교사, 시설 종사자 등)를 대상으로 다양한 사업을 전개하고 있다. 정신건강사회복지사는 정신건강 팀의 일원으로 아동 · 청소년의 정신건강증진을 도모하기 위한 사업에 참여하고 있다. 사업추진의 기본 체계는 [그림 8-3]과 같다(보건복지부, 2020a).

현재 전국의 정신건강복지센터를 중심으로 수행 중인 아동 · 청소년 정신건강증진 서비스는 다음과 같이 요약할 수 있다.

- 지역 내 교육 관련 부서(교육청, 학교) 및 유관기관과의 연계 · 협력을 통하여 통합적인 아동 · 청소년 정신건강서비스 제공체계(의뢰 및 연계)를 구축한다.
- 아동 · 청소년, 교사 및 학부모, 지역사회 유관기관을 대상으로 정신건강증진 및 정신질환 예방에 대한 교육 및 홍보를 실시한다. 학생들에게는 스트레스 대처훈련, 인성개발 프로그램, 생명존중, 정신질환의 이해 및 집단따돌림 예방 교육을 실시한다. 교사 및 학부모에게는 선별검사에 대한 안내, 아동 · 청소년 정신건강 문제의 조기발견, 예방 및 대처 방법, 고위험군 의뢰 방법 등에 대한 교육과 홍보를 제공한다.
- 고위험군 발굴은 정신건강복지센터가 중심이 되어 유관기관 및 학교와 협력하여 수행한다. 이때 지역사회 취약계층 대상자에 우선적인 관심을 갖고 사업을 진행한다. 취약계층 대상자는 북한이탈주민, 다문화가정, 조손가정, 한부모가정, 청소년 쉼터(가출청소년 일시보호소), 공동생활가정, 아동복지시설 아동 · 청소년 등이다.
- 아동 · 청소년을 대상으로 한 고위험군 선별검사는 학교에서 진행하고, 심층사정평가는 정신건강복지센터에서 담당한다. 학교 선별검사 결과에서 기준 점수 이상인 경우에는 학생 및 학부모의 요구, 지리적 인접성을 고려하여 교육부 Wee 센터, 정신건강복지센터에 연계한다. 또한 필요한 경우에는 지역 내 아동 · 청소년 심리지원서비스(지역사회서비스 투자사업)를 파악하여 해당 학생을 연계한다.
- 정신건강복지센터에서 사례관리, 상담(개인, 집단), 치료비 지원(저소득층 1인당 40만 원 지원), 치료 및 서비스 연계 등의 정신건강서비스를 제공한 후에는 고

위험군 사례에 한해 일정 기간 사후서비스를 제공한다. 참고로 아동 · 청소년 사례관리 대상 및 기본 원칙은 〈표 8-2〉와 같다(보건복지부, 2020a: 77).

표 8-2 ··· 아동 · 청소년 사례관리 대상 및 서비스 원칙

- 대상: 심층사정평가를 통해 사례관리가 필요하다고 확인된 대상자이다.
- 해당 학교(시설) 및 학부모의 요구와 아동 · 청소년 정신건강 문제의 종류, 심각성 등을 고려하여 제공 서비스를 결정한다.
- 증상이나 어려움의 악화 여부에 대해 지속적인 개입을 통해 관리해야 하며, 증상 악화 시에는 적절한 치료 연계가 이루어져야 한다.
- 개별상담과 집단 프로그램은 정신건강복지센터, 정신의료기관 및 학교 간 연계를 통해 운영된다.
- 사례관리는 아동 · 청소년 본인과 보호자(시설 교사 또는 부모)의 동의를 얻은 후 실시한다.
- 심층사정평가 수행 이후 사례관리 서비스가 제공된 아동 · 청소년을 대상으로 서비스 제공 전과 등록 이후 6개월마다 변화를 확인한다.
- 사례관리는 전문가가 학교(시설)를 방문하거나, 대상 아동 · 청소년이 정신건강복지센터로 내소하여 개별상담, 집단 프로그램 등 사례관리 서비스를 제공한다. 접촉의 방법은 전화관리, 가정방문, 지역사회 방문 등으로 이루어진다.

출처: 보건복지부(2020a), p. 77.

(2) Wee 프로젝트와 아이존 사업

① Wee 프로젝트

Wee 프로젝트는 「초 · 중등교육법 시행령」 제54조 제1항에 따라 학생에 대하여 종합적인 진단 · 상담 · 치유 프로그램을 제공하는 사업이다. Wee는 We(우리)+education(교육)+emotion(감성)의 합성어이다. 2008년부터 시작된 이 프로젝트는 학교, 교육청, 지역사회가 연계하여 학생들의 건강하고 즐거운 학교생활을 지원하기 위한 다중의 통합지원 서비스망이다.

Wee 프로젝트는 학습부진, 따돌림, 대인관계 미숙, 학교폭력, 미디어중독, 비행 등으로 인한 학습부진 학생의 치료, 위기학생의 선도, 진로개발, 잠재력 발현으로 전인적 성장을 도모하는 것을 목적으로 하고 있다. 학습부진 및 학교부적응 학생뿐만이 아닌 일반 학생들도 Wee를 통해 행복한 학교생활을 할 수 있도록 학교에는

Wee클래스, 지역교육청에는 Wee센터, 시 · 도 교육청에는 Wee스쿨을 운영하고 있다. 자세한 사항은 관련 홈페이지(http://www.wee.go.kr)를 참조할 수 있다.

② 아이존 사업

아이존(i-zone)은 아동 · 청소년 정신건강지원시설을 말한다. 이는 「정신건강복지법」 제26조에 근거하여, 정신건강 문제를 가진 아동에게 전문적이고 다학제적인 개입을 통하여 학교 및 가정에 원활하게 적응할 수 있도록 돕기 위해 운영되고 있다. 이 사업은 만 6세 이상의 발달 및 정서문제를 가진 아동에게 다양한 개입 프로그램을 제공하는 것이다. 2020년 현재 서울시에는 정서행동문제아동시설 9개소와 정신발달문제아동시설 1개소가 운영 중이다. 한 예로, 송파아이존은 서울특별시 정신건강사업의 일환으로 2006년부터 운영해 온 전국 최초의 아동 · 청소년 정신건강지원시설이다. 이에 대해 관련 홈페이지(http://www.aizone.or.kr) 내용을 참조하여 소개한다(〈표 8-3〉 참조).

표 8-3 ••• 송파아이존의 아동 · 청소년 정신건강증진사업

- **치료 대상**: 정신건강 문제를 가진 저소득층 아동, ADHD, 반항성 장애, 우울, 불안 등의 정서 행동상의 문제, 또는 복합적인 진단을 받은 아동, 치료공동체를 통한 건강한 가족경험이 필요한 아동 및 그 가족
- **프로그램**
  1. 치료 및 교육
     - 개별치료: 아동평가 및 진단, 개별 아동상담, 놀이치료, 모래놀이치료, 학습치료 등
     - 집단치료: 사회성 프로그램, 인지행동 프로그램, 심리정서증진 프로그램, 표현예술 및 신체활동 치료, 지역사회 연계진행 프로그램 등
     - 부모교육 및 상담 실시
  2. 아이존 치료공동체, 연계사업, 인식개선사업을 통한 아동들의 정신건강 예방 및 치료
- **송파아이존 치료팀**: 소아정신건강의학과 전문의(자문의), 정신건강사회복지사, 정신건강임상심리사 및 임상심리전문가, 아동치료 전문요원으로 구성

출처: 아이존 홈페이지.

현재 추진 중인 아동 · 청소년 정신건강증진 서비스는 현장 여건 및 대상자 수요에 비해 매우 제한적으로 실시되고 있다. 관련 조사에 따르면, 정신건강복지센터에

서 수행되는 아동 · 청소년 정신건강사업은 그 중요도에 비해 업무비중이 상당히 낮은 것으로 평가되고 있다. 이에 정부는 최근 관계부처합동으로 정신건강종합대책을 발표하면서, 아동 · 청소년 관련 대책을 함께 제시하였다(관계부처합동, 2016). 아동 · 청소년을 위해서는 ① 아동 · 청소년 정신건강 관련 실태조사 실시, ② 학교 기반 정신건강 지원체계 구축(정서행동특성검사 내실화, 교내상담 강화, 위기개입, 지역사회 연계), ③ 학교 밖 청소년 정신건강 지원, ④ 정신건강 관련 업무 담당 인력의 역량강화 등의 계획을 담고 있다. 이러한 계획이 구체화되어 아동 · 청소년 정신건강 서비스가 내실화되고, 업무의 중요성만큼 실질적인 업무비중도 확대되어야 한다.

아동 · 청소년의 정신건강증진을 위해서는 예방에서부터 개입과 치료, 사후관리까지 지속가능한 관리체계가 확립되어야 한다. 아동기 이전 단계(영유아기)와 학령기 아동을 위한 예방적 지원도 강화해야 한다. 중장년층과 노년층에 비해 아동 · 청소년이 많이 경험하는 스트레스, 스마트폰과 인터넷 과의존, 폭력 및 자살의 문제에 대해서 적극적인 대책을 세워야 한다(전진아, 최지희, 2017). 또한 앞으로는 지역의 아동 · 청소년 복지 인프라를 적극 활용해 접근해야 한다. 즉, 교육부의 교육복지투자지원사업, 지자체 단위의 교육복지센터, 민간의 우리아이희망네트워크 등 다양한 복지 인프라가 아동 · 청소년 정신건강증진을 위해 협력할 필요가 있다.

2. 성인 정신건강

1) 성인의 정신건강 문제

성인기는 그 어느 시기보다 직업적 · 경제적 안정 속에서 자녀교육과 왕성한 사회활동을 하는 시기이다. 심리적으로 안정된 시기이기도 하지만, 사회적 책임과 부담 또한 매우 큰 시기이기도 하다. 즉, 직업과 관련하여 과중한 업무 스트레스, 조기퇴직이나 실직 등의 어려움이 발생할 수 있고, 주택마련이나 자녀교육비, 노부모 부양 등 경제적 부담이 커진다. 그리고 가족 안에서는 부부갈등이나 자녀와의 관계갈등이 커지고, 각종 성인병을 비롯한 건강문제를 경험하기도 한다. 관련 조사에 의하면, 30~50대 중장년층은 다른 연령층에 비해 스트레스 인지, 우울증상 경험, 자살

생각률에서는 상대적으로 낮지만, 도박 중독과 알코올사용장애에서는 더 높게 나타나고 있다(전진아, 최지희, 2017). 이와 관련하여, 20~60대의 성인 1,000명[2)]을 대상으로 정신건강 상태를 조사한 결과를 정리하면 다음과 같다(전진아 외, 2019: 103-152).

(1) 자신의 정신건강 상태와 관련 경험

우선, 자신의 주관적인 정신건강 상태에 대해 '좋다'와 '매우 좋다'로 응답한 비율은 63.9%로 나타났다. 이런 응답은 50~60대의 연령대에서 많았다. '나쁘다'와 '매우 나쁘다'로 응답한 비율은 36.1%였으며, 이런 응답은 상대적으로 젊은 층에서 많았다. 한편, 지난 1년간 경험한 정신건강 문제의 유형을 파악한 결과, 정신건강 문제가 없다고 응답한 경우는 전체의 22.1%였고, 나머지는 여러 문제를 경험하였다. 즉, 다양한 정신건강 문제 항목에 대해 경험 유무를 측정한 결과, 스트레스는 전체 응답자의 67.8%가 경험했으며, 수면장애(불면증 등 잠을 못 자거나 잠을 너무 많이 자는 증상)는 34.3%, 불안은 33.4%, 우울과 조울은 28.5%, 트라우마는 5.2%, 고위험 음주와 알코올 중독은 4.2%가 경험하였다. 또한 치료가 필요한 심한 우울증은 전체의 2.2%가 경험하였다.

(2) 성인이 생각하는 주요 정신건강 문제

조사 대상자인 성인이 인식한 '가장 중요하게 다루어야 할 정신건강 문제'로 우울과 조울(전체 응답자의 64.6%), 스트레스(59.4%), 조현병(37.2%), 자살(27.6%) 등을 지적하였다. 구체적으로 보면, 성인들은 우울과 조울을 가장 중요하게 다루어야 하는 문제로 인식하였으며, 스트레스를 두 번째로 인식하였다. 자살률 감소를 위한 국가 책임이 강화되고 있는 상황에서 자살문제 역시 중요하게 다루어야 할 정신건강 문제로 인식하고 있었다. 조현병을 지적한 것은 최근 조현병 환자의 범죄 사건이 여론화되면서 성인들의 조현병에 대한 인지도가 높아진 측면이 반영된 것으로 볼 수 있다. 그 외에도 고위험 음주 및 알코올 중독(24.1%), 불안(23.1%), 마약 등 약물사용장애(21.0%), 인터넷/게임 사용장애(14.1%), 수면장애(12.6%), 트라우마(8.4%) 등을 중요한 문제로 지적하였다.

2) 성인 1,000명 중 남자가 50.8%, 여자가 49.2%였으며, 결혼 상태는 기혼 및 동거가 55.7%, 미혼이 40.0%의 순이었다. 연령대는 10년 단위(20~60대)로 구분하여 20% 내외로 표집하였다.

(3) 성인의 정신건강서비스 이용 현황

조사에 참여한 성인들에게 평생 동안 정신건강 문제와 관련해 정신건강서비스를 이용한 경험이 있는지를 물어본 결과, 전체의 79.6%가 평생 한 번도 이용해 본 적이 없다고 하였다. 이용해 본 적이 있다고 응답한 경우(20.4%)에 정신의료기관이 8.0%로 가장 많았으며, 정신건강복지센터를 이용해 본 적이 있다고 한 응답자는 4.3%였다. 또한 지난 한 해 동안의 이용률을 물어본 결과는 이보다 더 낮았다. 그럼에도 조사 대상자들은 우리 사회에서 꼭 필요한 정신건강서비스로 스트레스 등 정신건강 문제에 대한 관리(전체 응답자의 78.3%), 정신질환 치료(52.2%), 상담 및 관련 정보 제공(51.8%)의 순으로 응답하였다.

이상의 결과를 토대로 성인의 정신건강증진을 위해서는 그들의 생애주기별 특성을 고려한 대책이 필요함을 알 수 있다. 첫째, 성인기에 흔히 경험하는 생활 및 직업 스트레스, 수면장애, 불안, 우울, 트라우마, 음주, 자살 등에 대한 정신건강 교육과 프로그램이 더욱 확대되어야 한다. 현재 정신건강복지센터에서 다양한 사업이 이루어지고 있으나, 성인 정신건강증진을 위한 실질적인 업무 비중이 매우 낮은 상황이다. 예산과 인력을 확충하여 관련 업무비중을 늘려야 한다. 둘째, 성인들의 정신건강서비스에 대한 심리적 거리감을 줄이려는 노력이 필요하다. 이를 위해서는 정확하면서도 이해하기 쉬운 정신건강 정보를 각종 매체(공익광고, 휴대폰, 웹툰 등)를 통해 홍보함으로써 언제든 필요한 서비스를 이용할 수 있게 해야 한다.

2) 성인기 정신장애와 치료

성인들은 스트레스, 불안, 우울과 조울, 자살생각, 인터넷/게임의 과다사용 외에도 다양한 정신질환을 경험한다. 성인기(혹은 중년기)에 경험하는 정신장애 중에서 DSM-5를 중심으로 조현병, 기분 관련 장애, 불안장애를 살펴보고자 한다(권석만, 2013; 유수현 외, 2014; American Psychiatric Association, 2013/2015).

(1) 조현병

① 조현병의 개요

조현병(schizophrenia)은 정신장애 중에서 가장 심하고 일반인들에게 널리 알려진 질환이다. 이는 비교적 이른 나이에 발병하여 인간의 지각 · 인지 · 정동 · 행동 · 사회활동 등 다양한 영역에서 이상 증상이 나타나는 질환으로 그 경과와 치료 반응, 예후가 다양하다. 현재까지 병의 원인이 정확히 밝혀지지는 않았지만, 심인성 질환이 아닌 뇌 질환이라는 점에 상당한 의견 일치를 보이고 있다. 조현병의 평생유병률은 대략 0.3~0.7% 정도로 알려져 있다. 발병 시기는 10대 후반에서 30대 중반 사이에 많으며, 청소년기에 발병하는 경우는 흔치 않다. 남자는 20대 초 · 중반, 여자는 20대 후반에 많이 발병한다.

② 주요 증상과 진단

조현병의 특징은 어떤 단일 증상보다는 여러 가지 기능장애를 포함한다는 점이다. 조현병의 증상을 살펴보면, 첫째, 사고기능 장애이다. 조현병은 비현실적인 사고(망상)와 조리에 맞지 않는 와해된 언어표현이 다른 장애와 비교해 더욱 뚜렷이 나타난다. 둘째, 주의기능 장애이다. 조현병 환자의 인지기능 장애에서 가장 많이 나타나는 것이 주의집중 장애이다. 환자들은 일정 시간 동안 주의(attention)를 집중하는 데 어려움이 있다. 불필요한 자극을 여과하지 못하고 주의의 초점을 맞추지 못한다. 셋째, 지각기능 장애이다. 조현병 환자들은 현실을 왜곡하여 지각하고, 객관적 현실과 비현실적 환상을 잘 구분하지 못하는 경향이 있다. 그 대표적인 것이 환각(hallucination)이다. 환각에는 환청, 환시, 환촉, 환미 등이 있다.

조현병의 진단은 환자의 직업적 · 사회적 기능 손상과 연관된 징후와 증상을 파악하여 이루어진다. DSM-5에서 조현병 진단기준은 〈표 8-4〉와 같다.

표 8-4 ··· DSM-5에서 조현병 진단기준

A. 다음 증상 중 둘(혹은 그 이상)이 1개월의 기간(성공적으로 치료되면 그 이하) 동안의 상당 부분의 시간에 존재하고, 이들 중 최소한 1, 2, 3 중 한 가지 증상은 반드시 있어야 한다.
1. 망상

2. 환각
3. 와해된 언어(예: 빈번한 탈선 혹은 지리멸렬)
4. 극도로 와해된 또는 긴장성 행동
5. 음성증상(예: 감퇴된 감정표현 혹은 무의욕증)

B. 장애의 발병 이래 상당 부분의 시간 동안 일, 대인관계 혹은 자기관리 같은 주요 영역의 한 가지 이상에서 기능수준이 발병 전 성취된 수준 이하로 현저하게 저하된다(혹은 아동기 또는 청소년기에 발병하는 경우, 기대 수준의 대인관계적 · 학문적 · 직업적 기능을 성취하지 못함).

C. 장애의 지속적 징후가 최소 6개월 동안 계속된다. 이러한 6개월의 기간은 진단기준 A에 해당하는 증상(예: 활성기 증상)이 있는 최소 1개월(성공적으로 치료되면 그 이하)을 포함해야 하고, 전구 증상이나 잔류 증상의 기간을 포함할 수 있다. 이러한 전구기나 잔류기 동안 장애의 징후는 단지 음성증상으로 나타나거나, 진단기준 A에 열거된 증상의 2가지 이상이 약화된 형태(예: 이상한 믿음, 흔치 않은 지각 경험)로 나타날 수 있다.

D. 조현정동장애와 정신병적 양상을 동반한 우울 또는 양극성 장애는 배제된다. 왜냐하면 ① 주요우울 또는 조증 삽화가 활성기 증상과 동시에 일어나지 않기 때문이거나, ② 기분삽화가 활성기 증상 동안 일어난다고 해도 병의 활성기 및 잔류기 전체 지속기간의 일부에만 존재하기 때문이다.

E. 장애가 물질(예: 약물 남용, 치료약물)의 생리적 효과나 다른 의학적 상태로 인한 것이 아니다.

F. 자폐스펙트럼장애나 아동기에 발병하는 의사소통 장애의 병력이 있는 경우, 조현병의 추가 진단은 조현병의 다른 필요 증상에 더하여 뚜렷한 망상이나 환각이 최소 1개월(성공적으로 치료되면 그 이하) 동안 있을 때에만 내려진다.

출처: American Psychiatric Association (2013/2015), pp. 106-107.

③ 조현병에 대한 치료

조현병의 발병 원인이 아직까지 불분명하기 때문에 치료에서도 다양한 접근이 이루어진다. 조현병 치료는 환자의 증상 및 개인적 특성에 따라 개별화되어야 하며, 약물치료와 심리사회적 개입을 병행하는 것이 바람직하다. 대표적인 치료법을 제시하면 다음과 같다.

- **약물치료**: 조현병의 급성증상을 완화시키는 가장 효과적인 방법은 약물치료(medication)이다. 만성으로 접어든 조현병 치료에도 약물치료는 매우 중요하

다. 항정신성 약물(antipsychotic drugs)은 조현병을 완치시키는 것은 아니지만, 뇌 속에 있는 신경전달물질의 비정상적인 효과(과다분비 혹은 과소분비)를 억제하여 급성증상을 완화시키고 사회적 기능을 회복하는 데 도움을 준다. 정신사회재활 치료도 약물치료를 통해 급성증상이 조절된 후에야 가능하다. 적절한 약물치료는 환자의 망상, 환각, 불안, 긴장, 부적절하고 공격적인 행동을 감소시켜 주며, 말을 조리 있게 하고, 잠을 잘 자도록 도와준다. 또한 환자와 가족들이 가장 걱정하는 병의 재발을 막아 주는 효과가 있다. 약을 잘 복용하면, 환자의 70% 이상에서 증상이 현저히 호전되고 재발을 막아 준다.

- **정신사회재활:** 조현병을 치료하기 위해서는 약물치료가 가장 기본이지만, 약물치료만으로 환자의 문제가 모두 해결되지 않는다. 망상, 환각, 공격적인 행동과 같은 양성증상은 약물치료로 상당히 호전되지만, 사회적 접촉을 피하고 감정표현이 없으며, 삶의 의욕이 없는 것과 같은 음성증상의 치료에는 별로 효과가 없다. 조현병을 오래 앓게 되면 일상생활과 사회생활에서 여러 기능이 저하되는 경우가 많은데, 이는 사회복귀를 어렵게 만드는 요인이 된다. 이 경우 정신건강전문가에 의한 정신사회재활(psychosocial rehabilitation)이 큰 도움이 된다. 정신사회재활에는 개인적이고 집단적인 정신치료 외에도 사회기술훈련, 환자교육, 가족교육, 환자 및 가족 자모모임, 낮병원, 직업재활, 주거 프로그램, 예술요법, 지역사회 적응훈련 등을 포함한다. 환자의 상태에 따라 다양한 프로그램을 제공할 수 있다. 조현병은 약물치료만 하면 1년 내에 재발률이 30~40%에 이르지만, 약물치료와 정신사회재활을 병행하면 1년 내 재발률은 10%로 낮아진다.

(2) 기분 관련 장애

DSM-5에 제시된 기분 관련 장애는 다양한 유형으로 구분된다. 주요 우울장애, 지속적 우울장애, 생리전 불쾌장애, 파괴적 기분조절곤란장애, 양극성 관련 장애 등이다. 이 가운데 우리에게 널리 알려진 기분 관련 장애인 주요 우울장애(우울증)와 양극성 장애(조울증)에 대해 살펴보고자 한다. 여기서 다루지 못한 내용은 DSM-5를 참조하기 바란다(American Psychiatric Association, 2013/2015).

① 주요 우울장애

㉠ 주요 우울장애의 개요

주요 우울장애(major depressive disorder, 우울증)는 일상적인 삶에 흥미를 느끼지 못하고 우울한 기분을 주된 증상으로 하는 기분장애로서, 가장 흔한 정신장애 중 하나이다. 또한 우울증은 정신장애 중에서 가장 유병률이 높은 장애이다. 여자는 10~25%, 남자는 5~12% 정도로 알려져 있다. 이러한 성별 차이 외에 인종이나 교육, 수입, 결혼 상태에 따라서는 유병률의 차이가 없다. 그러나 친밀한 인간관계가 부족하고 이혼이나 별거 등 불안정한 결혼생활을 하는 경우에 유병률이 더 높다. 우울증은 어떤 연령대에서도 시작될 수 있지만, 평균 발병 연령은 20대 중반이다. 우울증 삽화(episode)가 발생하는 기간 동안 환자는 언제든 자살을 시도할 가능성이 있다. 대략 15%가 자살한다고 알려져 있는 만큼, 우울증 환자의 조기 치료와 관리가 매우 중요하다. 그러나 대부분의 환자는 적절한 치료를 받지 않은 채 고통스러운 삶을 살아가는 경향이 있다.

㉡ 주요 증상과 진단

우울증은 우울한 기분 외에도 다양한 심리사회적 문제를 동반한다. 우울상태에서는 우울하고 슬픈 감정을 비롯하여 좌절감, 죄책감, 고독감, 무가치함, 허무감, 절망감 등의 고통스런 정서성태가 지속된다. 우울한 감정이 강해지면 자주 눈물을 흘리며 울기도 한다. 심한 우울증 상태에서는 무표정하고 무감각한 정서를 나타낼 수도 있다. 일상적인 활동에 대한 홍미와 즐거움도 저하되면서 매사가 재미없고 무의미하게 느껴진다. 어떤 일을 해 보려는 의욕이 현저하게 저하되고, 생활이 침체되면서 사회적 관계도 위축된다. 부정적이고 비관적인 생각에 집착하게 되고, 죽음과 자살을 자주 떠올리게 된다. 식욕이 증가하여 체중이 늘거나 식욕이 줄어 체중이 현저히 감소하는 등의 신체생리적 변화도 나타난다. DSM-5에서 제시하는 주요 우울장애의 진단기준은 〈표 8-5〉와 같다.

표 8-5 ··· DSM-5에서 주요 우울장애의 진단기준

A. 다음의 증상 가운데 5가지(또는 그 이상)의 증상이 2주 연속으로 지속되며 이전의 기능 상태와 비교할 때 변화를 보이는 경우, 증상 가운데 적어도 하나는 (1) 우울 기분이거나 (2) 흥미나 즐거움의 상실이어야 한다.

1. 하루 중 대부분 그리고 거의 매일 지속되는 우울 기분에 대해 주관적으로 보고(예: 슬픔, 공허감, 절망감)하거나 객관적으로 관찰됨(예: 눈물 흘림). 아동 · 청소년의 경우는 과민한 기분으로 나타나기도 함
2. 거의 매일, 하루 중 대부분, 거의 또는 모든 일상활동에 대해 흥미와 즐거움이 뚜렷하게 저하됨
3. 체중 조절을 하고 있지 않은 상태에서 의미 있는 체중의 감소(예: 1개월 동안 5% 이상의 체중 변화)나 체중의 증가, 거의 매일 나타나는 식욕의 감소나 증가가 있음. 아동에서는 체중 증가가 기대치에 미달되는 경우가 있음
4. 거의 매일 나타나는 불면이나 과다수면
5. 거의 매일 나타나는 정신운동 초조나 지연(객관적으로 관찰 가능함, 단지 주관적인 좌불안석 또는 처지는 느낌뿐만이 아님)
6. 거의 매일 나타나는 피로나 활력의 상실
7. 거의 매일 무가치감 또는 과도하거나 부적절한 죄책감(망상적일 수도 있는)을 느낌(단순히 병이 있다는 데 대한 자책이나 죄책감이 아님)
8. 거의 매일 나타나는 사고력이나 집중력의 감소 또는 우유부단함(주관적인 호소나 객관적인 관찰 가능함)
9. 반복적인 죽음에 대한 생각(단지 죽음에 대한 두려움이 아닌), 구체적인 계획 없이 반복되는 자살생각, 또는 자살시도나 자살 수행에 대한 구체적인 계획

B. 증상이 사회적, 직업적, 또는 다른 중요한 기능 영역에서 임상적으로 현저한 고통이나 손상을 초래한다.

C. 삽화가 물질의 생리적 효과나 다른 의학적 상태로 인한 것이 아니다.

출처: American Psychiatric Association (2013/2015), pp. 169-171.

ⓒ 우울증의 치료

우울증은 시간과 상황이 변함에 따라 자연적으로 회복되는 경우가 많다. 그러나 우울증이 심한 경우에는 자살과 같은 치명적인 결과를 낳을 수 있으므로 가능한 한 조기에 전문가를 찾아 치료를 받는 것이 바람직하다. 여기서는 대표적인 우울증 치료 방법을 제시한다.

- **인지치료**: 우울증에 대한 가장 효과적인 방법 중 하나는 인지치료이다. 인지치료에서는 환자의 사고내용을 탐색하여 인지적 왜곡을 찾아내고, 이를 교정함으로써 더 현실적이고 긍정적인 사고와 신념을 갖도록 도와준다. 환자로 하여금 자신의 내면적 생각을 관찰하고 이를 조절하는 능력을 키우는 것이다. 그리고 자신과 세상에 대한 잘못된 믿음(신념)을 보다 유연하고 현실적인 신념으로 대체하도록 해 준다. 인지치료는 우울증을 단기간에 치료할 뿐 아니라 치료 효과도 우수한 것으로 알려져 있다.
- **정신역동치료**: 이 치료에서는 환자의 무의식적 갈등을 파악하여 이를 적절한 방법으로 직면시키고 해석해 준다. 환자는 자신의 무의식적 좌절과 대인관계방식을 이해하고, 중요한 타인에 대해 억압하고 있던 분노감정을 자각하게 된다. 치료자는 이러한 분노감정을 수용하여 해소하도록 도와준다. 또한 환자로 하여금 비현실적인 소망을 현실적인 것으로 변화시키고, 이를 성취하기 위한 새로운 생활방식과 대인관계방식을 찾도록 도와준다. 정신역동치료는 환자의 우울증을 삶의 전반적 맥락에서 이해하고, 우울증에 대해 심층적이고 포괄적으로 치료적 접근을 하는 장점이 있다. 그러나 치료 효과에 대해서는 여전히 논란의 여지가 있다.
- **약물치료**: 약물치료는 우울증에 대한 가장 대표적인 치료법이라고 할 수 있다. 우울증을 치료하는 약물은 삼환계 항우울제(tricyclic antidepressants), MOA 억제제(monoamine oxidase inhibitor), 선택적 세로토닌 재흡수 억제제(Selective Serotonin Reuptake Inhibitor: SSRI) 등이다. 약물치료는 우울증 치료에 효과적이지만 일부 환자들이 약물을 거부하는 경우가 있고, 의도하지 않은 약물 부작용이 있거나, 약물의 치료 효과가 나타나지 않는 경우가 있기 때문에 환자의 상태를 고려하여 신중하게 처방하는 것이 좋다. 약물치료와 인지치료(심리치료)를 병행할 경우 치료 효과를 더 높이고 재발률을 감소시킬 수 있다.

② 양극성 장애

㉠ 양극성 장애의 개요

양극성 장애(bipolar disorders, 조울증)는 우울한 기분상태와 고양된 기분상태가 교차되어 나타나는 경우를 말한다. DSM-5에서 제시한 양극성 장애의 유형은 크게 세 가지이다. 제1형 양극성 장애(bipolar I disorder)는 우울한 기분과 함께 비정상적으로 기분이 고양되는 조증 상태가 교차되어 나타나는 장애이다. 조증 상태(manic episode)가 적어도 1주 이상 지속된다. 평생유병률은 0.4~1.6%로 알려져 있으며, 남자와 여자 모두 비슷하게 발병한다. 제2형 양극성 장애(bipolar II disorder)는 우울한 기분과 함께 조증 상태의 기분이 상대적으로 미약한 경조증 상태(hypomanic episode)가 교차되어 나타난다는 점에서 I형과 구분된다. 평생유병률은 대략 0.5%이며, 남성보다 여성에서 더 흔하다. 그 외에 경미한 우울상태와 경조증 상태가 2년 이상 장기적으로 교차되어 나타나는 순환성장애(cyclothymic disorder)가 있다.

㉡ 주요 증상과 진단

양극성 장애는 앞서 살펴본 주요 우울삽화(혹은 우울 상태)와 조증삽화(혹은 경조증 상태)가 교차하여 나타나는 특징이 있다. 우울삽화는 〈표 8-5〉와 같으며, 조증삽화는 〈표 8-6〉과 같다(경조증 삽화는 생략). 이 조증삽화는 우울삽화에 선행하거나 뒤따르게 된다.

표 8-6 ··· DSM-5에서 조증삽화 관련 진단기준

A. 비정상적으로 들뜨거나, 의기양양하거나, 과민한 기분, 그리고 활동과 에너지의 증가가 적어도 일주일간(만약 입원이 필요한 정도라면 기간과 상관없이) 거의 매일, 하루 중 대부분 지속되는 분명한 기간이 있다.

B. 기분장애 및 증가된 에너지와 활동을 보이는 기간 중 다음 증상 가운데 3가지(또는 그 이상)를 보이며(기분이 단지 과민하기만 하다면 4가지) 평소 모습에 비해 변화가 뚜렷하고 심각한 정도로 나타난다.

1. 자존감의 증가 또는 과대감
2. 수면에 대한 욕구 감소(예: 단 3시간의 수면으로도 충분하다고 느낌)
3. 평소보다 말이 많아지거나 끊기 어려울 정도로 계속 말을 함
4. 사고의 비약 또는 사고가 질주하듯 빠른 속도로 꼬리를 무는 듯한 주관적인 경험
5. 주관적으로 보고하거나 객관적으로 관찰되는 주의산만(예: 중요하지 않거나 관계없는 외적 자극에 너무 쉽게 주의가 분산됨)

6. 목표 지향적 활동의 증가(직장이나 학교에서의 사회적 활동 또는 성적 활동) 또는 정신운동 초조(예: 목적이나 목표 없이 부산하게 움직임)
7. 고통스러운 결과를 초래할 가능성이 높은 활동에의 지나친 몰두(예: 과도한 쇼핑 등 과소비, 무분별한 성행위, 어리석은 사업 투자 등)

C. 기분장애가 사회적, 직업적 기능의 현저한 손상을 초래할 정도로 충분히 심각하거나, 자해 또는 타해를 예방하기 위해 입원이 필요하거나 정신병적 양상이 동반된다.

D. 삽화가 물질(예: 약물 남용, 치료약물, 기타 치료)의 생리적 효과나 다른 의학적 상태로 인한 것이 아니다.

출처: American Psychiatric Association (2013/2015), p. 132.

ⓒ 양극성 장애의 치료

양극성 장애에서 조증 상태가 나타날 때는 입원치료와 약물치료를 우선적으로 고려해야 한다. 조증 상태로 인해 자신과 타인에게 피해를 줄 우려가 있을 때는 입원치료가 필요하며, 이 경우 항조증 약물이 처방된다. 가장 대표적인 항조증 약물은 리튬(Lithium)이다. 그러나 약물치료는 조증 증세를 완화시켜 줄 뿐 양극성 장애를 완전히 치료하지는 못한다. 양극성 장애는 흔히 만성적인 과정을 밟으면서 재발하는 경향이 높기 때문에, 환자는 자신의 증상을 주시하면서 생활을 조절하는 것이 중요하다. 또한 증상 관리 및 치료를 위해 전문가의 도움을 받는 것이 좋다. 우울증 치료와 마찬가지로, 조증 치료에도 인지행동치료가 효과가 있는 것으로 알려져 있다.

(3) 불안장애

불안은 인간이면 누구나 느끼는 감정이다. 그러나 현실적인 위험이 없는 상황이나 대상에게 과도한 불안을 느낀다면, 이는 병적인 불안이다. 불안장애(anxiety disorder)는 불안과 공포를 특징으로 하는 장애이다. DSM-5에서 제시하는 불안장애는 다양한 하위 유형으로 구분된다. 분리불안장애, 선택적 함구증, 특정공포증, 사회불안장애(사회공포증), 공황장애, 광장공포증, 범불안장애 등이 여기에 포함된다. 이 가운데 현대인이 많이 경험하는 공황장애와 범불안장애에 대해 살펴보고자 한다. 여기서 다루지 못한 내용은 DSM-5를 참조하기 바란다(American Psychiatric Association, 2013/2015).

① 공황장애

㉠ 공황장애의 개요

공황장애(panic disorder)는 갑자기 찾아오는 강렬한 불안, 즉 공황발작을 반복적으로 경험하는 장애를 말한다. 공황발작은 예상치 못한 상황에서 갑작스럽게 밀려드는 극심한 공포, 곧 죽지 않을까 하는 강렬한 불안이다. 공황장애의 평생유병률은 1.5~3.5% 정도이다. 여자가 남자보다 2~3배 정도 많다. 모든 연령층에서 나타날 수 있으나, 주로 청년기에 발병하며, 평균 발병연령은 25세이다. 공황장애는 만성화되는 경향이 있어서, 환자의 50%는 경미한 증상을 지니고 살아가며, 10~20%는 상당한 증상을 지닌 채 살아가게 된다. 따라서 자살 가능성과 알코올이나 약물남용의 가능성을 유의할 필요가 있다.

㉡ 주요 증상과 진단

이 장애의 주 증상은 공황발작이다. 이는 극심한 공포와 고통이 갑작스럽게 발생하여 수분 내에 최고조에 이르러야 하며, 그 시간 동안 13가지 생리적·인지적 증상 중 4가지 이상의 증상이 나타나야 한다. DSM-5에 제시된 공황장애의 임상 증상은 〈표 8-7〉과 같다.

표 8-7 ··· DSM-5에 제시된 공황장애의 임상 증상

1. 심계항진
2. 발한
3. 몸이 떨리거나 후들거림
4. 숨이 가쁘거나 답답한 느낌
5. 질식할 것 같은 느낌
6. 흉통 또는 가슴 불편함
7. 메스꺼움 또는 복부 불편감
8. 어지럽거나 불안정하거나 멍한 느낌이 들거나 쓰러질 것 같음
9. 춥거나 화끈거리는 느낌
10. 감각 이상(감각이 둔해지거나 따끔거리는 느낌)
11. 비현실감(현실이 아닌 것 같은 느낌) 혹은 이인증(나에게서 분리된 느낌)

12. 스스로 통제할 수 없거나 미칠 것 같은 두려움
13. 죽을 것 같은 공포

출처: American Psychiatric Association (2013/2015), pp. 220-221.

㉢ 공황장애의 치료

공황장애에는 약물치료와 심리치료가 적용된다. 약물치료에는 벤조디아제핀(benzodiazepine) 계열의 약물, 삼환계 항우울제, 선택적 세로토닌 재흡수 억제제(SSRI) 등이 사용된다. 그러나 장기간의 약물복용은 어지러움과 입마름 등의 부작용을 발생시킬 수 있다. 공황장애에 대한 인지행동치료는 매우 효과적인 것으로 알려져 있다. 이는 긴장이완훈련, 복식호흡, 인지수정, 공포상황에의 점진적 노출과 같은 접근을 활용하여 환자 스스로 자신의 불안과 공포를 통제할 수 있도록 돕는다.

② 범불안장애

㉠ 범불안장애의 개요

범불안장애(generalized anxiety disorder, 일반화된 불안장애)는 다양한 상황에서 만성적 불안과 과도한 걱정을 나타내는 장애를 말한다. 불안이 지속되면 개인은 몹시 고통스러우며, 현실적인 적응에도 어려움을 경험한다. 범불안장애를 지닌 사람은 생활 전반에서 잔걱정을 많이 하며, 늘 초조하고 사소한 일에도 잘 놀라고 긴장한다. 이 장애의 평생유병률은 약 5%이며, 1년 유병률은 약 3%로 알려져 있다. 이는 불안장애 중에서 가장 높은 수치이다. 남성보다는 여성에게 더 많고, 10대 중반에서 20대 초반에 발병하여 평생 지속되는 경향이 있다. 증상이 모호하고 정도가 미약한 경우가 많아 전문가를 찾는 비율이 매우 낮다.

㉡ 주요 증상과 진단

이 장애의 주 증상은 수많은 사건이나 활동에 대한 과도한 불안과 걱정이다. 직장이나 학업과 같은 수많은 일상활동에서 지나치게 불안해하거나 걱정(우려하는 예측)을 하고, 그 기간이 최소한 6개월 이상으로 그렇지 않은 날보다 그런 날이 더 많아야 한다. 또한 그런 감정을 조절하기가 어렵다고 느끼고, 다음의 6가지 증상 중에서 3가지 이상의 증상과 관련이 있다. DSM-5에 제시된 범불안장애의 임상 증상은 〈표 8-8〉과 같다.

표 8-8 ··· DSM-5에 제시된 범불안장애의 임상 증상

1. 안절부절못하거나 낭떠러지 끝에 서 있는 느낌
2. 쉽게 피곤해짐
3. 집중하기 힘들거나 머릿속이 하얗게 되는 것
4. 과민성
5. 근육의 긴장
6. 수면장애(잠들기 어렵거나, 유지가 어렵거나, 밤새 뒤척이면서 불만족스러운 수면 상태)

출처: American Psychiatric Association (2013/2015), p. 236.

ⓒ 범불안장애의 치료

이 장애는 매우 흔한 문제지만, 다른 장애에 비해 치료법이 잘 발달되어 있지 않다. 최근에는 벤조디아제핀 계열의 약물이 처방되고 있다. 이 약물은 자극에 대한 과민성을 저하시키고 사고와 행동을 감소시키는 진정효과가 있다. 그러나 다량 혹은 장기간 복용하게 되면 금단현상이나 부작용이 발생하기 때문에 유의해야 한다. 또 다른 치료법은 인지행동치료이다. 이는 환자로 하여금 걱정과 관련된 인지적 요인을 이해시킨 후 걱정이라는 사고과정을 지각하여 관찰하도록 격려하는 것이다. 이 과정에서 환자 스스로 걱정의 비현실성과 비효율성을 인식하는 동시에 긍정적인 신념으로 수정하도록 이를 지속적으로 훈련한다.

3. 노인 정신건강

1) 노인의 정신건강 문제

노년기는 직장에서 은퇴하여 사회적 책임에서 벗어나 여유로운 생활을 즐길 수 있는 시기이다. 그러나 노년기 적응을 위한 준비가 되어 있지 않으면 여러 가지 심리사회적 위기를 겪게 된다. 직장 은퇴로 인해 사회적 역할을 상실하고, 친밀한 대인

관계 및 사회적 활동의 기회가 차단되면 고립감과 무력감을 경험할 수 있다. 경제적 수입이 중단되거나 감소하여 이에 대한 대비가 없을 경우 경제적 곤란에 처하게 된다. 노년기에 접어들면 자녀에 의존하는 경향이 있는데, 이 과정에서 부양을 둘러싼 가족갈등이 발생할 수 있다. 배우자 및 가까운 친구와의 사별을 경험하게 되고, 건강이 약화되면서 다양한 질병에 걸리게 된다. 관련 조사에 의하면, 60대 이상 노인층에는 다른 연령층에 비해 우울증상 경험률과 자살생각률, 자살사망률이 높다(전진아, 최지희, 2017). 따라서 노인층의 정신건강 상태를 고려하여 노년기에 맞는 정신건강 대책을 마련해야 한다. 2017년에 전국의 노인 10,299명을 대상으로 실시된 노인실태조사에서 나타난 노인 정신건강 상태는 다음과 같다(보건복지부, 한국보건사회연구원, 2017a).

(1) 노인의 우울증 및 치매 유병률

2017년에 실시된 노인실태조사를 보면, 지난 3개월 이상 지속적으로 앓으면서 의사의 진단을 받은 만성질환 유병률에서 우울증은 3.0%, 치매는 1.5%였다. 이 두 가지 질환에 대한 치료율(의사의 치료)은 각각 95.0%와 94.7%로 높았다. 참고로 유병률이 가장 높은 만성질환은 고혈압으로 59.0%였고, 치료율은 99.1%였다. 그다음은 관절염으로 유병률은 33.5%, 치료율은 84.5%였다. 이 결과를 통해 의사의 진단을 받은 노인 우울과 치매의 경우 치료율이 고혈압보다는 낮고, 관절염보다는 높은 비율을 보이고 있다.

(2) 노인의 주관적인 우울상태

같은 조사에서, 단축형 노인우울척도(Short Form of Geriatric Depression Scale: SGDS)를 사용하여 0~15점으로 측정한 결과(8~15점에 해당하는 경우를 우울증상으로 정의), 조사 대상 노인의 21.1%가 우울증상을 나타냈다. 이는 우울증으로 진단받은 유병률과 크게 대비되는 것으로, 많은 노인이 우울증상을 갖고 있음을 알 수 있다. 특히 여성 노인이고, 연령이 높고, 배우자가 없는 독거노인이고, 소득이 낮고, 일상적 기능이 약화된 경우 우울증상이 높은 것으로 나타났다. 따라서 정신건강 현장에서는 노인들이 주관적으로 호소하는 우울상태에 보다 많은 관심을 기울이고, 정확한 진단과 치료적 개입을 위해 노인 정신건강서비스를 확대하는 방안이 필요하다고 하겠다.

(3) 음주 및 학대 경험

같은 조사에서, 지난 1년간 음주실태를 보면 조사 대상 노인의 73.4%가 최근 1년간 술을 전혀 마시지 않았고, 26.6%는 술을 마셨다고 응답하였다. 음주 노인 중 적정음주 노인(1주일에 7잔 이하)은 16.0%였고, 과음주 노인(1주일에 7잔 초과)은 10.6%였다. 이러한 과음은 남성 노인이고, 연령이 낮고, 배우자가 있고, 수입이 상대적으로 많은 경우에 더 높았다. 노인 학대는 조사 대상 노인의 9.8%가 경험했는데, 정서적 학대가 7.4%로 가장 많았고, 그다음으로는 방임 2.3%, 경제적 학대 0.4%, 신체 학대 0.3%의 순이었다. 따라서 정신건강 현장에서는 노인들의 음주와 학대 문제에 관심을 기울이고, 지역사회 유관기관과 협력하여 정신건강서비스를 확대할 필요가 있다.

2) 노년기 정신장애

노년기에는 성인기에 경험하는 거의 모든 정신장애가 나타날 수 있다. 특히 노인성 우울과 치매는 노년기에 시작되는 정신장애이며, 자살문제도 심각하다. 경우에 따라서는 젊은 시절에 시작된 정신질환이 그대로 계속되거나 혹은 재발해서 나타나는 경우도 있다. 여기서는 노년기 우울증과 치매에 대해 간략히 살펴보고자 한다(권석만, 2013; 유수현 외, 2014; American Psychiatric Association, 2013/2015).

(1) 노년기 우울증

① 노년기 우울증의 특징과 증상

노년기에는 여러 가지 상실을 경험하기 때문에 노인들이 우울증을 경험할 가능성이 높다. 임상적으로 볼 때 노인이 되어 경험하는 우울을 노년기 우울증이라고 한다. 노인의 우울증 유병률은 10~15%이며, 특히 DSM-5에서 주요 우울장애의 진단기준에 맞는 경우는 1.8~2.9%로 알려져 있다. 노년기 우울증의 유병률은 성인기의 경우보다 낮지만, 노년기 정신장애 중에서 가장 높은 편이다. 이는 남성보다는 여성 노인에게 더 많다. 여성 노인들은 신체질환, 자기역할의 불만족, 결혼관계의 유지와 관련한 우울증상이 많고, 남성 노인들은 생명을 위협하는 중병(심각한 질병)이 우울증과 관련이 깊다(이호선, 2005).

우울증의 주요 증상은 우울과 슬픔, 자기가치감의 상실, 의욕 및 동기의 저하, 피로감 등이다. 이런 증상은 연령과 상관없이 우울증의 공통적 증상이다. 노년기 우울증의 증상 양상은 젊은 사람들의 양상과 크게 다르지 않다. 그러나 노년기의 특성에 따라 수면장애가 더 많이 나타나고, 신체증상의 호소 및 운동기능의 지체, 체중 감소, 인지기능의 저하를 호소하는 경우가 많다. 이런 경향은 초기 치매증상과 유사한 면이 있어 정확한 선별검사와 집중적인 관리가 필요하다.

② 노년기 우울증의 치료

노년기 우울증은 신체적, 심리적, 사회적 요인이 복합적으로 작용해서 나타나므로 이를 평가하고 치료할 때 포괄적인 접근이 요구된다. 특히 노년기 우울증에는 신체적 질병이 동반되는 경우가 많으므로, 정밀한 의학적 검진과 함께 신체적 질병과 우울의 관계를 잘 살펴야 한다. 우울증 치료를 위해서는 노인의 신체적 질병에 대한 치료를 병행하면서, 적절한 약물치료와 정신재활 프로그램을 시행한다. 인지행동치료, 회상요법, 지지치료, 가족치료, 대인관계훈련 등이 도움이 된다. 그리고 가족이나 가까운 친구, 이웃의 협조를 통해 노인을 위로하고 지지하도록 하며, 상실감과 외로움을 달래고 자기가치감을 회복하도록 도움을 줄 수 있다.

(2) 치매

① 치매[3]의 특징과 증상

노년기에 주로 시작되는 대표적인 정신장애가 치매(dementia)이다. 65세 이상 노인에게 나타나는 경우 이를 노인성 치매라고 한다. 치매는 인지기능의 손상이 주요 증상을 이루고 있다. 즉, 기억력, 언어능력, 판단력 등 인지기능의 손상이 치매의 특징적인 증상이다. DSM-IV에서는 치매를 '섬망, 치매, 기억상실증 및 기타 인지적 장애(delirium, dementia, amnestic and other cognitive disorders)'라는 장애범주에 포함되었다. 그러나 2013년에 발표된 DSM-5에서는 장애의 심각도에 따라 경증

3) 현재 DSM-5에서는 치매를 신경인지장애로 명명하고 있다. 그러나 우리 사회에서는 통상적으로 치매로 부르고, 정부의 관련 사업에서도 치매로 부르고 있기에, 이 책에서도 치매라는 용어를 사용한다.

(mild), 중등증(moderate), 중증(severe) 신경인지장애(neurocognitive disorder)로 구분하고 있다. 신경인지장애는 뇌 손상으로 인해 의식, 기억, 언어, 판단 등의 인지기능에 심각한 결함이 나타나는 경우를 말한다.

치매에 걸리면 기억력이 현저하게 저하되고 언어와 운동 기능이 감퇴하며, 물체를 알아보지 못하고 일상생활에 필요한 여러 가지 적응력이 전반적으로 손상된다. 치매는 그 원인과 증상에 따라 알츠하이머 치매, 파킨슨병으로 인한 치매, 혈관성 치매, 두부손상으로 인한 치매 등으로 구분된다. 현재 치매환자의 약 50%가 알츠하이머 치매이며, 약 20~30%가 혈관성 치매이다. 치매 유병률은 나이가 증가하면서 높아지는데, 특히 75세 이상에서 현저히 증가하고, 85세 이상에서는 20% 이상의 높은 유병률을 보인다고 알려져 있다.

② 치매의 치료

치매는 그 원인에 따라 치료 여부와 치료법이 달라진다. 치매를 치료하기 위해서는 우선 치매의 원인을 밝히는 것이 중요하다. 일부 혈관성 치매나 다른 신체질환(뇌 손상, 알코올 남용, 파킨슨병 등)으로 인한 치매의 경우, 그 원인을 제거하면 병세가 호전된다. 현재까지 알려진 치매의 원인 중 치료가 가능한 경우는 20~25% 정도이다. 알츠하이머 치매의 경우, 뇌세포의 손상을 막거나 지연시키는 약물치료가 개발되어 일부 효과를 거두고 있다.

치매 환자들이 나타내는 인지 손상은 환경적 자극에 따라 달라질 수 있다. 환경적 자극이 차단되고 사회적으로 고립된 상황에서는 인지 손상이 가속화된다. 반면, 적절한 지적 자극을 통해 인지기능을 반복적으로 사용하게 되면 인지 손상이 지연된다. 따라서 체계적인 지적 활동 프로그램을 통해 치매 환자의 인지 손상을 막을 수 있다. 예를 들어, 중요한 정보를 반복적으로 암기하기, 게임하기, 이름 외우기, 날짜 확인하기 등이다. 그 외에도 인지자극훈련, 미술요법, 작업요법, 운동요법, 신체활동, 회상요법, 원예요법이 시행된다. 또한 가족이나 주변 사람들의 정서적 지지와 관심이 치매 환자에게 도움이 된다. 치매는 무엇보다 예방이 중요하다. 이를 위해서는 은퇴 전부터 미리 노후생활에 대한 대비를 하고, 평소 적절한 운동과 신체적 활동을 하는 것이 중요하다. 인지기능을 유지하기 위해 적절한 지적 활동을 하고, 긍정적인 정서와 적절한 사회적 활동을 유지하는 것도 치매 예방에 좋다.

3) 노년기 정신건강증진 서비스

(1) 정신건강복지센터를 중심으로 한 서비스

현재 전국의 정신건강복지센터에서는 노인의 정신건강증진을 위한 여러 사업을 진행하고 있다. 대표적인 것이 노인 정신질환(우울, 불안 등)의 위험성을 조기에 발견하고 적절한 치료체계로 연계하는 사업이다(보건복지부, 2020a: 72). 이를 소개하면 다음과 같다.

〈노인 정신건강 고위험군 조기발견 및 치료연계 사업〉

- 노인 정신건강 관련 기관들의 네트워킹을 통한 조기발견체계 구축
- 유관기관 대상 서비스 홍보를 위한 자료 배포
- 지역 주민을 위한 정신건강증진사업 수행을 통한 노인 고위험군 발견 및 연계체계 구축
- 노인 우울, 불안 등의 정신질환 조기발견을 위한 체계 구축
- 노인 우울증에 대한 적극적인 홍보 및 발견체계 구축
  - 이를 위해 노인돌보미와 방문간호사를 통해 의뢰된 노인에게 정신건강복지센터에서 선별검사를 실시하고, 필요시 사례관리와 정신의료기관으로 서비스 연계
- 노인을 위한 심층사정평가에 대한 전문적인 교육을 통한 실제 사정평가 수행
- 치료를 필요로 하는 대상(임상군)에 대한 정신의료기관 연계
- 임상군에 대한 정신건강복지센터의 등록관리 서비스 제공

이와 같은 노인 정신건강 고위험군 조기발견 및 치료연계 사업을 바탕으로, 정신건강복지센터에서는 센터 여건에 따라 노인 정신건강검진 및 고위험군 상담, 노인 사례관리, 노인 우울예방 혹은 정신건강증진 교육이 이루어지고 있다. 그러나 노인 정신건강증진을 위한 전문적 서비스 및 관리체계는 아직 부족한 실정이다. 업무수행을 위한 예산과 인력이 부족하고, 아동·청소년 사업과 비교하여 노년기에 특화된 프로그램이 충분히 개발되어 있지 않다.

따라서 정신건강사회복지사를 비롯한 정신건강전문가는 노년기에 나타나는 정신

건강 문제(수면장애, 화병, 사회 재적응 문제, 자살, 우울 등)에 많은 관심을 갖고, 노인의 생애주기별 특성을 반영한 프로그램을 개발하여 시행해야 한다. 지역 단위에서는 노인 정신건강사업이 지역사회 정신건강서비스 범위에 실질적으로 포함되도록 하고, 노인 자살 및 정신장애(우울과 치매)를 사전에 예방하여 취약한 노인들의 삶의 질이 향상되도록 관련 사업을 적극 추진해야 한다.

(2) 치매안심센터를 중심으로 한 서비스

현재 전국적으로 치매안심센터가 설치되어 있다. 이 센터는 치매예방, 상담, 조기진단, 보건·복지 자원 연계 및 교육 등 치매 통합관리 서비스를 제공하는 데 목적이 있다. 또한 이를 통해 치매의 중증화를 억제하고 사회적 비용을 경감시키며, 궁극적으로는 치매 환자와 그 가족, 그리고 일반 시민의 삶의 질 향상에 기여하고자 한다.

우리나라 치매정책 추진체계는 보건복지부(치매정책과)가 국가치매관리사업을 전체적으로 총괄하며, 중앙치매센터와 광역치매센터를 관리한다. 그리고 기초지방자치단체(시·군·구 보건소)에서는 지역에 치매안심센터를 설치하고 운영하도록 되어 있다. 치매안심센터의 구성과 기능은 [그림 8-4]와 같다(보건복지부, 2020b).

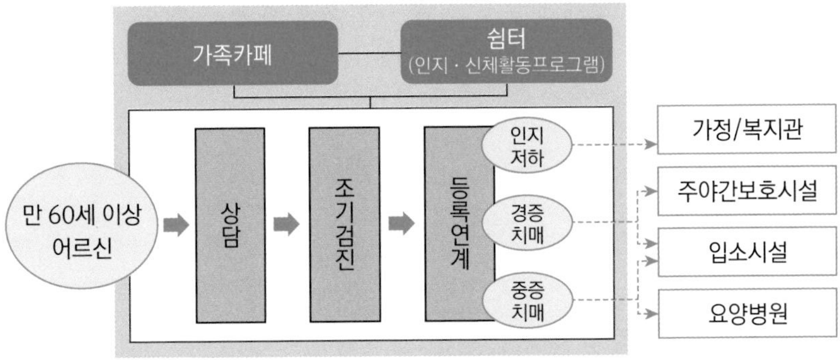

[그림 8-4] 치매안심센터의 구성과 기능

출처: 보건복지부(2020b), p. 5.

전국의 치매안심센터에는 사회복지사를 비롯하여 간호사, 임상심리사, 작업치료사 등이 근무하고 있다. 직역별 업무는 사회복지사(상담, 등록, 사례관리), 간호사(상담, 등록, 진단검사, 사례관리), 임상심리사(진단검사), 작업치료사(인지 프로그램 운영)로 구분하여 제시하고 있다. 현재 치매안심센터의 주요 업무는 다음과 같다. 보다 자세한 사항은 관련 홈페이지를 참조할 수 있다.

- **치매 조기검진**: 치매안심센터에서 치매선별검사(무료)를 정기적으로 실시하고, 검사 결과에 이상이 있을 경우 치매진단 · 감별검사 지원
- **치매환자 가족상담**: 치매노인 가족상담을 통해 가족이 느끼는 치매노인 돌봄에 대한 부담을 파악하고, 부담을 줄일 수 있도록 적절한 서비스 연결 및 돌봄부담 분석, 가족교실, 자조모임 등을 이용 가능
- **맞춤형 사례관리**: 치매지원서비스에 대한 교육이나 정보제공만으로는 상황을 개선할 수 없는 치매노인을 위하여 치매지원서비스를 적극적으로 제공 및 연계한 돌봄서비스 제공
- **치매예방교실 · 인지강화교실**: 건강한 노인을 위한 치매예방교실과 치매에 걸릴 위험이 높은 노인을 위한 인지강화 프로그램 제공
- **치매환자 쉼터**: 치매노인의 인지기능 악화를 방지하기 위한 인지재활 프로그램을 제공하고, 사회적 접촉 및 교류를 증진시킬 수 있도록 도움 제공
- **필요한 물품 제공**: 치매노인의 상태에 따라 돌봄에 필요한 물품을 무상공급 또는 대여하여 가족의 경제적 부담을 줄일 수 있도록 도움 제공

생각해 볼 문제

- 아동 · 청소년이 일상적으로 경험하는 주요 정신건강 문제는 무엇인지를 가장 최근의 통계와 자료를 검색하여 알아보고, 이를 해결하기 위한 정신건강서비스는 무엇인지 함께 이야기해 보자.
- 생애주기에서 성인의 정신건강 문제와 정신장애의 유형은 매우 다양하기 때문에 모든 문제에 대한 대안을 제시하는 것이 쉽지 않다. 그런 면에서 문제의 우선순위를 정하고 장기적 차원에서 지속적으로 접근하는 노력이 중요하다. 자신은 어떤 기준으로 문제의 우선순위를 정할 수 있다고 생각하는지 발표해 보자.
- 우울증과 자살은 깊은 연관성이 있다고 알려져 있다. 어떤 근거에서 그렇게 주장하는지 관련 자료를 찾아보고 정리하여 발표해 보자.
- 노년기의 특성과 노년기 정신장애는 어떤 관련성이 있는지 함께 토의해 보자.
- 자신이 살고 있는 곳에 치매안심센터가 있는지 확인해 보고, 홈페이지나 직접 방문을 통해 관련 사업을 파악해 보자.

제4부

정신건강사회복지의 실천 이슈

제9장

인권보장과 실천윤리

최근 사회복지 현장에서 이용자의 인권(권리)과 사회복지사(종사자)의 인권에 대한 논의가 활발하게 진행되고 있다. 사회복지전문직은 가치지향의 전문직으로서 오래전부터 사회적으로 억압받고 소외된 사람들을 위해 그들의 사회적 기능을 향상시키고 기본적 인권을 강화하는 개입을 해 왔다. 정신건강 현장도 마찬가지이다. 정신장애인은 오랫동안 우리 사회에서 편견과 차별의 대상이 되어 왔으며, 치료 및 재활 영역을 비롯한 여러 생활 영역에서 자신의 권리를 충분히 행사하지 못해 왔다. 이에 제9장에서는 정신장애인의 인권이란 무엇이고, 현재 어떠한 편견과 차별, 낙인을 경험하고 있는지를 살펴보고자 한다. 또한 인권과 사회정의를 추구하는 전문가로서 정신건강사회복지사가 알아야 할 윤리적 이슈는 무엇이고, 어떻게 대처할 수 있는지에 대해 살펴보고자 한다.

1. 정신장애인의 인권

1) 인권의 개념

인권(human rights)은 인간의 권리를 뜻한다. 이는 일반적으로 우리의 타고난 천성에 내재되어 있는 것이며, 이것 없이는 인간으로 살 수 없는 권리이다. 인권은 인간으로서 충분히 성장할 수 있도록 하고, 인성 · 지성 · 재능 · 양심을 사용하도록 하며, 정신적 욕구는 물론 다른 욕구들을 만족시켜 준다. 또한 인권은 각자에게 내재된 존엄성과 가치가 존중되는 삶을 추구하는 인류의 끊임없는 욕구에서 비롯된다. 인권은 보편적인 것으로 차별 없이 모든 사람에게 적용되는 권리이다. 인간의 권리는 특정한 상황이나 정치적 체계에 상관없이 항상 존중되어야 한다.

인권의 개념은 역사적으로 3단계의 과정을 거쳐 왔다. 그 첫 단계(1세대 인권)는 소극적 권리로서, '세계인권선언(Universal Declaration of Human Rights)'(1948~)에 규정된 시민적 · 정치적 권리를 말한다. 이는 자유권에 기초한 것으로, 개인의 자유를 박탈하는 어떠한 것으로부터 해방을 보장하도록 고안된 권리이다. 즉, 생명권, 인격적 존재로 대우받을 권리, 신체의 자유, 집회와 결사의 자유 등이다. 두 번째 단계(2세대 인권)는 적극적 권리로서, 세계인권선언에 규정된 경제적 · 사회적 · 문화적 권리를 의미한다. 이는 사회권에 기초한 것으로 사회정의의 실현, 결핍으로부터의 자유, 사회 · 경제 · 문화 생활에의 참여를 보장하는 것을 목표로 하고 있다. 즉, 근로권, 가정의 보호 및 지원에 관한 권리, 교육받을 권리 등이다. 세 번째 단계(3세대 인권)는 집합적 권리로서, 모든 사람은 세계인권선언에 규정된 사회질서와 국제질서를 지켜야 할 의무를 바탕으로 오늘날 인류가 당면한 인권문제들에 대해 국경을 초월한 단합과 연대를 통해 대처해야 한다. 이 3세대 인권을 집단권 혹은 연대의 권리라고 부른다. 즉, 환경권, 평화권, 인도적 원조를 요구할 권리 등이다(UN Centre for Human Rights, 1994/2005: 25-27).

우리나라 「헌법」에도 "모든 국민은 사람으로서의 존엄과 가치를 가지며, 행복을 추구할 권리를 가진다. 국가는 개인이 가지는 침해할 수 없는 기본 인권을 확인하고 이를 보장할 의무를 진다."(「헌법」 제2장 제10조)라고 명시하고 있다. 이렇듯 국가의 「헌법」이나 UN과 같은 여러 국제기구의 협약에 명시되어 있는 인권은 ① 누구에게나 보편적이며 다른 사람에게 양도할 수 없는 권리이며, ② 각 권리는 상호의존적(관련성)이고 불가분의 속성이 있고, ③ 누구에게나 평등하며 비차별적으로 적용되는 특성이 있다. 인권은 다음과 같은 몇 가지 기본적 가치에 기초한다(배화옥, 심창학, 김미옥, 양영자, 2015: 100-104).

- **생명**: 생명의 가치는 생명을 부정하는 것에 대한 저항만을 의미하는 것이 아니라, 생명을 긍정하고 구성하는 활동에 임해야 한다는 적극적 의미를 갖는다. 생명을 지키고 촉진하고 유지하는 다양한 활동이 중요하다.
- **독립과 자유**: 인간은 자신이 영위하고자 하는 삶을 자유롭게 선택하여 살 권리가 있다. 독립과 자유는 생명의 가치와 더불어 가장 값진 인간의 가치이고 인간의 품위와 밀접하게 관련된 가치이다. 자유는 다른 사람의 자유를 침해하지 않는 범위 안에서만 향유될 수 있다.
- **평등**: 평등은 다양한 형태의 인간관계를 맺고 유지하는 데 중요한 의미를 갖는다. 이러한 평등의 가치는 실제 삶 속에서는 불완전하게 실현되고 있다. 따라서 개개인의 특성과 차이, 다양성을 존중하여 차별이나 불평등이 발생하지 않도록 노력해야 한다.
- **정의**: 사회적 정의는 인간이 누려야 하는 물질적 자원을 평등하게 배분하는 것을 의미한다. 또한 건강과 교육 영역의 기본적인 서비스를 보편적으로 향유하며, 기회의 평등을 보장하고 사회적 약자와 집단을 보호하는 것을 목표로 한다.
- **연대**: 연대는 인간의 고통과 위기를 이해하고 공감하는 것만이 아니라, 고통을 당하는 사람들 및 그들의 관심사를 명확히 파악하고 그들의 편에 서서 함께 싸우는 것까지를 포괄한다. 이러한 연대감은 개인, 가족, 집단, 다양한 공동체에 적용된다.
- **사회적 책임의식**: 사회적 책임의식은 고통받는 사람들과 희생자들을 위해 그들이 직면한 상황에서 힘을 기르도록 하며, 그들의 옆에서 지지하는 것을 의미하는 가치이다. 이는 연대의 실제적 결과로 일컫기도 한다.
- **평화**: 평화는 단순히 갈등이 부재함을 의미하는 것이 아니라, 자기 자신과 다른 사람들과의 관계, 주변 환경과의 관계에서 조화를 이루며 이를 개발하고 쟁

취할 수 있도록 지원하는 가치이다. 평화를 위해 비폭력적이고 진화적(점진적)인 방법을 활용한다.

- **자연과의 조화**: 자연이나 동식물을 파괴하거나 무시하면 인류도 생존할 수 없다. 따라서 환경을 파괴하지 않고 자연과 조화를 이룰 때 인간의 권리도 보장하고 존중할 수 있다.

2) 정신장애인의 인권[1)]

(1) 자기결정권

모든 사람은 일정한 사적 사안(개인적인 일)에 대해서 국가로부터 간섭을 받지 않고 스스로 결정할 수 있는 권리가 있는데, 이는 자기결정권이라고 한다. 이것은 인간 존엄성의 가치로부터 도출된 인권으로서, 정신장애인에게도 동일하게 적용된다. 정신장애인의 자기결정권과 관련하여 문제가 되는 것은 비자발적인 입원제도이다. 현재 「정신건강증진 및 정신질환자 복지서비스 지원에 관한 법률」(이하 「정신건강복지법」)에 의하면, 정신장애인이 자·타해의 위험이 있을 때 본인의 의사에 반해서, 오로지 보호의무자 및 정신건강의학과 전문의의 결정에 따라 비자발적인 입원을 시키도록 되어 있다. 또 다른 문제는 정신장애인에게 부여된 치료를 거부할 수 있는 권리를 인정할 수 있는가이다. 환자는 의사로부터 자신의 상태에 대한 설명을 들은 후 필요한 치료를 거부할 수 있고, 이때 의사는 환자의 동의 없이는 치료를 강제할 수 없다. 정신장애인이라는 이유만으로 치료에 대한 결정능력을 부인할 근거는 없는 것이다. 그러나 장애로 인해 불가피하게 의사능력을 제한하는 경우에는 적법한 절차에 따라 엄격하게 적용되어야 한다.

"말씀했듯이 설명을 잘 안 해 줘요. 선생님들이. 그러니까 설명을 좀 자세히 해 주셔 갖고 제가, 어쨌든 제가 먹고 있는 거니까 제가 알고 있어야죠. 그것도 하루 이틀 먹을 것도 아니고 몇 년씩, 몇십 년씩 심하면 죽을 때까지 먹어야 하는 약인데 좀 알

1) 정신장애인 인권에 대한 부분은 국가인권위원회(2008)의 『정신장애분야 인권교육 교재』의 내용을 주로 참조하였다. 또한 각 인권 유형과 관련한 인권침해 사례는 태화샘솟는집(2010)의 「인권실천제안 프로그램 보고서: 사람만이 희망」에서 정신장애인 당사자의 이야기를 일부 발췌하였다.

고서 먹으면 내가 먹는 것이니까 괜찮을 것 같은데, 그러지 않고 먹다 보면 제 병에 대해 인지하는 게 좀 힘들고……."

(2) 신체의 자유 및 적법절차 원리

신체의 자유는 신체의 안전성이 외부로부터의 물리적 힘이나 정신적 위험으로부터 침해당하지 아니할 자유와, 신체활동을 임의적이고 자율적으로 할 수 있는 자유를 말한다. 적법절차 원리는 공권력에 의한 국민의 자유와 권리 침해는 반드시 실체법상 또는 절차법상 합리적이고 정당하다고 인정되는 절차에 의해서만 행할 것을 요구한다. 따라서 신체의 자유를 제한하는 내용을 형식적 의미의 법률에 규정하였다는 것만으로는 합헌일 수는 없으며, 그 법률이 정한 절차로 실질적으로 적법하여야 한다.

정신장애인이 정신건강증진시설에 입소할 경우, 특히 정신병원에 비자발적으로 입원될 경우 적법절차를 지키지 않으면 신체의 자유를 침해한 것이 된다. 현재 「정신건강복지법」상 비자발적 입원이 된 자는 임의로 퇴원할 수 없는데, 그런 점에서 비자발적 입원은 「헌법」상 신체의 자유를 제한하는 것이다. 따라서 비자발적 입원은 신체의 자유 및 적법절차 원리가 첨예하게 다루어지는 중요한 이슈이다.

"저 같은 경우에는 집에서는 뭐. 말도 없이 저를 가둬 두더라구요. 그래서 저 모르게 집에서 누나하고 형수님하고 조카하고 셋이서 정신병원으로 들어가는…… 아무 말도 없이 검사를 시키더라구요. 심리검사."

(3) 사생활의 자유

사생활의 자유란 소극적으로는 개인의 사생활 내용이 함부로 공개당하지 아니할 권리(사생활의 비밀)와 사생활의 자유로운 형성과 전개를 국가기관 등 타인으로부터 방해받지 아니할 권리(사생활의 자유)를 말한다. 적극적으로는 자신에 대한 정보를 스스로 통제할 수 있는 권리(자기정보통제권)를 말한다. 정신장애인과 관련하여, 본인이 원하지 않는 장신장애에 관한 신상정보가 공공기관이나 시설에서 수집 및 유통되는 경우와 치료를 이유로 사생활의 비밀이 침해되는 경우, 그리고 시설 등에서 CCTV로 정신장애인의 일상을 촬영하는 것 등이 문제가 될 수 있다.

"내가 사고를 치지 않았는데 경찰서에서 정신병력 조회가 된다는 거예요."

"뭐 ○○○ 마트에 가도, 할인 매장에 가도 얘기해도 뭐 컴퓨터에 걸리는 상황이고 노동부에 가서 취업을 신청해도 그런 똑같은 경우를 많이 당했거든요."

(4) 거주 이전의 자유

거주 이전의 자유는 외부의 간섭을 받지 않고 자신이 원하는 곳에 거소나 주소를 정하고, 그곳으로부터 자유로이 이동하며, 자신의 의사에 반하여 거주지와 체류지를 옮기지 아니할 자유를 말한다. 정신병원에 입원했거나 시설에서 생활하는 정신장애인의 경우 입·퇴원이나 입·퇴소가 제한된다면 이는 거주 이전의 자유가 침해될 수 있다.

"한 3년 전에 아파트에 술 취한 분이 유리창을 다 깼나 봐요. 그래서 그분을 어떻게 할까. 아파트에 모였거든요. 모인 분들은 임원들인 것 같아요. 저도 나가 봤는데, 저도 정신장애인데, 술 취하신 분 '저 사람 병원에 집어넣고 못 나오게 하자.'는 얘기가 나와서 약간 충격에 빠졌어요. 저에게도 피해가 오지 않을까 했는데 그분은 알코올계통이지만 저는 정신과잖아요. 결론은 같더라구요. 이사 갔어요."

(5) 정신장애인과 사회권

정신장애인은 장애로 인하여 대부분 사회적·경제적으로 약자가 된다. 상황에 따라서는 가족으로부터 벗어나 시설이나 지역에 방치될 수 있다. 이 때문에 사회권 보장은 정신장애인에게 더욱 절실한 문제이다. 정신장애인의 사회권은 특히 성공적인 재활이나 사회복귀를 위해 매우 중요하다. 그리고 다음의 권리들이 보장되어야 한다.

- 근로 및 적정한 보수를 받을 권리
- 휴가와 휴식에 관한 권리
- 건강 및 행복에 필요한 생활수준을 누릴 권리와 사회보장을 받을 권리
- 교육받을 권리

● 결혼 및 가족 형성의 권리

"주위에서 정신장애인 친구들이 취업을 했다고 하면 축하를 해 줘야 하는데, 보통 사회적으로 좋은 곳이 아니라, 허드렛일 같은 것을 하기 때문에 축하하기가 좀 뭐할 때가 있어요. 그렇잖아요."

"정신장애인으로 살면서 힘든 점은 같은 마을에서 오래 살았는데도 친하게 지내는 사람이 거의 없다는 거예요."

"집안에서 환자들하고 (결혼을) 반대하는 경우가 있고 또 비장애인들하고 결혼하는 것도 어느 정도 반대하는 것도 있고 그러면 자연스럽게 (결혼이) 포기가 되더라구요."

(6) 정신장애인에 대한 차별금지: 평등권

평등권이란 국가로부터 차별적인 대우를 받지 아니할 뿐만 아니라 국가에 대하여 평등한 처우를 요구할 권리이다. 우리나라 「헌법」상 평등권은 상대적 평등을 의미하는 것으로서, 절대적 평등이 아니라 자의적 차별, 즉 합리적 이유 없는 차별을 금지하는 것이다. 같은 것은 같게, 다른 것은 다르게 다루어져야 한다는 것이다. 정신장애인의 인권이란 근본적으로 차별과 배제의 금지로 모아진다. 정신장애인은 정신질환이 있다는 이유로 차별을 받아서는 안 된다.

"보험에 가입했는데, 보험회사 직원이 내가 정신장애가 있다는 것을 나중에 알고 각서를 들고 찾아와서, 계약을 해지하는 것에 대해 신고하지 않고 다시는 가입하지 않겠다는 각서를 쓰게 했어요. 증거를 남기지 못해 아쉽네요."

2. 편견과 차별, 낙인[2)]

정신장애인의 인권침해는 편견(prejudice)과 차별(discrimination), 낙인(stigma)과 관련이 있다. 우리 사회는 오래전부터 유색인종, 동성애자, 장애인 등의 사회적 소수자에 대한 고정관념을 만들어 왔다. 그 고정관념에서 편견이 발생하고, 편견은 차별적인 행동으로 이어진다. 정신장애인의 경우도 마찬가지이다. 정신질환을 가진 사람에 대한 고정관념은 그들이 회복 불가능하고 무능하고 위험하다는 것이다. 편견은 그런 고정관념에 동의하는 것이고, 차별은 다양한 행동으로 이어진다. 이러한 과정이 전부 낙인에 해당한다.

낙인은 크게 두 가지를 포함한다. 하나는 대중낙인(public stigma)인데, 이는 광범위한 사회적 차별과 배제로 이어진다. 이에 반해 정신질환을 가진 사람이 스스로에 대해 회복 불가능하고 위험하며 무능하다고 생각하는 것이 자기낙인(self stigma)인데, 이는 수치심으로 이어진다. 정신질환자 본인이나 가족이 정신질환을 수치스럽게 받아들이면, 정신질환을 외면하거나 숨기려 하고 치료를 받지 않으려는 행동으로 이어진다. 결국 우리 사회가 이러한 낙인을 만들고 있는 것이다. 이와 관련한 몇 가지 최근 통계자료를 살펴본다.

1) 편견과 차별, 낙인의 실태

(1) 일반인의 정신장애인에 대한 편견

국가인권위원회(2019a)의 조사에 따르면, 일반인의 정신장애인(정신질환자)에 대한 편견은 여전히 뿌리 깊게 존재하는 것으로 나타났다(〈표 9-1〉 참조). 편견의 전체 평균치는 2.57로, 이는 5점 척도에서 중간 정도에 해당한다. 하위 요인에서는 회

2) 정신장애인의 차별과 낙인에 대해서는 국가인권위원회(2019a)의 「정신장애인 국가보고서 이행상황 점검을 위한 실태조사」의 내용을 참조하였다. 이 보고서는 지난 2008년에 처음 제출되었던 보고서 내용을 기준으로 2019년 현재 상황을 비교·분석한 후, 앞으로의 10년을 위한 권고사항을 담고 있다.
2019년 조사는 재가 정신장애인 1,000명, 시설(재원) 정신장애인 1,000명, 그리고 정신장애인 가족 300명, 일반인 600명을 대상으로 하였으며, 지난 10년간의 신문기사(6개의 중앙일간지) 및 소셜빅데이터(트위터, 네이버 카페, 유튜브 댓글 등)도 분석하였다. 자세한 사항은 보고서를 참조하기 바란다.

복 불능(2.98), 위험(2.68), 무능(2.43)의 순이었다. 회복 불능에서는 '정신질환은 다른 질병에 비해 치료하는 데 더 많은 시간을 필요로 한다.'(3.84)와 '정신질환은 재발한다.'(3.35)의 문항 평균이 다소 높은 편이었고, 무능에서는 '정신질환자는 누군가 도와주지 않으면 혼자 살 수 없다.'(2.65)와 '정신질환자는 치료와 관련된 것을 스스로 결정할 수 없다.'(2.65)의 문항 평균이 약간 높았다. 위험에서는 '정신질환자는 어떤 짓을 할지 예측하기 어려운 위험한 사람이다.'(3.31)와 '정신질환자가 이웃에 있으면 위험하다.'(3.01)의 문항 평균이 약간 높았다.

표 9-1 ••• 일반인의 정신장애인에 대한 편견 [사례 수(n)=622]

편견 요인	문항	평균	순위
회복 불능	정신질환은 다른 질병에 비해 치료하는 데 더 많은 시간을 필요로 한다.	3.84	1
	정신질환은 재발한다.	3.35	2
	정신질환자는 평생 치료를 받아야 한다.	3.21	3
	어떤 치료를 하더라도 정신질환은 고칠 수 없는 병이다.	2.30	4
	정신질환을 앓았던 사람은 회복 후에도 정상적인 생활이 어렵다.	2.21	5
무능	정신질환자는 누군가 도와주지 않으면 혼자 살 수 없다.	2.65	1
	정신질환자는 치료와 관련된 것을 스스로 결정할 수 없다.	2.65	1
	정신질환자와 함께 일한다면 그가 한 일을 믿지 못할 것이다.	2.61	3
	정신질환을 가진 사람은 책임질 일을 해서는 안 된다.	2.56	4
	정신질환자는 돈 관리를 스스로 할 수 없다.	2.39	5
	정신질환자는 옳고 그른 것을 가릴 수 없다.	2.39	5
	정신질환자는 시간이나 약속과 같은 사회적 규칙을 지키기 어렵다.	2.31	7
	정신질환자는 스스로 직업을 선택할 수 없다.	2.19	8
	정신질환자는 스스로 결혼을 결정할 수 없다.	2.12	9
위험	정신질환자는 어떤 짓을 할지 예측하기 어려운 위험한 사람이다.	3.31	1
	정신질환자가 이웃에 있으면 위험하다.	3.01	2
	정신질환자는 일반인보다 범죄율이 더 높다.	2.70	3
	정신질환자는 폭력적이다.	2.59	4
	정신질환자가 나를 해칠까 봐 두렵다.	2.54	5
	정신질환자는 위험한 행동을 하므로 격리시키는 것이 좋다.	2.37	6
	정신질환이라는 말만 들어도 두렵다.	2.27	7

출처: 국가인권위원회(2019a), p. 222.

(2) 일반인의 정신장애인에 대한 차별적 행동

국가인권위원회(2019a)의 조사에 따르면, 일반인의 정신장애인(정신질환자)에 대한 차별적 행동이 여전히 존재하는 것으로 나타났다(〈표 9-2〉 참조). 차별적 행동의 전체 평균치는 2.60으로, 이는 5점 척도에서 중간 정도에 해당한다. 하위 요인에서는 관계 지양(2.85)이 권리 박탈(2.36)보다 약간 높았다. 관계 지양(관계를 멀리하거나 거부함)에서는 '우리 가족이 정신질환을 앓았던 사람과 결혼하겠다면 반대한다.'(3.62), '정신질환자에게 우리 집 방을 세줄 수 없다.'(3.28), '내가 고용주라면 정신질환자는 채용하지 않을 것이다.'(3.09)의 순이었다. 권리 박탈에서는 '정신질환자는 운전을 해서는 안 된다.'(3.41), '정신질환자는 자녀를 양육해서는 안 된다.'(2.49), '정신질환자나 정신질환에 대한 질병보험, 실손 의료보험 등에서의 차별이 존재해야 한다.'(2.33) 등의 순으로 차별적 행동을 드러냈다.

표 9-2 일반인의 정신장애인에 대한 차별적 행동 [사례 수(n)=622]

하위 요인	문항	평균	순위
관계 지양	우리 가족이 정신질환을 앓았던 사람과 결혼하겠다면 반대한다.	3.62	1
	정신질환자에게 우리 집 방을 세줄 수 없다.	3.28	2
	내가 고용주라면 정신질환자는 채용하지 않을 것이다.	3.09	3
	우리 동네에 정신질환자를 위한 시설이 들어오는 것에 반대한다.	2.76	4
	나는 정신질환자와 친구로 지낼 생각이 없다.	2.58	5
	나는 정신질환자와 직장 동료로서 일할 수 없다.	2.58	5
	정신질환자는 동일 업무를 수행했다 하더라도 일반인과 동등한 대우를 할 수 없다.	2.05	7
권리 박탈	정신질환자는 운전을 해서는 안 된다.	3.41	1
	정신질환자는 자녀를 양육해서는 안 된다.	2.49	2
	정신질환자나 정신질환에 대한 질병보험, 실손 의료보험 등에서의 차별이 존재해야 한다.	2.33	3
	정신질환자를 치료할 때는 환자 본인의 동의가 필요하지 않다.	2.18	4
	입원된 정신질환자에게는 통신의 자유를 제한해야 한다.	1.95	5
	정신질환이 있는 사람에게는 선거권을 주어서는 안 된다.	1.79	6

출처: 국가인권위원회(2019a), p. 240.

(3) 정신장애인이 경험한 차별

국가인권위원회(2019a)의 조사에 따르면, 정신장애인들은 정신질환으로 인해 다양한 불이익과 차별을 경험한 것으로 나타났다. 경험의 빈도가 가장 높은 영역은 '학교, 직장, 단체 등 대인관계에서의 차별'로 응답자의 23.4%가 차별을 받았다고 하였다. 그다음으로는 '취업에 있어서 차별'(22.8%), '민간보험 가입에서의 차별'(22.0%), '의료서비스 이용의 차별'(17.5%), '연애 · 결혼 · 자녀출산 등에 대한 차별'(17.0%)의 순이었다(〈표 9-3〉 참조). 이러한 경향은 지난 10년 전과 비교할 때 전체적으로 모든 항목에서 차별경험의 비율이 다소 감소하였으나, 여전히 차별이 존재함을 알 수 있다.

표 9-3 ··· 정신장애인이 경험한 불이익과 차별 (단위: 명, %)

차별 영역	차별 받았음	차별 없었음
의료서비스 이용의 차별(질 낮은 서비스, 약품, 불합리한 입원제도)	123(17.5)	578(82.5)
사회보장과 복지서비스 차별(일반인 또는 다른 장애영역과 차별)	85(12.1)	616(87.9)
취업에 있어서 차별(취업, 해고, 승진의 불이익 등)	160(22.8)	541(77.2)
학교, 직장, 단체 등 대인관계에서의 차별	164(23.4)	537(76.6)
교육에 있어서 차별(진학 기회, 학습편의 제공 부족 등)	89(12.7)	612(87.3)
운전면허 취득에서 차별(면허취득 제한, 면허 취소 등)	102(14.6)	599(85.4)
각종 자격증 취득에서의 차별(자격취득 금지나 제한)	93(13.3)	608(86.7)
민간보험가입에서의 차별(가입 거부나 제한)	154(22.0)	547(78.0)
각종 서비스 이용에서의 차별(이용 거부나 제한)	99(14.1)	602(85.9)
공공 시설물 이용에서의 차별(이용 거부나 제한)	69(9.8)	632(90.2)
대중교통 이용에서의 차별(승차 거부 등)	39(5.6)	662(94.4)
정보접근에서의 차별(전화, 인터넷, 도서관 등)	44(6.3)	657(93.7)
문화, 예술, 체육활동의 차별(공연 및 전시, 관람)	50(7.1)	651(92.9)
공공서비스(행정서비스 등) 이용의 차별	52(7.4)	649(92.6)
투표권 행사, 피선거권(선출직 공직에 입후보)에서의 차별	37(5.3)	664(94.7)
연애 · 결혼 · 자녀출산 등에 대한 차별	119(17.0)	582(83.0)

출처: 국가인권위원회(2019a), p. 88.

정신장애인 가족의 경우, 그들이 느끼는 어려움 가운데 '정신질환에 대한 사회적 편견과 차별'이 29.8%로 가장 높았다. 그다음으로 '실업, 일자리 구하기 어려운 문제'(21.0%), '노후준비를 하지 못하는 문제'(19.5%), '여가 생활의 부족'(16.6%), '친구나 이웃과 원만한 관계나 교류가 어려운 문제'(14.6%), '경제적으로 어렵거나 가난함'(14.1%) 등이었다. 즉, 정신장애인 가족들은 편견과 차별의 문제 및 그와 관련한 문제를 많이 지적하였다. 이러한 인식은 정부의 서비스 지원에 대한 요구에서도 '우리 사회의 정신장애인에 대한 편견 해소의 욕구'(71.2%)가 가장 높았고, '국가의 복지지원 확대'(70.7%), '직업기회의 확대'(65.4%) 등이 그다음으로 높아, 편견 해소의 필요성을 여실히 보여 주었다(국가인권위원회, 2019a).

(4) 정신장애인에 대한 언론보도 경향 및 주요 키워드

① 주요 일간지 기사보도 분석 결과

국가인권위원회(2019a)의 조사에서는 지난 10년간의 정신장애인에 대한 언론보도 경향을 분석하였다. 수집기간은 2009년 1월 1일부터 2018년 12월 31일까지였으며, 대상 언론사는 조선일보, 중앙일보, 동아일보, 경향신문, 한겨레, 한국일보로 총 6개 신문사였다. 검색 키워드는 '조현병, 정신분열증, 정신분열병, 정신질환, 정신병, 정신병원, 정신장애, 정신장애인'이었다.

6개 신문사 전체의 보도량을 시간순으로 분석한 결과, 특정 사건이 발생했던 시기에 보도량이 크게 증가하였다. 가장 많은 보도량을 보인 것은 2016년 5월 강남역 묻지마 살인사건이었다. 그다음으로는 영양 경찰피습사건, 인천 초등생 살인사건, 부천 흉기 난동사건 등이 뒤를 이었다. 하나의 큰 사건이 발생한 후에 그에 대한 후속기사가 나오면서 이후 1~2개월간 보도량이 상당히 증가했다가 다시 감소하는 경향을 보여 주었다.

한편, 지난 10년간 6개 신문사에 보도된 1,662건의 기사에서 추출된 단어들을 분석하였는데, 가장 빈번하게 나타난 키워드는 [그림 9-1]과 같다. 종합적으로 보면 '정신장애'보다는 '정신질환'이, '정신분열증'보다는 '조현병'이 더 많이 활용되었다. 또한 '병원, 입원, 치료, 증상, 정신질환, 정신병원, 의사, 진단, 정신건강, 퇴원, 약물, 진단'과 같은 치료적 관점의 키워드가 많이 사용되었고, '경찰, 여성, 흉기, 혐의, 살인, 범행' 등의 용어도 상당수 등장하였다. '교수, 의사, 연구' 등의 키워드도 높은 순위로 나타났는데, 이는 정신장애인 관련 기사에서 참고자료나 근거로 많이 활용되었음을 확인할 수 있다. 이뿐만 아니라 '어머니, 가족, 아들, 부모' 등의 가족 관련 키워드들이 포함되고 있는데, 이는 정신장애인 보도에서 가족과 사건을 연결하여 보도하는 경향이 있다는 점도 알 수 있다.

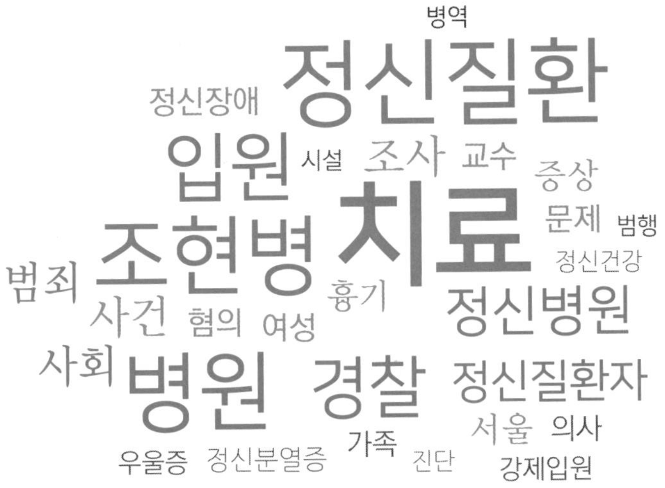

[그림 9-1] 지난 10년간 정신장애인 관련 신문보도의 주요 키워드

출처: 국가인권위원회(2019a), p. 349.

② 소셜빅데이터 분석 결과

국가인권위원회(2019a)의 조사에서는 지난 10년간의 소셜빅데이터를 분석하였다. 데이터 수집기간은 신문기사 수집 기간과 동일하게 2009년 1월 1일부터 2018년 12월 31일까지였다. 수집 대상 SNS 사이트는 네이버 카페, 트위터, 유튜브 댓글이었다. 수집을 위해 사용된 키워드는 신문기사 분석과 동일하게 '조현병, 정신분열증, 정신분열병, 정신질환, 정신병, 정신병원, 정신장애, 정신장애인'이었다.

최종적으로 수집된 총 779,340건을 분석한 결과, 가장 빈번하게 나타난 키워드는 [그림 9-2]와 같다. 전체적으로 보면, '정신장애'보다는 '정신병, 정신병자, 정신병원'과 같은 정신병과 관련된 단어들의 빈도가 높았으며, '정신분열증, 정신질환, 조현병, 우울증' 등이 질환 관련하여 빈도가 높게 사용되었다. 다음으로는 '치료, 병원, 입원, 의사, 증상'과 같은 병원 및 치료와 관련한 검색어들의 빈도가 높았다.

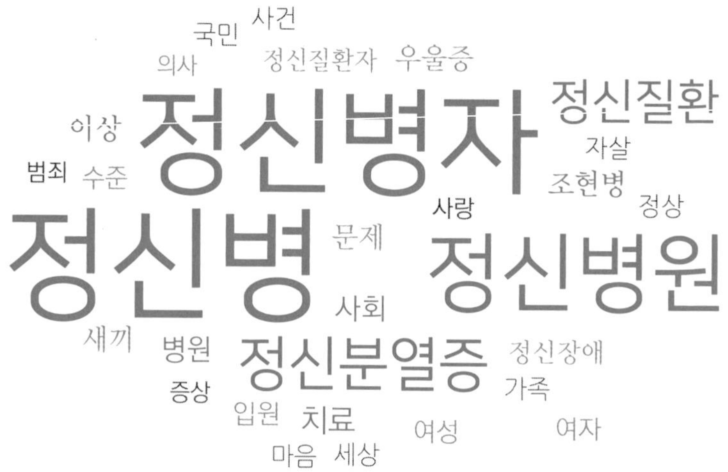

[그림 9-2] 지난 10년간 정신장애인 관련 소셜빅데이터의 주요 키워드

출처: 국가인권위원회(2019a), p. 391.

최근 정신질환자에 의한 강력범죄(2016년 강남역 살인사건, 2018년 임세원 교수 피살사건, 2019년 경상남도 진주 방화 · 살인사건 등)가 사회문제로 부각되면서, 정신장애인 범죄 예방에 대한 논의가 확산되고 있다. 이에 정신장애 범죄에 대한 형사법적 대책을 개략적으로 제시하고자 한다(〈표 9-4〉 참조).

표 9-4 정신장애 범죄에 대한 형사법적 대책

1. 정신장애인의 범죄 현황

2017년 현재 우리나라 전체 범죄 건수(1,818,237건) 대비 정신장애인 범죄 건수(9,089건)의 비율은 0.5%로서, 지난 5년간 전체 범죄 중 차지하는 비율이 0.3~0.5% 수준을 나타내고 있다. 그러나 전체 범죄자 수 대비 정신장애 범죄인의 비율이 높은 범죄는 방화 · 살인 등이다.

2. 정신장애 범죄인에 대한 처우

① **치료감호:** 「치료감호 등에 관한 법률」에 따라, 심신장애로 사물변별능력이나 의사결정능력이 없거나 미약한 자, 약물이나 알코올 중독자 또는 성적 성벽이 있는 정신성적 장애인 중 금고 이상의 형에 해당하는 죄를 지은 자에 해당하면서 치료의 필요성 및 재범의 위험성이 있는

자에 대한 보안처분으로 내려지는 것이 치료감호이다. 2018년 현재 1,051명이 치료감호 대상이며, 공주 치료감호소와 부곡 시립병동이 운영되고 있다.

② **치료명령:** 「치료감호 등에 관한 법률」에 따라, 심신미약으로 형이 경감되는 자 또는 알코올이나 마약 등 사용습벽이 있거나 중독된 자로서 금고 이상의 형에 해당하는 죄를 범하고 통원치료의 필요성과 재범의 위험성이 있는 자에 대하여 법원이 형의 선고 또는 집행을 유예하는 경우 치료명령을 할 수 있는 제도를 도입하였다. 그러나 아직 그 활용도는 미미하다.

③ **보호관찰:** 「치료감호 등에 관한 법률」에 따라, 피치료감호자(범죄인)에 대한 치료감호가 종료되거나 치료감호시설 외에서 치료받도록 법정 대리인 등에게 위탁되었을 때 또는 치료감호기간이 만료되었을 때 보호관찰이 개시되기도 한다.

3. 해외 사례: 미국의 경우

미국은 주마다 정신장애 범죄인에 대한 독자적인 법률과 제도를 갖고 있다. 일반 형사사법 절차에서는 범행 당시 책임무능력을 고려하여 무죄판결을 하더라도 병원에 수용하거나, 재판 당시 소송무능력을 근거로 재판을 중지하고 정신병원에 수용하여 치료받게 하는 제도가 있다. 특별히 사법절차의 일환이자 처우의 방법으로 이른바 '문제해결법원(problem-solving courts)'의 하나인 치료법원(정신보건법정; mental health courts)을 운영하고 있다. 2019년 현재 300개소가 넘는다.

치료법원은 정신장애 피고인(범죄인)에게 법원의 명령과 치료계획에 따른 프로그램을 제공하는 곳으로 치료, 감독, 그리고 사회서비스를 통하여 정신장애 범죄인에게 합법적인 지역사회로의 참여를 증진시키도록 법원절차의 성격을 변화시켰다는 평가를 받는다.

4. 향후 방향

- 정신장애 범죄인에 대하여 형사법적으로 일반 범죄인과 차별화된 대응이 필요하다.
- 검사가 치료감호를 청구할 때 원칙적으로 전문의의 진단을 받은 후 청구하도록 한다.
- 치료감호 종결 시 정신감정을 의무화하여 의료적 전문성을 높이고 이를 통해 재범을 예방한다.
- 실형을 선고받은 경우에도 출소 후 일정 기간 동안 사회에서 치료를 받도록 조치를 취한다.
- 경범죄의 경우에도 사회에서 치료를 받을 수 있게 '치료명령' 대상을 확대한다.
- 사법적 목적과 치료적 목적이 조화를 이루어 재범을 예방한다.

이상의 내용을 토대로, 강의자와 학습자는 정신장애인의 범죄를 어떻게 이해해야 하는지, 그리고 사법적 목적과 정신장애에 대한 치료적 목적이 어떻게 조화를 이룰 수 있는지 함께 의논해 볼 수 있다.

출처: 국회입법조사처(2019), pp. 1-4 내용 요약.

2) 정신장애인에 대한 편견과 차별, 낙인의 극복 방안

이상의 내용을 보면 우리 사회에 정신장애인에 대한 편견과 차별, 낙인이 여전히 존재하고 있고, 이는 정신장애인의 치료와 재활, 사회복귀에 큰 걸림돌이 되고 있음을 알 수 있다. 또한 일반인의 편견과 차별, 낙인의 악순환은 정신장애인과 가족의 자기낙인으로 이어지고 있어, 정신질환에 대한 적절한 치료와 재활을 방해하고 있다. 이에 정신장애인에 대한 편견 극복, 비차별, 반낙인은 일부 사람에게만 해당되는 활동이 아니라, 우리 사회 전반에 걸쳐 정신장애인 인권보장의 차원에서 이루어져야 한다. 그 몇 가지 현실적 대안을 제시하면 다음과 같다(국가인권위원회, 2019a).

(1) 일반인의 정신장애인에 대한 편견 극복 방안

정신장애인에 대한 편견 극복에서 가장 효과적인 방법은 교육을 통한 인식전환과 빈번한 긍정적 접촉이다. 즉, 청소년기까지는 교육이 더 효과적이고, 성인기에는 접촉이 더 효과적인 것으로 알려져 있다(Patrick & Nicolas, 2012). 접촉의 경우 일회성, 일시적 접촉은 기존의 부정적 편견을 확인하는 기회만 줄 수 있다. 가능한 한 장기적이고 긴밀한 접촉이 되어야 효과가 있다. 그리고 교육과 접촉을 병행하는 경우는 한 가지만을 했을 때보다 훨씬 효과적이다. 그 외에 정신장애인이 사회의 구성원으로서 직업이나 사회활동 영역에서 비장애인들과 접촉할 수 있는 환경을 제공하는 것도 효과적인 편견 극복 대책이다. 이를 위해 현재 정신건강 영역에서 활동 중인 동료지원가나 가족강사를 전국적으로 확대 · 지원하여 정신장애인과 가족이 정신건강 문제를 해결하는 주체로서 우리 사회에 참여할 수 있는 통로를 늘려 갈 필요가 있다. 당사자와 가족들도 용기를 내어 자기낙인에서 벗어나고, 자신의 정신질환 경험을 자연스럽게 밝히고 공유하는 노력은 일반인의 잘못된 편견을 줄이는 데 긍정적인 효과가 있다.[3]

3) 관련 책으로는 자신의 우울증 경험을 담은 임세원 교수의 『죽고 싶은 사람은 없다』(2016, 알키), 본인의 기분부전장애와 불안장애 치료 기록을 담은 백세희 작가의 『죽고 싶지만 떡볶이는 먹고 싶어』(2018, 흔)가 있다.

(2) 정신장애인의 자율성과 독립성의 존중

정신장애인의 인권을 보장하기 위해서는 다음의 세 가지 측면에서 새로운 대안이 필요하다. 첫째, 입원과 치료에서 사전 설명을 듣고 동의절차를 밟아야 한다. 정신장애인의 자유로운 선택에 의해 입원이나 치료가 가능하도록 하여 부적절한 인권침해를 방지해야 한다. 둘째, 지역의 정신건강증진시설이나 정신재활시설은 원칙적으로 정신장애인의 동의를 거쳐 필요한 정신건강서비스를 제공해야 한다. 강제적인 서비스 제공은 인권침해가 될 수 있다. 셋째, 지역사회 통합돌봄(커뮤니티 케어)에서 정신장애인이 필수적으로 참여해야 한다. 정신장애인의 욕구를 고려한 돌봄계획을 마련하여 일상생활을 지원해야 한다. 넷째, 지역에서 독립생활을 보장하기 위해 주거지원, 취업지원, 복지서비스를 확대할 필요가 있다. 독립생활을 지원하는 복지제도와 서비스는 정신장애인의 사회권, 평등권, 자유권을 보장하는 데 큰 도움이 된다.

(3) 정신장애 관련 언론보도 권고규정 마련

정신장애에 대한 사회적 인식은 주로 사회적으로 이슈가 된 범죄사건의 당사자가 정신장애인일 때 형성되는 경향이 있다. 개인적인 경험도 일정 부분 영향을 미치지만, 무엇보다 미디어 언론과 SNS 등을 통해 파생되는 대화와 단어들이 정신장애에 관한 사회적 인식을 형성하는 경향이 있다. 정신장애에 관한 왜곡된 보도는 정신장애에 대한 편견과 낙인을 은연중에 강화하고, 차별적 행동을 정당화하는 계기를 제공한다. 따라서 자살보도 권고기준(보건복지부, 중앙자살예방센터, 한국기자협회, 2018)과 같이 정신질환으로 인한 범죄에 대해서도 일정한 권고기준(혹은 정신건강 언론준칙)을 제정해야 한다. 정신질환으로 인한 범죄 보도에서 정신장애인에 대한 편견과 낙인을 줄 수 있는 병명과 치료력 등을 공개하는 것을 제한해야 한다. 부정적인 여론을 호도하는 언론과 방송을 제재하는 실질적인 수단을 강구해야 한다.

최근에는 SNS상에서 소통이 증가하고 있는 현실을 고려하여, SNS상의 정신장애인에 대한 인식개선 캠페인에 필요하다. 예를 들어, 국가인권위원회 등에서 페이스북, 트위터 등을 중심으로 정신장애에 대한 인식개선 및 해시태그 캠페인 등을 실시할 필요가 있다.

(4) 정신장애인 인권옹호 활동의 다변화

정신장애인의 인권옹호를 위한 활동은 세심하게 다변화되어야 한다. 정신장애인이 주변인들로부터 언어폭력을 많이 경험하고 있는 것은 학대의 문제라는 점 외에도 부정적 언어표현이 정신장애인의 증상 재발에 악영향을 미치는 중요한 위험요인이라는 측면에서 접근해야 한다. 즉, 정신질환이라는 질병의 특성을 고려하여 인권옹호 활동이 세심하게 계획되어야 한다. 또한 가족, 지역사회 주민, 지역사회 유관기관의 다양한 전문가들, 정신건강전문가 등을 대상으로 정신장애인 인권교육이 보다 현실적이고 실용적으로 이루어질 수 있도록 인권교육의 내용과 형식, 대상에 따른 차별화된 커리큘럼을 고려해야 한다.

(5) 국가인권위원회의 적극적인 활동

2001년 설립된 국가인권위원회는 우리나라에서 가장 취약하다고 볼 수 있는 정신장애인의 인권문제에 대해 선도적이고 적극적인 역할을 해 왔다. 특히 정신의료기관 및 정신요양시설 내 진정함 설치를 통해 2010년 1,260건, 2014년 2,604건의 진정이 접수되어 전체 진정 건수 중 약 20%를 넘는 비율을 차지하였다. 2010년 이후 현재까지 500여 건이 넘는 정신장애인 인권침해 사건을 처리하였다. 그러나 아직도 정신의료기관의 인권침해 관행은 지속되고 있다. 즉, 불법적 강제호송, 입원 직후의 격리 · 강박, 통신 및 면회 제한의 남용, 자격 없는 보호의무자에 의한 입원, 회전문 입원, 경찰과 구급대원의 호송 미비 등이다. 따라서 국가인권위원회는 「정신건강복지법」에 따른 새로운 제도의 정착을 위해 지속적으로 인권침해 사항을 개선하고 권고하는 활동을 지속할 필요가 있다.

(6) 인신보호법의 확대 적용

2008년부터 시행된 「인신보호법」에 따라 정신병원을 포함한 시설에 수용된 사람들이 법원에 인신보호 청구를 할 수 있다. 그러나 그동안은 정신장애인의 인권보장을 위한 제도로서 적극 활용되지 못하였다.[4] 그 주된 이유는 정신의료기관에서 정신

---

4) 지난 2009년부터 2018년까지 정신장애인의 인신보호 청구는 주로 비자의입원(강제입원) 환자의 퇴원 청구를 목적으로 활용되어 왔다. 그러나 실질적으로 법원의 심사를 통한 퇴원결정은 약 7% 수준이었다. 46%가 본인 스스로 사건 취하, 32%가 계속입원, 15%는 기타 사항이었다.

장애인에게 인신보호청구권이 있다는 사실을 적극 알리지 않았기 때문이다. 최근 개정된 「정신건강복지법」에서는 이 법 및 다른 법률에 따른 권리와 그 행사 방법을 입원하는 환자와 보호의무자에게 알리고, 권리행사 서류를 비치해 두도록 하고 있다. 그러나 그 구체적 내용을 정한 시행규칙은 「정신건강복지법」의 권리와 내용만 알리도록 하고, 다른 법률인 「인신보호법」에 따른 인신보호청구나 「국가인권위원회법」에 따른 진정 등에 대해서는 규정하지 않고 있다. 따라서 앞으로는 「인신보호법」에 따른 권익보호 절차와 내용을 「정신건강복지법 시행규칙」에 자세히 규정하여, 정신장애인의 인권보장을 위한 실질적인 제도로 활용될 수 있어야 한다.

3. 정신건강사회복지의 윤리적 이슈

1) 정신장애인의 인권과 전문가의 실천윤리

오늘날 사회복지사들의 많은 활동이 클라이언트의 인권보장 혹은 인권침해 예방과 관련되어 있다. 정신건강사회복지사도 정신병원이나 지역사회 현장에서 인권과 사회정의를 지향하는 다양한 활동을 하고 있다. 인권기반 실천을 통해 사회복지전문직의 가치를 실현하는 노력을 하고 있다. 이러한 가치지향의 활동은 전문가로서 당연한 것이지만, 또 다른 한편으로는 윤리적 갈등과 딜레마를 발생시키는 배경이 된다. 그 이유는 정신건강사회복지사가 관여하는 대상이 서비스 이용자(당사자), 가족, 주변인, 지역 주민, 관련 전문가, 사회제도 등으로 다양하기 때문에 개입의 우선순위와 강조점에서 불가피한 가치갈등이 발생한다. 또한 실천에서 지켜야 할 행정지침과 관련 법이 계속 변하기 때문에 정신건강사회복지사는 전문가로서 윤리적 원칙과 현실적인 법 절차를 성실하게 준수할 필요가 있다.

그동안 우리 사회에서 진행된 정신장애인 인권에 관한 논의는 정신건강전문가가 지켜야 하는 실천윤리(practical ethics)보다는 보편적 인권 및 정신장애인 인권의 개념을 이해하고, 법과 제도를 통해 이를 어떻게 보장할 것인가에 집중되어 왔다. 그렇기에 정신건강사회복지사가 현장에서 정신장애인의 인권보호를 위해 어떻게 노력할 것인가의 구체적 실천 방법에 대해서는 논의가 부족하였다. 앞으로 정신건강사회복지사들이 힘써야 할 것은 현장에서 전문가 실천윤리를 성실히 준수하여 정신장애인의 인권을 보호하고 인권침해를 예방하는 노력을 기울이는 것이다. 정신장애인의 인권보장은 관련 법이나 제도의 시행뿐 아니라 현장에서 일하는 정신건강 전문가들의 윤리적 실천을 통해 이루어질 수 있음을 상기할 필요가 있다.

2) 정신건강사회복지사의 윤리적 실천

다음에서는 전문가의 윤리적 실천을 통한 정신장애인 인권보장에 대해 살펴보고자 한다. 우리나라 사회복지사 윤리강령을 중심으로 몇 가지 윤리적 실천방안을 제시해 본다(서미경, 2004b; 최명민, 2010).

(1) 차별금지

사회복지사의 기본적 윤리기준(사회복지사 윤리강령) 중 전문가로서의 자세에 대해 "사회복지사는 클라이언트의 종교, 인종, 성, 연령, 국적, 결혼상태, 성 취향, 경제적 지위, 정치적 신념, 정신 · 신체적 장애, 기타 개인적 선호, 특징, 조건, 지위를 이유로 차별 대우를 하지 않는다."라고 규정하고 있다. 그동안 정신장애인의 인권과 관련하여 가장 많이 논의된 주제 중 하나가 차별금지에 대한 것이다. 일반인의 정신장애인에 대한 차별금지도 중요하지만, 정신장애인(혹은 정신장애)에 대한 전문가의 차별금지 조항은 더욱 중요하다. 관련 자료를 보면, 전문가의 차별적 태도가 여전히 존재하고 있다. 그 예로 정신장애인을 '나와 같은 사람으로 바라보지 않거나' '증상을 부족함'으로 인식하는 경향이 있다. 즉, 정신장애인과 가까이 있으면서 당연히 일반인에 비해 인권의식이 높다고 스스로 평가하지만 실제로는 오히려 인권감수성이 낮은 경우도 있다(국가인권위원회, 2019a: 185).

따라서 정신건강사회복지사는 수시로 자신에게 어떤 편견이나 차별적 인식이 존재하는지를 살피고, 그런 측면이 있다면 이로 인하여 정신장애인의 인권을 침해하는 어떤 행동으로 연결되고 있는지를 깊이 성찰할 필요가 있다. 정신건강사회복지사가 정신장애에 대한 편견에서 벗어날 때 인권과 사회정의를 추구하는 사회복지 전문직의 가치를 보다 구체적으로 실현할 수 있다.

(2) 인권옹호

차별을 금하는 정도가 아니라, 적극적으로 약자를 옹호하고 대변해야 한다는 윤리강령 조항이 있다. 클라이언트에 대한 윤리기준 중에 "사회복지사는 클라이언트의 권익옹호를 최우선의 가치로 삼고 행동한다." "사회복지사는 인권존중과 인간평등을 위해 헌신해야 하며, 사회적 약자를 옹호하고 대변하는 일을 주도해야 한다."라고 규정하고 있다. 이에 정신건강전문가는 정신장애인의 인권보장을 위해 앞장서야 하지만, 실제로는 소극적인 입장을 보이는 경우가 여전히 존재하고 있다. 따라서 정신건강사회복지사는 자신의 위치를 돌아보고, 정신장애인과의 협력적 관계를 모색하고, 이 관계 위에서 사회적 약자로서 정신장애인의 인권보장을 위해 옹호자와 대변자의 역할을 강화해 나가야 한다.

(3) 자기결정권 존중

클라이언트에 대한 윤리기준 중에 "사회복지사는 클라이언트가 자기결정권을 최대한 행사할 수 있도록 하며, 저들의 이익을 최대한 대변해야 한다."라는 항목과 "사회복지사는 클라이언트가 받는 서비스의 범위와 내용에 대해, 정확하고 충분한 정보를 제공함으로써 알 권리를 인정하고 존중해야 한다."라는 항목이 있다. 이는 인권 중에서 자유권(혹은 자율성의 존중)에 해당하는 사항이며, 사회복지사를 비롯한 정신건강전문가들이 큰 관심을 갖는 이슈이다. 즉, 비자의입원(강제입원)과 치료, 퇴원불허, 부당한 격리와 강박, 외부와 교류 금지 등이다. 자유권을 제한하는 명분은 정신장애인이 자·타해의 위험이 있고, 자기결정의 능력이 온전하지 않다는 인식 때문이다.

따라서 정신건강사회복지사는 정신장애인의 자기결정권을 보장하기 위해 가능한 한 충분한 정보와 대안을 제시하고, 자발적인 동의가 이루어지도록 부당한 영향력 행사를 삼가는 노력을 해야 한다. 또한 정신장애인 스스로 자기결정의 능력을 행사할 수 있는 기회를 보장하고, 선택의 폭을 넓혀 실질적인 자기결정이 이루어지는 여건을 만드는 것이 중요하다. 그러나 불가피하게 온정주의적 개입(관여)이 요구되는 상황에서는 전문가나 기관의 이익보다는 정신장애인의 이익을 최대화하는 선택을 하도록 노력해야 한다. 참고로, 윤리학에서 선행(beneficence)의 원칙에 해당하는 온정적 간섭주의(paternalism)에 대해 간략히 살펴보고자 한다(임명호, 2015: 38-39).

표 9-5 ··· 온정적 간섭주의란?

이는 아버지가 어린 자식을 돌보는 것과 같이, 관련 전문가가 환자의 이익을 위해 환자의 동의 없이 행동하는 것을 말한다. 온정주의는 '아버지가 모든 것을 잘 안다.'라는 관점이다. 아버지와 어린 자식 간의 관계에서 아버지는 자식을 위해 무엇이 가장 좋고 이익이 되는가를 잘 안다고 가정하고 있기 때문에 그 자녀에 관한 일을 결정함에 있어 그로부터 동의를 받을 의무가 없다. 이와 같이 온정적 간섭주의는 환자 자신이 병에 대해 잘 모르고 '전문가가 가장 잘 안다.'는 전제에서 출발하고 있다. 이는 환자의 최대이익과 행복이라는 목적과 결과를 우선시하는 목적론적이고 공리주의적인 입장이다. 그런데 이 입장은 인간의 자율성(autonomy) 혹은 자기결정권(self-determination)인 '환자 스스로 결정할 수 있는 권리'를 인정하지 않거나 제한하는 문제점을 갖고 있다. 목적론과 대비되는 의무론에서는 어떤 행위의 결과가 좋고 나쁨과는 상관없이 그 행위가 윤리적 의무감에 의한 것이면 선한 것이고, 윤리적 의무감이 없었다면 이는 악한 것으로 본다. 현실에서는 이 두 입장의 조화가 필요하다. 정신장애인은 신체질병을 갖고 있는 경우보다 스스로 판단할 수 있는 자율성(판단의 능력)이 상대적으로 부족하다. 그렇기 때문에 그 능력의 저하로 인해 온정적 간섭주의는 불가피하다. 따라서 이것은 양자택일의 문제가 아니고, 조화의 문제이다. 즉, 초기 치료환경에서는 온정적 간섭주의가 우세하다면, 환자의 상태가 호전되고 현실성을 회복하면 의무론적 치료관계(환자의 결정권 보장)로 이행되는 것이 바람직하다. 또한 퇴원 후 지역사회 환경에서는 가능한 한 정신장애인의 판단능력이나 동의능력을 존중하여 최대한 인권보장의 차원에서 서비스 제공이 이루어져야 한다.

출처: 임명호(2015), pp. 38-39 내용 요약.

(4) 사생활 보호

사생활 보호와 관련하여, 윤리기준 중에는 "사회복지사는 클라이언트의 사생활을 존중하고 보호하며, 직무 수행과정에서 얻은 정보에 대해 철저하게 비밀을 유지해야 한다." "사회복지사는 문서, 사진, 컴퓨터 파일 등의 형태로 된 클라이언트 정보에 대해 비밀보장의 한계, 정보를 얻어야 하는 목적 및 활용에 대해 구체적으로 알려야 하며, 정보 공개 시에는 동의를 얻어야 한다."의 항목이 있다. 따라서 사생활 보호와 관련해서는 사생활 존중, 비밀유지, 사전동의와 같은 윤리적 원칙이 함께 다루어지고 있다. 그동안 우리의 현실은 정신장애인이 자·타해 위험이 있다는 이유로 사생활이 존중되지 못하고, 쉽게 침해당한 측면이 강하다. 특히 자해나 타해의 위험성이 신중하고 정확하게 평가된 상황에서 제한이 이루어지지 못하였다.

개인정보의 공유에서도 고지된 동의절차를 무시한 채 정신장애인은 판단능력이 약하다는 이유로 동의의 주체로 존중받지 못하였다.

따라서 정신건강사회복지사는 정신장애인의 사생활보호 이슈에 대해 더욱 민감하게 받아들이고, 인권의 차원에서 이를 보호하는 노력을 해야 한다. 특히 정신건강증진시설이나 정신재활시설에서 지역의 유관기관들과 협력하거나 사례관리를 할 때, 정신장애인의 개인 신상이나 치료경력 등 개인정보를 공유하는 데 신중해야 하고, 사전에 동의절차나 정보공유 원칙을 정하여 사생활이 존중되도록 최선의 노력을 해야 한다. 참고로 정신건강 영역에서 고려되는 비밀보장(confidentiality) 이슈를 사례를 통해 짚어 본다(임명호, 2015: 43-44).

표 9-6 ··· 비밀보장의 이슈

사례 C씨는 34세 남자로 결혼 6년차이다. 최근에 골절상으로 수술을 받다가 우연히 후천성면역결핍증(AIDS)에 걸렸다는 사실을 알게 되었다. 과거 결혼 전에 회사 업무로 베트남에 1년간 파견기간이 있었는데 이 기간에 만났던 현지 여성으로부터 이환된 것으로 추정되었다. 우울증상을 나타내어 정신건강의학과로 전과되었다. 환자는 전문가와 상담 중에 이 사실을 자신의 아내에게 절대 비밀로 해 달라고 요청하였다.

정신건강 영역에서 일하는 전문가는 환자의 비밀과 사생활을 보장해야 한다. 업무상 알게 된 환자의 비밀이나 환자의 문제는 법적으로 요구되거나 개인 또는 사회의 안녕을 보호하기 위하여 요구되지 않는 한 밝혀서는 안 된다. 정신건강사회복지사를 포함한 정신건강전문가는 사생활 보호(privacy)의 권리와 면책특권(privilege) 권리를 갖는다. 사생활 보호 권리는 개인의 사생활이 외부에 알려지지 않고 외부에 간섭받지 않을 권리이다. 면책특권이란 환자가 치료 중에 이야기한 비밀스러운 내용을 사법적 상황에서 밝히지 않을 수 있는 권리이다.

현실에서는 두 가지 갈등이 존재한다. 첫째는 전문가로서 환자의 최상의 이익을 보호해야 하는 역할이고, 둘째는 공공의 이익을 보호해야 하는 역할이다. 그럼에도 전문가는 환자와의 신뢰와 자율성을 전제로 도움을 제공하는 것이므로, 환자의 비밀을 최대한 존중해야 한다.

이 사례의 경우, 환자에게 진정한 도움을 주기 위해서는 전문가가 바로 결정을 내리는 것보다는 환자의 가치, 선택, 상황에 대한 보다 섬세한 평가가 우선되어야 한다. 그리고 전문가는 환자의 선택이 진정한 선택이 아니라고 판단될 경우 신뢰관계를 통해 환자가 스스로 진정으로 원하는 것을 깨닫도록 도와서 전문가의 결정이 아니라 환자의 결정이 될 수 있도록 해야 한다. 정보를 공유할 대상이 배우자인 경우에도 전문가는 배우자와 환자의 관계가 어떤지, 배우자가 환자에 대한 애정이 있는지, 배우자가 환자를 도와주려는 의지가 있는지 등의 관계성을 세심하게 평가하고 환자가 진정으로 원하는 것이 무엇인지 인식하도록 도와서 스스로 결정할 수 있도록 도와주는 것이 바람직하다. 이럴 경우 선행의 원칙과 자율성의 원칙이 조화롭게 적용된 선택이 이루어질 수 있을 것이다.

출처: 임명호(2015), pp. 43-44 내용 요약.

(5) 복지증진

사회복지사 윤리강령에는 "사회복지사는 사회정의 실현과 클라이언트 복지 증진에 헌신하며, 이를 위한 환경 조성을 국가와 사회에 요구해야 한다." "사회복지사는 사회환경을 개선하고 사회정의를 증진시키기 위한 사회정책의 수립, 발전, 입법, 집행을 요구하고 옹호해야 한다."라고 명시함으로써 정신장애인의 사회권 보장을 위한 노력에 앞장서야 함을 강조하고 있다. 일반적으로 사회권에는 노동권, 휴식권, 사회보장권, 건강권, 교육권, 결혼 및 가족형성권 등이 있다. 이러한 사회권을 보장함으로써 정신장애인의 복지를 증진시킬 수 있다.

정신건강사회복지사는 그동안 지역사회에서 정신장애인의 취업과 생활보장을 위해 꾸준히 노력해 왔다. 다른 전문직보다 사회복지전문직의 활동이 가장 활발했다고 할 수 있다. 앞으로도 「정신건강복지법」에 규정된 복지서비스(주거, 고용, 교육, 정보, 문화, 건강 등)의 확대 적용과 이와 관련한 구체적인 사업과 프로그램 개발, 그리고 기존의 지역복지서비스와의 연계와 통합을 위해 최선의 노력을 다해야 한다.

이상과 같은 윤리적 실천을 위해, 정신건강사회복지사는 전문가로서 확고한 인권의식과 윤리의식을 바탕으로 최선의 선택과 결정, 그리고 그에 따른 행동을 해야 한다. 그러나 현실적으로 끊임없이 발생하는 윤리적 이슈로 인해 불안과 두려움을 경험하기도 한다(박미은, 2020). 따라서 정신건강사회복지사가 최선의 윤리적 실천을 하려면 ① 가까이 있는 동료에게 자문을 구하거나, ② 상사로부터 적절한 슈퍼비전을 받으며, ③ 관련 윤리기준을 꼼꼼히 검토하고, ④ 관련 규정과 법률, 그리고 정책을 검토하는 평소 습관이 필요하다. 또한 ⑤ 관련된 최신 지식과 문헌을 검토하고, ⑥ 필요하다면 법적인 자문도 받을 수 있다. 그리고 ⑦ 개인이나 기관 수준에서 해결하기 어려운 이슈는 국가인권위원회나 국립정신건강센터, 보건복지부 내 정신건강 담당 부서와 같은 관련 단체나 행정기관에 자문을 구하여 최선의 답을 찾는 노력이 필요하다.

3) 정신장애인을 위한 인권 중심 실천

사회복지전문직은 인권을 중요시하는 전문직이다. 최근 복지현장에서 강조되고 있는 인권 기반(rights-based) 실천은 서비스 이용자에 대한 새로운 접근으로서, 이는 기존의 욕구 기반(needs-based) 실천의 한계를 보완해 준다(Ife, 2001/2001, 2006/2006: 배화옥 외, 2015에서 재인용). 욕구는 사회복지의 핵심 개념임과 동시에 수급자격 여부를 결정짓는 중요한 기준으로 간주되고 있다. 사회복지사는 서비스 이용자의 욕구 그 자체나 욕구 이면에 자리한 권리에 관심을 기울이기보다, 욕구를 파악하고 그에 따른 서비스를 제공하는 역할을 더 많이 해 왔다. 욕구사정은 객관적으로 측정된 사실에 기초하기보다는 사회복지사의 가치나 신념에 영향을 받는 면이 강하다. 그렇기 때문에 이 과정에서 서비스 이용자의 자기결정권이나 권리가 간과되는 측면이 있다.

그러나 인권 중심 실천(rights-based practice)에서는 사회복지서비스가 욕구사정에 따라서 제공되는 것이 아니라 서비스 이용자의 권리로 제공된다. 서비스 이용자의 권리를 정의하는 것은 서회복지사의 역할이 아니라 인권 규약이나 조약, 인권 관련 입법 등이라고 본다. 사회복지사는 누가 사회복지서비스를 받아야 하는지에 관한 도덕적 판단을 할 필요가 없다. 인간은 조건에 상관없이 인간으로서 갖는 권리에 기초하여 서비스를 제공받는다. 따라서 서비스 이용자들은 더 많은 권한을 갖고 서비스를 요구할 수 있기 때문에 사회복지사의 욕구판단에 의존할 필요가 없다. 사회복지사는 개인이나 가족의 욕구가 아닌 권리에 관해 생각하며, 문제나 결함보다는 그들의 본질적인 삶에 초점을 맞추게 된다. 인권 중심 실천은 사람을 변화시키려고 하기보다는 있는 그대로 바라보며, 그들의 권리가 보장되도록 노력하는 것이다(최명민, 2012). 이와 관련하여 국제사회복지사협회(International Federation on Social Workers: IFSW)는 사회복지실천에서 지켜야 할 인권 원칙을 다음과 같이 제시하였다(IFSW, 2002: 배화옥 외, 2015: 75-76에서 재인용).

- 모든 사람은 고유의 가치를 가지고 있으며, 그것은 사람을 위한 도덕적 배려로 정당화된다.
- 모든 개인은 자립(self-fulfillment)의 권리를 가지고 있으며, 다른 사람의 동등한 권리를 침해하지 않는 범위에서 최대화되어야 한다. 또한 모든 개인은 사회의 안녕에 기여할 의무를 가지고 있다.
- 모든 사회는 그 구성원에게 최대의 이익을 제공하기 위한 기능을 해야 한다.
- 사회복지사는 사회정의의 원칙에 대한 소신을 가져야 한다.
- 사회복지사는 개인, 집단, 지역사회, 사회의 발전을 도모하고 개인과 사회의 갈등을 해결하기 위한 객관적이고 훈련된 지식과 기술에 헌신할 책임을 지니고 있다.
- 사회복지사는 성, 연령, 장애, 인종, 사회계층, 종교, 언어, 정치적 신념, 성적 취향에 기초한 어떠한 차별 없이 최선을 다해 지원해야 한다.

이러한 실천원칙에 따라 정신건강사회복지사가 정신장애인의 권리를 살필 때 앞서 제시한 3세대 인권 중 어느 특성 세대의 인권을 우위에 두기보다는 모든 인권을 고르게 다루어야 한다. 즉, 1세대 인권인 시민권과 정치권은 물론, 2세대 인권인 경제적 · 사회적 · 문화적 권리, 3세대 인권인 지역사회와 전체 사회, 국가 차원의 집단적 권리까지도 보장 · 옹호하도록 노력해야 한다. 이를 위해 정신건강사회복지사는 편견과 차별, 사회적 배제를 경험하고 있는 정신장애인을 위해서 옹호자(advocate)로서, 그리고 정신장애인이 자신의 권리를 발견하고 정의하여 이를 실현하도록 능력을 고취시키는 역량강화자(empowering professional)로서의 역할을 충실히 할 수 있어야 한다. 정신장애인의 인권보장은 무엇보다 법과 제도를 확충하여 권리를 선포하고 인정하며, 권리의 침해를 막고 필요한 조치를 취할 수 있다. 이러한 제도 차원의 인권보호와 더불어, 가치지향의 전문직으로서 정신건강사회복지사의 윤리적 실천과 인권 중심 실천을 통해 현장에서 정신장애인의 권리가 더욱 신장되고 구체화될 수 있다. 정신건강사회복지사는 자신이 일하는 정신건강 현장에서 사회복지의 기본 가치를 최선을 다해 실현하는 전문가로 자리매김을 해야 할 것이다.

생각해 볼 문제

- 우리 사회에서 정신장애인의 인권은 어느 정도 보장되고 있는 것일까? 교재를 살펴본 후 온라인 웹이나 문헌자료를 통해 더욱 구체적인 자료를 찾아보고, 정신장애인 인권에 대해 함께 토론해 보자.
- 교재에는 우리나라 윤리강령을 기준으로 정신장애인의 윤리적 이슈를 소개하고 있다. 다른 나라의 경우는 어떤지 관심을 갖고, 그 한 예로 미국의 사회복지사협회 홈페이지를 살펴보고, 윤리강령이 어떻게 되어 있는지 조사하여 발표해 보자.
- 사회복지사와 클라이언트의 관계에서 많은 윤리적 갈등이 발생한다. 지역복지 현장과 비교하여 정신건강증진시설이나 정신재활시설에서는 정신장애인과 관계에서 어떤 윤리적 갈등이 주로 발생하는지 생각해 보자. 그리고 기회가 되면 정신건강 현장에서 일하는 사회복지사를 만나 생생한 경험을 청취해 보자.
- 사회복지를 공부하는 학생이나 실천가로서 자신은 정신장애 혹은 정신질환자에 대해 어떤 편견을 갖고 있는지 깊이 성찰해 보자. 그리고 인권 중심 실천이 왜 중요한지에 대해 함께 이야기해 보자.

제10장
중독

중독은 현대인들이 흔히 경험하는 정신건강의 문제이다. 정보화 시대에 부각되고 있는 SNS 중독이나 인터넷 과다사용, 게임 중독, 온라인쇼핑 중독과 함께, 성 중독이나 일 중독 같은 행위중독이 다양한 연령층에서 나타나고 있다. 그 외에도 알코올 중독과 마약 중독, 도박 중독과 같이 정신장애의 한 유형으로 분류되는 중독 문제가 사회적 관심을 끌고 있다. 중독은 크게 물질중독과 행위중독으로 나누어진다. 이에 제10장에서는 대표적인 물질중독으로 알코올 중독, 대표적인 행위중독(비물질중독)으로 인터넷 중독에 대해 살펴보고자 한다. 알코올 중독과 인터넷 중독에 대한 기본적인 이해와 관련 정책, 그리고 중독에 대한 치료 · 재활서비스 및 예방 · 증진서비스를 살펴보고자 한다.

1. 중독의 분류

중독에는 다양한 유형이 있다. 2013년에 출간된 『정신질환의 진단 및 통계 편람 제5판(Diagnostic and Statistical Manual of Mental Disorders, 5th edition)』(이하 DSM-5)에는 물질 관련 및 중독성 장애(Substance-Related and Addictive Disorders)라는 명칭

을 쓰고 있고, 그 범주에는 크게 물질 관련 장애(Substance-Related Disorders)와 비물질 관련 장애(Non-Substance-Related Disorders)로 나누어진다. 여기서는 물질중독과 행위중독(비물질중독)에 대해 살펴보고자 한다.[1] 다음은 중독 분야에서 흔히 사용되는 용어들이다(박상규 외, 2017: 14).

- 사용(use): 물질이나 행동을 특정한 목적을 위해 쓰거나 활용한다.
- 오용(misuse): 물질이나 행동을 규정된 목적을 위해서 사용하나, 정해진 규정(혹은 처방)을 따르지 않고 자의적으로 사용하거나 지시대로 사용하지 않는다.
- 남용(abuse): 물질이나 행동을 규정된 목적을 위해 사용하지 않고 다른 목적으로 사용해서 개인의 신체 · 심리 · 사회 · 직업적 역할 기능에 심각한 손상을 초래한다.
- 의존(dependence): 물질이나 행동을 과도하게 사용해서 남용의 부작용과 함께 내성과 금단 증상으로 표현되는 의존성을 발달시킨 상태를 말한다. 의존은 신체적 의존과 심리적 의존으로 나눌 수 있다.
- 중독(addiction): 특정한 대상이나 물질이나 행동을 장기간에 걸쳐 과도하게 사용하여 자신이나 주위에 폐해를 초래하고 이를 조절하려 하지만 통제력을 상실하고 반복하는 자기조절 실패 증후군을 말한다. 특히 중독은 만성적으로 진행된다는 점에서 복잡한 특성이 있다.

1) 물질중독의 이해

일반적으로 약물의 범주에는 물질(substance), 마약(drug), 향정신성 약품(psychoactive medication) 등이 포함되는데, 이는 흔히 약물로 통칭된다. 약물은 향정신성 물질(psychoactive drug)로서 기본적으로 뇌와 중추신경계에 작용한다. 중추신경계는 뇌와 척추로 이루어져 있다. 중추신경계에 작용한다는 점에서 알코올도 약물에 포함된다.

---

1) 이 부분에 대해서는 박상규 등(2017), 신성만 등(2019), American Psychiatric Association(2013/2015)을 주로 참조하였다.

약물의 중요한 특징은 그것이 인간의 정서, 사고, 판단력, 인지 및 행동을 변화시키고 왜곡시킨다는 것이다. 약물의 효과는 긍정적일 수도 있고 부정적일 수도 있다. 약물사용으로 부정적인 결과가 지속적으로 나타남에도 불구하고 이를 계속하려는 경우, 이를 약물 문제가 있다고 간주한다. 약물은 다음과 같이 분류된다.

- **아편류(opioid):** 헤로인, 모르핀, 아편, 다양한 합성 CNS 진통제
- **진정제, 수면제:** 바비추레이트, 벤조디아제핀, 알코올
- **흥분제:** 메스암페타민, 암페타민, 코카인, 니코틴, 카페인
- **환각제:** LSD, 메스칼린
- **기타 흥분-환각제:** MDMA(엑스터시), 펜사이클리딘(PCP), 캇(Khat)

DSM-5에서 규정하고 있는 물질 관련 장애 중에서 가장 대표적인 것이 물질사용장애(substance use disorder)이다. 이는 중독성 물질을 사용하여 생겨나는 다양한 부적응적 증상을 갖는 장애이다. 중독을 유발할 수 있는 물질에는 알코올, 담배, 카페인, 대마계의 카나비스, 환각제, 흡입제, 아편류, 진정제, 수면제, 항불안제, 기타 물질(스테로이드, 코르티솔, 카바)을 포함한다. DSM-5에서는 진단받는 시점을 기준으로 지난 12개월 동안 약물 사용자가 다음과 같이 열거한 11개 항목 중 적어도 2개 이상을 경험해야 한다(〈표 10-1〉 참조).

표 10-1 ··· DSM-5에서 물질사용장애의 진단기준

조절능력 상실	1. 원래 의도했던 것보다 더 많은 양이나 오랜 기간 동안 물질을 사용한다. 2. 물질사용을 중단하거나 조절하려고 계속 노력하지만 뜻대로 안 된다. 3. 물질을 구하거나 물질을 사용하거나 물질의 효과에서 벗어나기 위해 많은 시간을 보낸다. 4. 물질사용에 대한 강한 욕구와 사용하고 싶은 충동으로 물질사용을 갈망한다.
사회적 손상	5. 반복적인 물질사용으로 직장, 학교, 가정에서 중요한 역할과 책임을 수행하지 못한다. 6. 물질의 효과로 인해 사회적 문제나 대인관계 문제가 지속적으로 또는 반복적으로 야기되거나 악화됨에도 불구하고 계속 물질을 사용한다. 7. 물질사용으로 인해 중요한 사회적 · 직업적 활동 및 여가생활을 포기하거나 줄인다.
위험한 물질사용	8. 신체적으로 해가 되는 상황에서도 반복적으로 물질을 사용한다. 9. 물질사용으로 인해 지속적이고 반복적으로 신체적 · 정신적 문제가 생기거나 악화된다는 것을 알면서도 계속 물질을 사용한다.

약물학적 진단기준	10. 내성(다음 중 하나로 정의됨) a) 원하는 효과를 얻기 위해 물질사용량의 뚜렷한 증가가 필요하다. b) 동일한 용량의 물질을 계속 사용할 경우 효과가 현저히 감소한다. 11. 금단(다음 중 하나로 정의됨) a) 사용하던 물질을 중단하거나 감소시킴으로써 물질의 특징적인 금단증후군을 경험한다. b) 금단증상을 완화하거나 피하기 위해 물질을 사용한다.

* 지난 12개월 사이에 최소한 2개 이상 나타난 경우(경도: 2~3개 해당 / 중등도: 4~5개 해당 / 고도: 6개 이상)
출처: 신성만 외(2018), pp. 43-44; American Psychiatric Association (2013/2015), pp. 529-530 참조.

2) 행위중독의 이해

DSM-5에서는 물질 관련 및 중독 장애의 하위 범주인 비물질 관련 장애에 도박장애(gambling disorder)를 포함시키고 있다. 그리고 행위중독(behavioral addiction)이라는 용어를 정신장애 진단 목록에 포함시켰다. 인터넷 관련 행위중독은 최근 새롭게 떠오르고 있는 중독의 한 범주이다. 그럼에도 DSM-5에서는 인터넷 게임장애(internet gaming disorder)를 '추가 연구가 필요한 진단적 상태'로 분류하여 정식 진단명에 포함시키지 않았다. 대표적인 행위중독을 제시하면 다음과 같다.

(1) 도박 중독

도박이란 자신에게 가치 있는 것이나 더 많은 이익을 얻기 위해 결과가 불확실한 사건에 운을 걸고 내기를 하는 것이다. 도박은 어떤 면에서 개인에게 즐거움을 주지만, 계속 매달리게 되면 역기능이 커진다. 병적 도박 혹은 문제성 도박이 그 대표적인 예이다. 도박 중독은 개인만이 아니라 가족 및 사회에 부정적인 영향을 미친다. DSM-5에서 제시하는 도박장애(gambling disorder)의 진단기준은 〈표 10-2〉와 같다.

표 10-2 ··· DSM-5에서 도박장애의 진단기준

A. 지속적이고 반복적인 문제적 도박 행동이 임상적으로 현저한 손상이나 고통을 일으키고 지난 12개월 동안 다음의 항목 중 4개(또는 그 이상)가 나타난다. 1. 원하는 흥분을 얻기 위해 액수를 늘리면서 도박하려는 욕구 2. 도박을 조절하거나 중지시키려고 시도할 때 안절부절못하거나 예민해짐

3. 도박을 조절하거나 줄이거나 중지시키려는 노력이 반복적으로 실패함
4. 종종 도박에 집착함(예: 과거의 도박경험을 되새기고, 다음 도박의 승산을 예견해 보거나 계획하고, 도박으로 돈을 벌 수 있는 방법을 생각)
5. 괴로움(예: 무기력감, 죄책감, 불안감, 우울감)을 느낄 때 도박함
6. 도박으로 돈을 잃은 후, 흔히 만회하기 위해 다음 날 다시 도박(손실을 쫓아감)
7. 도박에 관여된 정도를 숨기기 위해 거짓말을 함
8. 도박으로 인해 중요한 관계, 일자리, 교육적 · 직업적 기회를 상실하거나 위험에 빠뜨림
9. 도박으로 야기된 절망적인 경제 상태에서 벗어나기 위한 돈 조달을 남에게 의존함

B. 도박 행동이 조증삽화로 더 잘 설명되지 않는다.

* 경도: 4~5개 해당 / 중등도: 6~7개 해당 / 고도: 8~9개 해당
출처: American Psychiatric Association (2013/2015), pp. 640-641.

(2) 인터넷 및 스마트폰 중독

인터넷 중독은 인터넷을 과다 사용하여 인터넷 사용에 대한 금단과 내성이 생기고, 이로 인해 일상생활에 장애가 발생하는 경우를 말한다. 최근에는 스마트폰이 상용화되면서 인터넷을 컴퓨터가 아니라 스마트폰으로 사용하는 시대가 되었다. 이에 인터넷 중독보다는 스마트폰 중독이라는 용어가 더 많이 쓰이고 있다. 아직까지 DSM-5의 공식 진단명에는 포함되지 않았지만, 앞으로 이 문제는 더 확대될 전망이다. 인터넷 중독에 대해서는 알코올 중독을 먼저 살펴본 후에 제시하고자 한다.

(3) SNS 중독

소셜 네트워크 서비스(Social Network Service: SNS) 혹은 소셜 미디어(social media)라고 불리는 SNS는 온라인 네트워크에서 개인이 프로필을 만들어 실제 친구들과 소통하거나 공통적인 관심사를 바탕으로 다른 사람들과 소통하는 공간이다. 이전에는 주로 개인이 현실에서의 인간관계를 유지하려는 것이 목적이었다면, 최근에는 온라인상에서 맺어진 사회적 네트워크를 유지하기 위해 SNS를 사용하는 경우가 더 많다. 이로 인해 지속적인 관리의 압박을 느끼거나 SNS를 과도하게 사용하는 비율이 증가하고 있다.

(4) 기타 중독

현대인이 경험하는 중독행동은 더욱 다양해지고 있다. 그 예로, 일 중독, 음식 중독, 쇼핑 중독, 운동 중독 등이 있다. 일 중독은 끊임없이 일을 하고자 하는 욕구 또는 일에 대한 강박적인 충동을 통제하지 못하는 상태를 말한다. 일 중독은 사회적으로 잘 드러나지 않고 오히려 미화되거나 보상받는 측면이 있다. 그러나 삶을 균형 있게 유지하거나 업무량을 조절하는 데 실패한다는 점에서 부정적인 측면이 강하다. 음식 중독은 초콜릿과 같은 맛있는 음식을 향한 갈망, 즉 중독 가능성이 높은 특정 음식에 대한 집착을 말한다. 쇼핑 중독은 강박적 구매 장애로 불리며, 쇼핑에 과도하게 집착하면서 필요 이상으로 구매하는 행위를 말한다. 운동 중독은 과도한 운동으로 정신적 스트레스를 야기하고, 운동을 중단하면 우울이나 불안 같은 금단 증상을 경험하는 것을 말한다.

2. 알코올 중독

1) 알코올 중독의 개요

(1) 알코올 중독의 개념과 증상

DSM-5에 따르면, 알코올사용장애(alcohol use disorder)란 과도한 알코올 사용으로 인해 발생하는 부적응적인 문제를 말한다(통상 알코올 중독으로 지칭). 즉, 임상적으로 현저한 손상이나 고통을 일으키는 문제적 알코올 사용 양상이 지난 12개월 사이에 다음의 11개 항목 중 최소한 2개 이상이 나타나는 경우이다. 구체적인 진단기준은 〈표 10-3〉과 같다.

표 10-3 ··· DSM-5에서 알코올사용장애의 진단기준

A. 임상적으로 현저한 손상이나 고통을 일으키는 문제적 알코올 사용 양상이 지난 12개월 사이에 다음의 11개 항목 중 최소한 2개 이상으로 나타난다.

1. 알코올을 흔히 예상했던 것보다 더 많은 양 또는 더 오랜 기간 마신다.
2. 알코올 사용을 줄이거나 통제하려고 지속적인 노력을 기울이지만 매번 실패한다.

3. 알코올을 구하거나, 마시거나, 또는 알코올의 효과로부터 회복하는 데 많은 시간을 허비한다.
4. 알코올을 마시고 싶은 강한 갈망이나 욕구 충동이 있다.
5. 반복적인 알코올 사용으로 인해 직장, 학교, 가정에서의 주된 역할과 의무를 수행하지 못한다.
6. 알코올의 효과로 인해 초래되거나 악화하는 사회적 또는 대인관계 문제가 반복됨에도 불구하고 지속해서 알코올을 사용한다.
7. 알코올의 사용으로 인해 중요한 사회적, 직업적 또는 여가 활동이 포기되거나 감소한다.
8. 신체적으로 위험이 존재하는 상황에서도 반복적으로 알코올을 사용한다.
9. 알코올로 인해서 초래되거나 악화할 수 있는 지속적이거나 반복적인 신체적 또는 심리적 문제가 있음을 알면서도 알코올 사용을 계속한다.
10. 내성이 다음 중 1개의 방식으로 나타난다.
   1) 중독이 되거나 원하는 효과를 얻기 위해서 뚜렷하게 증가한 양의 알코올이 필요하다.
   2) 같은 양의 알코올을 지속해서 사용함에도 뚜렷하게 감소한 효과가 나타난다.
11. 금단이 다음 중 1개의 방식으로 나타난다.
   1) 알코올의 특징적 금단증후군이 나타난다.
   2) 금단증상을 줄이거나 피하고자 알코올(또는 벤조디아제핀과 같이 알코올과 밀접하게 관련된 물질)을 마신다.

* 경도: 2~3개 해당 / 중등도: 4~5개 해당 / 고도: 6개 이상 해당
출처: American Psychiatric Association (2013/2015), pp. 537-538.

이러한 알코올사용장애는 알코올 의존이 핵심 증상이다. 알코올을 반복적으로 섭취하면 알코올에 대한 내성이 생기고, 이로 인해 알코올 섭취량을 늘리려는 욕구가 강해진다. 알코올 섭취를 중단하거나 줄이면 금단증상(신체적 · 정신적 갈망)이 나타난다. 이 증상은 자율신경계 기능항진(발한, 맥박 수의 이상 증가 등), 손 떨림 증가, 불면증, 오심 및 구토, 일시적 환시, 환청, 초조, 불안 등 여러 가지 신체 · 생리적 또는 심리적 증상이 나타나는 것을 말한다. 대부분 알코올 사용이 중단되거나 감소한 후 알코올의 혈중농도가 급속히 저하되는 4~12시간 이내에 시작된다. 금단증상을 피하고자 다시 알코올을 섭취하게 되고, 그 결과 알코올에 의존하는 알코올사용장애가 된다.

알코올사용장애가 있는 사람은 술로 인해 다양한 고통을 경험한다. 술을 구매하고 마시는 데 많은 시간을 소비한다. 술에 대한 갈망으로 다른 것을 생각하기 어렵

다. 술 마시는 자리를 찾아다니고 없으면 혼자 마신다. 술을 마시는 도중이나 술을 마신 후에는 마음의 고통과 통증이 사라진 것처럼 느낀다. 그러나 술에 취하면 마음이 제대로 작동하지 않는다. 술에 취한 상태에서 운전, 수영, 기계조작, 시비 걸기 등이 나타나고, 술이 깨고 나면 후유증으로 인해 정상적인 기능 수행이 어렵다. 학업결손, 직장결근, 업무수행의 악화, 육아나 집안일의 방치, 약속 불이행 등이 나타난다. 건강상의 문제도 동반된다. 일시적인 의식상실, 위염, 간질환 등이 초래된다. 이 외에 불면증, 우울증, 불안 등의 정신적 문제와 함께 대인관계가 악화한다. 술에 취한 상태에서 가족이나 타인에 대한 폭행, 아동학대, 우발적인 성적 충동, 직장해고, 가정불화 등이 야기되는 경우가 많다(김청송, 2016; 대전복지재단, 2014).

(2) 알코올 중독의 현황

5년마다 수행되는 정신질환 실태조사(보건복지부, 삼성서울병원, 2017)에 의하면, 우리 국민의 정신질환(17개 질환) 평생유병률은 25.4%이다. 이 중에서 주요 정신질환군별 평생유병률[2)]이 가장 높은 것은 알코올사용장애로 12.2%이다([그림 10-1] 참조). 알코올사용장애의 경우 남성의 평생유병률은 18.1%, 여성은 6.4%로 남성이 여성보다 약 3배 높다. 알코올사용장애 1년 유병률[3)]은 3.5%이며, 주요 정신질환군 중 불안장애(5.7%) 다음으로 알코올사용장애가 높다. 성별로는 남성이 여성보다 2배 이상 높다. 우리나라의 알코올사용장애 추정 환자 수는 약 139만 명이며, 남성이 98만 2,000명 정도, 여성이 40만 9,000명 정도이다. 이는 모든 정신질환 추정 환자 수에서 29.6%를 차지하는 수치이다. 139만 명의 정신건강서비스 이용률은 12.1%에 그치고 있다.

우리나라의 경우 알코올 중독이 많은 이유는 사회문화적인 요인에서 찾을 수 있다. 한국 문화는 술에 대해 매우 관용적인 문화라고 할 수 있다. 특히 남자의 경우, 대부분의 만남에서 술을 마시고 또한 술을 잘 마시는 사람이 동료들로부터 호주가(혹은 애주가)로 긍정적인 평가를 받는다. 심리적 긴장과 스트레스를 해소할 수 있는 배출통로가 제한되어 있어 음주를 통해 이를 해소하려는 경향이 강하며, 과음 상태에서 실수나 폭행을 한 경우 비교적 관용적으로 수용되는 경향이 있다(권석만, 2013: 530).

2) 평생유병률이란 평생 동안 한 가지 이상의 정신질환에 한 번 이상 이환된 적이 있는 비율을 말한다.
3) 1년 유병률이란 지난 1년 동안 한 가지 이상의 정신질환에 한 번 이상 이환된 적이 있는 비율을 말한다.

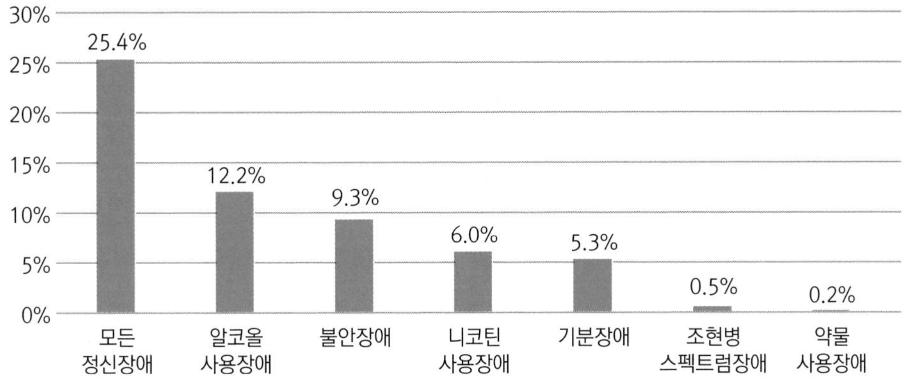

[그림 10-1] 주요 정신질환의 평생유병률

출처: 보건복지부, 삼성서울병원(2017), p. 13.

(3) 알코올 중독의 단계

술을 마신다고 모두 알코올 중독자가 되는 것은 아니다. 알코올 섭취가 빈번해지고 주량이 늘면서 점차 알코올 중독으로 진행될 위험성이 커진다. 알코올 중독으로 진행되는 단계는 다음과 같다(최송식 외, 2019: 190-191; Fishbein & Pease, 1996: 118).

① 알코올 중독 전 단계

음주자는 사회적 · 문화적으로 용인된 방식으로 음주를 시작한다. 즉, 사교적 목적으로 음주를 시작하며 중독 여부와는 관계가 없다. 이 단계에서 대부분의 음주자는 음주 그 자체가 목적이 되지는 않는다. 알코올 중독 전 단계(pre-alcoholic phase)에 있는 음주자는 주로 어떤 긴장이나 스트레스에서 벗어나기 위해 간헐적으로 음주하는 경향이 있는데, 긴장 해소나 도피 목적의 음주가 지속되면 그 빈도가 늘어날 수 있다.

② 알코올 중독 초기 단계

알코올 중독 초기 단계(early alcoholic phase)는 문제성 음주 단계라고 할 수 있다. 음주에 대한 관심이 증가하면서 점진적으로 이에 몰입하는 단계이다. 평소 마시는 음주량과 빈도가 증가하는 시기이다. 음주자는 음주행위에 대한 죄의식을 느끼며, 음주 때문에 사과하고 거짓말하는 횟수가 늘어난다. 주위 사람들과 음주 사실에 대해 이야기하기를 피하며, 술이 문제가 된다는 사실을 부인한다. 일시적 기억상실로 인해 술 마시는 동안의 일을 기억하지 못한다.

③ 진정한 알코올 중독 단계

진정한 알코올 단계(true alcoholic phase)는 음주조절이 잘 안 되고 통제력을 서서히 상실하는 단계이다. 모든 생활이 음주를 중심으로 이루어진다. 개인의 외모, 가정생활, 직장생활 등이 모두 무시되고, 개인적 · 사회적 관계는 악화되며 개인적인 업무수행 능력도 손상을 입는다. 이때 음주자는 '한 잔 마시기 시작하면 그만 마시기가 어렵다.'는 것을 알게 된다. 그러나 이 단계에서도 알코올 중독에 대한 진단이 간과될 수 있다. 때로 알코올 중독의 증상이 눈에 띄지 않거나 음주 사실에 대한 부정(혹은 합리화) 때문에 적절한 확인과 개입이 늦어질 수 있다.

④ 완전한 알코올 중독 단계

완전한 알코올 중독 단계(complete alcoholic phase)는 가장 심각하며, 손상을 입어 질병의 단계에 이른 경우이다. 알코올 중독자는 이제 알코올을 섭취하지 않으면 금단증상에 시달리게 된다. 음주에 대한 통제력을 완전히 상실한 시기이다. 마치 술을 마시기 위해 사는 사람처럼 살아간다. 의학적 도움이 없으면 죽을 수도 있다. 영양실조를 비롯하여 간과 뇌 조직은 완전히 회복할 수 없을 정도로 건강에 문제가 생긴다.

(4) 알코올 중독이 가족에 미치는 영향

알코올 중독은 가족병으로 알려져 있다. 중독자 자신의 삶을 위협할 뿐 아니라 가족 내 갈등을 야기하고 나아가 가족 구성원의 신체적 · 정신적 건강을 위협하게 된다(대전복지재단, 2014: 22-29). 알코올에 중독되면 평소의 모습과는 달리 자신의 문제를 가족의 탓으로 돌리는 경향이 있다. 이는 중독자가 술을 마시려는 변명이나 구실이 되기도 한다. 술을 마시기 위해 혹은 자신의 술 문제를 정당화하기 위해 타인에게 책임을 전가하며, 가족을 비롯한 가까운 사람의 탓으로 돌린다. 술을 마신 사실을 부인하거나, 술 마신 이유를 '누구누구 때문에' 혹은 '가족의 무엇 때문에'로 이야기하면서 술 마신 행동을 합리화한다.

이러한 중독자의 태도로 인해 가족도 혼란을 경험한다. 첫째, 중독자의 아내나 자녀는 알코올 중독에 대한 책임이 자신에게 있다고 느끼면서 심한 죄책감을 느낀다. 둘째, 중독자 가족은 반복되는 음주와 예측할 수 없는 행동에 분노하지만, 가족 내 음주문제를 수치스럽게 생각해 외부와의 접촉을 꺼리고, 음주로 인해 야기된 문제를 부인하거나 문제 자체를 왜곡한다.

알코올 중독은 자녀들에게도 심각한 영향을 미친다. 첫째, 여러 가지 심리정서적 문제를 발생시킨다. 부모가 만취한 상태에서 자녀에게 폭언과 폭력을 행사할 경우 자녀는 부모의 행동에 분노와 적개심을 갖게 되며, 심리적 안정과 애정의 욕구가 좌절된다. 또래들에 비해 낮은 자존감과 혼란, 죄의식, 긴장, 불안, 수치 등의 부정적인 감정을 경험한다. 부모의 음주에 대해 자신 때문이라고 생각하여 과도한 죄의식을 갖는다. 둘째, 행동의 문제를 발생시킨다. 자녀는 부모의 중독 상태에 적응하기 위해 거짓말, 감정표현의 억제, 친밀한 관계의 회피와 같은 방어적 행동을 나타낸다. 학업성취도가 낮아져 학습장애, 무단결석, 또래관계에서 부적응, 과잉행동, 도벽, 가출 등의 문제가 나타낸다. 셋째, 알코올 중독의 세대전이 문제이다. 이는 일반 가정의 자녀보다 알코올 중독 가정의 자녀에게서 세대전이의 위험성이 4배 이상 높게 나타났다. 술을 문제해결의 방법으로 터득하고, 성장하면서 음주나 약물에 더 기대거나, 술에 의존하는 경향이 있다. 넷째, 역할전이(전도)의 문제이다. 알코올 중독이 있는 부모에게 자녀가 오히려 부모와 같은 돌봄의 역할을 하거나, 다른 형제에게 부모 역할을 대신하는 역할전이 현상이 나타난다. 자녀는 자신의 욕구에 민감하지 못하게 될 뿐 아니라, 자신의 욕구를 충족하는 것에 죄의식까지 느끼게 된다.

2) 알코올 중독에 대한 치료 및 재활 서비스

알코올 중독에 대한 최선의 개입은 단주이다. 치료를 통해 술을 완전히 끊고, 회복과정과 재활을 통해 단주상태를 유지해야 한다. 치료는 입원치료와 외래치료로 나눌 수 있다. 현재 우리나라에는 전국적으로 49개소의 중독관리통합지원센터(구 알코올상담센터)와 7개소의 알코올전문병원이 있다. 전문병원은 주로 자살과 타살의 위험이 있거나 건강이 매우 나쁘거나 또는 센터를 이용하기에 어려움이 있는 알코올 중독자가 이용한다. 전문병원에서 운영하는 프로그램은 센터에서 운영하는 프로그램과 비슷하다. 이 외에 알코올 중독자 자조모임(A.A.), 알코올 중독자 가족모임(Al-Anon), 알코올 중독자 자녀모임(Alateen) 등이 있다. 앞으로 거주시설, 중간집, 직업재활시설 등 알코올 중독자의 욕구를 고려한 시설이 확대되어야 한다.

알코올 중독과 관련하여, 현재 많은 정신건강사회복지사가 전국의 중독관리통합지원센터와 알코올전문병원에서 활동하고 있다. 이들은 정신건강전문요원(1급, 2급) 자격증과 함께, 한국정신건강사회복지학회 산하 중독관리위원회에서 주관하는 교육과정을 이수한 후 자격시험에 합격하여 중독전문사회복지사의 자격을 취득하고 있다. 중독전문사회복지사는 우리 사회에서 발생하는 중독 관련 문제에 적극 대응할 수 있도록 정책에서부터 임상 실천지식과 기술을 갖추어 업무를 수행하는 사회복지사를 말한다. 보다 자세한 사항은 한국정신건강사회복지학회 홈페이지에서 확인할 수 있다.

알코올 중독에 대한 개입은 크게 외래치료(약물 및 상담치료), 입원치료(급성으로 집중치료가 필요한 경우), 재활치료(퇴원 후 지역사회 재활), 단주 친목(A.A. 모임 등) 등이다. 이에 대해 몇 가지로 살펴보고자 한다(대전복지재단, 2014; 박상규 외 2017; 최송식 외, 2019: 196-207).

(1) 외래치료

알코올 중독으로 인해 신체적 혹은 심리·정서적 폐해가 관찰되는 상태로 단주를 시도하거나, 변화 필요성을 부분적으로 인정하여 이를 조절하기 위해 노력 중이거나, 금단증상과 내과적(신체적) 합병증으로 정서적 문제가 관찰되지만 응급성을 띠지 않는 경우에 외래치료를 한다. 충분한 개인상담과 임상적 관찰을 거쳐 금단증상의 조절, 신체의 회복, 그리고 우울과 수면습관의 개선을 위해 치료약물을 처방한다.

(2) 입원치료

입원치료는 대상자(중독자)에게 술을 차단하는 구조적인 환경을 제공하여 신체적인 해독, 교육과 숙고를 통한 병식(병에 대한 인정)의 형성, 단주에 대한 결심과 준비, 외출과 외박을 통한 사회적응을 거쳐, 대상자가 퇴원을 해도 단주생활을 유지하도록 돕는 치료이다. 오랜 시간 알코올 중독으로 인해 술 중심으로 생활해 온 대상자에게는 자신의 문제에 대해 숙고하고 단주를 결심하기까지 최소한 3개월 이상의 입원치료 기간이 필요하다. 입원 시 프로그램은 다음과 같다.

① 해독치료

심각한 알코올 중독자(응급성이 있는 환자)에게 가장 먼저 실시해야 하는 것이 해독치료(detoxification)이다. 이는 중독자의 몸에 남아 있는 알코올 성분을 제거하는 것이다. 해독치료는 본격적인 중독치료를 위한 준비 단계로 간주된다. 그러나 다른 어떤 치료보다 우선시되는 것으로 알코올 섭취를 중단함으로써 생기는 신체적인 급성증상을 치료하는 것이 주된 목적이다. 해독과정은 약물해독과 사회적 해독(위기개입)이 있다. 약물해독은 몸 안에 있는 알코올을 몸에 무리를 주지 않으면서 재빨리 해독시키는 것이다. 사회적 해독(위기개입)은 입원 초기 1주일 이내에 이루어지는 것으로, 치료진이 적극적으로 환자와 가족에 개입하는 것이다. 즉, 치료 초기에 나타나는 치료에 대한 주도권 다툼에서 치료자가 환자보다 얼마나 주도권을 쥐는가가 향후 치료를 좌우한다.

② 약물치료

어떤 약물을 사용할 것인가는 치료자의 임상적 판단과 환자의 상태에 따라 달라진다. 주로 단주제와 항우울제, 항불안제 등이 약물치료에 쓰이고 있다. 이런 약물은 오랜 기간 중독되었다가 벗어나고자 시도하는 사람들에게서 나타나는 금단증상을 진정시키고 심리적 불안과 우울을 관리하는 데 필요하다.

③ 동기강화 상담

대부분의 대상자(중독자)는 술 문제를 인식하지 못하기 때문에 단주에 대한 동기가 매우 낮다. 동기강화 상담(motivational interviewing)은 음주문제가 자신과 가족, 그 외에 대인관계나 사회생활에 미친 영향을 올바르게 인식하도록 하여 단주동기를 강화한다. 최근 알코올 치료 프로그램에서 가장 선호되는 것이 동기강화 상담이다. 저항을 다루면서 변화의 동기를 강화하는 동기강화 상담의 4가지 기본 원리는 〈표 10-4〉와 같다(박상규 외, 2017: 88-89; Miller & Rollnick, 2002).

표 10-4 ··· 동기강화 상담에서 핵심적인 4가지 기본 원리

이것은 중독자의 중요한 특징이 변화에 저항적이라는 점을 전제로 하여, 자신의 문제행동이 어떤 부정적 결과를 초래하고 있고 어떻게 변화할 수 있는지를 깨닫도록 하여 변화의 동기를 강화하려는 상담방식이다. 이 상담의 4가지 기본 원리는 다음과 같다. • **공감하기:** 중독자를 있는 그대로 이해하고 받아들여 주는 것이다. 치료자는 중독자의 말과 시각을 존중하고 수용하며, 자유롭게 표현하도록 격려한다. • **모순(불일치) 찾아내기:** 중독자로 하여금 그의 현재 상태와 그가 바라는 삶의 모습 사이에서 차이와 불일치를 인식하도록 하는 것이다. 현재 상태에 대한 정확한 인식과 자신이 원하는 가치와 믿음 사이에 불일치를 느끼게 되면 현재 행동을 변화시키려는 동기가 유발된다. • **저항 다루기(저항과 함께 구르기):** 치료자가 중독자의 저항하는 진술을 충분히 경청해 주면 중독자는 오히려 변화에 대해 긍정적인 진술을 조금씩 하게 된다. 중독자의 저항에 직접 맞서기보다는 경청을 통해 신뢰를 쌓고, 그 힘을 변화를 위한 에너지로 전환시킨다. • **자기효능감 지지하기:** 중독자는 변화를 이루어 낼 능력이 있고, 자신의 생활을 통제할 수 있으며, 유능한 강점을 가지고 있다고 믿도록 도와야 한다. 치료자가 중독자의 능력을 믿으면, 중독자도 자신의 능력을 믿는 것을 배우게 된다.

④ 음주충동 극복기술훈련 프로그램

음주충동에서 벗어나는 여러 가지 기술을 배우는 프로그램으로, 대상자들이 음주충동을 극복하기 위해 이완요법, 심상활용법, 인지수정, 행동요법 등의 방법을 사용한다. 대상자가 음주충동을 느낄 때 훈련받은 방법으로 충동을 이겨 낼 수 있다는 것을 체득함으로써 자신감을 얻고 금주를 유지하도록 돕는다.

⑤ 감정조절훈련 프로그램

대상자가 가장 흔히 느끼는 불쾌한 감정은 화, 분노, 우울, 불안, 좌절감, 충동성, 수치심, 자기연민 등으로 이러한 불쾌한 감정을 다스리지 못해 음주를 하는 경우가 많다. 따라서 이러한 불쾌한 감정을 술이 아닌 건강한 방법으로 해결하도록 도와 대상자가 자신의 감정을 조절할 수 있도록 돕는다.

⑥ 사회기술훈련 프로그램

대상자가 술 없이 건전한 사회생활을 할 수 있도록 돕는 프로그램으로, 의사소통

기법, 자기주장훈련, 비판 주고받기, 칭찬하기, 요구 거절하기 등을 치료자와 함께 시연하면서 새로운 사회기술을 익히게 하고 중독자의 사회적응과 복귀를 돕는다.

⑦ 회복훈련 프로그램

중독 증상에서 회복되기 위해서 반드시 다루어야 할 주제들을 대상자와 치료자가 함께 토론하고 계획을 세우도록 돕는 집단치료이다. 이 시간을 통해 대상자는 자신의 술 문제를 정확히 이해하게 되고, 치료를 거부하는 부정의 심리적 방어를 수정하게 되며, 회복을 위한 대처행동을 배우게 된다.

⑧ 문제해결기술훈련 프로그램

문제해결기술이란 회복 과정에서 대상자가 겪게 되는 대인관계 및 직업상의 어려움 등 음주와 관련된 문제를 효과적으로 해결하는 기술을 말한다. 이는 가장 기본적인 생활사건에서부터 사회적 문제까지 각 영역에서 당면한 문제를 합리적이고 효과적으로 해결하도록 돕는다.

⑨ 12단계 프로그램

단주 친목 모임에서 유래된 12단계를 활용한 프로그램으로, 12단계를 바르게 이해하고 실천하도록 도움을 줌으로써 음주에 대한 강박감을 제거하고, 중독 증상과 그로 인한 결과에 대해 분명히 알 수 있게 하며, 중독에서 벗어나 새롭게 생각하고 느끼는 방법을 배우도록 돕는다.

(3) 재활치료

알코올 중독은 치료를 받더라도 재발률이 높다. 중독자는 다양한 프로그램을 통해 변화하려는 노력을 하지만 여전히 통제 불능의 음주상태가 재발한다. 재발의 주요 이유는 알코올의 중독성을 실감하지 못하거나, 알아도 벗어나야 할 필요성을 못 느끼거나, 벗어날 구체적 방법을 잘 모르기 때문이다. 또한 지속적인 음주로 인해 중독적 사고가 형성되어 이로 인해 삶의 문제를 해결하지 못하고 감정조절에 실패하는 경우가 많기 때문이다. 따라서 중독에서 벗어나 진정한 회복으로 나아가기 위해서는 지속적인 전문교육과 상담, 중독 사례관리, 다양한 재발방지 프로그램을 통해 전문적 도움을 받아야 한다. 특히 재활과 회복 과정에서는 중독자의 음주로 인해 발생한 부부문제, 가족문제를 충분히 다루어 주어야 한다. 가족상담은 입원치료 단계부터 필요하지만, 회복과 재활 단계에서도 가족의 협력이 필수적이다. 중독자와 함께 살면서 형성된 공동의존(co-dependency)의 문제도 함께 다루어 주어야 한다.

① 부부 및 가족상담

중독은 개인의 문제이기 전에 가족 전체의 문제이다. 진정한 치료와 회복을 위해서는 가족개입이 필수적이다. 치료자는 중독문제를 지속시키는 가족역동에 초점을 두어 가족 구성원 간의 관계방식을 변화시키고자 한다. 치료자와 중독자, 부부 혹은 가족이 함께 참여하여 중독증에 대해 배우고, 중독성 음주로 인한 문제에 효과적으로 대처하는 방법을 배우게 된다. 개입의 초점은 중독자와 부부 혹은 가족 구성원 간에 원만한 관계 회복과 중독자 자신의 회복, 그리고 중독문제로 인한 가족의 고통을 감소시키는 데 있다.

한편, 중독자의 가족체계 안에서 자녀가 수행하는 특수한 역할은 〈표 10-5〉와 같다. 가족상담을 통해 이러한 역할이 개선되고 변화되어야 한다(신성만 외, 2019: 437).

표 10-5 ··· 알코올 중독자 자녀의 특수한 역할

- **가족의 영웅 역할**: 이 역할을 하는 자녀는 가족의 고통에 책임감을 느끼고, 가족 전체를 돌보는 책임 있는 부모의 역할을 떠맡는다. 시간이 흐르면서 이들은 부적응적인 면을 보이고 정신적으로 힘든 모습을 보인다.
- **희생양 역할**: 이 역할을 하는 자녀는 위축되고 파괴적이며 무책임한 방식으로 화, 외로움 및 거부당하고 있다는 느낌을 폭발시킨다. 이들은 문제행동을 표출하여 가족문제의 원인이 자신 때문인 것처럼 비난을 받으면서 가족문제의 초점을 흐리게 한다.
- **잊힌 아이 역할이나 없는 듯한 자식 역할**: 이 역할을 하는 자녀는 가족의 지시사항을 잘 따르고, 관심이나 양육을 필요로 하지 않는 것처럼 냉담하고 독립적으로 보인다. 그러나 내면으로는 상처받고 외로움, 부적절감을 갖는다.
- **마스코트 역할**: 이 역할을 하는 자녀는 고통에 찬 가족체계에 익살맞고 유머가 풍부한 모습을 보인다. 주위 사람을 즐겁게 만들어 중독의 문제로부터 주의를 분산시키려는 것이다. 내면으로는 미성숙하고 불안함, 혼란 및 외로움을 경험한다.

출처: 신성만 외(2019), p. 437.

② 공동의존에 대한 개입

알코올 중독자와 함께 사는 가족 구성원들은 가족항상성을 유지하려는 과정에서 자신들도 알코올 중독에 적응하게 된다. 그 결과, 그들은 삶을 조절할 수 없게 되고 건강하지 못한 적응기제를 발달시키게 되는데, 이를 공동의존이라고 한다. 다시 말해서, 공동의존은 중독자와 긴밀한 관계에 있는 사람들이 오랫동안 그와 함께하면서 독특한 상호작용 패턴을 만들어 내고 그 과정에서 나타나는 일종의 정신장애이다.

치료자는 체계적인 가족사정을 통해 가족 구성원의 공동의존 상태를 객관적으로 파악하고, 다양한 상담과 프로그램을 통해 공동의존 상태에서 벗어나도록 돕는다. 가족을 상담할 때 치료자는 위협적이지 않은 방식으로 가족 구성원을 대하며, 알코올 중독으로 인한 공동의존에 대해 정확하고 충분한 정보를 제공한다. 가족은 이러한 상담과 교육 프로그램을 통해 자신은 알코올 중독에 대해 책임이 없으며, 알코올 중독을 야기하지 않았음을 배우고 인식하게 된다. 그리고 알코올 중독자의 회복을 위해 가족 구성원으로서 무엇을 해야 하는지에 대해서도 배우게 된다.

(4) 단주 친목(A.A. 모임 등)

이는 대상자 스스로 알코올 문제를 해결하도록 돕는 자조모임이다. 주로 회복된 대상자들이 다른 회원을 돕는 방식으로 진행되며 알코올에 무력하고, 자신의 생활을 혼자 처리할 수 없음을 인정하고, 회원끼리 서로 조언하고 의지하며 치료와 재활을 위해 노력하는 과정이다. 중독의 경험이 있고 '술을 끊겠다.'는 열망만 있으면 누구든 참여할 수 있다.

오늘날 A.A.는 알코올 중독자의 가족을 위한 알아논(Alanon)과 알코올 중독자 자녀들의 모임인 알아틴(Alateen)으로 확대되고 있다. 현재 170개국 이상에서 단주 친목(A.A. 모임)이 진행되고 있고, 5년마다 세계대회가 열린다. 우리나라는 1988년에 처음으로 세계대회에 참여하였다. 우리나라의 경우 단주 친목 활동이 오랫동안 부진한 시기를 거쳐 왔으나 최근 들어 모임이 활성화되고 있다. A.A.의 주요 신념과 방법은 〈표 10-6〉과 같다(박상규 외, 2017: 90-91).

표 10-6 ··· A.A.의 주요 신념과 방법

• 알코올 중독은 자신 스스로 조절할 수 없는 영적 질병이다. • 알코올 중독자가 술을 완전히 끊지 않으면 생활을 관리하는 것이 점점 더 어려워진다. • 술을 끊기 위해서 알코올 중독자는 자신을 신/위대한 힘에게 맡겨야만 하고 영적으로 건강해져야 한다. • 술을 끊는 가장 좋은 방법은 확실하게 단주하고 영적으로 건강한 생활로 가는 데 도움이 되는 12단계 활동을 실천하는 것이다.

출처: 박상규 외(2017), pp. 90-91.

3) 알코올 중독에 대한 예방 및 증진 서비스

알코올 중독은 문제가 발생하기 전에 예방하는 것이 중요하며, 이러한 사전 예방을 통해 사회적 비용을 절감할 수 있다. 예방에는 4가지 수준이 있다(박상규 외, 2017: 100-101).

- **1차 예방:** 개인과 사회가 알코올 관련 문제에서 자유로울 수 있도록 하는 인식, 지식 및 사회경제적 조건을 제공하려는 공중보건 실천과 정부 정책
- **2차 예방:** 초기 단계에서 위험 음주를 확인하고 문제가 심각해지기 전에 변화하려는 개인들에게 필요한 지침을 제공하는 것(예: 단기개입과 조기개입)
- **3차 예방:** 문제가 지속되는 것을 예방하기 위한 목적으로 제공되는 모든 개입방법(앞에서 살펴본 치료 및 재활서비스)
- **4차 예방:** 변화에 성공한 개인들의 생활에서 새로운 문제를 예방하기 위한 유지 프로그램과 재발방지 프로그램

이와 같은 예방의 관점에서 볼 때, 우리나라는 알코올 중독 문제가 매우 심각할 뿐만 아니라, 지역사회 내 알코올 중독자를 위한 인프라가 크게 부족한 실정이다. 첫째, 지역에서 알코올 중독자를 위한 조기개입 · 상담 및 재활서비스를 제공하는 중독관리통합지원센터가 서비스 대상자 수에 비해 턱없이 부족하다. 전국 49개소(약 9,000명 이용)의 서비스만으로는 전체 알코올 중독자 수 139만 명 중 극히 일부인 0.7% 정도만 서비스를 받고 있다. 둘째, 잦은 재발로 입 · 퇴원을 반복하는 알코

올 중독자를 위한 전문적 치료서비스가 절대적으로 부족한 상황이다. 알코올 중독의 경우 1개월 내 동일 병원(같은 병원)에 재입원하는 비율이 25.5%인데, 이는 중증 정신질환(21.6%)의 경우보다 더 높은 것이다. 특히 중증 정신질환은 항정신병 약물로 증상의 악화를 예방할 수 있으나, 알코올 중독은 효과적인 치료약이 없어 지역에서 지속적인 사례관리가 중요하다. 이러한 배경에서 최근의 알코올 중독에 대한 예방 및 증진 서비스를 다음의 두 가지로 제시하고자 한다(보건복지부, 2018).

(1) 알코올 중독 예방 정책

정부는 2018년에 알코올 중독 관련 예방 정책으로 '음주폐해 예방 실행계획'을 발표하였다. 이는 과거 '제4차 국민건강증진종합계획(Health Plan, 2016~2020)'(절주 분야)을 통하여 알코올 관련 대책을 수립 · 추진한 바가 있으나 그 실행이 미흡

비전	**음주폐해 없는 건강하고 안전한 사회**
추진전략	• 음주친화적 환경에서 **건강친화적 환경**으로 개선 • 음주에 대한 **개인 및 사회적 인식**이 변화될 수 있도록 지원 • **알코올 중독자** 회복 지원을 통한 지역사회 복귀
목표	19세 이상 1인당 순수알코올 섭취량 감소: 2015년 9.0L → 2020년 8.5L

4대 분야	주요 과제
1. 음주조장환경 개선을 위한 제도 마련	• 공공장소 금주구역 지정 등 주류접근성 제한 • 광고 환경 변화에 따른 주류광고 규제 개선
2. 절주실천을 위한 지원 환경 조성	• 절주인식 제고를 위한 가이드라인 개발 • 절주환경 조성을 위한 대국민 캠페인 활성화 • 절주실천을 위한 대상별 역량강화 프로그램 보급 • 미디어 음주장면 자정 강화
3. 알코올 중독자 치료 · 재활을 위한 서비스 강화	• 알코올 중독 서비스 전달체계 개선 • 알코올 중독 당사자(회복자) 활동 활성화 • 치료 · 재활 프로그램 도입 및 의료서비스 강화 • 알코올 중독자 정신재활시설 확충
4. 음주폐해 예방을 위한 인프라 구축 · 강화	• 음주폐해 감소를 위한 정부민간 네트워크 구축 • 근거 중심 정책 개발을 위한 연구 강화

[그림 10-2] 국가 음주폐해 예방사업 추진 방향 및 전략

출처: 보건복지부(2018), p. 14.

하여 새로운 예방 정책을 제시할 필요성이 대두되었다. 음주폐해 예방 실행계획에서는 음주조장환경 개선을 위한 제도 마련, 절주실천을 위한 지원 환경의 조성, 알코올 중독자 치료 · 재활을 위한 서비스 강화, 음주폐해 예방을 위한 인프라 구축 · 강화 등을 4대 분야 주요 과제로 설정하였다. 국가 음주폐해 예방사업의 추진 방향 및 전략을 구체적으로 살펴보면 [그림 10-2]와 같다.

국가 음주폐해 예방사업 4대 분야의 주요 과제 중에서 정부의 지원이 꼭 필요한 치료 및 재활 서비스 강화에는 다음과 같은 세부 과제를 포함하고 있다. 즉, 알코올 중독자를 위한 치료 서비스 전달체계 개선, 중독관리통합지원센터와 정신건강복지센터의 신규 사업으로 회복자 상담가 사업의 추진, 동기강화 집중치료 프로그램 도입 및 의료서비스 강화, 알코올 중독자 전문시설 확충 및 정신재활모델 확산 등이다. 이러한 세부 과제들이 연차적으로 실행된다면 알코올 중독에 대한 전국적인 예방사업이 보다 활성화될 수 있을 것이다.

(2) 중독관리통합지원센터의 예방 및 증진 서비스

중독관리통합지원센터는 지역사회를 기반으로 한 중독문제 관리체계를 구축함으로써 중독자 및 그 가족에 대한 지원과 지역 주민에 대한 중독(알코올, 도박, 인터넷, 마약, 기타 중독) 예방 서비스를 제공하기 위해 설립되었다. 이 센터는 중독자의 조기발견과 단기개입 서비스의 제공, 지역 내 중독재활서비스 연계 및 지원 등을 통해 중독자와 그 가족들에 대한 지역사회 기반 서비스를 제공하고 있다.

이러한 서비스가 효과적으로 제공되기 위해서는 정부 및 지방자치단체에서 센터 인력의 확충과 사업 예산을 충분히 지원할 필요가 있다. 최근 복지환경의 변화로 통합사례관리와 커뮤니티 케어 등 민 · 관 협력이 강화되면서 중독문제가 있는 이용자들의 센터 의뢰가 급격히 증가하고 있다. 센터 내 업무뿐만 아니라 증가된 의뢰서비스에 대응하기 위해서는 충분한 인력의 확보가 가장 시급하다. 정부의 정신건강업무 안내(보건복지부, 2020a)를 보면, 중독문제 예방과 정신건강증진을 위해 중독관리통합지원센터에서 다음과 같은 업무를 수행하도록 하고 있다(〈표 10-7〉 참조).

표 10-7 ··· 중독관리통합지원센터의 주요 업무

• 중독문제 조기선별과 단기개입을 통한 고위험군 발굴 및 의뢰체계 구축
• 지역사회 네트워크 구축을 위한 중독문제 고위험군 의뢰체계 구축
• 발견된 중독 관련 고위험군 및 의뢰 접수된 대상 심층 사정평가 수행
• 지역 내 중독 관련 고위험군 대상 교육 및 집단개입 프로그램 수행
• 중독 관련 고위험군에 대한 사례관리서비스 제공
• 선택적 집단을 대상으로 하는 중독문제 예방 및 교육사업
• 중독 관련 지식수준 향상을 위한 교육 및 계몽사업
• 보건복지, 법무체계 등 지역 인프라를 구축하여 중독문제 연계체계 활성화
• 지역사회 내 중독 관련 기관과 협력체계 구축
• 의료기관과 대상자 서비스 연계관리
• 중독 관련 전문상담기관과 대상자 및 서비스 연계, 의뢰

출처: 보건복지부(2020a), pp. 144-145.

3. 인터넷 중독

1) 인터넷 중독의 개요

(1) 인터넷 중독의 개념과 증상

인터넷 중독(internet addiction)은 행위중독의 한 유형으로 인터넷을 과다 사용하여 인터넷 사용에 대한 금단과 내성이 생기고, 이로 인해 일상생활에 장애가 발생하는 경우를 말한다. DSM-5에는 이에 관한 공식적인 진단명이 없는 상태이다. 이는 인터넷 중독을 구별된 정신장애로 볼 것인가의 논쟁이 지속되고 있기 때문이다. 중독으로 보지 않는 입장에서는 '인터넷 중독'이라는 말 대신 '문제적 인터넷 사용' '병리적 인터넷 사용' '강박적 인터넷 사용'과 같은 용어를 쓰고 있다. 인터넷 중독을 행위중독으로 보는 경우, 〈표 10-8〉과 같은 6가지 증상이 인터넷 중독에도 나타난다고 주장한다(서장원, 2017: 27-31).

표 10-8 · · · 인터넷 중독의 주요 증상

인터넷 사용에 대한 몰두 인터넷 중독을 경험하는 사람들은 인터넷 사용과 관련된 생각에 몰두한다. 이들은 인터넷을 하지 않을 때에도 인터넷 관련 생각에 빠져들곤 한다. 이런 생각들은 현실의 과업에 집중하는 것을 방해하며, 인터넷 사용에 대한 갈망을 자극하게 된다.
기분조절 수단으로 인터넷 사용 인터넷을 처음 사용하게 된 배경은 기분조절과 관련이 없는 경우가 많다. 하지만 인터넷의 기분조절 기능을 경험하게 되면 부정적 감정을 경험할 때나 별다른 이유 없이 기분이 가라앉을 때 인터넷을 반복적으로 사용하게 된다.
금단 물질 중독만큼 뚜렷하지는 않지만 인터넷 중독을 경험하는 사람들도 금단증상을 보이는 것으로 알려져 있다. 그러나 물질 중독과는 달리 신체적 증상(예: 현기증, 구토, 환각)은 두드러지지 않은 편이며, 주로 불안이나 우울, 짜증과 같은 심리적 증상이 나타난다. 인터넷 중독자들은 인터넷을 사용함으로써 금단증상을 해소하려고 한다.
내성 인터넷 중독에서 경험하는 내성은 물질 중독만큼 뚜렷하지는 않다. 그것은 인터넷 사용이 늘 새롭고 자극적인 내용으로 가득 차 있기 때문에 인터넷 사용 시간에서의 내성은 두드러지지 않는 특성이 있다. 오히려 내성은 새로운 콘텐츠를 추구하는 경향으로 나타날 수 있다.
직업 및 대인관계에서의 부정적 결과 다른 중독과 마찬가지로 인터넷 중독 또한 심각한 수준의 직업적 문제, 대인관계에서의 문제를 나타낼 수 있다. 근무시간에 사적인 인터넷 사용으로 상사와 갈등을 겪거나, 과다한 인터넷 사용으로 대인관계에서의 의무를 소홀히 할 수 있다. 이러한 행동을 바꾸려 해도 잘 개선되지 않는다.
통제 결여 인터넷 중독자들은 인터넷 사용과정에서 통제력을 잃는 경향이 있다. 원래 계획했던 시간보다 더 오랜 시간 사용하거나, 시간감각을 잃고 게임에 몰두하게 된다. 인터넷 사용을 줄이고자 노력하지만 억제하지 못하고 반복적으로 실패한다.

출처: 서장원(2017), pp. 27-31.

(2) 인터넷 중독의 유형

인터넷 중독은 대상자가 인터넷을 어떤 목적으로 과다하게 사용하는가에 따라 다양한 유형으로 구분된다. 몇 가지 유형을 제시하면 다음과 같다(서장원, 2017: 33-44).

① 인터넷 게임 장애

인터넷 중독 중에서 가장 활발하게 연구되고 있는 유형이다. 이는 과도한 인터넷 게임 행동으로 인해 심한 고통이나 기능 손상을 경험하는 것을 말한다. DSM-5에서 포함하고 있는 '추가 연구가 필요한 진단적 상태'에는 인터넷 게임 장애(internet gaming disorder)에 대한 진단기준이 제시되어 있다. 즉, 임상적으로 심각한 기능 손상이나 고통을 유발하는 인터넷 게임 행동이 지난 12개월 이내에 다음의 9개 항목 중 5개 이상이 나타나는 경우이다. 구체적인 진단기준은 〈표 10-9〉과 같다.

표 10-9 ••• DSM-5에서 인터넷 게임 장애의 진단기준

A. 임상적으로 심각한 손상이나 고통을 유발하는 인터넷 게임 행동이 지난 12개월 이내에 다음 중 5개 이상의 방식으로 나타나야 한다.

1. 인터넷 게임에 몰두해 있다(이전에 했던 게임에 대해 생각하거나 다음에 할 게임에 대해 생각한다. 인터넷 게임이 일과 중 가장 중요한 위치를 차지한다).
2. 인터넷 게임을 하지 못하게 되면 금단증상이 나타난다(금단증상은 일반적으로 짜증이나 불안, 슬픔 등으로 나타나며, 약물학적 금단증상의 신체 증후는 없다).
3. 내성이 나타난다. 좀 더 오랫동안 인터넷 게임을 하고 싶은 욕구가 나타난다.
4. 인터넷 게임을 통제하려 하지만 반복적으로 실패한다.
5. 인터넷 게임을 제외하고는 이전에 즐겼던 취미나 유흥에 대해 관심을 잃게 된다.
6. 심리사회적인 문제를 알고 있음에도 불구하고 지속적으로 과도하게 인터넷 게임을 한다.
7. 인터넷 게임을 한 시간과 관련하여 가족이나 치료자 등 주변 사람들에게 거짓말을 한다.
8. 부정적인 기분(무력감, 죄책감, 불안)을 피하거나 줄이기 위해 인터넷 게임을 한다.
9. 인터넷 게임 때문에 중요한 인간관계나 일자리, 학업적 · 직업적 기회를 망치거나 잃어버린다.

* 주의: 인터넷 도박은 배제한다. 사업이나 전문적인 목적으로 인터넷을 사용하는 것 또한 배제한다. 사회적인 목적의 인터넷 사용이나 성적인 목적을 가진 인터넷 사용 또한 배제한다.

출처: American Psychiatric Association (2013/2015), p. 877.

인터넷 게임을 하는 모든 사람이 인터넷 게임 장애에 빠지는 것은 아니다. 인터넷 게임이 과도하여 일상생활에 지장을 주는 경우 대부분의 사람은 게임 행동을 멈추거나 자제한다. 그러나 그렇지 못한 사람은 크게 두 가지 이유로 설명된다. 첫째, 게임을 통해 얻는 보상이 반드시 필요하기 때문일 수 있다. 실제로 인터넷 게임 장애에 빠지는 사람은 기본적으로 보상에 대한 의존성이 매우 강하다. 이러한 보상을 현실에서 얻지 못하기 때문에 인터넷 게임을 통해 보상을 얻으려는 경우가 많다. 둘째, 행동을 조절하는 능력이 기본적으로 부족하기 때문일 수 있다. 사람들은 현재와 미래의 이익과 손실을 고려하여 자신의 행동을 조절한다. 그러나 이러한 조절 기능이 부족한 경우는 인터넷 게임 행동을 조절하는 데 어려움을 겪을 수 있다.

② 인터넷 성 중독

인터넷을 이용한 모든 성 활동은 중독이 될 수 있다. 성적인 내용의 소설이나 사진, 동영상 등을 이용하는 것뿐만 아니라 성적인 내용을 주제로 타인과 대화를 나누는 것, 게시판이나 대화 프로그램 등을 이용하여 오프라인에서 만날 수 있는 성적 파트너를 만나는 것 등이 인터넷 성 중독 행동이 될 수 있다. 그러나 인터넷을 이용한 성 활동 자체가 인터넷 성 중독으로 간주되지는 않는다. 인터넷을 통한 성 활동이 과도하여 일상 기능에 큰 손상을 입히거나 주관적인 고통을 유발할 때 중독으로 진단된다. 인터넷 성 중독은 온라인 익명성에 기대어 성적 억제효과가 약화되면서 확산되는 측면이 있다. 또한 다른 중독과 구별되는 뚜렷한 특징은 친밀한 관계에 있는 가족이나 주변 사람들에게 매우 심각한 심리적 충격을 안겨 준다는 점이다.

③ 일반화된 병리적 인터넷 사용

이것은 대상자가 특정한 목적 없이 단지 호기심과 습관, 지루함을 달래기 위해 다양한 인터넷 활동을 지속하는 유형을 말한다. 이 유형은 휴대성이 뛰어난 스마트폰이 보급되면서 크게 주목을 받고 있다. 인터넷 공간을 계속 떠돌다가 특별한 목적 없는 대화(채팅)를 나누거나, 그때그때의 흥미나 관심사에 따라 이곳저곳을 옮겨 가며 인터넷을 하는 경향이 있다. 문제는 이러한 행위로 인해 일상 과제를 수행하는 데 필요한 시간을 잃게 되고, 현실적인 대인관계에서 어려움을 겪게 된다. 인터넷 사용이 습관화되면 특정한 상황에서 자동적으로 인터넷을 사용하게 되고, 이러한 습관화된 행동은 강한 반복성과 변화 저항성으로 나타나 중독 행동이 쉽게 교정되지 않는다.

(3) 인터넷 중독의 현황

인터넷 중독은 아직 진단체계가 확립되어 있지 않기 때문에 정확한 유병률을 산출하기 어렵다. 그동안 진행된 연구들은 서로 다른 진단체계와 척도를 사용했기 때문에 그 결과를 직접적으로 비교할 수 없다. 하지만 전반적으로 볼 때 서양보다는 동양에서 유병률이 더 높은 것으로 확인되고 있다. 현재까지 발표된 보고들을 종합하면, 미국이나 유럽에서는 유병률이 1.5~8.2% 정도로 나타나는 반면, 중국을 포함한 아시아권에서는 3.5~18.5%로 높게 나타나고 있다(서장원, 2017: 45).

우리나라의 경우 과학기술정보통신부와 한국정보화진흥원(2019b)이 조사한 결과를 보면, 2019년 우리 국민의 스마트폰 과의존[4] 위험군 비율은 20%로 스마트폰 전체 사용자 5명 중 1명에 해당하는 것으로 나타났다. 이는 2012년 11.1%에서 해마다 증가한 수치이며, 2018년 19.1%에서 0.9% 증가한 것이다([그림 10-3] 참조).

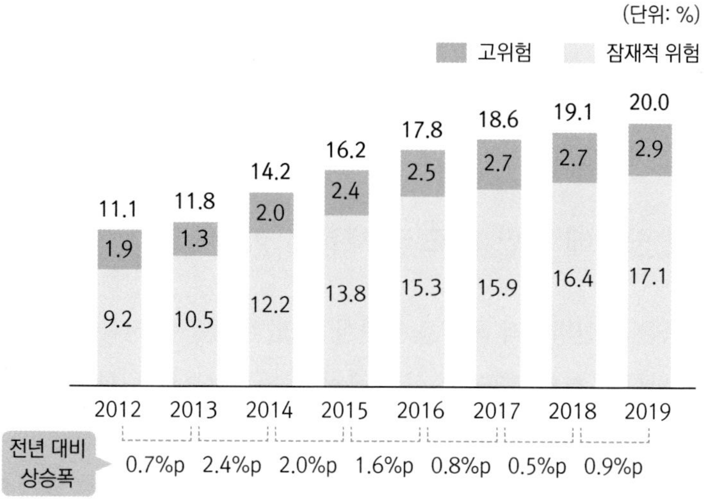

[그림 10-3] 스마트폰 과의존 현황

출처: 과학기술정보통신부, 한국정보화진흥원(2019b), p. 8.

4) 스마트폰 과의존이란 과도한 스마트폰 이용으로 스마트폰이 일상에서 가장 우선시되는 활동이 되고, 이용 조절력이 감소하여 신체 · 심리 · 사회적 문제를 겪는 상태를 말한다.

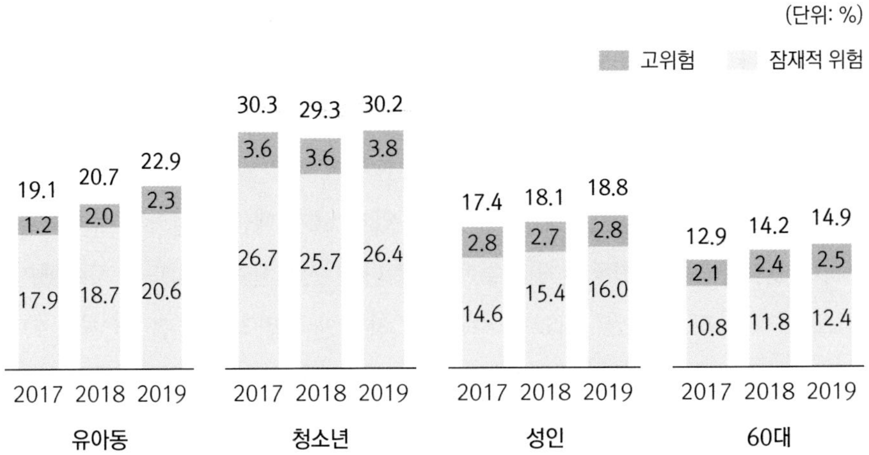

[그림 10-4] 연도별 · 대상별 스마트폰 과의존 위험군 현황

출처: 과학기술정보통신부, 한국정보화진흥원(2019b), p. 9.

또한 연령별로 보면, 청소년의 과의존이 가장 높아서 30.2%였으며, 유아동의 과의존 위험도는 22.9%였다. 성별로 보면, 전체적으로 남성이 여성에 비해 과의존 비율이 높았다. 그리고 청소년과 60대 이상 노년층의 경우 여성이 남성보다 다소 높은 것으로 나타났다. 학령별로는 중학생이 34.0%로 과의존 비율이 가장 높았고, 성인과 60대 이상의 연령층은 해마다 증가하고 있는 것으로 나타났다([그림 10-4] 참조).

2) 인터넷 중독에 대한 치료 및 재활 서비스

인터넷 중독은 정신병리적 특성을 동반할 수 있기 때문에 정확한 진단을 거쳐 적절한 치료를 받아야 한다. 그리고 치료 후에는 지속적으로 재활서비스를 받을 필요가 있다. 성인이 인터넷을 과다하게 사용하면 충동조절장애나 우울증, 인격장애, 사회공포증을 경험할 수 있고, 아동 · 청소년의 경우는 반항 및 품행장애, 주의력결핍 과잉행동장애 등을 경험할 수 있다. 이러한 문제는 인터넷 중독 이전의 특성이 아니라, 과다사용으로 인한 중독행동의 결과이다. 인터넷 중독자가 병원이나 상담센터를 방문하여 제공받을 수 있는 몇 가지 치료 방법은 다음과 같다(서장원, 2017: 103-159).

(1) 인지행동치료

인지행동치료에서는 인터넷 중독을 유발하고 유지시키는 인지적 요인을 파악하여 변화시키는 개입과 인터넷 사용 행동을 줄이기 위한 개입을 한다. 이를 위해 우선 인터넷 사용 행동과 관련된 부정적인 인지나 인지적 오류를 파악한다. 그다음으로는 부정적 인지에 도전하여 수정하는 작업을 하는데, 논리적 측면에서 인지적 오류가 과연 현실적인지, 실용적인지를 따져 본다. 마지막으로는 인터넷을 사용하는 시간을 실제적으로 줄여 가는 훈련을 한다. 특히 인터넷 중독 이면에 자리하고 있는 대인관계 기술의 결함을 해소하는 다양한 사회성 훈련을 실시한다.

(2) 현실치료

현실치료는 인터넷 중독을 비롯한 다양한 중독치료에 매우 효과적이다. 이 치료의 중심은 대상자가 5가지 기본적인 요구(생존, 사랑, 권력, 자유, 재미)를 충족하기 위해 자신이 무언가를 선택한다는 것이다. 이러한 선택 행위가 자발적으로 이루어질 수 있도록 WDEP 치료모델(Wants-소망하는 것이 무엇인지, Doing and direction-어떤 행동을 선택하고 있는지, Evaluation-자신을 평가하고, Planning and commitment-실천계획을 세우는 일)을 적용한다. 현실적으로 많은 중독행동에 대한 치료가 실패하는 이유는 중독 행동의 제거에만 초점을 두기 때문이다. 보다 기본적인 욕구를 충족시키는 대안행동을 강화함으로써 인터넷 사용을 조절할 수 있다.

(3) 가족치료

청소년들의 경우 가족에서 충족시킬 수 없는 욕구를 인터넷 게임을 통해 충족시키려는 경우가 많다. 그렇기에 청소년의 가족관계를 개선함으로써 인터넷 중독문제를 해결하려는 접근이 가족치료이다. 가족치료는 청소년의 인터넷 사용문제에 대한 개인적 분석과 가족체계에 초점을 둔 분석을 하면서, 청소년이 가족관계 안에서 효과적으로 욕구를 충족시킬 수 있도록 청소년의 행동과 가족구조를 변화시킨다.

(4) 가족의 도움

청소년뿐만 아니라 성인의 경우에도 인터넷을 과다하게 사용하는 이유가 전반적인 가족관계의 악화 및 배우자에 대한 각종 불만과 갈등에서 시작되는 경우가 많다. 특히 인터넷 성 중독의 경우 이런 시도가 배우자에게 알려지면 큰 충격과 상처를 주게 된다. 일반화된 병리적 인터넷 사용의 경우에도 친밀한 가족관계나 주변관계가 와해되면서 외로움을 달래기 위해 인터넷을 떠돌 수 있다. 그렇기에 대상자가 인터넷 중독에서 회복되기 위해서는 가족의 도움과 지원이 꼭 필요하다. 인터넷 중독에 대한 비난을 멈추고, 상대의 마음을 이해하면서 공감하려는 노력이 필요하다. 가족의 노력으로 대상자가 가족 안에서 인정받고 지지를 느낄 수 있다면 인터넷 과다사용에서 스스로 벗어날 수 있을 것이다.

3) 인터넷 중독에 대한 예방 및 증진 서비스

인터넷 중독에 대한 최선의 개입은 예방적 노력이다. 다른 유형의 중독과 마찬가지로 인터넷 중독 또한 그 자신 및 가족, 주변에 미치는 부정적인 영향이 크기 때문에 가능한 한 사전 예방적 대책과 인터넷 사용에 대한 교육·훈련을 통해 효과적으로 대응할 수 있다.

우리나라의 경우 인터넷 중독에 대한 국가 차원의 개입으로 전국적으로 18개소의 스마트쉼센터(http://www.iapc.or.kr)를 운영하고 있다. 스마트쉼센터는 ① 인터넷·스마트폰 과다사용과 관련한 학교 부적응, 진로, 대인관계, 가족갈등에 대한 각종 상담(개인상담, 집단상담, 생애주기별 상담), ② 중독 관련 조사·연구 및 관련 정책과 교육콘텐츠의 개발, ③ 전문 인력 양성, ④ 상담협력기관과의 네트워크, ⑤ 인터넷 사용지도와 예방을 위한 다양한 활동을 하고 있다. 개입에서는 인터넷 사용자를 일반 사용자군, 잠재적 위험 사용자군, 고위험 사용자군으로 구분하여 프로그램을 진행하고 있다. 스마트폰 과의존 상담의 흐름도는 [그림 10-5]와 같다.

인터넷 중독은 다른 중독과 마찬가지로 오랜 기간에 걸쳐 습관화되기 때문에 단기간의 치료나 상담으로 회복되기 어려울 수 있다. 따라서 치료는 늘 재발을 염두에 두고 회복상태를 유지하는 노력이 중요하다. 꾸준한 치료와 상담뿐 아니라 회복을 위한 주변인의 따뜻한 지지와 도움, 그리고 지역에서 자조모임이나 중독 사례관리를 통해 중독에서 자유로운 생활이 가능하다. 대학생과 성인의 스마트폰 과의존을 예방하는 데 유용한 지침을 〈표 10-10〉과 같이 소개한다(자세한 내용은 스마트쉼센터 홈페이지 참조).

[그림 10-5] 스마트폰 과의존 상담 흐름도

출처: 스마트쉼센터 홈페이지.

표 10-10 ··· 성인의 스마트쉼, REST

1단계 | **R** 스마트폰 과의존 문제 인식(problem **R**ecognition)

1. 성인의 스마트폰 과의존 위험군이 해마다 증가하고 있습니다.

2. 과도한 스마트폰 사용은 우리의 일상생활에 다양한 부작용을 야기합니다.
   1) 신체에 미치는 스마트폰의 부정적 영향
   2) 정신 및 심리 · 사회적 건강에 미치는 스마트폰의 부정적 영향
   3) 일자리와 안전에 미치는 스마트폰의 부정적 영향

3. 나의 스마트폰 사용습관, 점검해 볼까요?
   1) 무의식적으로 사용하는 스마트폰
   2) 스마트폰이 없이는 상상할 수 없는 삶

4. 5분! 스마트폰 과의존 수준을 스스로 확인해 보세요.
   1) 스마트폰 과의존 점검 방법
   2) 성인용 스마트폰 과의존 척도

5. 스마트폰 사용습관을 관리하는 애플리케이션을 사용해 보세요.

6. 스마트폰을 이용하지 않는 시간과 장소를 정해 디지털 디톡스(Detox)를 실천해 보세요.

7. 디지털 리터러시 및 활용역량을 개발해 보세요.

8. 디지털 기술로 사회 현안을 해결할 수 있습니다.

2단계 | **E** 스마트폰 사용 상태 점검(stat**E** check)

3단계 | **S** 바른 스마트폰 사용 실천방안 및 대안 제시(**S**uggest alternatives)

4단계 | **T** 주변 사람과의 관계 형성 강화(connec**T**)

- 스마트폰을 내려놓고 인간관계의 소중함을 경험해 보세요.
- 진정한 공감은 스마트폰 없이 소통할 때 가능합니다.
- 공공장소에서 스마트폰 예절을 지킵니다.
- 안전하고 신뢰할 수 있는 디지털 문화를 만들어 갑니다.

출처: 스마트쉼센터 홈페이지.

생각해 볼 문제

- 중독은 크게 물질중독과 행위중독으로 구분되는데, 각각의 하위 유형들에 대해 관심을 갖고 관련 자료나 인터넷 검색을 통해서 중독 관련 지식을 늘려 가도록 해 보자.
- 학습자 자신의 행동에서 중독성이 있는 행동은 무엇인가? 혹시 본인은 스마트폰 혹은 인터넷 과다사용자인가? 그 근거는 무엇이고 어떻게 회복될 수 있는지에 대해 조사하여 발표해 보자.
- 알코올 중독이나 인터넷 중독으로 진단되려면 어떤 조건을 충족시켜야 하는지를 생각해 보고, DSM-5에서의 진단기준을 자세히 살펴보고, 질문이나 의견이 있으면 자유롭게 말해 보자.
- 중독이 가족에게 미치는 영향을 살펴보고, 가족이 치료나 회복에 어떻게 참여해야 하는지에 대해 함께 토론해 보자.

제11장
자살

우리 사회에서 자살은 개인의 문제를 넘어 심각한 사회문제가 되고 있다. 자살로 인해 개인의 소중한 생명이 위협을 받고 있으며, 가까운 가족과 주변인들이 깊은 상처와 고통을 경험하고 있다. 자살문제가 발생하는 요인을 보면 이미 사회 · 환경적, 사회구조적 문제와 밀접하게 관련되어 있다. 또한 자살로 인한 심리사회적 피해 및 사회경제적 비용이 크게 증가하고 있어 그 어느 때보다 국가의 적극적인 개입이 필요하다. 정신건강 현장에서도 정신건강사회복지사를 비롯한 전문가들의 역할이 크게 요구받고 있다. 이에 제11장에서는 먼저 자살의 개념과 현황을 알아보고, 자살 위기개입과 관련 정책을 중심으로 자살에 대한 예방 및 개입, 사후 서비스에 대해 살펴보고자 한다.

1. 자살의 개념과 현황

1) 자살의 개념

자살(suicide)이라는 용어는 'sui(자신)+cide' 또는 'cidium(죽인다)'라는 라틴어에서 유래한 것으로, 개인이 자유의사에 따라 고의적으로 자신의 생명을 끊는 모든 행위를 말한다. 그 원인이 개인적이든 사회적이든 당사자가 자유의사에 의해 자신의 목숨을 끊는 행위를 말한다. 세계보건기구(WHO)는 자살이란 '자살행동으로 죽음을 초래한' 경우로서 '죽음의 의도와 동기를 인식하면서 자신에게 손상을 입히는 행위'로 정의하고 있다(WHO, 2004d).

자살시도(suicidal attempt)란 자살생각(suicidal ideation)으로부터 자살행동(suicidal commitment)으로 이어지는 연속적 과정에서 중간에 위치한다. 자살생각은 자살을 행하는 것에 대한 생각이나 사고를 의미하며, 죽음에 대한 일반적인 생각으로부터 자살 수단에 대한 생각까지를 포함한다. 다양한 자살행동에는 결과(죽음), 행위의 주체(스스로 초래한 행위), 죽으려는 의도, 의식(자각)이라는 공통점이 있다. 자해(self-harm 또는 self-injury)란 자살시도와는 차이가 있으며, 자살의도를 가지지 않고 의도적으로 신체조직을 직접적으로 손상시키는 행위를 말한다(보건복지부, 중앙자살예방센터, 2019; 중앙자살예방센터, 2012).

2) 자살 현황[1)]

우리나라의 경우 2018년 자살자 수는 13,670명으로 전년 대비 1,207명(9.7%) 증가하였다. 1일 평균 자살자 수는 37.5명이며, 자살률은 인구 10만 명당 26.6명이다. 1987년부터 2018년까지의 자살률 추이를 보면, 외환위기 때였던 1998년에 급격히 증가한 이후 2003년 카드대란 사태와 2009년 글로벌 금융위기 직후를 기점으로 더욱 증가하였고, 2011년 자살률이 인구 10만 명당 31.7명까지 높아져 최고치를 기록하였다. 이후 2013년에 일시적 증가를 제외하고는 2017년까지 감소하는 추세였으나, 2018년에 전년 대비 2.3명(9.5%) 증가하였다. OECD 회원국의 최근 자살률(OECD 표준인구 10만 명당) 평균은 11.5명인 데 비해, 우리나라는 24.6명으로 가장 높은 자살률을 보이고 있으며, OECD 평균보다 2.1배 높다(2019년 9월 24일 기준 OECD에서 제공하는 Health Data에 근거한 수치). 여기서는 2018년 기준 우리나라 국민의 성별, 연령대별, 교육정도별, 수단별, 동기별 자살 현황에 대해 살펴본다.

1) 자살 현황에 대한 자료는 보건복지부와 중앙자살예방센터(2020)의 「자살예방 백서」를 주로 참조하였다.

(1) 성별 자살 현황

2018년 우리나라 남자의 자살률(인구 10만 명당)은 38.5명, 여자는 14.8명으로 남자가 여자보다 2.6배 높다. 또한 성별 자살률은 2017년까지 지속해서 감소하였으나, 2018년에는 남녀 모두 다소 증가하였다.

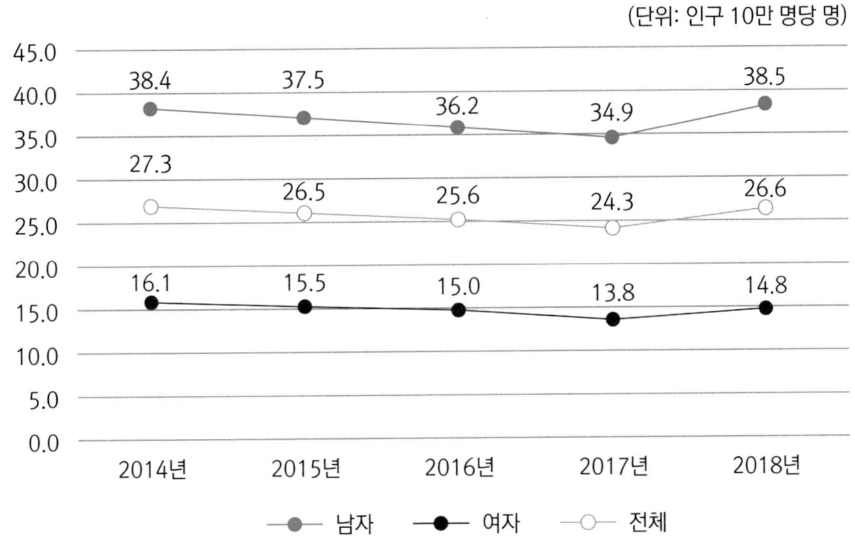

[그림 11-1] 2014~2018년 성별 자살률 추이

출처: 보건복지부, 중앙자살예방센터(2020), p. 31.

(2) 연령대별 자살 현황

2018년 연령대별 자살자 수는 50대가 2,812명으로 가장 많고, 자살률(인구 10만 명당)은 80세 이상(69.8명), 70대(48.9명), 50대(33.4명) 순으로 높다. 50대 자살률이 60대보다 0.5명 더 높았으나 전반적으로 연령대가 높을수록 자살률도 증가하는 경향을 보였다.

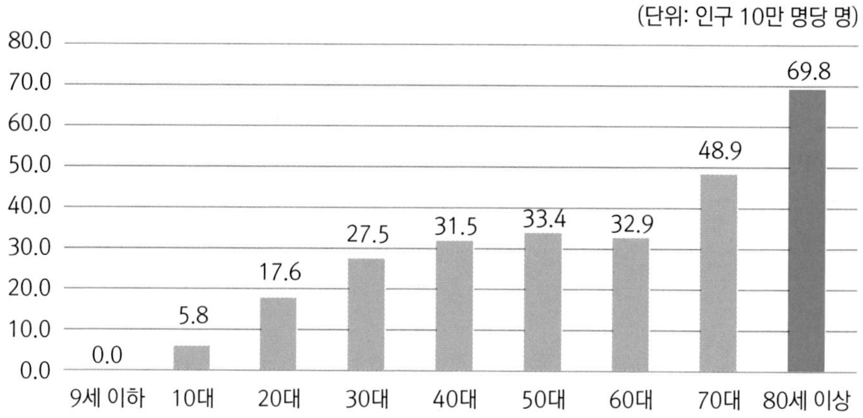

[그림 11-2] 2018년 연령대별 자살률

출처: 보건복지부, 중앙자살예방센터(2020), p. 32.

(3) 교육정도별 자살 현황

2018년 교육정도별 자살자 수는 고등학교 졸업 4,984명(36.5%), 대학교 졸업 3,298명(24.1%), 초등학교 졸업 1,952명(14.3%), 중학교 졸업 1,791명(13.1%), 미상 693명(5.1%), 무학 664명(4.9%), 대학원 이상 288명(2.1%) 순이다.

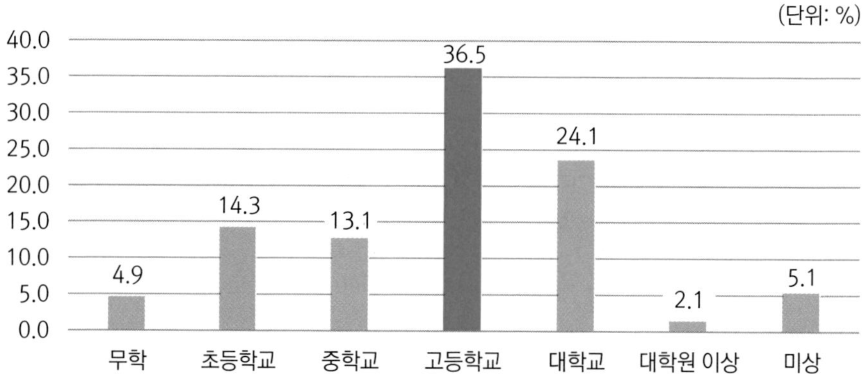

[그림 11-3] 2018년 교육정도별 자살 비율

출처: 보건복지부, 중앙자살예방센터(2020), p. 57.

(4) 수단별 자살 현황

2018년 수단별 자살자 수는 목맴 7,125명(52.1%), 추락 2,273명(16.6%), 가스

중독 2,152명(15.7%), 농약 음독 806명(5.9%) 순이고, 가스 중독은 일산화탄소가 88.8%, 산화질소가 4.6%를 차지하였다.

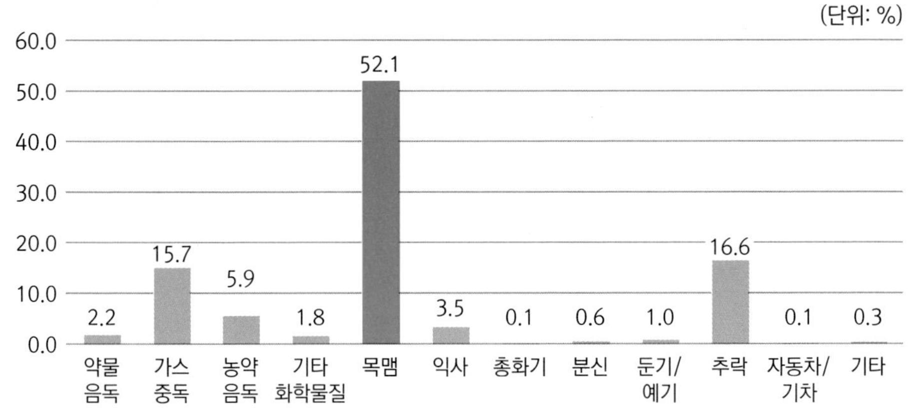

[그림 11-4] 2018년 수단별 자살 비율

출처: 보건복지부, 중앙자살예방센터(2020), p. 63.

(5) 동기별 자살 현황

자살의 원인(동기) 현황 및 추이를 파악하기 위해 경찰청에서 제공한 2014~2018년 변사자료의 자살통계를 활용하여 분석하였다. 2018년 경찰청 변사자료에 따른 동기별 자살 현황을 보면 정신적 문제가 31.6%로 가장 높고, 뒤이어 경제생활 문제

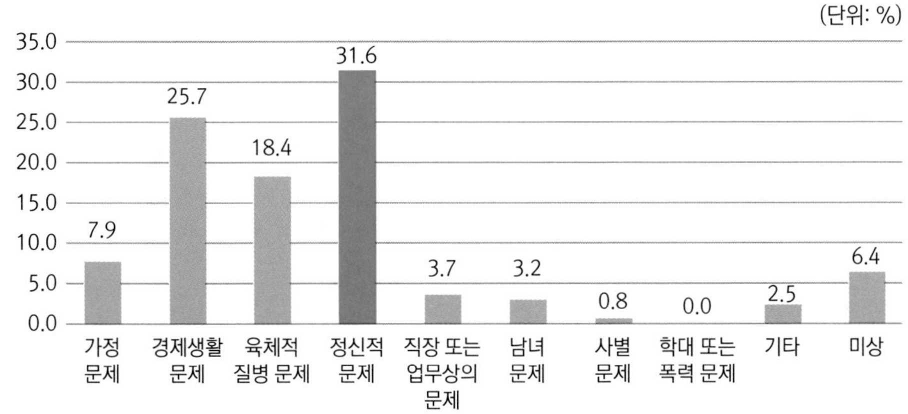

[그림 11-5] 2018년 동기별 자살 비율

출처: 보건복지부, 중앙자살예방센터(2020), p. 77.

25.7%, 육체적 질병 문제 18.4%, 가정 문제 7.9%, 직장 또는 업무상의 문제 3.7%, 남녀 문제 3.2%, 사별 문제 0.8% 순이며, 학대 또는 폭력 문제는 0명(2017년 7명)이었다.

2. 자살 관련 요인과 위험 징후

1) 자살의 위험요인과 보호요인

자살은 자신의 생명을 스스로 직접 중단하는 행위로서 여러 가지 위험요인과 보호요인이 복합적으로 작용한다. 즉, 자살을 하는 사람은 보호요인보다는 위험요인에 더 많이 노출되어 있다고 볼 수 있다. 이에 자살을 생각하는 사람을 도울 때 그를 둘러싼 위험요인과 보호요인을 충분히 파악하여 그에 맞는 생존전략을 세울 필요가 있다. 먼저, 자살 위험성을 증가시키는 위험요인에 대해 살펴보고자 한다(서울시자살예방센터, 2011; 최송식 외, 2019: 349-351).

(1) 자살의 위험요인

① 개인적 요인

- 자신에 대한 부정적 평가와 낮은 자존감
- 우울한 성향
- 과거 자살시도 경험
- 술, 담배, 약물 남용
- 스트레스 대처기제의 부족
- 도박 및 컴퓨터 게임 중독
- 심한 스트레스 사건: 상실의 경험

② 가족 요인

- 이혼의 경험

- 자살의 가족력
- 가족중심 지원체계의 약화
- 가정폭력과 학대
- 가족결손 및 상실
- 의사소통 및 지지체계의 부족

③ 정신 및 신체질환, 외상 관련 요인

- **정신질환:** 우울증, 조현병, 알코올 중독과 같은 정신질환이 있을 경우 자살 위험성이 증가한다. 정신질환이 있을 때 평생 동안 자살 위험성은 기분장애 15%, 공황장애 7~15%, 조현병 10%, 알코올 중독 3%, 경계성 인격장애 7% 정도로 보고되고 있다(서울시자살예방센터, 2011: 22-24). 자살로 목숨을 잃은 사람들을 조사한 결과, 자살자의 90%가 정신질환이 있었던 것으로 보고되었다(중앙자살예방센터, 2012: 29).
- **만성 신체질환:** 신체적 질병으로 인한 고통은 스트레스의 원인으로 작용할 수 있기에 만성 신체질환은 자살의 위험성을 증가시킨다.
- **발달적 외상:** 어린 시절 신체적 혹은 성적 학대를 받았던 경험은 자살 위험성을 증가시킨다. 현재까지의 연구를 종합하면 유년 시절에 학대를 경험한 사람들의 자살 위험성은 그렇지 않은 사람들의 경우보다 10배 정도 높다(중앙자살예방센터, 2012: 30).

④ 사회적 요인

- **경제적 요인:** 경제적 지위가 낮을수록 자살률은 높다. 이는 단지 소득수준이 낮다는 의미보다는 경제적 양극화와 소득불평등으로 인한 영향이 더 크다고 볼 수 있다. 이러한 경제적 요인은 남성 청장년의 주요 자살 요인이 되고 있다.
- **사회적 지지 요인:** 사회적 지지 요인은 지역사회 모임 참여, 사회 구성원과의 상호작용, 사회적 접촉의 빈도 등을 의미한다. 이러한 사회적 지지 요인이 약할 때 자살의 위험성이 증가한다.
- **사회자원 요인:** 자살 위험에 처한 사람이나 어려움을 경험하고 있는 사람이 이용할 수 있는 지역사회 자원의 정도가 자살에 영향을 미친다. 자원에 쉽게 접

근할 수 없거나 적절한 자원이 부족한 경우 자살 위험성을 증가시킨다.

- **사회구조의 불평등**: 높은 노인 인구율, 농촌과 도시의 큰 격차, 낮은 사회통합의 정도 등은 자살에 영향을 주는 사회구조 및 문화적 요소이다. 사회구조가 지나치게 경쟁 중심이며, 취업 및 학업 스트레스가 가중되고, 자살도구에의 접근성이 높으면 자살의 위험성이 증가한다.
- **언론 요인**: 우리나라의 언론은 자살에 대한 권고지침을 잘 지키지 않고 있고, 자살사건을 지나치게 자세하고 선정적으로 보도하는 경향이 있다. 이로 인해 평소 자살을 생각하고 있던 사람에게 모방 자살의 계기를 만들어 주는 측면이 있다. 자극적이지 않은 제목, 자살이라는 직접적인 용어 사용의 자제, 자살 방법에 대한 보도 자제, 자살현장 사진 보도 자제 등의 자살보도 권고지침을 철저히 준수하는 노력이 필요하다.

(2) 자살의 보호요인

앞에서 살펴본 자살의 위험요인 자체가 자살행동으로 직접 연결되지는 않는다. 자살 위험성이 있다 하더라도 이를 완충시키는 보호요인이 강하게 작용한다면 자살행동의 위험성은 낮아질 것이다. 오히려 어려운 상황을 해결하도록 하여 생존의 가능성을 높여 줄 것이다. 〈표 11-1〉은 자살의 보호요인을 제시한 것이다(중앙자살예방센터, 2012).

표 11-1 ··· 자살의 보호요인

내적인/개인적인 보호요인	• 삶의 가치나 의미에 대한 강한 믿음 • 뚜렷한 목표의식 • 사회적 기술(문제해결이나 분노를 다루는 방법) • 신체적 · 정신적 건강 • 친한 친구나 지지적인 타인 • 미래에 대한 희망과 낙관적인 태도 • 절제력 • 약물치료에 순응적 태도 • 강한 자기가치감 • 자기통제감

사회환경적인 보호요인	• 대인관계에서의 강한 연대감(특히 가족 구성원이나 돌보아 주는 어른과의 관계) • 지지적이고 응집력 높은 가족 • 학교나 사회적 활동에 다양한 참여 기회 • 자살예방에 대한 지역사회의 관심과 지원 • 미디어 매체, 인터넷 매체 등의 건강한 문제해결 정보 • 위기 시마다 도움받을 수 있는 기관(전화상담, 사이버상담, 대면상담 등) • 자원봉사활동 • 종교적인 믿음 • 반려동물

출처: 중앙자살예방센터(2012), pp. 30-31.

2) 자살의 위험 징후

자살하려는 사람들 대부분이 자살에 대해 생각하고 있거나 자살을 할 의도가 있다는 것을 주변 사람들에게 알린다. 주변 사람들이 이러한 자살의 위험 징후들을 식별할 수 있다면 적절하고 즉각적인 도움을 줄 수 있다. 〈표 11-2〉는 자살의 위험 징후를 정리한 것이다(중앙자살예방센터, 2012).

표 11-2 ··· 자살의 위험 징후

언어	• 자살이나 살인, 죽음에 대한 말을 자주 한다. • 자기비하적인 말을 한다. • 사후세계를 동경하는 말을 한다. • 신체적 불편함을 호소한다. • 자살하는 방법에 대해 질문한다. • 자살한 사람들에 관한 이야기를 꺼낸다.
행동	• 수면상태의 변화: 평소보다 너무 많이 혹은 너무 적게 잔다. 잠들기 어려워하거나 잠이 들고 난 후에도 자주 뒤척이고 너무 일찍 잠에서 깬다. • 식사상태의 변화: 평소보다 덜 먹거나 더 많이 먹는다. 다이어트를 하거나 신체적 질환이 있는 것도 아닌데 체중이 감소하거나 증가한다. • 주변을 정리한다. • 자살에 대한 계획을 세운다. • 감정상태의 변화: 죄책감, 수치심, 외로움, 평소보다 화를 잘 내거나 짜증을 낸다. 멍한 모습을 보인다. 절망감, 무기력감, 스스로 무가치하게 여기고, 슬프거나 우울해한다.

	• 무기력, 대인기피, 흥미상실: 평소에 기쁨을 느끼던 활동을 더 이상 즐기지 않거나 타인과의 관계를 피한다. • 평소와는 다른 기괴하거나 비일상적인 행동(예: 위험하고 무모한 방식의 운전) • 집중력 저하 및 사소한 일에 대한 결정의 어려움: 이로 인해 업무수행이 저하된다. • 외모관리에 대한 무관심 • 자해행동이나 물질 남용
상황	• 가족과의 갈등이나 동료, 친구와의 갈등 • 이성 친구와의 결별 • 가족이나 친구의 죽음 • 이혼이나 별거 • 과도한 업무부담 • 좌절이나 실패, 사회적 지위의 상실 • 공개적으로 망신을 당하거나 비난을 받음 • 도박이나 주식 투자 등으로 감당하기 어려운 경제적 손실을 겪음 • 가족의 심각한 경제적 어려움(예: 가장의 정리해고) • 구타, 가혹행위, 성적 학대를 당함 • 신체적 질병이나 손상 등

출처: 중앙자살예방센터(2012), pp. 32-33.

3. 자살에 대한 위기개입

1) 자살에 대한 위기개입 절차

자살은 생명과 직결되는 문제로서 즉각적인 개입이 필요하다. 자살시도자에 대한 위기개입은 대상자의 전화를 받는 순간부터 혹은 대상자를 만나는 순간부터 시작된다. 자살 위험성이 있는 대상자를 돕는 위기개입은 다음과 같은 절차로 이루어진다(서울시자살예방센터, 2011).

(1) 대상자의 신체적 안전 상태 파악

자살은 생명과 직결되기 때문에 대상자의 신체적 안전을 확보하는 것이 가장 중요하다. 그렇기 때문에 초기 전화상담에서 대상자가 현재 안전한 곳에 있는지, 신체적으로 다친 곳이 없는지를 파악한다. 이는 의뢰자에 따라 달라질 수 있는데, 만약 경찰이나 119에 의해 의뢰된 경우 대부분이 고위험 사례이기 때문에 기관종사자에게 대상자의 상태를 파악하여 신체적인 안정성을 확보하도록 조치를 취해야 한다. 또한 의뢰경로와 보호자를 찾도록 요청해야 한다. 자살시도가 없었거나 대상자가 직접 전화를 했을 경우에는 대부분 전화상담 도중 자살을 시도하는 경우가 드물기 때문에 일단 안전과 안정을 되찾을 수 있도록 상담을 이끌어 가면서 평가하는 것이 바람직하다.

(2) 자살 위험성 평가

자살 위험성은 1차적으로 CTRS(Crisis Triage Rating Scale)에 따라 정신상태 위험성(간이 정신상태검사), 강점과 지지체계, 상담에 대한 협조 정도 등을 고려하여 판단한다. 자살 위험성은 여러 가지 정보를 종합하여 고위험, 중위험, 저위험, 위험성 없음, 평가불가 등으로 구분한다(〈표 11-3〉 참조). 고위험은 자살에 대한 구체적인 계획, 치명성이 높은 자살도구, 24시간 이내 자살 시도할 가능성 판단, 과거 자살시도 경험, 여러 위험 요인을 갖고 있는 사람, 현 정신건강의학과적 상태, 지지체계 부재, 치료와 상담에 대해 비협조적일 경우에 해당한다. 중위험은 막연한 자살계획, 치명성이 낮은 자살도구, 몇 가지 위험 요인을 갖고 있는 사람, 지지체계가 있으나 적극적이지 못한 경우에 해당한다. 저위험은 자살생각만 있고, 자살계획이 없으며, 위험 요인이 적고, 지지체계가 높은 경우에 해당한다.

(3) 응급출동

고위험일 경우에는 응급출동하여 대상자에 대한 2차 대면평가를 한다. 출동은 2명이 하는 것을 원칙으로 하는데, 이는 급박한 상황에서의 빠르고 정확한 판단과 전문요원들의 안전, 개입에 대한 책임성을 위해서이다. 대면평가는 대상자의 자살생각과 계획을 좀 더 정확히 평가할 수 있으며, 최대한 대상자의 동의를 받아 개입할 수 있는 기회를 마련할 수 있다. 고위험 중에서도 자살도구에 대한 접근성이 높은 경우(예: 다리 위에 있거나 약물을 소지하고 있는 경우)에는 응급상황으로 구분하여 전문요원이 도착하기 전까지 대상자 안전 확보를 위해 112, 119를 출동시키도록 한다.

(4) 대상자 동의

자살 위험성 평가 후 개입에 앞서 대상자에게 서비스 동의를 받는 것이 중요하다. 자살을 이야기하는 대상자들은 오랫동안 고민하고 어렵게 이야기를 꺼내는 사람들이다. 그렇기 때문에 동의를 구하는 것은 그들이 존중받고 있다고 느낄 수 있는 기회이기도 하다. 그러나 응급상황이고 고위험군일 경우에는 상담과 치료에 비협조적일 경우가 많기 때문에 강제적인 개입을 선택할 수밖에 없다. 따라서 안전을 확보한 후에는 반드시 강제적인 개입의 목적을 충분히 설명한 후 이해를 구하는 행동을 하도록 해야 한다.

(5) 위험도에 따른 개입

긴급한 도움이 이루어질 때는 대상자의 위험도를 고려하여 진행한다. 개입은 〈표 11-3〉과 같이 지지상담, 위기상담 전화약속, 정신건강의학과 외래 혹은 입원, 모니터링, 사례관리, 보호자 고지 등 다양한 활동이 이루어진다. 개입의 결정은 전문가가 속한 팀에서 의논하는 것이 좋은데, 그 이유는 고위험이고 응급일수록 개입에 대한 책임이 뒤따를 수 있기 때문이다.

표 11-3 ··· 위험도에 따른 개입 활동

분류	위험성 평가	개입
저위험	• 자살생각만 있음 • 자살계획 없음 • 위험 요인이 적음 • 지지체계 있음 • 상담 및 치료에 협조적인 태도	• 자살충동 시 위기상담전화 활용 권유 • 이용할 수 있는 지역자원 안내 • 정신건강의학과 외래 권유 • 정신건강의학과 질환이 있는 경우 지역정신건강복지센터 일시 사례관리
중위험	• 치명성이 낮은 자살도구 • 막연한 자살계획 • 몇 가지의 자살 위험요인이 있음 • 지지체계가 있으나 적극적이지 않음 • 과거 정신건강의학과 치료력이 있음 • 상담 및 치료에 양가적인 태도	• 정신건강의학과 입원 혹은 외래 권유 • 자살충동 시 위기상담전화 활용 권유 • 유지 사례관리: 1회/2주 이상 접촉 • 보호자 고지

고위험	• 24시간 이내 시도 가능성 • 치명성이 높은 자살도구 • 구체적인 계획 • 과거 자살시도 • 현재 정신건강의학과적 문제가 높음, 최근 정신건강의학과 퇴원자 • 낮은 지지체계 • 상담 및 치료에 비협조적인 태도	• 정신건강의학과 입원 • 자살도구 제거 • 보호자 고지 • 혼자 두지 않기 • 집중 사례관리: 1회/주 이상 접촉 • 모니터링
응급	• 고위험군+자살도구 접근성이 높은 경우	• 출동(112, 119, 전문요원): 신변확보, 응급처치 • 보호자 고지 • 정신건강의학과 입원 • 위기 사례관리: 1회/2일 이상 접촉

출처: 중앙자살예방센터(2012), p. 35.

(6) 재평가

계획했던 개입이 이루어진 후 대상자의 자살 위험성을 재평가한다. 6개월에 한 번씩은 평가하도록 한다. 평가 결과를 토대로 자살문제에 대한 변화 기록과 함께 필요시 적절한 사례관리 형태로 재배치하여 서비스를 제공하도록 한다.

(7) 종결

자살과 관련하여 종결 시 중요한 것은 자살 위험성의 제거이다. 제거 사실을 완전히 확인하기는 어렵지만, 대상자가 자살충동이 있을 때 언제든 상담을 청할 수 있도록 하여 상담을 종결한다. 다음과 같은 종결이 있을 수 있다.

- 문제가 해결되어 종결이 되는 경우
- 대상자가 다른 상담기관을 선택하여 종결이 되는 경우
- 대상자가 거부하여 8주 이상 연락이 두절된 경우
- 보호자, 대상자 모두 서비스를 거절한 경우
- 사망한 경우
- 다른 지역으로 이전된 경우

2) 정신건강전문가의 자살상담

자살을 생각하거나 시도하려는 대상자를 돕는 상담은 누구에게든 쉽지 않다. 관련 경험이 적은 전문가는 위기(응급)상황 대처 후, 지역사회 기반 사례관리 계획을 세우고 개입하는 것보다는 단순한 의료기관 연계 차원에서 문제를 마무리하려는 경향이 있다. 한편, 경험이 많은 전문가는 문제를 과소평가하게 되는 오류를 범할 수 있고, 자신의 기준과 가치관에 맞추어 대상자를 일방적으로 이끌어 가는 경향이 있을 수 있다. 따라서 자살상담은 충분한 훈련과 슈퍼비전을 통해 효과적으로 진행할 필요가 있다. 정신건강전문가가 자살상담을 할 때 유의해야 할 사항이다(서울시자살예방센터, 2011).

- 현장에서는 적절한 거리를 유지하여 대상자와 상담자의 안전을 최우선으로 고려한다.
- 침착한 태도를 유지하여 안정된 분위기에서 도움을 받도록 한다.
- 반드시 자살도구를 제거하도록 한다.
- 응급 시에는 비밀보장보다는 안전이 우선임을 고지한다.
- 내가 해 줄 수 있는 것과 해 줄 수 없는 것에 대한 한계를 명확히 한다.
- 대상자의 자살의도, 자살방법 등에 대해 부정적으로 말하지 않는다.
- 단순한 조언을 생략하고, 막연하게 잘 될 것이라고 말하지 않는다.
- 자살시도 후 응급조치가 필요한 상황이면 일정한 휴식을 취한 후 상담한다.
- 혼자 두지 않도록 한다.

자살 징후가 있는 대상자를 상담할 때 가장 중요한 것은 자살생각을 직접 묻는 것이다. 정신건강전문가의 용기 있고 진심 어린 질문은 대상자에게 진정한 관심으로 전달되고 신뢰의 마음으로 느껴질 수 있다. 앞서 자살 위기개입의 절차를 살펴보았는데, 여기서는 자살 징후가 있는 대상자를 상담하는 단계를 소개한다(James & Gilliland, 2005/2008).

(1) 문제 정의하기

첫 단계는 자살을 생각하는 사람의 관점에서 문제를 이해하는 것이다. 자살을 생각하는 사람의 문제는 무엇이며, 그 문제를 어떻게 느끼고 인지하고 있는지를 파악한다. 일단 문제를 파악하고 나면 문제를 가능한 한 정확하게 정의해야 한다. 이 단계에서 적극적인 경청이 요구되며 신뢰관계를 형성해야 한다.

(2) 안전 확보하기

안전 확보는 자살을 생각하는 사람의 신체적, 정서적, 심리적 위험을 감소시킬 수 있는 모든 방법을 강구하는 것을 의미한다. 이 단계에서 중요한 것은 자살의 위험성을 평가하는 것이다. 자살에 대해 구체적인 계획을 갖고 있을수록 위험성이 높으므로 계획의 구체성에 대해 확인해야 한다. 자살에 대해 솔직하게 이야기 나누는 것이 필요하다. 자살도구가 주위에 있다면 자살의 위험성이 계속 유지됨을 의미한다. 신뢰관계가 형성되면 자살도구를 제거하도록 설득하여 없애도록 한다.

(3) 지지하기

지지단계에서는 자살을 생각하는 사람에게 '당신에게 진정한 관심을 가지고 있다.'는 사실을 확인시켜야 한다. 이를 위해 자살을 생각하는 사람에게 수용적이며 긍정적인 태도로 대할 수 있어야 한다.

(4) 대안 탐색하기

자살을 생각하는 사람들은 대체로 자살이 유일한 해결 방법이라고 생각하기 때문에 문제를 바라보는 시야가 좁아져 있다. 자살을 선택했을 때 얻어질 이익에 대해 질문하면 대부분 막연한 환상이나 오류를 갖고 있는 경우가 많다. 그 오류를 스스로 이야기하면서 자신을 바라볼 수 있도록 해야 한다. 또한 건강한 방법으로 위기를 극복할 수 있도록 문제를 객관화시켜 주고 해결 가능한 대안을 찾을 수 있도록 도와준다.

(5) 계획 세우기

전 단계에서 대안을 찾은 후에는 이 대안을 실행시킬 수 있는 구체적인 계획을 수립해야 한다. 즉각적으로 지지를 얻을 수 있는 자원을 명확히 하고, 자살을 생각하는 사람이 활용 가능한 현실적인 계획을 세울 수 있도록 돕는다.

(6) 참여 유도하기

자살을 생각하는 사람의 계획을 요약해 보고, 참여에 동의를 구한다. 또한 계획에 대한 책임감을 설명함으로써 자살을 생각하는 사람 스스로 계획을 수행하고 유지할 수 있도록 한다. 대상자와 신뢰관계가 형성되었다면 자살을 하지 않겠다는 서약을 받는 것도 좋다. 서약은 강제성이 없지만, 지키려고 하는 힘이 있다. 자살생각이 들 때, 도움을 요청하겠다는 약속과 언제나 도움을 줄 수 있는 준비된 사람이 있다는 것만으로도 대상자는 안정을 느낀다. 이 단계에서 전문가는 기본적으로 공감적이며 지지적인 태도를 유지하고 자살을 생각하는 사람을 비난하는 태도를 보여서는 안 된다.

3) 자살 유가족이 겪는 어려움

자살은 개인의 문제가 아니라 그가 속한 가족 전체의 문제이다. 가족 구성원이 자살시도를 하게 되면 그 행위에 따른 피해와 고통은 자살시도자 자신과 가족 구성원 모두의 것이 된다. 자살시도로 죽음을 맞게 되면, 남은 가족은 자살 유가족(혹은 유족)이 된다.

자살 유가족이란 법적으로 가족관계에 있는 친인척을 자살로 잃은 사람뿐만 아니라, 넓은 의미에서는 사회적 관계 안에서 자살로 사망한 사람이 있는 경우를 포함한다. 그렇기에 자살 유가족의 범위와 현황을 파악하는 것이 쉽지 않다. 일반적으로 1명이 자살로 사망할 경우 최소 5~10명이 자살 유가족이 되는 것으로 알려져 있다. 자살 유가족은 일반적인 사망과는 다른 애도과정과 심리사회적 고통을 경험하며 정신적, 신체적, 경제적, 사회적 측면에서 다음과 같은 복합적인 어려움을 겪는다(중앙자살예방센터, 2017).

- 고인의 죽음에 대한 주변의 시선과 편견에 대한 불편함
- 우울, 불안, 의욕 저하, 스트레스

- 자살의 위험성 증가(자살생각과 시도)
- 신체적 건강의 문제(두통, 두근거림, 호흡곤란, 위궤양, 불면증 등)
- 주 부양자의 사망으로 인한 수입 중단과 경제적 곤란

자살 유가족이 이용할 수 있는 서비스는 각 지역의 유가족 모임, 자살예방센터, 정신건강복지센터, 병의원 등이다. 그러나 주변의 따가운 시선이나 편견 때문에, 지역사회 자원이나 지원방법을 잘 몰라서, 원하는 서비스가 없어서 적절한 지원을 받지 못하는 상황이다. 따라서 정신건강 현장에서는 유가족의 욕구에 맞는 서비스 개발과 지원방안 확대, 적극적인 홍보를 통해 자살 유가족의 고통과 어려움을 해결해 주도록 노력해야 한다. 구체적으로는 정신건강 상담뿐만 아니라 장례 및 행정문제 처리에 대한 지원, 경제적 지원 및 자립 지원, 신체적 어려움에 대한 지원이 우선 고려되어야 한다.

4. 자살 관련 정책과 자살예방사업[2)]

1) 보건복지부(자살예방정책과)

우리 정부는 사회적으로 심각한 자살문제에 적극 대응하기 위해 2018년 1월에 자살예방 국가행동계획(2018~2022년)을 수립하였다. 또한 효과적인 자살예방정책을 기획 · 추진하기 위한 전담부서로 보건복지부 내 자살예방정책과를 신설하였다.

자살예방정책과는 자살이 개인의 문제가 아니라 국가적으로 해결해야 할 사회문제라는 인식을 바탕으로 자살예방정책을 수립하고, 각 부처와 지방자치단체, 자살예방 및 정신건강, 사회복지서비스 등을 제공하는 다양한 민간위탁기관이 자살예방업무를 유기적으로 수행할 수 있도록 연계 지원하고 있다. 주요 업무는 제4장(정신건강서비스 전달체계)을 참조하기 바란다.

보건복지부는 자살예방 국가행동계획의 몇 가지 과제로서 자살자를 전수조사하

2) 자살 관련 정책과 자살예방사업은 보건복지부와 중앙자살예방센터(2020)의 『2020 자살예방 백서』를 주로 참조하였다.

고, 건강보험 빅데이터 등을 활용하여 고위험군을 발굴하며, 1차 의료기관 등을 통한 선별 · 치료 연계체계를 강화하도록 하였다. 응급실 자살시도자 사후관리 기관을 확대하였으며, 자살유발 정보 및 자살수단 관리, 자살 유가족 지원 등에 관한 자살예방법을 2019년에 개정하였다. 이러한 국가행동계획은 관계부처와 합동으로 추진상황을 점검하고, 향후 요구되는 자살예방 시행계획을 수립하게 된다.

2) 중앙자살예방센터

중앙정부, 지방자치단체, 사회 각계 기관과 협력하여 자살예방사업을 추진하고, 자살예방 및 생명존중문화를 조성하기 위해 「자살예방 및 생명존중문화 조성을 위한 법률」 제13조에 의하여 중앙자살예방센터를 설치 및 운영하고 있다. 중앙자살예방센터는 사회 각계 민관협력 기관과 네트워크를 구축하고, 자살예방 홍보 및 교육, 자살예방 전문 인력 양성, 자살시도자 사후관리, 자살 유가족 지원 등 다양한 자살예방사업을 추진하고 있다. 중앙자살예방센터의 자살예방사업은 다음과 같다.

(1) 대외협력

자살예방사업 수행기관, 사회 각 분야의 전문가, 유관기관과 긴밀히 협력하여 국가 자살예방 정책과 정보를 공유하고 자살예방활동을 확산하기 위하여 자살예방 네트워크를 구축하고, 자살예방사업을 효과적으로 추진할 수 있도록 지원하고 있다.

(2) 교육

국민의 자살에 대한 인식을 개선하고, 자살예방 및 생명존중문화를 조성하고자 자살 위기자를 파악하고, 자살 고위험군에 직접 개입할 수 있도록 자살예방 생명지킴이 교육을 시행하고 있다. 자살예방 생명지킴이 양성을 위한 시민강좌, 지역사회 자살예방사업 실무자 대상 역량 강화 교육, 유관기관 자살예방사업 담당자 자살예방 교육과정을 개설하여 자살예방사업 실무자의 전문성과 역량을 강화하는 노력을 하고 있다.

(3) 홍보

자살예방에 대한 국민적 공감대를 형성하고, 생명존중문화 및 인식 확산을 도모하기 위해 자살예방 캠페인 추진, 공익광고 제작, 자살예방 정책 홍보를 수행하고 있다. 자살예방 캠페인 '괜찮니?' 프로그램을 운영하고 있으며, 대학생 서포터즈, 공모전, 온·오프라인 엽서 작성, 네이버 웹툰, 카카오톡 이모티콘 등의 콘텐츠를 개발하여 보급하는 등 자살은 예방할 수 있다는 전 국민 인식개선을 위해 활동하고 있다.

(4) 미디어정보

자살예방에 도움이 되는 미디어 문화 조성을 위해 「자살보도 권고기준」을 교육 및 보급하고, 자살유해정보 모니터링과 더불어 건강한 미디어 정보관리를 위해 관련 기관과 지속적으로 협의하고 있다.

(5) 응급실 지원

자살시도로 응급실에 내원한 환자의 정서적 안정을 촉진하고, 자살 재시도를 방지하기 위해 '사례관리팀-응급의학과-정신건강의학과-지역사회(정신건강복지센터 및 자살예방센터)'를 연계하여 응급실에 내원한 자살시도자의 신체적 손상 및 정신건강의학과적 문제에 대한 치료와 서비스를 함께 제공하고 있다. 또한 이 사업이 성공적으로 운영될 수 있도록 사업 수행기관의 역량을 강화하고, 업무수행을 지원하고 있다.

(6) 기타

중앙자살예방센터에서는 자살예방과 관련한 다양한 연구개발 사업을 수행하고 있다. 국내외 자살 관련 문헌 DB를 구축·관리하고 있으며, 자살예방 사업 실무자 등을 대상으로 자살 통계 교육을 시행하고 있다. 아울러 매년 자살예방 백서를 발간하여 배포하고 있다.

3) 중앙심리부검센터

보건복지부는 근거 기반 자살예방정책을 수립하기 위해 2014년 4월에 중앙심리부검센터를 설립하여 현재까지 위탁 운영하고 있다. 중앙심리부검센터는 자살 사망자의 사망원인을 다각적으로 분석하고, 자살 유족(유가족) 및 전문 인력을 지원하는 역할을 수행하고 있다. 중앙심리부검센터의 구체적인 사업내용은 〈표 11-4〉와 같다.

표 11-4 ··· 중앙심리부검센터의 사업내용

구분	내용
심리부검을 통한 자살사망 원인 분석	• 심리부검 면담도구 개발 및 면담체계 구축 • 광역주도형 심리부검 전문요원 양성 • 대상 및 집단 특성별 표적화된 심리부검 면담 시행 • 심리부검 결과 분석 및 다각화된 자살 사망자료 수집
자살 유족(유가족) 사후관리 강화를 위한 지원	• 지방자치단체 자살 유족 지원체계 구축(자살 유족 원스톱 서비스 사업) • 자살 유족 프로그램 개발 및 연구 • 자살 유족 전문가 양성 및 교육 지원 • 자살 유족 동료지원 활동가 양성 및 활동 지원 • 자살 유족 치료비 지원(외부지원사업) • 자살 사후개입 시스템 운영 및 지원
자살 유족(유가족) 지원을 위한 홍보	• 웹서비스 운영(자살 유족 전용 홈페이지 및 자가 치유 프로그램) • 유족 인식개선 캠페인 및 홍보 • 세계 자살 유족의 날 행사
경찰 수사기록 · 건강보험자료를 활용한 분석	• 7년간(2013~2019년) 발생한 자살사망자 전수조사 • 지역별 자살사망 특성 분석 • 자살사망자 전수조사 자료에 건강보험자료를 연계하여 분석 • 자살사망 데이터 구축을 통해 다학제적 자살예방연구 활성화에 기여

출처: 보건복지부, 중앙자살예방센터(2020), p. 173.

중앙심리부검센터에서 자살 유족(유가족)의 사후관리를 위한 사업을 보면, 각 지역의 정신건강복지센터 및 자살예방센터와 협력하여 다양한 서비스를 제공하고 있다.

첫째, 유족을 지원하는 프로그램을 제작해 보급하고 있다. 유족은 사별 이후 다양한 삶의 영역에서 변화를 겪으며, 상실과 트라우마, 우울 등 정신건강 문제와 일상생활 및 대인관계에서 많은 어려움을 겪기 때문에 전문적 개입이 필요하다. 이를 위해 고인을 애도하는 과정에 대한 정보제공과 자살에 관한 마음건강교육을 실시한다. 또한 사회기술 향상 프로그램을 통해 현재 자신을 점검하여 문제를 해결하도록 하고, 주변 사람에게 고인에 대해서 이야기하며, 가족 간의 역할을 재정립할 수 있도록 유족들을 지원하고 있다.

둘째, 자살 유가족을 위한 원스톱 서비스를 제공하고 있다. 자살사건 발생 시 24시간 내에 전문가가 현장이나 경찰서에 출동하여 자살 유족이 된 가족들을 초기부터 신속하게 대면하여 필요한 서비스를 제공하고 있다. 이 서비스는 2019년 9월부터 시범적으로 운영하여, 현재는 여러 지역에서 확대 시행하고 있다. 서비스로는 정신건강을 위한 사후관리뿐만 아니라 일시 주거비용, 특수 청소비용, 법률 및 행정처리 비용, 자녀 학자금 지원 등 주거환경 및 경제 영역의 지원을 통해 사별 후 위기에 처한 유족들이 가능한 한 조기에 안정을 되찾을 수 있도록 돕고 있다.

셋째, 유족에게 치료비를 지원하고 있다. 갑작스러운 사별과 자살 현장을 목격한 유족의 심리·정서적 어려움을 지원하기 위해 생명보험사회공헌재단의 지원을 받아 유족의 정신건강 치료비를 지원하고 있다. 매년 약 500명 이상의 유족이 치료 서비스를 이용하고 있으며, 유족 1인당 140만 원에서 최대 300만 원까지 지원 가능하다. 정신건강의학과 외래 및 입원치료비, 심리검사비, 심층상담 및 프로그램비 등으로 이용할 수 있다. 전국 어디에서든 이용 가능하며, 가까운 정신건강복지센터를 통해 신청할 수 있다.

넷째, 조직과 집단 내에서 발생한 자살사망에 대한 위기대응으로 사후개입 위기관리 시스템을 운영하고 있다. 학교, 직장, 지역사회 내 자살 사망자 또는 사건 발생(동료, 대상자 등)으로 인한 심리적 외상 및 급성 외상후 스트레스 장애(PTSD)에 신속하게 대처하고, 조직의 안정화와 자살의 전염을 막기 위해 사후개입 위기관리 시스템을 운영하고 있다. 중앙심리부검센터에서 발간한 자살 유족 사후관리 프로토콜을 안내하고 있으며, 중앙심리부검센터와 광역정신건강복지센터(자살예방센터), 기초정신건강복지센터(자살예방센터)가 상호협조하고 유기적으로 운영되도록 하고 있다.

다섯째, 웹서비스를 운영하고 있다. 유족이 어디서든 쉽게 서비스를 확인하고 이용할 수 있도록 유족 전용 홈페이지 '따뜻한 작별'(http://www.warmdays.co.kr)을 운영하고 있다. 홈페이지를 통해 애도과정을 설명하고, 심리상담을 비롯한 여러 지원 가능한 서비스 정보를 제공한다. 심리부검 면담, 치료비 지원, 복지서비스, 도움을 받을 수 있는 기관과 제공되는 프로그램, 법적 · 행정적 절차에 대해서 안내하고 있다.

4) 광역 및 기초 자살예방센터/정신건강복지센터

(1) 광역 자살예방 · 정신건강복지센터

광역 자살예방 · 정신건강복지센터는 지역사회 내 자살예방사업을 기획 및 수립 · 조정 · 수행하는 기관으로 현재 전국 9개의 광역자살예방센터와 16개의 광역정신건강복지센터가 운영되고 있다. 광역 자살예방 · 정신건강복지센터의 추진 방향은 다음과 같다.

첫째, 지역사회 내 정신건강서비스 및 자살예방을 위한 기반을 구축한다. 지역사회의 특성 및 욕구에 적합한 예방, 치료, 재활 서비스가 제공될 수 있도록 유관기관 간에 연계하고 서비스 제공체계를 마련한다.

둘째, 지역 특성을 반영한 사업추진체계를 구축한다. 시 · 도 정신건강사업을 자문하는 정신건강복지사업지원단과의 연계체계를 구축하고, 지역사회 내 정신건강서비스 및 자살예방사업 미충족 계층 대상자에 대한 서비스 연계체계 구축 및 프로그램을 운영한다.

셋째, 지역사회정신건강사업을 위한 자문 및 지원을 제공한다. 시 · 도의 정신건강사업 및 자살예방사업의 주도적 역할을 수행하는 기관으로 기초정신건강복지센터 및 지역사회 유관기관 사업수행에 필요한 자문과 지원을 제공한다.

광역 자살예방 · 정신건강복지센터의 주요 사업은 광역 단위의 정신건강복지사업 및 자살예방사업 기획 · 수립, 지역사회 진단 및 연구조사, 교육, 네트워크 구축, 인식 개선, 지역특성화사업, 정신건강위기상담 운영 등이 있다. 이에 대한 구체적인 내용은 〈표 11-5〉와 같다.

표 11-5 광역 자살예방 · 정신건강복지센터의 자살예방사업 내용

구분	내용
정신건강복지사업 및 자살예방사업 기획 · 수립	• 광역 단위 정신건강사업 및 자살예방사업 기획 · 수립 • 국가정책사업을 반영한 지역 정신건강사업 및 자살예방사업 기획 · 수립
지역사회 진단 및 연구조사 사업	• 지역 정신건강 진단 및 연구조사 - 해당 지역 현황자료 및 데이터 수집과 분석 - 프로그램 개발 및 효과성 검증 연구 등
교육사업	• 지역 전문 인력 대상 교육 및 관리
네트워크 구축사업	• 지역 네트워크 구축 및 자원 관리 • 지역 재해(재난) 발생에 따른 네트워크 구축
인식개선사업	• 자살 및 정신건강 문제 인식 개선을 위한 지역 홍보
지역특성화사업	• 지역 특성 현황 분석 기반 사업계획의 수립과 운영
정신건강위기상담 운영	• 고위험군 대상 응급위기대응 체계 구축 및 조정

출처: 보건복지부, 중앙자살예방센터(2020), p. 180.

광역 자살예방 · 정신건강복지센터에서 수행하는 다양한 사업을 보면, 다음과 같은 내용에 역점을 두고 있음을 확인할 수 있다.

첫째, 지역 정신건강복지사업 및 자살예방사업을 기획 · 수립한다. 국가정책사업의 내용을 반영한 광역 단위 정신건강사업 및 자살예방사업을 기획 · 수립하여 광역 단위에서 자살예방사업이 운영될 수 있는 기반을 제공한다.

둘째, 지역사회 진단 및 연구조사를 통해 지역 정신건강 및 자살예방의 현황을 파악하고 분석함으로써 지역 특성에 맞는 자살예방사업을 개발하고 수행할 수 있는 근거를 마련한다. 자살 통계 등 사업과 관련된 지역 현황 또는 국가 데이터 수집 및 자료 분석을 통해 대책을 연구하고, 지역 현황 및 자료 분석내용을 사업계획서에 반영한다.

셋째, 지역 전문 인력의 전문성을 강화하고 유지하기 위해 다양한 교육사업을 시행한다. 기초센터를 포함한 지역 유관기관을 대상으로 사업별 교육계획을 수립 및 운영하고, 생애주기별 자살예방교육, 생명지킴이 양성교육 등 교육 및 매뉴얼을 제공하며, 대상자 욕구 조사 및 의견 수렴을 반영하여 교육 프로그램을 구성한다.

넷째, 지역 내 자살예방에 필요한 대응체계 구축 및 컨트롤 타워 역할을 수행하

기 위해 네트워크를 구축한다. 지역의 새로운 자원을 발굴 및 파악하고, 사업에 따른 연계망을 구축하며, 자원을 조정한다. 지역 유관기관과 협력하여 수행할 수 있는 사업을 기획 · 운영하고, 지역 재해(재난) 발생 시 국가트라우마센터, 지방자치단체, 광역정신건강복지센터, 기초정신건강복지센터 및 지역 유관기관과의 연계를 구축한다.

다섯째, 지역을 대상으로 정신건강에 대한 편견을 해소하고, 인식 개선을 위해 콘텐츠 개발, 캠페인 및 홍보를 시행하고, 광고 및 홍보자료(미디어, 홍보물, 교육 책자 등)를 제작 및 배포한다.

여섯째, 지역특성화사업을 기획 및 운영하여 지역 특성을 고려한 자살예방사업을 시행한다. 사업계획 수립을 위한 현황 파악 및 조사를 시행하고, 사업담당인력, 예산, 평가방법, 효과성 등이 포함된 사업계획을 수립 및 운영한다.

일곱째, 정신건강위기상담을 운영하여 고위험군에 대한 응급위기대응 체계를 구축 및 조정한다. 24시간 핫라인 전화상담(전국 동일번호 1577-0199)과 보건복지부에서 자살예방 전문상담을 위해 개통한 보건복지 상담센터(129, 1393)와의 협조체계를 구축 및 운영하고 있다. 이를 통해 응급상황일 경우 출동 서비스가 가능하도록 인근의 응급기관 등 협력기관들과 연계하는 업무를 수행한다.

(2) 기초 자살예방 · 정신건강복지센터

기초 자살예방 · 정신건강복지센터에서는 지역 내 자살문제에 대한 인식 개선 노력을 통해 생명존중문화를 조성하고, 자살 고위험군 조기 발견 및 치료를 위한 서비스 전달체계 및 네트워크를 운영하는 기관으로 현재 전국 시 · 군 · 구 단위에 기초자살예방센터 · 기초정신건강복지센터가 설치되어 있다. 기초 자살예방 · 정신건강복지센터의 추진체계는 다음과 같다.

첫째, 대상자 발견, 등록, 상담, 집단 프로그램, 치료 연계, 치료비(진료비) 지원을 한다.

둘째, 유관기관 간에 연계 협조체계 구축, 교육 · 홍보 · 자문, 지역 내 자원을 파악하고 활용한다.

기초 자살예방 · 정신건강복지센터의 주요 사업은 중증 정신질환자를 포함한 해당 지역 주민과 자살 고위험군(자해 및 자살 시도자, 자살 유족)을 대상으로 한 인식개선사업, 고위험군 조기 발견 및 치료 연계, 자살 유족 지원체계 마련, 자살 위기대응 및 사후관리체계 마련, 자살수단 접근 차단 등이 있다. 이와 관련한 자세한 내용은 〈표 11-6〉과 같다.

표 11-6 ··· 기초 자살예방 · 정신건강복지센터의 자살예방사업 내용

구분	내용
인식개선사업	• 선택적 집단을 대상으로 하는 예방 및 교육 사업 • 자살예방 관련 지식 향상을 위한 교육 및 계몽 사업 - 시 · 군 · 구 차원의 인식개선사업은 자살 고위험군의 조기발견과 개입을 위해 필요한 지식을 전달하고 편견을 감소시킴으로써 서비스 진입 장벽을 낮추는 것을 목적으로 함
고위험군 조기발견 및 치료 연계	• 지역 네트워크 및 유관기관 연계 강화를 통한 조기발견체계 구축 • 자살 유족을 위한 기관 간 연계체계 마련 • 자살 유족을 위한 상담, 법률구조, 생계비 등 지원체계 마련
자살 위기대응 및 사후관리체계 마련 사업	• 전화상담 연계 자살위험군 사후관리 • 자살시도자 사후관리 - 각 지역 시 · 군 · 구청, 주민센터, 의료기관 등 연계체계를 구축하여 직접 서비스, 의료비 및 치료 프로그램 등을 제공
자살수단 접근 차단 사업	• 농약안전보관함 보급 및 모니터링 • 각 지역 판매점과 협력하여 번개탄 판매업의 판매행태 개선

출처: 보건복지부, 중앙자살예방센터(2020), p. 192.

기초 자살예방 · 정신건강복지센터에서 수행하는 다양한 사업을 보면, 다음과 같은 내용에 역점을 두고 있음을 확인할 수 있다.

첫째, 자살 고위험군의 조기 발견과 자살 관련 편견을 감소시켜 이용자들의 서비스 진입장벽을 낮추고자 인식개선사업을 추진한다. 생애주기별 자살예방교육(학생, 직장인, 노인 등), 생명지킴이 양성교육(보고 듣고 말하기 및 기타 보건복지부 인증 프로그램 등)을 시행하여 선택적 집단을 대상으로 예방 및 교육을 추진하고 있다. 또한 자살예방의 날 기념 캠페인을 시행하고 있다.

둘째, 지역 네트워크 및 유관기관 연계 강화를 통해 고위험군 조기 발견 및 연계체계를 구축하고, 자살 유족 지원체계를 마련한다. 지역풀뿌리 조직 등을 활용한 지역사회 네트워크를 구축하여 조기발견체계를 마련하고, 학교 및 청소년 관련 기관 종사자 교육 및 협조 요청을 통한 의뢰체계와 사회복지기관 및 보건의료기관과의 의뢰체계를 구축하고 있다. 또한 고위험군에 대한 정신의료기관 연계 및 등록, 관리 서비스를 제공하고 있다. 주민센터 및 경찰서 등과의 의뢰 및 연계 네트워크, 광역정신건강복지센터 및 중앙심리부검센터 심리부검 의뢰 및 협조를 통해 자살 유족을 위한 사례관리, 심리상담, 유족 모임 지원, 기타 교육 및 치료 프로그램 등을 제공하고 있다.

셋째, 자살 위기대응 및 사후관리체계를 마련한다. 전화상담으로 연계된 자살위험군의 사후관리를 시행하고 있으며, 주민센터 및 경찰서, 보건의료기관 등을 통한 의뢰 및 연계체계와 방문 및 전화 사례관리, 심리상담, 의료비, 치료 프로그램 제공 등을 위한 연계체계를 구축하여 자살시도자를 관리하고 있다. 각 지역 시 · 군 · 구청의 희망복지지원단과 담당과(복지행정, 주민복지과, 생활지원과 등), 생명사랑 위기대응팀, 약국 등 의료기관과 다각도로 연계체계를 구축하고 있다.

넷째, 자살수단 접근성을 차단하기 위해 농약안전보관함을 보급하고 모니터링을 수행하고 있다. 또한 지역 판매점과 협력체계 구축을 통한 홍보활동을 통해 번개탄 판매업의 판매행태를 개선하는 사업을 추진하고 있다.

이상에서 우리나라 자살 관련 정책 및 자살예방사업을 포괄적으로 살펴보았다. 향후 자살예방사업이 내실 있게 이루어지기 위해서는 다음과 같은 노력이 요구된다(보건복지부, 중앙자살예방센터, 2020: 243).

- 지방자치단체의 자살예방 역량 강화가 필요하다. 근거에 기반하여 고위험군을 조기에 발견하고 적절한 서비스에 연계하는 실질적인 시스템을 갖추어야 하고, 이를 위해 지방자치단체 리더의 참여와 민관 협력체계의 구축이 필수적이다.
- 자살시도자 중 고위험군에 대한 긴급대응을 담당하는 정신 응급대응, 응급실 자살시도자 사후관리 사업의 사각지대를 줄이면서 안정적으로 확산하는 노력

이 필요하다.

- 자살 위험 시 동반되는 정신건강 문제를 치료하는 비율을 높여야 한다. 자살예방에서도 정신건강에 대한 편견 해소와 접근성 향상이 필수적이다.
- 우리나라의 자살예방사업은 대부분 민간위탁 방식에 의존하고 있어서 관련 전문 인력들이 안정적으로 일하는 데 장애 요소가 많이 있다. 따라서 이들의 근무조건을 개선하고 안정적으로 근무할 수 있도록 공공이 먼저 나서서 개선책을 제시하는 노력이 필요하다.

생각해 볼 문제

- ✔ 자살이란 우리 사회에서 어떤 의미를 갖는 행동이고 문제인지 다각도로 깊이 생각해 보자.
- ✔ 우리 사회에서 자살률이 떨어지지 않는 이유는 무엇인지 여러 자료를 찾아 정리하여 발표해 보자.
- ✔ 자살의 위험 징후에는 어떤 것이 있는지 알아보고, 학습자는 자신의 삶에서 어떤 위험 요인을 경험했고, 이를 어떻게 극복했는지 스스로 성찰해 보자.
- ✔ 자살문제에 대한 우리 사회의 대책을 알아보고, 외국의 경우와 비교하여 우리나라는 어떤 수준이고 문제점은 무엇인지 웹 검색을 통해 살펴보고, 내용을 정리하여 함께 토의해 보자.

제12장

트라우마

우리 사회는 하루가 멀다 하고 각종 사건과 사고가 끊임없이 발생하고 있다. 그로 인해 많은 사람이 피해자가 되거나 생존자가 되고, 원치 않은 심리사회적 고통을 겪게 된다. 그 고통이 바로 트라우마(trauma)이다. 피해자 모두가 트라우마를 경험하는 것은 아니지만, 상당수의 사람이 단기간 혹은 장기간에 걸쳐 트라우마 때문에 힘들어한다. 우리 사회에서 트라우마는 개인적 경험이기 전에 공동체의 관심과 보호가 필요한 사회적 이슈로 자리 잡고 있다. 정신건강사회복지 현장에서도 트라우마에 대한 관심과 개입 노력이 그 어느 때보다 중요하게 인식되고 있다. 이에 제12장에서는 재난과 폭력 등으로 인한 트라우마의 개념과 현황, 외상후 스트레스 및 재난에 대한 이해, 트라우마에 대처하는 국가 정책과 조직, 그리고 트라우마에 대한 다양한 서비스에 대해 살펴보고자 한다.

1. 트라우마의 개념과 현황

1) 트라우마의 개념

우리의 삶은 크고 작은 사건의 연속이다. 그러한 사건들에 대처하며 적응해 가는 과정이 우리의 인생이라고 할 수 있다. 많은 사건 중에서 특히 충격적인 사건을 겪게 되면 우리는 일시적으로 고통을 경험하지만 곧 일상으로 되돌아간다. 피해자의 대다수가 잠시 정신적으로 불안정했어도 시간이 흐르면서 자연 회복된다. 그러나 어떤 사건들은 너무 강력하고 충격적이어서 우리 마음에 극심한 혼란을 유발할 뿐 아니라 오랜 시간이 지난 후에도 고통스러운 심리적 상처가 남게 된다. 이처럼 외부로부터 주어진 충격적인 사건에 의해서 입게 된 상처가 바로 외상, 즉 트라우마(trauma)이다. 트라우마(외상)는 개인에게 발생한 횟수에 따라, 대인관계 관여 정도에 따라 다음과 같이 분류된다(권석만, 2013: 227-256; Allen, 2005/2010).

(1) 개인에게 발생한 횟수에 따른 분류

- **일회적 트라우마(single-blow trauma)**: 이는 단 한 번의 충격적 사건으로 인해 입게 되는 커다란 심리적 상처를 말한다. 일회적 트라우마의 대표적인 첫 번째 유형은 지진, 해일, 산사태, 화산폭발과 같이 드물게 일어나는 자연재해(natural disaster)이다. 두 번째 유형은 기술적 재해(technological disaster)로서 댐이나 건물 붕괴, 비행기 추락, 화학물질 유출, 원자로 파괴 등과 같이 기술적인 잘못으로 인한 재해로서 책임소재를 가리는 일이 중요해진다. 세 번째 유형은 폭력적 범죄(violent crime)로서 살인, 폭행, 강간, 강도, 유괴, 납치 등이 여기에 속한다. 네 번째 유형은 사랑하는 사람을 잃는 관계상실(relational loss)이다. 가족이 갑작스럽게 사망하거나 사랑하는 사람이 폭력을 당해 처참한 모습으로 죽는 것을 목격하는 일은 슬픔, 공포, 분노와 같은 강렬한 감정반응을 야기한다.
- **반복적 트라우마(repeated trauma)**: 이는 부모나 친인척으로부터 주기적으로 당한 학대의 경우처럼 반복적으로 주어진 충격으로 인한 심리적 상처를 말한다. 아동학대나 성폭행의 경우처럼 가까운 주변 사람들에 의해서 상습적으로 가

해진 신체적, 정서적, 성적 학대가 이에 해당한다. 또는 전쟁터, 강제수용소, 교도소에서 장기간에 걸쳐 다양한 공포스러운 사건을 경험하는 경우도 이에 해당한다.

(2) 대인관계 관여 정도에 따른 분류

인간 외적인 트라우마 (impersonal trauma)	→	대인관계적 트라우마 (interpersonal trauma)	→	애착 관련 트라우마 (attachment trauma)

- **인간 외적인 트라우마**: 지진, 태풍, 산사태, 홍수, 화산폭발과 같이 인간이 개입되지 않은 자연재해를 의미하며 자연의 작용에 의해서 우발적으로 일어난다.
- **대인관계적 트라우마**: 타인의 고의적 행동에 의해 입은 상처와 피해를 의미한다. 전쟁, 테러, 살인, 폭력, 강간, 고문 등은 인간 간에 발생한 트라우마에 속한다.
- **애착 관련 트라우마**: 부모나 양육자와 같이 정서적으로 매우 긴밀하고 의존도가 높은 관계에서 입은 심리적 상처를 의미한다. 애착 관련 트라우마는 크게 학대와 방임으로 구분될 수 있으며, 가정 내의 가까운 사람에 의해 이루어지는 신체적 학대, 가정폭력, 정서적 학대나 방임, 성폭행과 성적 학대 등이 해당된다. 특히 어린 시절에 입은 애착 관련 트라우마는 다른 사람과 신뢰관계를 형성할 수 있는 능력을 훼손시켜 지속적으로 영향을 미치게 된다.

어떠한 경우이든 트라우마 사건을 경험한 사람은 그 충격과 후유증으로 인해 심각한 부적응 증상을 보이게 된다. 특히 트라우마 경험의 특성과 관련하여 사건에 노출된 시간과 지속기간이 길고, 내용이 심각하고, 연령이 낮고, 복합적인 트라우마 사건의 희생자이고, 사람이 고의적으로 저지른 트라우마 사건에 관여된 경우에 피해가 더 심각한 것으로 알려져 있다(김환, 2016: 151-152). 따라서 트라우마 증상을 방치하거나 무관심하면 더 큰 고통을 초래할 수 있기 때문에 가능한 한 조기에 개입하는 것이 중요하다.

2) 트라우마 현황

트라우마(외상)를 유발하는 사건과 사고는 도처에서 일어나고 있다. 뉴스를 보면 최근 메르스나 코로나19와 같은 감염 질환을 비롯하여 홍수, 태풍, 지진, 화재, 자동차 사고, 비행기 사고, 기차 충돌, 강간, 폭력, 유괴, 살인, 총격 사건, 전쟁 등 매일매일 새로운 사건 사고가 끊이지 않고 있다. 게다가 보도되는 사건들이 실제 발생한 사건들의 극히 일부라는 점을 감안하면 우리 사회에서 트라우마 발생 현황을 어느 정도 가늠할 수 있다.

인간은 누구나 살아가면서 한 번 이상의 크고 작은 트라우마를 경험한다. 가장 빈번하게 경험하는 트라우마 사건은 심각한 상해나 죽음을 목격하는 것이다. 사랑하는 사람이 다치거나 죽는 현장, 가까운 누군가 혹은 곁에 있던 누군가가 심한 상해를 입는 장면을 목격하는 경우가 가장 흔하다. 그 외에도 화재나 홍수, 자연재해를 비롯하여 생명을 위협하는 사건이나 폭행을 경험할 때 트라우마를 갖게 된다. 2010년에 세계보건기구(WHO)에서 21개 국가를 대상으로 조사한 결과에 의하면, 사람들이 가장 많이 경험한 트라우마는 사랑하는 사람의 사망(30.5%)이었고, 그다음으로는 다른 사람이 폭력을 당하는 것을 목격하거나(21.8%), 자신이 대인적 폭력을 직접 경험하는 경우(18.8%) 등이었다(현진희, 2020: 15에서 재인용).

트라우마를 경험한 사람 중에는 외상후 스트레스 장애(PTSD)로 진단되기도 하지만, 다른 형태의 증상을 보이기도 한다. 즉, 우울과 불안, 물질 남용(음주와 흡연 등)을 비롯하여, 자살생각의 증가나 가족문제, 직업문제, 일상생활 등에서 다양한 어려움을 경험한다. 최근 우리나라에서 발생한 사회적 재난을 보면, 와우아파트 붕괴사고(1970), 경산 열차 추돌사고(1981), 부산 대아호텔 화재(1984), 아시아나 여객기 추락사고(1993), 서해페리호 침몰사고(1993), 성수대교 붕괴사고(1994), 삼풍백화점 붕괴사고(1995), 대구지하철 사고(2003), 세월호 침몰사고(2014), 경주 지진(2016), 코로나19(2020) 등 크고 작은 사건 사고들이 발생하였다.

이와 관련하여 2007년부터 2017년 사이에 있었던 재난 발생률을 보면, 자연재난(태풍, 호우, 강풍, 대설, 지진 등)의 연평균 발생률은 2.8회로 나타났다. 이 기간 동안 지역재난안전 대책본부가 집계한 사회적 재난(대형화재, 산불, 감염, 가축, 해양, 가스 관련)의 발생 횟수는 연평균 6.4회였다(하지현, 2020: 224). 이러한 재난으로 인해 많은 인명피해가 있었으며, 생존자들은 외상후 스트레스 장애를 비롯한 다양한 심리적 · 정신적 증상으로 고통을 받았다. 또한 이러한 사회적 고통을 통해 우리 사회에 트라우마 문제가 크게 이슈화되었으며, 개인적 대처를 넘어 사회적 관심과 개입을 촉구하는 배경이 되었다. 이에 2018년 개소된 국가트라우마센터는 사회적 재난과 트라우마에 대한 국가 개입의 필요성을 인정하고, 광범위한 예방 및 개입 활동을 전개하고 있다.

2. 외상후 스트레스 장애에 대한 이해

1) 주요 증상

개인적이든 사회적이든 강렬하고 충격적인 외상을 경험한 사람들 중에는 외상후 스트레스 장애(Posttraumatic Stress Disorder: PTSD)로 진단되는 경우가 있다. DSM-5에서는 외상 사건을 비롯한 다양한 스트레스 사건의 경험으로 인해 발생하는 심리적 문제들을 외상 및 스트레스 사건 관련 장애(Trauma- and Stressor-Related

표 12-1 ··· 외상후 스트레스 장애의 예

자영업을 하고 있는 D씨는 최근 들어 잠을 잘 이루지 못하고 있다. 7개월 전에 두 명의 친구와 함께 밤낚시를 하러 갔다가 교통사고를 당했는데, 그때 운전을 하던 친구 한 명이 죽었기 때문이다. D씨도 갈비뼈가 부러지는 중상을 입었으나 지금은 정상적인 생활이 가능한 상태이다. 그러나 교통사고 이후로 D씨는 심한 정신적 고통 속에서 헤어나지 못하고 있다. 우선, 두려움 때문에 자동차 운전을 할 수가 없을 뿐 아니라 다른 사람이 운전하는 승용차도 타기가 힘들다. 평소에도 신경이 매우 예민하여 자동차 소리나 경적 소리에 깜짝깜짝 놀라며 교통사고 당시 피투성이였던 친구의 모습이 떠오르곤 한다. 요즘은 죽은 친구가 나타나는 꿈을 꾸게 되어 잠을 이루지 못하고 있다. 사망한 친구가 낚시를 가자고 제안했고 운전도 직접 했기 때문에 D씨가 친구의 죽음에 죄책감을 느낄 필요는 없었으나, 꿈속에 친구가 나타나면 매우 마음이 무겁고 우울하다. 그러나 함께 낚시를 갔던 다른 친구는 D씨와는 달리 심리적인 안정을 찾고 사업을 잘 해 나가고 있다.

출처: 권석만(2013), p. 229.

Disorders)라는 독립된 장애범주로 분류하여 제시하고 있다. 이 장애범주의 주된 특징은 외부 세계에서 주어진 환경적인 스트레스 사건과 그에 대한 개인의 부적응적인 반응이다. 외상 및 스트레스 사건 관련 장애에는 외상후 스트레스 장애, 급성 스트레스 장애, 반응성 애착장애, 탈억제 사회관여 장애, 적응장애가 포함된다. 여기서는 트라우마로 인한 외상후 스트레스 장애에 초점을 두고 살펴보고자 한다. 우선, 충격적인 경험으로 인한 심리적 부적응 증상의 한 예를 제시한다(〈표 12-1〉 참조).

외상후 스트레스 장애(PTSD)는 D씨의 경우처럼, 충격적인 외상을 경험하고 난 후에 다양한 심리적 부적응 증상이 나타나는 경우를 말한다. 여기서 외상 사건(traumatic event)이란 죽음 또는 죽음의 위협, 신체적 상해, 성폭력과 같이 개인에게 심각한 충격을 주는 다양한 사건을 의미한다. 외상 사건은 말 그대로 외상을 남기는 사건을 말한다. 이런 사건들의 특징을 정리하면 다음과 같다(김환, 2016: 33-61).

- 개인의 생명에 심각한 위협을 초래한다.
- 개인의 신체적 온전함에 심각한 위협을 초래한다.
- 타인의 죽음을 목격한다.
- 타인의 신체적 손상을 목격한다.
- 개인의 가정과 공동체가 급작스럽게 붕괴된다.
- 사건이 굉장히 강렬하고 급작스럽다.

또한 외상후 스트레스 장애는 외상 사건을 경험한 후에 다음과 같은 네 가지 유형의 심리적 증상을 특징적으로 나타낸다.

(1) 외상 사건과 관련된 침투 증상

침투 증상(intrusion symptom)은 외상 사건과 관련된 기억이나 감정이 자꾸 의식에 침투하여 재경험되는 것을 말한다. 즉, 과거가 현재 속으로 끊임없이 침습하는 것이다. 어의적으로 침투란 '치고 들어온다'는 것을 말하는데, 의식적으로 노력해도 들어오는 것을 막을 수 없다는 것이다. 외상 사건에 대한 고통스러운 기억이 자꾸 떠오르거나 꿈에 나타나기도 한다. 외상 사건과 관련된 자극을 접하게 되면, 그 사건이 실제로 발생하고 있는 것 같은 착각(flashback)을 하거나 강렬한 심리적 고통이나 과도한 생리적 반응을 나타낸다.

(2) 외상 사건과 관련된 자극 회피

회피(avoidance)란 외상 사건과 관련된 자극을 피하는 것이다. 외상 사건의 재경험이 매우 고통스럽기 때문에 그와 관련된 기억, 생각, 감정을 떠올리지 않으려고 노력한다. 외상 사건과 관련된 생각이나 대화를 피할 뿐 아니라 그와 관련된 사람이나 장소를 회피한다. 고통스러운 외상 경험을 떠올릴 수 있는 모든 자극이나 단서(사람, 장소, 대화, 활동, 상황)를 회피하려고 노력한다.

(3) 인지와 감정의 부정적 변화

외상 사건과 관련된 인지와 감정에 부정적인 변화가 나타난다. 그 예로, 외상 사건의 중요한 일부를 기억하지 못하거나, 외상 사건의 원인이나 결과를 왜곡하여 받아들임으로써 자신이나 타인을 책망하는 것을 들 수 있다. 또는 자신, 타인 및 세상에 대한 과도한 부정적 신념(예: '나는 나쁜 놈이야.' '아무도 믿을 수 없어.' '세상은 완전 위험해.' '내 신경계가 완전 망가졌어.')을 나타내기도 한다. 공포, 분노, 죄책감이나 수치심과 같은 부정적 정서가 나타나거나 다른 사람에게서 거리감과 소외감을 느끼기도 한다.

(4) 각성과 반응성의 변화

평소에도 늘 과민하며 주의집중을 잘하지 못하고, 사소한 자극에 크게 놀라는 반응을 보인다. 사소한 일에도 크게 짜증을 내거나 분노를 폭발하기도 한다. 잠을 잘 이루지 못하거나 쉽게 잘 깨는 등 수면의 곤란(수면의 장애)을 겪는다.

2) 진단기준

외상 사건을 경험하고 난 후 이러한 네 가지 유형의 증상이 1개월 이상 나타나서 일상생활에 심각한 장애를 받게 될 때 외상후 스트레스 장애로 진단된다. 이러한 장애는 외상 사건을 경험한 직후에 나타나는 경우가 대부분이지만 사건을 경험한 후 한동안 잘 지내다가 몇 개월 또는 몇 년 후에 이러한 증상이 뒤늦게 나타나는 경우도 있다. DSM-5에 제시된 외상후 스트레스 장애의 진단기준은 〈표 12-2〉와 같다.

표 12-2 ··· DSM-5에 제시된 외상후 스트레스 장애의 진단기준

A. 실제적인 것이든 위협을 당한 것이든 죽음, 심각한 상해 또는 성적인 폭력을 다음 중 한 가지 이상의 방식으로 경험한다.

1. 외상 사건을 직접 경험하는 것
2. 외상 사건이 다른 사람에게 일어나는 것을 직접 목격하는 것
3. 외상 사건이 가까운 가족이나 친구에게 일어났음을 알게 되는 것
4. 외상 사건의 혐오스러운 세부내용에 반복적으로 또는 극단적으로 노출되는 것(전자매체, TV, 영화, 사진을 통한 것이 아님)

B. 외상 사건과 관련된 침투 증상이 다음 중 한 가지 이상 나타난다.

1. 외상 사건에 대한 고통스러운 기억의 반복적이고 침투적인 경험
2. 외상 사건과 관련된 고통스러운 꿈의 반복적 경험
3. 외상 사건이 실제로 일어난 것처럼 느끼고 행동하는 해리반응(예: 플래시백)
4. 외상 사건과 유사하거나 그러한 사건을 상징하는 내적 또는 외적 단서에 노출될 때마다 강렬한 심리적 고통의 경험
5. 외상 사건을 상징하거나 그와 유사한 내적 혹은 외적 단서에 대한 심각한 생리적 반응

C. 외상 사건과 관련된 자극 회피가 다음 중 한 가지 이상의 방식으로 지속적으로 나타난다. 이러한 변화는 외상 사건이 일어난 후에 시작된다.

1. 외상 사건과 밀접히 관련된 고통스러운 기억, 생각, 감정을 회피하거나 회피하려고 노력함
2. 외상 사건과 밀접히 관련된 고통스러운 기억, 생각, 감정을 유발하는 외적인 단서들(사람, 장소, 대화, 활동, 대상, 상황)을 회피하거나 회피하려고 노력함

D. 외상 사건에 대한 인지와 감정의 부정적 변화가 다음 중 두 가지 이상 나타난다. 이러한 변화는 외상 사건이 일어난 후에 시작되거나 악화될 수 있다.

1. 외상 사건의 중요한 측면을 기억하지 못한다.
2. 자신, 타인, 세상에 대한 과장된 부정적 신념이나 기대를 지속적으로 지닌다.
3. 외상 사건의 원인이나 결과에 대한 왜곡된 인지를 지니며, 이러한 인지로 인해 자신이나 타인을 책망한다.
4. 부정적인 정서 상태(공포, 분노, 죄책감이나 수치심)를 지속적으로 나타낸다.
5. 중요한 활동에 대한 관심이나 참여가 현저하게 감소한다.
6. 다른 사람에 대해서 거리감이나 소외감을 느낀다.

7. 긍정 정서(행복감, 만족, 사랑의 감정)를 지속적으로 느끼지 못한다.

E. 외상 사건과 관련하여 각성과 반응성의 현저한 변화가 다음 중 두 가지 이상 나타난다. 이러한 변화는 외상 사건이 일어난 후에 시작되거나 악화될 수 있다.

1. (자극이 없는 상태이거나 사소한 자극에도) 짜증스러운 행동이나 분노 폭발
2. 무모하거나 자기파괴적인 행동
3. 과도한 경계
4. 과도한 놀람 반응
5. 집중의 곤란
6. 수면 장애

F. 위에 제시된(진단 기준 B, C, D, E의 기준을 모두 충족시키는) 장애가 1개월 이상 나타난다.

G. 이러한 장애로 인해서 심각한 고통이 유발되거나 사회적, 직업적 또는 중요한 기능에 현저한 손상이 나타난다.

H. 이러한 장애는 약물이나 신체적 질병에 의한 것이 아니어야 한다.

* 이상의 기준은 청소년과 성인에게 적용되는 기준이며, 아동의 경우에는 다소 다른 진단기준이 적용된다.

출처: American Psychiatric Association (2013/2015), pp. 289-291.

외상후 스트레스 장애의 유병률은 다양하게 보고되고 있다. 미국인의 경우 평생유병률은 8.7%이며, 1년 유병률은 3.5%로 알려져 있다(권석만, 2013: 232). 우리나라의 경우 2016년 정신질환 실태조사의 결과에 따르면, 외상후 스트레스 장애의 평생유병률이 1.5%(여성 1.8%. 남성 1.3%), 1년 유병률이 0.5%(여성 0.8%, 남성 0.2%)로 보고되었다(보건복지부, 삼성서울병원, 2017).

일반적으로 여성은 남성에 비해 외상후 스트레스 장애의 유병률이 다소 높다. 이러한 경향은 여성이 강간이나 성폭행과 같은 특정 외상에 노출될 위험성이 높은 것 외에도 여성과 관련된 생물학적, 심리적, 사회적 요인에 의한 것으로 추정된다. 또한 외상 사건에 노출될 위험이 높은 직업군(예: 경찰, 소방관, 군인, 구조대원 등)에서 외상후 스트레스 장애 유병률이 높다. 외상후 스트레스 장애는 다른 정신장애를 함께 갖는 경우가 있는데, 범불안장애, 알코올 남용 및 의존, 우울장애, 공포증을 동반하는 것으로 알려져 있다.

3. 재난에 대한 이해

최근 들어 사회적으로 대형 재난이 빈번하게 발생하면서 이에 대한 관심이 증가하고 있다. 여기서는 국가트라우마센터 홈페이지(https://www.nct.go.kr)의 내용을 일부 인용하여 재난에 대한 이해를 도모하고자 한다.

1) 재난의 개념과 유형

재난(disaster)이란 예기치 않은 상황에서 갑작스럽게 발생하며, 생명과 생활 터전에 심각한 물적 손실을 가져다주는 것으로 외부의 도움 없이는 극복하기 어려운 상황을 말한다. 우리나라의 「재난 및 안전관리 기본법」에서는 "국민의 생명 · 신체 · 재산과 국가에 피해를 주거나 줄 수 있는 것"으로 정의하고 있다. 재난은 크게 자연재난과 사회재난으로 구분된다.

자연재난은 말 그대로 자연 현상으로 유발된 재난이다. 태풍, 홍수, 호우, 강풍, 풍랑, 해일, 대설, 낙뢰, 가뭄, 지진, 황사 등의 자연 현상으로 인하여 발생하는 재해를 말한다. 사회재난이란 사람들의 부주의와 실수 등으로 인해 발생하는 인위적 재난을 말한다. 그 하위 구분은 다음과 같다.

- 화재, 붕괴, 폭발, 교통사고, 화생방 사고, 환경오염 사고 등으로 인하여 발생하는 일정 규모 이상의 피해
- 에너지, 통신, 교통, 금융, 의료, 수도 등 국가 기반 체계의 마비
- 사회적 감염병 또는 가축 전염병의 확산 등으로 인한 피해
- 개인이나 집단 간 폭력으로 인한 피해

2) 재난에 대한 반응

재난이 발생한 후에 사람들이 보이는 반응은 다음과 같이 3단계에 걸쳐 나타난다(김환, 2016; Raphael, 1986).

(1) 충격단계

충격단계(impact phase)는 재난이 당장 발생하고 있는 단계이다. 이 단계에서 개인은 자신과 타인의 생명을 지키기 위해 사투를 벌이기도 하고, 또 어떤 사람은 공포에 질려 비이성적이고 효과 없는 행동을 하기도 한다.

(2) 재난 직후 단계

재난 직후 단계(immediate postdisaster phase)는 재난구조 작업이 시작되는 단계이며, 개인은 재난의 영향을 받기 시작하는 단계이다. 개인에 따라 다양한 정서반응이 나타날 수 있는데, 쇼크, 멍한 느낌, 악몽, 상실에 대한 슬픔, 분노, 절망, 무망감 등을 느낄 수 있다.

(3) 회복단계

회복단계(recovery phase)는 재난을 당한 개인이나 공동체가 적응하고 평형을 회복해 가는 단계이다. 이 단계는 다시 허니문 단계와 탈착각 단계로 구분되는데, 허니문 단계에서는 안전과 회복을 위해 공동 노력하는 단계이다. 탈착각 단계(착각을 벗는 단계)는 허니문 시기가 지나 더 이상 사회나 정부, 언론에서 주목을 받지 못하고 상실과 고통을 더욱 절실히 깨닫게 되는 단계이다. 회복단계는 이제 겨우 기본적인 안전 욕구가 해소되지만, 동시에 다양한 정서적 욕구가 깨어나기 시작하는 단계이므로 지속적인 관심과 보살핌이 필요하다.

한편, 재난을 경험한 사람들은 〈표 12-3〉과 같이 신체적, 인지적, 행동적, 영적 측면에서 다양한 반응을 나타낸다.

또한 재난 피해자들 가운데 ① 해리 증상(기억상실, 시공간 지남력 상실)을 보이는 경우, ② 우울(무망감과 절망감, 사회적 철퇴) 증상이 있는 경우, ③ 불안(절박감, 초조, 다른 재난이 닥칠 것이라는 강박적인 두려움)을 보이는 경우, ④ 정신질환(환청, 환시, 망상 등)이 있는 경우, ⑤ 자신을 돌볼 수 없는 경우(식사, 목욕, 옷 갈아입기 등의 일상생활 유지가 어려운 경우), ⑥ 자살이나 타살, 자해나 타해의 위험이 있는 경우, ⑦ 알코올이나 다른 약물을 과용하는 경우, ⑧ 가정폭력, 아동학대, 노인학대가 있는 경우에는 즉시 정신건강서비스를 받도록 조치를 취해야 한다.

표 12-3 ··· 재난 충격 이후 나타날 수 있는 반응

신체적 반응	인지적 반응	행동적 반응	영적 반응
• 불안과 우울 • 불면과 악몽 • 통증(두통, 복통, 근골격계 등) • 식욕 변화, 소화불량 • 감기, 감염 등 면역력 저하 • 만성피로 • 입가, 눈가의 떨림 • 체중 변화와 탈모 등	• 기억력 감소 • 사고의 속도와 이해 저하 • 우선순위, 의사결정의 어려움 • 반복된 외상 사건의 기억 • 새로운 생각에 대한 저항 • 경직된 사고, 집중력 부족	• 외상 사건을 연상시키는 상황 회피 • 위축된 대인관계 • 활동 감소 • 알코올, 약물 사용 증가 • 잦은 지각, 업무 회피 • 분노 폭발, 잦은 다툼	• 자신감 상실 • 의미상실, 회의감 • 소외감 • 가치관 변화

출처: 국가트라우마센터(2019), p. 4.

3) 재난에 대한 개입

(1) 재난과 심리적 응급처치

재난으로 인해 피해자가 심리적으로 위험한 상황이 되면 신속하게 개입해야 한다. 재난 피해자가 적응적 수준으로 기능이 회복되도록 돕고 피해를 최소화하기 위해 긴급하게 응급처치를 해야 한다. 심리적 응급처치(psychological first aid)는 재난 등 외상 사건에 노출된 사람을 위해 필요한 것으로, [그림 12-1]에서 보는 바와 같은 다양한 심리 · 사회적 서비스가 제공된다.

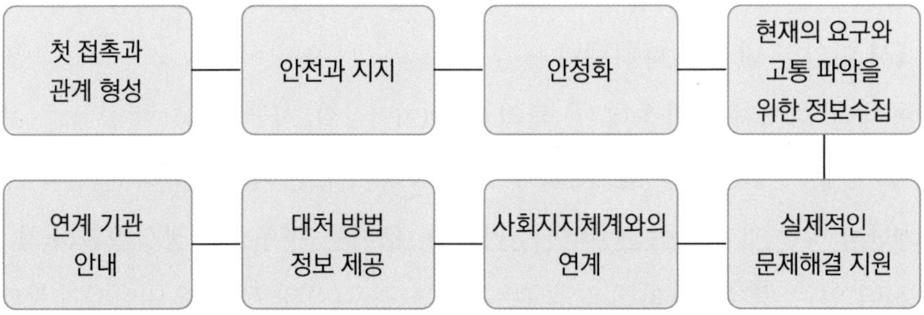

[그림 12-1] 심리적 응급처치의 핵심 활동

출처: 국가트라우마센터(2019), p. 58.

심리적 응급처치는 외상 사건을 경험한 직후의 즉각적인 개입으로 이해할 수 있으며, 다음과 같은 세 가지 목적을 갖는다. 첫째, 재난 후 생존자에게 필요한 쉼터, 식량, 물, 의료품 등 필수자원을 확보하여 안전과 안정을 도모한다. 둘째, 다시 위험한 상황이나 끔찍한 광경에 노출되는 것을 막는 등 재난 이후에 발생할 수 있는 2차 스트레스 요인을 파악하고 이를 막아 초기 스트레스 반응을 줄이고 새로운 환경에 적응할 수 있도록 전략을 함께 강구한다. 셋째, 생존자와 유가족이 필요한 현실적인 지원을 받을 수 있도록 필요한 사항을 파악하고 이를 도와줄 수 있는 기관과 연계한다(재난정신건강위원회, 2015). 재난 현장에서 심리적 응급처치의 실행 지침은 다음과 같다(Brymer et al., 2006).

- 성급하게 개입하지 말고 먼저 대상자의 상황을 관찰한다. 충분히 상황을 파악한 후 자신이 도울 수 있는 것이 어떤 것인지 정중히 물어본다.
- 접촉을 시작하는 가장 좋은 방법은 생수, 음식, 담요와 같이 실제적인 도움을 제공하는 것이다.
- 생존자나 가족에게 방해가 될 수 있는 상황이라면 나중에 접촉한다.
- 생존자가 자신을 피하거나 쉽게 의존할 수 있다는 점을 인식하고 행동한다.
- 생존자가 대화를 원하면 들을 준비가 되어 있어야 한다. 원하는 바가 무엇이고 어떻게 도와줄 수 있을지 주의를 기울여 듣는다.
- 필요한 정보는 나이와 상태를 고려하여 제공한다.
- 심리적 응급처치의 목적은 고통을 줄이고 현재 문제와 요구를 도우며 적응기능을 회복하는 것에 있다는 것을 명심한다. 외상적 기억이나 상실 그 자체를 다루는 것이 아니다.

(2) 초기 심리교육

응급처치를 통해 피해자가 안정을 되찾기 시작하면, 심리증상에 대한 교육을 실시할 수 있다. 심리교육(psychoeducation)에서는 피해자와 보호자에게 외상 사건이 인간에게 미치는 영향, 외상 증상의 종류, 외상 증상의 지속기간 등에 대해 교육할 수 있다. 이러한 교육의 목적은 추후 겪게 될 다양한 증상이 심각한 문제가 아니라, 외상 사건을 경험한 이후 나타나는 자연스러운 반응임을 받아들이도록 돕기 위해서이다. 심리교육은 개별적으로 제공할 수 있지만, 집단 모임을 통해서 또는 영상 매체의 활용을 통해서도 가능하다. 외상이 인간에게 미치는 영향 및 치료기관의 정보를 담은 문서자료를 제공하는 것도 좋은 방법이다(김환, 2016: 198-199).

(3) 재난 생존자를 위한 안정화 기법

재난을 겪고 심리적 충격 상태에 있는 사람은 초점이 없는 눈빛을 보이고, 질문에 답변이 없거나 느리며, 창백한 안색이나 맥박이상, 현기증, 강한 정서적 반응(울음을 그치지 못함, 숨쉬기 어려움, 퇴행 행동 등), 몸이 마비된 것 같은 상태 등으로 힘들어한다. 이때 이러한 증상이나 반응을 해소하기 위해 생존자 스스로 할 수 있는 안정화 기법은 〈표 12-4〉와 같다(국가트라우마센터 홈페이지 참조).

표 12-4 ··· 재난 생존자를 위한 안정화 기법

심호흡 "누구든 긴장을 하게 되면 자신도 모르게 '후~' 하고 한숨을 내쉬게 되지요. 그것이 바로 심호흡이에요. 심호흡은 숨을 코로 들이마시고, 입으로 '후~' 소리를 내면서 풍선을 불듯이 천천히 끝까지 내쉬는 거예요. 가슴에서 숨이 빠져나가는 느낌에 집중하면서 천천히 내쉬세요."
복식호흡 "복식호흡은 숨을 들이쉬면서 아랫배가 풍선처럼 부풀어 오르게 하고, 숨을 내쉴 때 꺼지게 하는 거예요. 이때는 코로만 숨을 쉬세요. 천천히 깊게, 숨을 아랫배까지 내려 보낸다고 상상해 보세요. 천천히 일정하게 숨을 들이쉬고 내쉬면서 아랫배가 묵직해지는 느낌에 집중하세요."
착지법 "착지법은 땅에 발을 딛고 있는 것을 느끼면서 '지금 여기'로 돌아오는 거예요. 발바닥을 바닥에 붙이고, 발이 땅에 닿아 있는 느낌에 집중하세요. 발뒤꿈치를 들었다가 '쿵' 내려놓으세요. 그리고 발뒤꿈치에 지긋이 힘을 주면서 단단한 바닥을 느껴 보세요."
나비 포옹법 "나비 포옹법은 갑자기 긴장이 되어 가슴이 두근대거나 괴로운 장면이 떠오를 때, 그것이 빨리 지나가게끔 자신의 몸을 좌우로 두드려 주고 '셀프 토닥토닥' 하면서 스스로 안심시켜 주는 방법이에요. 두 팔을 가슴 위에서 교차시킨 상태에서 양측 팔뚝에 양손을 두고 나비가 날갯짓하듯이 좌우를 번갈아 살짝살짝 10~15번 정도 두드리면 돼요."

출처: 국가트라우마센터 홈페이지.

4. 트라우마 관련 정책과 서비스

1) 국가트라우마센터의 설치 · 운영

(1) 국가트라우마센터의 조직과 서비스 운영체계

정부는 「정신건강증진 및 정신질환자 복지서비스 지원에 관한 법률」(이하 「정신건강복지법」) 제15조의2(국가트라우마센터의 설치 · 운영)에 근거하여, 재난이나 그 밖의 사고로 정신적 충격을 받은 트라우마 환자의 심리적 안정과 사회적응을 지원하기 위하여 국립정신건강센터 내에 국가트라우마센터를 개소하여 운영하고 있다([그림 12-2] 참조).

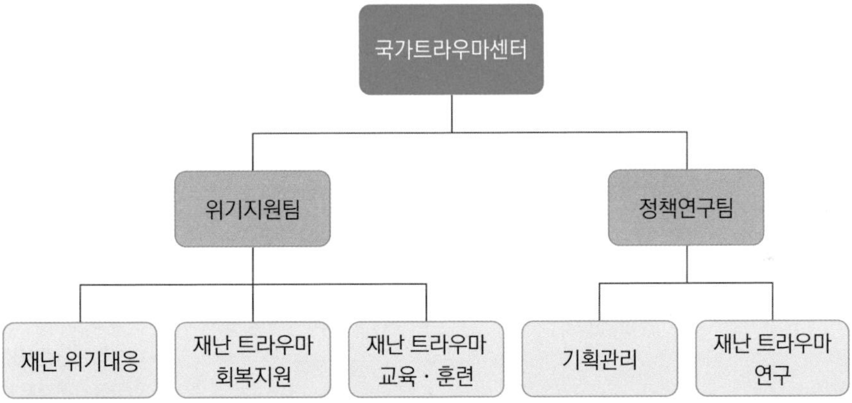

[그림 12-2] 국가트라우마센터의 조직도

출처: 국가트라우마센터 홈페이지.

「정신건강복지법」에 의하면, 국가트라우마센터는 심리지원을 위한 지침의 개발과 보급, 트라우마 환자에 대한 심리상담과 심리치료, 트라우마에 관한 조사와 연구, 심리지원 관련 기관 간 협력체계 구축의 업무를 수행하도록 규정하고 있다. 이러한 법 규정에 따라 현재 국립정신건강센터 내 국가트라우마센터는 재난 위기대응, 재난 트라우마 회복지원, 재난 트라우마 교육 · 훈련, 기획관리, 재난 트라우마 연구를 위한 사업을 수행하고 있다([그림 12-2] 참조).

또한 국가트라우마센터는 [그림 12-3]에서 보는 바와 같이, 재난 정신건강서비스 운영체계를 확립하여 관련 기관들 간에 협력을 도모하고 있다. 즉, 국가트라우마센터는 여러 재난 주무부처와 행정안전부의 중앙재난심리회복지원단, 각 지자체의 재난심리회복지원단 및 센터, 그리고 관련 학(협)회들과 협력 네트워크를 구축하고 있다. 또한 국립정신의료기관에 권역별 트라우마센터를 설치하고 각 지역별 광역정신건강복지센터 및 기초정신건강복지센터와 협업 및 지원을 통해 「정신건강복지법」에서 규정한 다양한 사업을 추진하고 있다. 업무수행과 관련하여 소규모의 재난은 기초 및 광역 정신건강복지센터를 중심으로 추진하고, 중규모의 재난은 광역정신건강복지센터와 권역별 트라우마센터, 대규모의 재난은 국가트라우마센터를 중심으로 업무를 추진하도록 하고 있다.

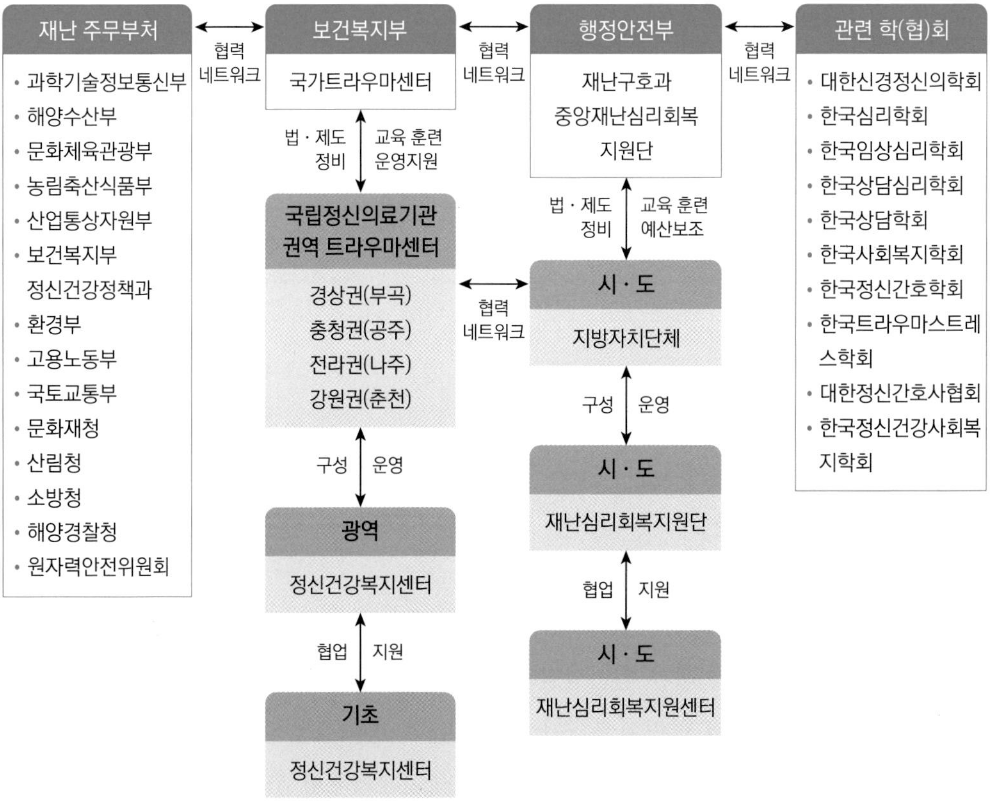

[그림 12-3] 재난 정신건강서비스 운영체계

출처: 국가트라우마센터 홈페이지.

(2) 국가트라우마센터의 지원 업무

국가트라우마센터에서는 [그림 12-2]에서 보는 바와 같이 재난 위기대응, 재난 트라우마 회복지원, 재난 트라우마 관련 교육 · 훈련, 기획관리, 재난 트라우마 연구 등의 사업을 수행하고 있다. 이에 대해 좀 더 자세히 살펴보면 다음과 같다(국가트라우마센터 홈페이지 참조).

① 재난 정신건강 위기대응

국가트라우마센터는 표준화된 정신건강서비스 제공의 기반을 마련하기 위해서 재난 정신건강서비스 매뉴얼, 재난현장 맞춤형 위기대응 지침과 홍보물을 개발 · 제작하고 있으며, 이를 기반으로 재난 발생 시 신속한 대응을 위한 거버넌스 구축사업을 수행하고 있다. 위기대응은 크게 세 가지로 이루어진다. 첫째, 재난 위기개입으로 대규모 재난 발생 시 심리지원을 직접 수행하고, 소 · 중규모 재난에 대해서는 심리지원을 제공한다. 둘째, 재난 정신건강서비스 기반 구축을 위해서 관련 현황조사, 권역별 거버넌스 구축, 운영 매뉴얼 및 대응지침을 개발하여 보급하고 있다. 셋째, 트라우마에 대한 대국민 인식전환을 위해 다양한 활동(캠페인, 광고)을 하고 있다.

② 트라우마 회복 프로그램 개발 · 운영

재난 경험자들의 심리상태를 파악하여 집중관리가 필요한 고위험군을 선별하고, 심리검사와 심층 면담에 따라 근거 기반의 트라우마 회복 프로그램을 운영하고 있다. 재난 정신건강 고위험군 선별은 외상후 스트레스 장애, 우울, 불안, 신체증상 등에 대한 마음건강 검사를 통해 진행하고 있다. 또한 재난 경험자를 위한 회복프로그램을 개발 · 보급할 뿐만 아니라, 관련 애플리케이션도 함께 개발하여 보급하고 있다. 재난 업무 종사자를 위한 간접외상 및 소진 프로그램을 개발하여 운영하고 있다.

③ 트라우마 회복 패키지

트라우마로 인한 심리적 어려움을 평가, 치료, 관리하는 맞춤형 정신건강서비스를 운영하고 있다. 재난을 경험한 이후 일상생활이나 직업생활에 어려움이 있는 사람이면 누구나 이용할 수 있다. 대표적인 프로그램은 다음과 같다.

- **마음건강 심층평가**: 마음건강 검사 및 평가면담
- **트라우마 회복 프로그램**
  - 마음 프로그램: 불안 및 긴장 완화를 위한 안정화 기법 중심 프로그램
  - 마음플러스 프로그램: 스트레스 대처기술 증진 프로그램
  - 허그 프로그램: 트라우마 기억처리 및 통합, 애도 프로그램
- **모니터링**: 프로그램 종결 후 사후관리

④ 재난 정신건강 지원인력 교육 · 훈련

재난 정신건강 지원인력 양성을 위해서 단계별 교육과정(일반, 초 · 중 · 고급, 전문강사)을 진행하고 있으며, 현장 중심형 전문 인력 양성을 위한 교육 프로그램을 개발 · 운영하고 있다. 또한 재난 정신건강 지원인력 관리를 위해 데이터베이스를 구축하여 재난 발생 시 전문 인력을 효율적으로 활용하는 방안을 마련하고 있다.

⑤ 재난 트라우마 조사연구

재난 트라우마 경험자의 정신건강 문제를 다면적 · 장기적으로 평가하여 고위험 및 만성화 요인을 규명하고, 연구윤리 가이드라인 개발과 지자체의 재난 심리지원 대응 역량을 강화하기 위한 전략을 마련하여 재난 현장에서 안전하고 윤리적인 심리지원 및 연구를 수행하는 방안을 마련하고 있다. 구체적으로는 재난 · 트라우마 경험자 추적 관찰연구, 재난 관련 업무 종사자 정신건강 조사연구, 재난 회복에 영향을 미치는 요인 연구, 트라우마 개입 효과성 연구 등이다.

⑥ 안심버스 운영

국가적 재난 발생 시 신속하게 현장에 투입하여 재난 정신건강서비스를 제공하기 위해 찾아가는 재난 정신건강서비스로 안심버스를 운영하고 있다. 피해자들의 스트레스를 파악 · 측정하고, 안정화 프로그램 및 심리교육, 그리고 개인상담 및 집단상담 등의 서비스를 제공한다.

2) 트라우마에 대한 치료 및 회복 서비스

트라우마에 대한 개입의 최종 목표는 대상자가 외상이 발생하기 이전의 기능 수준으로 회복되는 것이다. 기능 수준을 회복한다는 것은 대상자들이 외상 이전의 상태로 그대로 돌아간다거나 있었던 일을 없었던 일로 여기는 것이 아니라, 외상 사건을 받아들이고 그 경험을 통합하여 일상생활에 잘 적응하게 되는 것을 의미한다. 더 나아가 고통을 딛고 성장으로 나아가도록 지원하는 것을 말한다. 여기서는 앞서 소개한 재난 생존자를 위한 초기단계의 응급처치와 안정화 기법을 제외하고, 트라우마 경험자를 치료하고 회복하는 데 필요한 몇 가지 개입방법을 제시하고자 한다(김환, 2016).

(1) 노출치료

트라우마 치료의 핵심은 충격적인 경험을 잘 받아들여 이를 극복하는 것이다. 외상 경험을 회피하거나 망각하지 않으려면, 안전한 노출(exposure)의 기회가 필요하다. 노출이란 피하고 싶은 대상, 사건, 사물에 직접적으로 맞닥뜨리게 하는 방법이다. 노출 과정에서 외상 경험은 결코 극복할 수 없는 끔찍한 경험에서 조금씩 받아들일 수 있는 경험으로 변화하게 된다. 대상자로 하여금 외상에 대해 반복적으로 말하게 하고, 외상 상황에 대해 그림을 그리거나 외상 사건을 자세히 기술하는 글을 써 보도록 하여 충격이나 공포를 완화하고 불안 수준을 낮출 수 있다. 노출에는 불안이나 공포를 초래했던 사건에 대해 상상으로 노출하는 방법과 실제로 노출하는 방법(in vivo exposure)이 있다. 어느 방법을 사용하든 안전한 환경에서 신중하고 차근차근하게 시간을 두고 시도하는 것이 좋으며, 호흡법과 근육이완을 함께 실시해 볼 수 있다.

(2) 인지행동치료

인지행동치료(cognitive behavior therapy)는 학습이론의 원리를 응용한 행동수정 기법과 사고나 신념, 가치 등을 다루는 인지적 기법을 통합한 치료를 가리키는 폭넓은 개념이다. 인지행동치료는 우울증, 불안장애, 강박증 등 다양한 심리적 증상에 적용될 수 있으며, 외상후 스트레스 장애에 대해서도 흔히 적용된다. 외상을 경험했던 상황에 대한 인식을 변화시켜 부정적인 사고방식을 긍정적인 사고방식으로 바꾸어 준다. 외상에 대한 인지행동치료에서는 행동 기법인 노출치료를 병행하는 경우가 많은데, 점진적인 노출을 통해 환자의 회피반응을 줄일 수 있다. 노출치료가 성공적으로 적용되면 인지행동치료의 효과도 함께 높아진다.

(3) 안구운동 둔감화 및 재처리 요법(EMDR)

EMDR(Eye Movement Desensitization & Reprocessing)은 안구를 굴리는 운동을 통해 외상 경험에 둔감해지고 정보처리를 다시 해서 그것으로부터 벗어나게 하는 기법이다. 앞에서 제시한 노출치료와 인지행동치료가 좀 더 큰 틀의 치료원리를 의미한다면, EMDR은 구체적인 하나의 치료기법이다. 이 기법은 현재까지는 외상후 스트레스 장애에 한해 활용된다. EMDR은 치료절차가 구조화되어 있는데, 환자는 외상과 관련된 장면에 집중한 후 치료자의 손가락을 따라 눈을 좌우로 빠르게 움직인다. 특정 장면에 집중하고 안구운동을 한 세트(약 30초 동안) 한 후에 이미지, 생각, 느낌, 신체감각 중에 무엇이라도 떠오르는 것이 있는지 질문 받는다. 환자가 떠오르는 것에 대해 보고하면 그것에 집중하게 한 후 다시 한 세트를 시도한다. 이런 과정을 반복하여 환자가 고통 없이 그 장면을 받아들이고 새롭게 긍정적인 시각을 받아들일 때까지 계속한다. 환자들은 EMDR 치료 후 외상 사건이 재연되거나 부지불식간에 부정적인 생각이 떠오르는 것이 줄어드는 효과를 기대할 수 있다.

(4) 의미 부여하기(외상 후 성장)

의미 부여는 일종의 인지적 재구성이다. 인간은 누구나 자신의 인생에 의미를 부여하면서 살아간다. 외상을 경험한 사람들도 자신에게 발생한 충격적이고 불행한 사건에 대해 의미를 부여한다. 의미 부여의 방식과 내용은 사람마다 다르지만, 어떤 사람들은 외상의 경험을 회피하지 않고 정면으로 맞서며, 외상을 겪은 후에는 오히려 외상과 관련된 인생의 의미를 찾고 이를 지속적으로 추구하는 쪽으로 성장한다. 이것을 외상 후 성장(post-traumatic growth) 또는 역경을 통한 성장(growth from adversity)이라고 부른다. 외상은 매우 고통스러운 경험이지만 인간을 성장시키는 촉진제가 될 수 있다. 아픈 만큼 성장한다는 말이 있듯이, 외상과 같은 고통스러운 경험을 잘 극복하면 심리적 성장을 이룰 수 있다.

인간은 외상 사건을 경험하게 되면, 세상에 대한 위험성과 자신의 취약성을 인식하는 동시에 자신과 세상에 대한 비현실적인 인식과 신념을 수정하게 된다. 고난과 역경을 견디고 극복하는 과정에서 자신의 잠재력과 강점을 발견하고 자신에 대한 확신과 통제감이 증가할 수 있다. 또한 자신의 아픔과 고통을 통해 다른 사람을 더욱 깊이 이해하고 공감하는 능력이 향상됨으로써 다른 사람과의 관계가 심화될 수 있다. 아울러 외상 경험을 통해 인생관이 변화되고 영적인 성장이 이루어질 수 있다. 삶과 죽음, 인간의 운명, 만남과 헤어짐의 인연과 같은 실존적 물음에 직면하여 고민함으로써 좀 더 깊고 유연한 인생관과 가치관을 정립할 수 있다(권석만, 2013: 241; 임선영, 2013). 그러나 이 접근을 적용할 때는 고통 속에 있는 환자에게 억지로 삶의 의미를 찾으라고 강요해서는 안 되며, 부적절한 접근은 오히려 증상을 악화시킬 수 있다. 이 방법은 장기적인 차원에서 이루어지는 것이 좋으며, 주위의 지지와 우호적인 환경이 동반될 때 효과적일 수 있다.

(5) 애도

애도(mourning)는 누군가를 슬픔으로 떠나보내는 것이다. 애도는 상실과 관련이 있으며, 외상 경험에도 적용된다. 외상 경험은 피해 당사자에게도 충격을 남기지만, 피해 당사자의 불행을 지켜보아야 하는 사람 또는 외상 사건으로 사랑하는 사람을 잃은 가족에게도 비통함을 남긴다. 또한 외상 사건의 생존자들은 본인이 피해 당사자이면서 사랑하는 사람을 잃는 경우도 있다. 이처럼 의미 있는 관계를 잃어버린 피해자 및 가족을 위해서는 애도과정이 필요할 수 있다. 애도는 외상 경험에 동반되는 슬픈 감정을 자연스럽게 배출시키는 데 초점을 맞춘다. 애도는 억지로 재촉하거나 단기간에 해치우려고 해서는 안 되며, 시간을 두고 천천히 하는 것이 좋다. 시간이 흐르면서 모든 감정은 자연스럽게 정화되기 때문에, 충분한 시간을 갖고 슬픔이나 비탄의 감정을 자연스럽게 표출하도록 도와야 한다.

(6) 가족치료

외상후 스트레스 장애 환자들이 대체로 대인관계 기능에 어려움이 있다는 점에서 가족 간의 의사소통을 촉진시키는 가족치료가 유용한 도움이 될 수 있다. 가족치료는 외상에 대한 주 치료이기보다는 보조적인 성격의 치료로 볼 수 있다. 가족치료는 크게 두 가지로 나눌 수 있는데, 하나는 부부 및 가족관계의 붕괴를 예방하는 체계적 가족치료이고, 다른 하나는 환자의 가족을 도와 외상후 스트레스 장애 환자를 잘 지원하도록 하는 지지적인 접근이다. 실제로 외상을 경험한 사람들은 가족 안에서 환자로 간주되거나, 약물 남용이나 폭력행동 등 여러 문제를 보이는 경우가 있다. 배우자나 부모로서 역할수행에 어려움이 있고, 가족 구성원으로부터 소외되거나 고립되기도 한다. 피해자의 배우자는 가족의 생계를 혼자 담당하면서 심각한 생활스트레스를 경험할 수 있다. 피해자 중심으로 돌봄이 이루어지면서 자녀들도 부모의 사랑보다는 소외감을 느낄 수 있다. 따라서 가족치료를 통해 충격적인 외상 경험으로 인한 가족 구성원들의 고통과 어려움을 나누고 이해하면서, 가족갈등에 대한 해결책을 함께 찾아보는 것은 가족이 재통합되고 피해자가 회복되는 데 큰 도움이 된다.

(7) 약물치료

트라우마에 대해 심리치료적 접근을 할 때 경우에 따라서는 약물치료를 병행한다. 특히 외상후 스트레스 장애를 치료할 때 여러 증상을 완화시키기 위해서 정신건강의학과 약물을 처방한다. 불안이나 우울 증상이 심하거나, 환자가 불안정하고 과민하며 충동적이거나 감정기복이 심한 경우에는 항불안제, 항우울제, 기분안정제, 항경련제 등의 약물을 사용할 수 있다. 이러한 약물들의 사용은 반드시 전문의의 진단과 처방에 의해 이루어져야 한다.

지금까지 살펴본 트라우마에 대한 개입을 바탕으로, 여기서는 충격적인 외상 경험으로부터 회복되는 과정을 담은 한 예를 제시한다. 이것은 『아주 특별한 용기』(Bass & Davis, 1992/2000)라는 책에서 이 책의 저자가 '어릴 때 성폭력을 당한 사람들을 위한 치료 단계'로 정리한 것이다. 이 지침들은 트라우마로 인해 고통을 겪는 사람들에게도 유용한 도움을 줄 수 있을 것이다(김환, 2016: 189-191에서 재인용).

표 12-5 ··· 외상 사건으로서 성폭력 치유의 단계

1. 치유를 결심하기

일단 당신의 삶에 성폭력의 파장이 뿌리 깊게 번져 있음을 깨닫고 나서 치유하겠다는 적극적인 다짐을 하는 것이 필요하다. 근본적인 치유는 당신이 그것을 선택하고 기꺼이 스스로를 변화시켜 나갈 때만 가능하다.

2. 위기 단계

기억이 떠오르면 그동안 억눌러 왔던 감정들을 만나기 시작하는데, 이때 당신의 삶은 급격한 소용돌이에 휘말릴 수 있다. 그러나 이것은 단지 하나의 단계에 지나지 않으며, 결코 영원히 지속되지 않는다는 것을 기억하라.

3. 기억하기

많은 생존자가 어릴 때 일어났던 일들을 기억하지 않으려고 억누른다. 사건의 진상을 잊지 않고 있는 이들이라 하더라도 종종 그 당시 어떤 심리상태였는지를 잊는 경우가 있다. 이 단계는 지나간 기억과 감정을 모두 불러일으키는 과정이다.

4. 그것이 일어났음을 믿기

생존자들은 자신이 인식하고 있는 바를 종종 의심하기도 한다. 성폭력이 실제로 일어났다는 것, 그리고 그로 인해 자신이 상처를 입었다는 사실을 믿게 되는 것이야말로 치유과정에서 중요한 부분이다.

5. 침묵 깨기

어른이 된 대부분의 생존자는 성폭력을 당했던 사실을 어릴 때의 비밀로 간직하였다. 자신에게 일어났던 일을 다른 사람에게 이야기하는 것은 그동안 생존자가 지니고 살아왔던 수치심을 꺾을 수 있는 강한 힘이다.

6. 자신의 탓이 아니었음을 이해하기

아이들은 성폭력이 자신의 잘못 때문에 일어났다고 생각하기가 쉽다. 어른이 된 생존자는 비난받아 마땅한 책임 소재(가해자에게 직접적인 책임이 있다)를 분명히 밝혀야 한다.

7. 자기 내면의 아이와 만나기

많은 생존자가 상처받기 쉬운 자신의 취약점을 보지 않았다. 내면에 있는 아이와 친밀하게 만나면 스스로에게 애정을 느끼게 되고 가해자에게 훨씬 큰 분노를 느끼게 된다. 뿐만 아니라 다른 사람들과는 더욱더 친밀한 관계를 만들어 갈 수 있다.

8. 자신을 신뢰하기

치유로 이끄는 가장 좋은 안내자는 자기 내면에서 들려오는 목소리다. 자신의 깨달음과 감정, 직관을 신뢰하는 법을 배움으로써 새로운 행동방식의 토대를 구축할 수 있다.

9. 슬퍼하고 애도하기

아이였을 때 성폭력을 당한 뒤 살아나려고 애쓴 대부분의 생존자는 자신이 무엇을 잃었는지조차 느끼지 못한다. 애도는 당신의 고통을 존중하고 여기에서 벗어나서 당신 자신으로 하여금 현재에 충실하게 하는 방법이다.

10. 분노는 치유의 중추

분노는 강력하면서도 당신을 자유롭게 하는 힘이다. 분노할 필요성을 느꼈든 혹은 충분히 분노할 여지를 마련했든 간에, 당신의 분노를 가해자에게 그리고 당신을 보호하지 못했던 사람들에게 정면으로 들이미는 일은 치유에 필수적이다.

11. 드러내기와 직면하기

가해자 또는 가족과 직접 맞닥뜨리는 일이 모든 생존자에게 가능한 것은 아니지만 극적이고 명쾌한 방법이 될 수 있다.

12. 용서

사람들은 종종 가해자를 용서하라고 권유하지만 이는 치유 과정에 필수적인 부분은 아니다. 오히려 자기 스스로를 용서하는 것이야말로 필요 불가결하다.

13. 영성

당신보다 더 큰 존재가 있음을 아는 것 또한 치유과정에서 유용한 자산이 될 수 있다. 영성은 고유한 개별적 체험이다. 전통적인 종교나 묵상, 자연 혹은 지지집단을 통해서 영적인 성숙을 찾을 수 있다.

14. 통합과 전진

이러한 단계를 반복적으로 거치다 보면 통합의 순간에 이르게 되고 자신의 감정과 깨달음은 안정을 찾게 될 것이다. 이로써 성폭력을 휘두른 가해자나 가족과 관계를 맺게 될 것이다. 이는 자신이 살아온 역사를 지워 없애지 않으면서도 삶을 심오하게 변화시켜 나가는 것이다. 치유를 통해서 깨달음과 공감과 힘을 얻음으로써 더 나은 세상을 위하여 일할 기회를 갖게 될 것이다.

출처: Bass & Davis (1992/2000): 김환(2016), pp. 189-191에서 재인용.

5. 정신건강전문가의 외상 경험과 자기 돌봄

1) 정신건강전문가의 외상 경험

정신건강사회복지사를 비롯한 다양한 실천가들은 자신의 직무와 관련하여 직·간접적으로 외상을 경험하고 있다. 즉, 외상을 경험한 피해자를 목격하거나 직접 도우면서 이차외상(secondary trauma)을 경험한다. 응급상황이나 위급한 현장에 출동하는 경우 클라이언트의 죽음이나 상해를 목격하기도 하고, 외상을 입은 클라이언트를 지속적으로 도우면서 간접적으로 외상을 경험한다. 또한 업무 중에 서비스 이용자인 클라이언트와 그의 가족으로부터 다양한 공격이나 폭력 등 충격적인 외상 사건을 직접 경험하기도 한다. 직접 외상 경험과 이차외상(대리외상)에 대해 살펴보고자 한다(최명민, 김연수, 서동민, 2020).

(1) 직접 외상 경험

현장에서 전문가들이 직접 경험하는 외상 사건(traumatic events)은 주로 클라이언트의 언어적 괴롭힘, 성적 괴롭힘, 정서적 폭력, 신체적 공격, 기물파손, 협박, 악의적 고소 등이다. 이러한 사건들은 예측하기 힘든 상황에서 갑작스럽게 발생하기 때문에 전문가들이 큰 충격과 상처를 받게 된다. 외상 사건으로 인해 직업적 정체성이 흔들리고, 클라이언트를 만나는 것을 회피하거나 두려워하는 반응이 나타날 수 있다. 또한 이직을 고민하거나 실천 현장을 아예 떠나기까지 하는 경우가 있다. 클라이언트로부터 직접적으로 당하는 외상 외에도 실천가들은 직무상 충격적인 장면을 목격하기도 한다. 대표적인 경우가 클라이언트의 죽음이다. 클라이언트의 자살시도나 극단적인 자살의 흔적 등을 목격하는 것은 대단히 충격적이고 상실감을 주는 경험이다. 이로 인해 전문가들은 소진과 연민, 피로, 집중력 저하, 무기력, 수면장애, 대인관계 위축, 죄책감 등을 호소할 수 있다.

(2) 이차외상 경험

외상 사건을 경험한 클라이언트를 도와주는 과정에서 정신건강전문가들도 피해자와 유사한 반응을 호소하는 경우가 있다. 이를 이차외상 혹은 대리외상(vicarious trauma)이라고 한다. 이 두 용어는 유사한 의미를 갖고 있기 때문에 뚜렷하게 구분하기보다는 혼용되고 있다. 이는 전문가들이 피해를 당한 클라이언트를 공감하고 원조하는 과정에서 그들이 느끼는 인지, 정서, 행동상의 증상들을 마치 자신의 경우처럼 느끼게 되면서 나타나는 증상이다. 이차외상은 외상후 스트레스 장애와 거의 유사하게 나타나는데, 외상 사건에 대한 반복적인 침투(침습)와 재경험, 외상 사건 기억이 유발되는 상황에 대한 회피, 과도한 각성, 정서와 인지의 부정적 변화 등을 비롯하여 불안과 우울 등의 부정적 정서를 경험한다. 또한 외상 사건을 경험한 클라이언트를 상담하면서 간접적인 외상에 노출되는 경험이 지속되면 전문가들도 과도한 걱정, 좌절감, 의기소침, 무기력 등의 신체 · 정서적 변화를 경험하게 된다.

2) 정신건강사회복지사의 자기 돌봄

정신건강 현장은 항상 위험성이 존재하는 현장이다. 예기치 않은 폭력과 공격, 그리고 생명과 안전을 위협하는 일들이 발생하는 현장이다. 그렇기 때문에 정신건강사회복지사를 비롯한 정신건강전문가들, 클라이언트와 가족, 그리고 주변인들의 안전을 도모하고, 위험의 발생을 사전에 예방하는 노력이 필요하다. 구체적인 안전지침을 구비하고, 위기 발생 시 대응할 수 있는 매뉴얼과 관련 기관들과의 연계체계가 잘 갖추어져 있어야 한다. 위기에 대한 대응은 사전예방과 교육이 최선책이며, 실제로 발생한 위기상황에 대해서는 가능한 한 조기에 적절하게 대처하는 방안이 구체적으로 마련되어 있어야 한다.

최근에는 전문가의 외상 경험에 대한 새로운 대안으로 자기 돌봄(self-care)이 중요하게 다루어지고 있다. 자기 돌봄을 위해서는 외상 사건을 경험한 클라이언트에게 사용했던 치료법을 전문가 자신에게 적용하는 것이다. 즉, 자신의 사고방식을 변화시키기, 신체적으로 유연하게 만들기, 종교와 영성에 의지하기, 친구와 가족 등 가까운 사람들과 재충전의 기간을 가져 보기, 고통스러운 감정이나 부정적인 감정을 적절하게 표출하기 등이다. 전문가 자신을 위한 힐링(healing)과 상담, 재충전이 꼭 필요하고, 자기 돌봄의 시간이 가능하도록 정신건강 기관이나 시설에서는 적극적인 지원과 배려가 필요하다.

3) 트라우마 기반 실천의 확대

최근 트라우마가 인생 전반에 걸쳐 광범위하게 발생한다는 인식이 확산되면서, 실천 현장에서도 트라우마 기반 실천(Trauma-Informed Care: TIC)의 중요성이 커지고 있다(현진희, 2020). 이에 대해 우리나라는 관련 논의가 이제 시작되는 단계에 있지만, 미국의 경우는 모든 현장에서 트라우마에 기반한 실천이 강조되고 있다. 트라우마는 특정한 일부 사람만 경험하는 문제가 아니라 누구든 예기치 않은 상황에서 갑작스럽게 혹은 충격적으로 경험할 수 있는 문제이다. 앞서 살펴본 바와 같이, 단 한 번의 사건이든 혹은 지속적으로 발생하는 사건이든, 또는 발달 초기에 경험하는 애착외상이든, 대인관계 외상이든, 자연재해이든 예기치 않은 상황에서 경험하는 트라우마는 이제 모든 사람이 관심을 갖는 사회적 이슈로 받아들여지고 있다. 트라우마를 더 이상 병리적인 시각으로 바라보지 않고, 보다 건강한 시각에서 트라우마를 잘 극복하면 고통을 넘어 성장의 기회로 승화시켜 갈 수 있다고 보고 있다. 이것을 흔히 트라우마의 역설(paradox of truma)이라 부른다.

따라서 정신건강사회복지 실천 현장에서도 실천가들이 트라우마를 경험한 사람을 충분히 이해하고, 트라우마의 영향에 대해 민감성을 가지고 접근할 필요가 있다. 또한 생존자와 피해자들이 자신의 삶에 대한 통제감과 역량을 회복하고, 장기적으로는 성장으로 나아갈 수 있도록 강점 기반의 실천이 필요하다. 특히 정신장애의 유형에는 충격적인 외상 경험으로 인한 외상후 스트레스 장애(PTSD)뿐만 아니라, 트라우마로 인한 만성 불안이나 우울, 약물이나 알코올 남용의 문제가 관련되어 있는 경우가 많기 때문에 정신건강사회복지사들은 이에 관한 충분한 지식과 실천 기술을 갖추고 있어야 한다. 앞으로 모든 실천 현장에서 서비스 이용자나 전문가 자신의 외상 경험을 숨기거나 억압해야 할 이슈가 아니라, 함께 극복하고 회복해야 할 과제로 받아들이는 노력이 중요하다. 실천가는 트라우마에 관한 실천역량을 갖추고, 기관이나 관련 단체에서는 그러한 실천을 지원하는 조직문화를 만들어 가야 한다.

생각해 볼 문제

- 학습자 자신이 경험한 트라우마는 무엇이고, 그것에 어떻게 대처해 왔는지 혹은 그것을 통해 어떤 고통을 겪어 왔고 무엇을 터득했는지 깊이 생각해 보자.
- 최근 우리 모두가 경험한 사회적 재난으로서 코로나19에 대해 트라우마의 관점에서 생각해 보자. 우리 사회는 코로나19로 어떤 고통을 겪었고, 또한 그것을 통해 어떤 변화와 새로운 시도가 이루어졌는지 생각해 보고 함께 자유롭게 이야기해 보자.
- 외상후 스트레스 장애에 대해 공부해 보고, 어떤 치료법이 있는지 웹이나 문서자료를 검토하고 발표해 보자.
- 국가트라우마센터 홈페이지를 방문해 보고, 공감되는 내용을 찾아 함께 논의해 보자. 국가트라우마센터 자료실에 있는 재난 관련 문서를 찾아보고, 공유하고 싶은 내용을 찾아 발표해 보자.

제5부

향후 전망과 과제

제13장
정신건강 정책과 실천의 발전 방향

제1장에서부터 제12장까지 살펴본 내용을 토대로, 마지막 장인 제13장에서는 향후 전망과 과제에 대해 살펴보고자 한다. 이를 위해 현시점에서 적극 고려해야 할 점들을 중심으로 두 가지 차원에서 제시하고자 한다. 하나의 차원은 정신건강 영역의 발전 방향이다. 즉, 정신건강 영역과 관련하여 법과 전달체계, 재원 확보와 배분, 직역 간 협조와 정신건강전문요원의 안전 확보에 대해 포괄적인 발전 방향을 제시하고자 한다. 다른 하나의 차원으로는 정신건강사회복지의 발전 방향에 대해서 몇 가지로 제안하고자 한다.

1. 정신건강 영역의 발전 방향

정신건강 영역의 발전 방향은 정신건강 분야 전반에 걸쳐 요구되는 사항을 다루는 것이다. 이와 관련하여 다음과 같이 크게 세 가지 면에서 제시하고자 한다.

1) 법과 전달체계

(1) 정신건강복지법: 정신장애인복지법으로 구체화되어야 한다

2016년에 전부 개정된 「정신건강증진 및 정신질환자 복지서비스 지원에 관한 법률」(이하 「정신건강복지법」)은 정신장애인을 위한 복지법의 성격을 갖는다는 점에서 매우 의미 있는 법안이다. 이 법은 전 국민의 정신건강증진과 정신질환자의 인간다운 삶을 보장하기 위해 정신질환의 예방과 치료, 재활 · 복지 · 권리보장 및 정신건강 친화적인 환경을 조성하려는 국가의 노력을 강조하고 있다. 이런 면에서 「정신건강복지법」은 우리 사회에서 정신질환의 치료 및 정신건강증진을 위한 제도적 근거로서 나름 진일보했다고 평가할 수 있다. 이 법안과 관련하여 중요한 이슈 중의 하나는 자의입원과 비자의입원에 관한 것이다. 과거에 비해 자의입원 혹은 자발적 입원의 중요성과 그 적법절차가 크게 강조되고 있지만, 여전히 강제입원(비자의입원)의 부당한 집행과 정신질환자에 대한 인권침해 요소들이 존재하고 있다. 보호의무자에 의한 입원이나 행정입원 등에서 환자의 자기결정권이 충분히 행사되고 있지 못하며, 더욱이 이를 객관적으로 검증하기가 매우 어려운 상황이다. 또한 법안에 새롭게 규정된 '복지서비스'가 과연 무엇인지에 대해서도 시행령과 시행규칙에 구체적으로 제시되어 있지 않다.

따라서 「정신건강복지법」의 집행과 관련하여, 향후에는 비자의입원(강제입원) 과정에서 정신장애인이 행사할 수 있는 자기결정권을 비롯한 기본적 권리가 침해받지 않고 보호될 수 있도록 신중하고 적법한 법 집행이 보장되어야 한다. 아울러 정신장애인에게 부여된 퇴원심사청구권 및 절차참여권, 인권보호조치 등이 법의 취지에 맞게 행사되도록 꾸준한 관리감독과 제도개선이 필요하다. 정신장애인의 지역사회 생활에 필요한 복지서비스에 대해서도 법안에 명시적으로 규정하고, 부족한 서비스를 개발하는 노력과 함께 장기적으로는 장애인을 위한 복지서비스에 준하는 다양한 서비스의 확충이 필요하다고 하겠다.

(2) 정신건강서비스 전달체계: 유기적인 협력과 역할분담이 필요하다

우리나라의 정신건강서비스 전달체계는 보건복지부(정신건강정책과 및 자살예방정책과)에서 전반적인 정신건강 정책을 입안하고, 정신건강사업을 위한 행 · 재정적 지원을 한다. 그리고 각 지자체의 담당부서를 거쳐 광역 및 기초 정신건강복지센터, 정신재활시설 등에서 각종 정신건강사업을 진행하고 있다. 그 외에도 국립정신건강센터, 국가트라우마센터, 치매안심센터, 중독 및 자살 관련 센터 등을 설치하여 다양한 사업을 진행하고 있다. 이러한 정신건강서비스 전달체계에서 중요한 것은 각 단위별 주체(기관이나 시설)의 책임과 역할을 분명히 하고, 유관기관들 간에 유기적으로 협력하여 공동의 목적을 달성하는 것이다.

이런 측면에서 볼 때, 우리나라의 정신건강서비스 전달체계는 많은 과제를 안고 있다. 정신건강 유관기관들 간에 구축된 협력체계는 과거에 비해 나아졌지만, 필요한 서비스를 연계 · 조정하고 공동으로 사업을 진행하는 면에서는 아직 미흡한 실정이다. 연계와 협력의 필요성은 공감하지만 이를 뒷받침할 수 있는 인적, 물적 인프라(인력, 서비스, 재원 등)가 부족하여 실질적인 협력이 어려운 상황이다. 따라서 정신의료기관, 정신건강복지센터, 정신재활시설, 주거시설 간의 협력체계를 보다 내실화하여 정신장애인들이 치료받고 회복되는 과정에서 적절한 서비스를 제때 충분히 받을 수 있는 여건을 만들어야 한다. 아울러 지역사회 재활에서 가장 취약한 영역 중 하나인 주거시설(특히 지역사회전환시설, 중간집)을 확충하여 서비스 전달체계에서 주거지원이 제 기능과 역할을 담당하도록 해야 한다.

2) 정신건강 재원 확보 및 배분

우리나라에서 1995년 처음으로 「정신보건법」이 제정된 이후 현재까지 20여 년이 흘렀다. 「정신보건법」이 지속적으로 개정되면서 정신질환자의 인권보장이나 인도적 처우에서 상당 부분 개선이 이루어졌다. 2016년에 전면 개정된 「정신건강복지법」은 법 명칭에 '복지'를 추가함으로써 명실공히 정신장애인복지법으로 전환될 수 있는 법적 근거가 마련되었다. 그러나 명시적인 법 개정만으로 정신장애인의 복지 수준이나 삶의 질 향상을 기대하기 어렵다. 우리 사회에서 정신장애인들은 오랫동안 편견과 차별의 대상이 되어 왔고, 주거, 문화, 경제, 교육 등에서 사회적 배제의 대상이 되어 왔다. 정신장애인이 우리와 다른 그들이 아니라 진정한 우리가 되기 위해서는 먼저 공공영역에서 확실한 변화 의지를 보여 주고 사회적 투자를 늘려야 한다.

2020년 현재 우리 정부가 책정한 정신건강 예산은 약 3,000억 원으로 아직 턱없이 부족한 실정이다. 대부분이 일반회계와 특별회계(국민건강증진기금, 국민연금기금, 응급의료기금 등) 예산으로 충당하고 있다. 우리나라 국민 1인당 정신건강 예산(약 4,800원)은 OECD 평균 예산에도 미치지 못하는 수준이고, 인구 10만 명당 정신건강전문가의 수(약 16명)도 OECD 평균(60명 기준)의 절반에도 미치지 못하고 있다. 따라서 2016년에 전면 개정한 「정신건강복지법」과 그에 기초한 정신건강종합대책이 실효를 거두기 위해서는 정신건강 예산을 대폭 늘려야 한다. 예산이 확보되어야 정신건강서비스 전달체계에서 취약한 거주시설(지역사회전환시설), 소규모의 정신재활시설을 늘리는 데 필요한 예산을 배정하고, 정신건강 인력을 확충하는 데 사용할 수 있다. 정신건강 예산 확보를 위해서는 범부처 차원의 세부계획을 수립하고, 다양한 재원을 모색하는 방안이 필요하다. 그리고 중앙정부의 노력과 함께 지방정부에서도 정신건강 인프라 구축을 위한 예산 책정과 배분을 보다 실효성 있게 시도할 필요가 있다.

3) 직역 간 협력과 정신건강전문요원의 안전 확보

(1) 직역 간 협력: 팀워크에 기초한 협력이 중요하다

정신건강 분야는 기본적으로 여러 전문가의 팀워크(teamwork)를 통해 서비스를 제공한다. 정신질환 및 정신장애에 대한 인식개선사업에서부터, 생애주기별 정신건강서비스, 중독과 자살에 대한 정신건강서비스, 만성 정신질환자의 재활 및 사회복귀서비스, 지역 주민들의 정신건강상담에 이르기까지 정신건강 팀(mental health team)을 통해 협력적으로 일을 한다. 또한 동일 기관 내 팀워크뿐 아니라, 지역사회 내 유관기관들(병원, 중독 및 자살 관련 기관, 성폭력 기관, 보건소, 치매안심센터, 학교, 경찰, 119, 소방공무원, 사회복지기관, 주민센터와 복지공무원 등)과도 협력적으로 일을 한다. 즉, 내부적으로는 정신건강 팀을 통해, 외부적으로는 유관기관의 전문가들 및 담당자들과 팀워크에 기초한 협력 활동을 한다.

팀워크에서 가장 중요한 것은 상호 간의 이해와 배려, 분명한 역할분담 및 업무 협약, 충분한 소통과 피드백, 공동의 목적이나 협력 이유에 대한 공감대 형성 등이다. 현재 현장에서 발생하는 팀워크의 어려움은 직역(사회복지, 간호, 심리 등) 간 이해부족과 권한 배분의 문제라고 할 수 있다. 현재 우리나라의 정신건강 인력은 정신건강간호사 비중이 가장 크고, 그다음으로는 사회복지사, 임상심리사의 순이다. 간호사는 주로 정신의료기관에 많이 종사하고 있고, 사회복지사는 정신건강복지센터와 정신재활시설에서, 임상심리사는 정신의료기관에서 많이 일하고 있다. 특히 지역사회 정신건강시설에는 사회복지사들이 가장 많이 배치되어 있지만, 일부 지역에서는 여전히 의료적 관점에 치중하여 정신건강의학과 전문의나 간호사의 직업적 권위를 우선 고려하는 관행이 남아 있다. 따라서 앞으로는 보다 세심한 인력 정책을 통해 정신건강의학과 전문의, 간호사, 사회복지사, 임상심리사 등의 전문 인력이 정신의료기관과 정신재활시설에 고루 배치되고, 그들의 직업적 역량이 최대한 발휘되고 전문성을 인정받을 수 있도록 지원해야 한다. 동일 기관 내 그리고 지역사회에서 직역 간 협력이 강화되고, 기관별로 고른 인력 배치가 이루어진다면 해마다 정신건강전문요원 수련제도를 통해 배출되는 수백 명의 수련생들에게도 전문성을 발휘할 수 있는 기회가 확대될 것이다.

(2) 정신건강전문요원의 안전 확보: 전문직의 생존을 위해 필요하다

정신건강 영역에는 일상적으로 다양한 위험(risks)이 존재한다. 정신건강전문요원(2급의 경우)은 1년간의 수련 과정을 마치고 취업하면 지속적인 교육과 훈련을 통해 위험에 대처하는 방법을 익히게 된다. 그럼에도 현장에서 발생하는 대부분의 위험이 예기치 않은 상황에서 갑자기, 그리고 업무수행 과정에서 발생하기 때문에 전문가들이 심각한 피해를 입게 된다. 정신건강전문요원은 현장에서 정신장애인과 가족, 주변인들로부터 다양한 공격(신체적 · 언어적 · 심리적 폭력, 기물파손 등)을 받는다. 최근 발생한 정신건강의학과 전문의 임세원 교수의 죽음에서 볼 수 있듯이, 정신의료기관이나 지역사회 정신재활시설에서 발생하는 정신질환자에 의한 폭행이나 폭력, 방화, 자 · 타해 행동은 정신건강전문요원의 안전을 크게 위협하고 있다.

또한 최근 정신건강 정책이 지역사회를 중심으로 전환되고, 치료 및 재활뿐 아니라 예방과 정신건강증진, 회복을 위한 사업이 확대되면서 정신건강전문요원의 업무가 과중해지고 그로 인해 소진의 가능성이 그 어느 때보다 커지고 있다. 특히 정신건강복지센터는 지역에서 정신건강증진과 예방 활동의 구심점이 되고, 지역사회 돌봄(커뮤니티 케어)에서 요구되는 정신건강서비스를 최우선으로 연계해야 하는 기관으로 인식되면서 기존 센터 업무 외에 새롭게 수행해야 할 업무가 크게 증가하였다. 그 외에도 정신건강 영역에서 사례관리 업무가 강화되면서 센터에 등록한 거의 모든 환자에게 사례관리 서비스를 제공하는 등 기관 안팎으로 업무 부담이 가중되고 있다. 실례로 최근 사례관리자 1인당 등록정신질환자 수가 40명을 넘고 있다. 이런 상황은 정신건강복지센터뿐 아니라, 지역별로 설치된 중독관리통합지원센터나 자살예방센터도 해당 지역에서 서비스 연계의 구심점 역할을 하면서 업무 부담이 커진 상황이다.

따라서 정신건강전문요원의 과중한 업무 부담은 소진(burn-out)으로 나타날 수 있고, 이 상태가 오랫동안 방치되면 전문가로서 직업적 정체성이 흔들릴 뿐 아니라, 직장을 그만두거나 이직하는 결과로 이어질 수 있다. 더욱이 업무과중은 예기치 않은 위험 상황에 민감하고 신속하게 대처하는 능력을 떨어뜨리고, 위험 발생으로 인한 피해를 가중시키는 요인이 된다. 따라서 정신건강전문요원의 안전 문제는 개인적 차원의 문제가 아니라 조직의 생존, 더 나아가서는 전문직의 생존과 정신건강 인력의 수급문제와 직결되기 때문에 보다 근본적인 대책이 필요하다.

정신건강전문요원의 안전을 확보하기 위해서는 우선 시설 안에 안전장치로서 비상벨을 구비하고, 안전 위주로 사무실 환경을 개선하는 노력이 필요하다. 폭력 발생 가능성에 대비하여 구성원 모두가 위기대응 매뉴얼을 충분히 숙지하고 이를 주기적으로 훈련해야 한다. 실제로 위험이 발생한 경우에는 구성원 모두의 피해를 최소화하고 재발의 가능성을 차단하기 위해 공동으로 대응하면서 사후관리 방안을 논의해야 한다. 피해를 입은 정신건강전문가의 경우 트라우마(trauma)를 경험할 수 있기에 충분한 쉼과 상담의 기회를 제공하는 것이 중요하다. 보다 근본적으로는 위험 발생을 사전에 차단할 수 있는 안전한 사무실 환경을 조성하는 것과 함께 전문요원들의 과중한 업무 부담을 해소하고 전문가로서 정체성을 유지할 수 있도록 충분한 인력 확충이 뒷받침되어야 한다.

2. 정신건강사회복지의 발전 방향

정신건강사회복지의 발전 방향은 사회복지(실천)의 한 분야로서 정신건강사회복지(social work in mental health)에 관한 사항을 다루는 것이다. 이에 대해 다음과 같이 몇 가지로 제시하고자 한다.

1) 정책과 실천에 균형 잡힌 정신건강사회복지

정신건강사회복지는 사회복지의 한 분야로서 관련 정책과 제도 그리고 전문적 실천이 균형을 이루어야 한다. 그러나 그동안의 정신건강사회복지 역사와 현장의 흐름을 볼 때 정책적 접근(거시적 접근)보다는 실천적 접근(미시적 접근)이 더 강조되어 왔음을 부인할 수 없다. 1997년 이후 정신건강전문요원 수련제도를 통해 상당수의 정신건강사회복지사를 양성 · 배출하는 일과, 현장에서 정신건강사회복지사로서 전문적인 활동과 위상을 확보하는 일에 역점을 두어 왔다. 이러한 노력의 결과로 정신건강 영역에서 정신건강사회복지사는 정신건강간호사, 정신건강심리사와 더불어 핵심적인 전문 인력으로 자리를 잡았다.

그러나 최근 들어 지역사회를 중심으로 한 정신건강 정책이 뿌리를 내리고 있고, 2016년 「정신건강복지법」이 전면 개정된 것을 계기로 정신건강(mental health)과 복지(social welfare)를 연결(통합)하는 과제가 그 어느 때보다 강조되고 있다. 예전에는 정신건강사회복지사들이 주로 정신장애인과 가족을 둘러싼 미시적 환경에서 일을 했다면, 이제는 지역사회 혹은 전체 사회라는 보다 넓은 환경에서 정신장애인의 복지와 삶의 질 향상을 목적으로 일하는 시기가 도래한 것이다. 정신장애인과 지역사회 주민 모두의 정신건강증진을 위해 예방 차원에서 다양한 영역(교육, 복지, 문화, 고용, 주거, 정보 등)의 실천가들과 수평적으로 협력하는 일이 중요하게 인식되고 있다. 정신건강 시설이나 기관에 국한한 서비스 제공이 아니라 지역사회를 기반으로 하는 폭넓은 영역에서 정신건강사회복지사로서 위상과 역할을 재정립해야 하는 시기가 된 것이다.

이러한 시대적 과제에 효과적으로 대응하기 위해서는 정신건강사회복지사들의 인식이 달라져야 한다. 사회복지의 한 분야로서 정신건강사회복지에 대한 접근이 좀 더 새로워져야 한다. 정신건강사회복지 안에 관련 정책과 실천이 균형 있게 고루 담겨야 한다. 정신건강 관련 정책과 제도, 즉 정신건강 정책과 「정신건강복지법」에 대한 이해(이념과 구성 체계), 그리고 법상에 규정된 정신장애인의 권리와 사회적으로 민감한 이슈들(예: 강제입원 제도 및 퇴원청구제도, 입원적합성 심사, 인권보호 조치 등)에 대해 사회복지전문직으로서, 정신건강사회복지사로서 사회복지 가치에 부합한 고유의 입장을 갖고 우리 자신의 목소리를 내야 한다. 그동안 축적해 온 정신건강사회복지의 전문적 역량과 정신건강사회복지사들의 헌신적 리더십을 한층 더 확장시켜 정책과 제도에 대한 관심과 활동에 이르기까지 그 경계를 넓혀야 한다. 정책적 접근과 실천적 접근에 균형 잡힌 정신건강사회복지로 계속 발전해 가야 한다.

2) 현장의 다양화와 정신건강사회복지사의 역할 재정립

정신건강사회복지의 또 다른 흐름은 현장의 다양화를 들 수 있다. 과거에는 정신건강사회복지사들이 일하는 기관이나 시설이 다소 제한적이었다. 주로 정신의료기관(정신건강의학과 및 정신건강 전문병원 등)과 한정된 지역사회시설(정신건강복지센터, 정신재활시설, 공동생활가정과 기타 거주시설 등)에서 일하였다. 그러나 전문적인 정신건강서비스를 필요로 하는 지역 현장이 늘면서, 수련과정을 마친 정신건강사회복지사(정신건강전문요원)들이 지역의 다양한 현장에 투입되고 있다. 예로, 공공사례관리가 확대되면서, 읍·면·동 중심의 찾아가는 복지서비스팀에 정신건강사회복지사 자격증이 있는 사회복지사들이 통합사례관리사로 채용되어 정신건강 문제를 가진 서비스 이용자를 직접 도와주는 일을 하고 있다. 통합사례관리사 채용 조건에 정신건강사회복지사 자격증 소지자에 대해 가산점을 부여하여 우선 채용의 기회를 주고 있다.

또한 정신건강 실천 영역으로 기존에 정신질환자를 위한 치료적 개입, 사례관리, 만성 정신질환자를 위한 재활 프로그램 외에도 최근에는 각종 중독, 성폭력, 자살, 생애주기별 정신건강 고위험군 관리 등이 확대되면서 다양한 영역과 관련 사업에 정신건강사회복지사들의 참여가 늘고 있다. 행정 권역별로 설치된 중독관리통합지원센터, 한국도박문제관리센터는 다양한 중독 문제를 통합적으로 관리하고 있고, 자살예방센터는 전반적인 자살예방사업 외에 위기상황에 대처하는 응급개입 팀을 운영하고 있다. 특히 중독관리통합지원센터와 자살예방센터의 업무는 기관 내 재활 프로그램이나 교육 외에, 지역사회의 다양한 유관기관 및 서비스·자원을 활용해야 하는 일이 많아 사회환경적 접근을 중시하는 정신건강사회복지사의 역할이 크게 강조되고 있다. 성폭력 및 가정폭력 기관, 치매안심센터, 그리고 교육복지 현장에서도 정신건강사회복지사 자격증을 소지한 사회복지사의 활동이 꾸준히 늘고 있다.

앞으로 군사회복지사 자격이 제도화되면 군인과 가족의 정신건강 문제를 다루는 전문직으로 정신건강사회복지사의 활동이 크게 확대될 전망이다. 그 외에도 지역사회복지관에서 알코올 문제나 만성 정신질환을 가진 서비스 이용자를 위한 사례관리 및 복지서비스 확대를 위해 정신건강사회복지사 자격증을 소지한 사회복지사의 채용 가능성이 그 어느 때보다 커지고 있다. 더욱이 우리 사회에 보편적인 정신건강 문제로 자리 잡은 트라우마에 대한 국가적 대처와 스트레스 및 재난 관련 정신건강 문제를 다루는 정신건강전문가의 필요성이 커지고 있어 향후 정신건강사회복지사의 실천 현장은 계속 늘어날 전망이다.

따라서 현시점에서 정신건강사회복지사의 실천 현장을 재점검하고, 새롭게 확대되는 현장을 중심으로 정신건강사회복지사의 역할을 재정립할 필요가 있다. 정신질환자를 치료하고 재활하는 데 관여하는 임상적 역할에서 한발 더 나아가 지역사회에서 다양한 복지서비스를 활용하고, 복지가 중심이 되는 1차 현장에서 정신건강서비스를 제공하는 사회복지사의 역할에 대해 본격적으로 논의해야 한다. 지금까지는 주로 2차 현장에서 업무를 수행했다면, 앞으로는 공공영역과 사회복지의 1차 현장에서 정신건강서비스를 제공하는 사회복지사의 역할이 기대되는 만큼 이에 대한 사회복지전문직의 관심과 역할 재정립이 필요하다.

3) 정신장애인을 위한 복지서비스 확대

2016년 「정신건강복지법」의 전면 개정은 정신건강사회복지의 측면에서 볼 때 특별한 의미가 있다. 1995년 최초로 제정된 「정신보건법」은 법을 통한 사회통제의 성격이 강하였다. 정신질환자의 강제입원이 전체 사회를 보호하는 차원에서 정당화되었고, 인권보호절차의 집행에서 정신장애인의 인권을 최우선으로 고려하지 못했던 제도적 한계를 갖고 있다. 그 후 관련 단체 및 당사자, 그리고 정부의 노력으로 여러 차례 법이 개정되면서 사회통제의 성격에서 벗어나 정신장애인의 인권 및 치료받을 권리, 그리고 전 국민의 정신건강증진을 도모하는 선진화된 법으로 변화되었다. 그리고 그동안의 개정 노력을 총체적으로 수렴하여, 2016년에 법 명칭을 「정신건강복지법」으로 바꾸고, 법의 성격도 정신장애인복지법으로의 기본 틀을 갖추게 되었다.

그러나 법안을 살펴보면, 정신장애인이 지역에서 받을 수 있는 복지서비스에 관해서는 구체적인 사항이 없으며, 단지 복지서비스가 필요하다는 정도의 선언적 규정만이 있을 뿐이다. 시행령과 시행규칙에도 구체적인 사항이 없다. 한마디로 정신장애인의 삶의 질 향상을 위해 다양한 복지서비스가 필요하지만, 이에 관한 구체적인 논의는 지금부터라고 할 수 있다. 정신장애인을 위한 복지서비스는 기존 장애인을 위한 복지서비스를 기준으로 하되, 이를 점진적으로 확대해 가야 한다. 법안을 보면, 정신장애인을 위한 복지서비스는 크게 주거와 고용, 교육과 정보, 문화와 건강의 영역에서 확충하도록 권고하고 있다. 이에 관해서는 이 책의 제6장에서 자세히 다루었다. 주거와 고용, 교육 영역은 어느 정도 서비스가 구비되어 있으나, 정보와 문화, 건강의 영역은 새롭게 확충해야 할 서비스들이다.

따라서 정신건강사회복지사들은 정신장애인을 위한 복지서비스 개발과 활용을 위해 사회복지사로서 제 역할을 다할 필요가 있다. 복지서비스는 사회복지 1차 현장에서 제공하는 서비스와 그 외 유관기관이나 협력기관에서 제공하는 서비스를 포함한다. 특히 최근 지역에서 추진하고 있는 지역사회 통합돌봄과 커뮤니티 케어의 경우 사회복지의 여러 영역에서 협력적으로 이루어지고 있는 만큼, 정신장애인도 지역 돌봄의 대상이자 서비스 이용자로서 복지서비스를 통합적이고 연속적으로 제공받을 수 있어야 한다. 이러한 지역사회 협력과 통합 노력에 정신건강사회복지사들이 복지전문가로서 참여하여, 정신장애인을 위한 복지서비스 개발과 제공을 위해 적극 노력해야 한다.

4) 정신건강사회복지사의 역량 강화

1997년 정신건강전문요원 수련제도가 처음 도입·시행된 이후 20년 이상이 흘렀다. 초기에는 수련생이 100여 명 정도로 시작되었지만, 최근에는 300여 명 내외를 유지하면서 그동안 배출된 정신건강사회복지사 인력풀도 상당하다. 수련 초기에는 정신건강사회복지사에게 기대하는 역량으로 주로 정신질환자의 치료, 재활, 사회복귀를 위한 임상적 능력이 강조되었다. 그러나 정신건강의 전반적인 흐름이 지역사회정신건강, 정신건강증진으로 바뀌면서 지역 주민들의 정신질환에 대한 인식개선과 편견 극복, 정신건강 고위험군 발견, 조기치료, 퇴원 후 지역사회 적응과 생존, 회복을 위한 실천역량이 필요하게 되었다. 이러한 변화에 부응하여 정신건강사회복지사 수련과정에는 지역사회 자원 활용, 정신장애인 인권보장, 주거복지, 사례관리, 위기개입, 생애주기별 실천, 중독 · 자살 · 트라우마에 관한 개입, 정책적 옹호와 법 관련 활동을 교육하고 훈련하는 내용을 포함하고 있다. 즉, 정신건강사회복지사의 역량이 기존의 임상적(치료적) 역량에서 한발 더 나아가 간접적 서비스 제공의 역량, 행정적 · 정책적 활동역량으로 그 범위가 확대되었다.

이러한 역량의 확대는 사회복지의 기본 관점에서 볼 때 매우 당연하고 바람직한 방향이라고 할 수 있다. 사회복지는 인간과 환경을 동시에 조망하는 이중관점을 지향하기에, 자연스럽게 사회복지사의 역량이 인간의 문제와 욕구를 직접 해결하려는 직접 서비스 역량과 제도 및 정책적 노력을 통해 환경을 개선하려는 간접 서비스 역량이 균형을 이루어야 한다. 이런 측면에서 정신건강사회복지사의 활동이 기존에 직접 서비스 능력에서 간접 서비스 능력으로 그 강조점이 이동하는 것은 앞서 지적한 바와 같이, 임상적 능력과 정책적 능력이 균형을 이루어 가는 과정에서 바람직한 현상으로 이해할 수 있다.

따라서 앞으로의 과제는 최근에 요구되고 있는 정신건강사회복지사의 역량(제도 및 정책 관련 역량)이 제대로 발휘될 수 있도록 이를 뒷받침하는 노력이 있어야 한다. 이를 위해 대학에서 정신건강사회복지 교과목을 강의할 때 정신건강 정책과 실천을 강조하는 교육을 할 필요가 있다. 정신건강 수련과정에서도 수련 사회복지사들이 직접 서비스 역량과 간접 서비스 역량을 고루 배양할 수 있도록 교육과정을 정비하고, 자살 · 트라우마 · 중독 · 정신건강 예방 등 시대적 과제에 효과적으로 대응할 수 있는 실무 역량을 강화할 필요가 있다. 또한 한국정신건강전문요원협회와 한국정신건강사회복지사협회는 정신건강사회복지사들이 시대적 과제에 효과적으로 대처하고 정책 및 실천 역량을 꾸준히 향상시켜 갈 수 있도록 내실 있는 보수교육의 기회를 제공해야 한다. 한국정신건강사회복지학회와 관련 협회에서는 정신장애인이 지역사회 통합돌봄이나 커뮤니티 케어에 참여가 보장되고 복지서비스가 확대될 수 있도록 관련 학회들과 공동으로 연구하고 대안을 제시하는 정책 활동을 계속해 가야 한다.

끝으로, 정신건강사회복지사가 자신의 역량을 최대한 발휘하기 위해서는 무엇보다 안전한 업무환경이 확보되어야 한다. 클라이언트 및 주변인으로부터 받는 공격과 폭력에서 보호되어야 하며, 트라우마(외상)에 민감하게 반응하고 이에 신속하게 대처하는 트라우마 기반 실천(trauma-informed care)이 모든 현장으로 확대되어야 한다. 서비스 이용자의 트라우마뿐 아니라, 정신건강사회복지사의 이차외상(대리외상)과 소진의 문제에도 관심을 가져야 하며, 과도한 업무량의 조정과 자기 돌봄, 힐링과 쉼을 통해 직업적 정체성을 잘 유지하도록 배려해야 한다. 정신건강사회복지사가 어디에서 일하든 신분상의 불이익이 없고, 공정하고 정당한 처우(직업적 대우)를 받도록 우리 모두가 관심을 갖고 함께 노력해야 할 것이다. 정신건강사회복지의 미래는 우리가 만들어 가야 하는 것이다.

생각해 볼 문제

- 우리나라에서 정신건강 영역이 지속적으로 발전하기 위해서는 앞으로 어떤 측면을 강화하고 확대해야 하는지 그동안의 학습을 토대로 깊이 생각해 보고 함께 토론해 보자.
- 정신건강사회복지가 지속적으로 발전하기 위해서는 어떤 과제가 있고, 그 과제들을 어떻게 해결해 가야 하는지 그동안의 학습을 토대로 깊이 생각해 보고, 발전 방향에 대해 함께 토론해 보자.
- 정신건강사회복지에 대해 배우고 익힌 내용이 자신의 진로와 관련하여 어떻게 적용될 수 있는지 생각해 보자. 앞으로 다양한 현장에서 만나게 될 클라이언트의 정신건강을 위해 자신은 무엇을 할 수 있는지를 진지하게 고민해 보고, 함께 의견을 나누어 보자.
- 정신건강사회복지가 사회복지의 한 분야로서, 정신건강 정책과 실천을 균형 있게 배우고 익혀야 한다는 말이 무엇인지를 생각해 보고, 이에 대해 함께 이야기해 보자.

〈부록〉 정신의학적 증상

정신병리학(psychopathology)은 정신질환에서 비정상적인 행동, 사고, 의식 등으로 나타나는 증상들의 원인 및 그 표현을 연구하는 학문이다. 정신건강전문가는 현장에서 정신질환자에게 나타나는 증상을 잘 알아야 하는데, 다양한 증상은 다음과 같이 의식, 행동, 지각, 사고, 감정, 지남력, 기억, 지능, 병식에서의 장애로 구분된다. 정신의학적 증상(psychiatric symptoms)에 대해 살펴보면 다음과 같다.[1)]

1. 의식의 장애

의식이 정상적이기 위해서는 감각, 지각, 인식, 지남력, 주의집중 등에 이상이 없고, 정상적 통각을 사용하며, 경험을 통해 새로운 관념을 형성할 수 있으며, 관념 간에 합리적 연관을 시킬 수 있고, 일이나 상황의 이해와 파악에 장애가 없어야

1) 최근 『사회복지학 교과목 지침서』(2020)에 의하면, 정신의학적 증상에 대해 정신건강론에서 배우도록 권고하고 있다. 그러나 현실적으로 정신건강론 교과목이 개설되지 않는 대학의 경우, 정신의학적 증상을 배울 수 있는 기회가 없기 때문에 여기서 간략하게 다루기로 한다. 수업 진도에 따라 강의자가 판단하여 적절하게 다룰 수 있다. 정신의학적 증상에 대해서는 민성길(1999), 김규수(2011)를 참조하였다.

한다.

의식 기능이 잘 이루어지기 위해서 필요한 것이 주의력(attention)이다. 이는 외계의 자극을 검색하는 기능인데, 다음의 3단계를 거쳐 이루어진다. 우선, 외계 자극에 대해 경계(vigilance)가 이루어져 자극을 받아들이고, 받아들여진 자극 중에서 중요한 것에 대해 주의를 기울이기를 결정하는 선택과 집중(concentration)이 이루어진다. 그다음으로 이 자극을 과거의 경험과 연관시켜 해석하는 작업인 연상(association)의 과정을 거쳐 주의력이 이루어진다.

이 세 과정 중 하나라도 이루어지지 않으면 주의력은 산만해지고, 주위의 자극을 이해하지 못하게 된다. 즉, 주의를 충분한 기간 동안 유지하지 못하고 계속 다른 자극에 주의를 돌리게 되는데, 이를 주의산만(distractability)이라고 한다. 선택적 부주의(selective inattention)는 불안을 야기하는 것에 대해서만 선택적으로 주의가 차단되는 것이다. 반면, 과잉각성(hypervigilance)은 내외의 자극에 대해 과도하게 주의를 돌리고 초점을 맞추는 상태로 망상이나 편집 상태와 관련된다. 의식의 장애(disorders of consciousness)가 있을 때 다음과 같은 증상이 나타난다.

1) 의식의 혼탁

의식의 혼탁(clouding of consciousness)은 감각자극에 대한 지각, 사고, 반응, 기억 등에 장애가 있는 것으로 주의가 산만하며 착란이 있고 이해력이 부족해진다. 정도에 따라 경미한 의식의 혼탁으로 주의집중이 잘 안 되는 정도에서, 작은 자극으로도 쉽게 의식이 회복되나 방치하면 다시 의식의 혼탁에 빠지는 경우 등이 있다. 대개 뇌기능 장애 때문이나, 발작을 동반한 의식의 혼탁은 뇌전증과 히스테리에서 볼 수 있다.

2) 착란

착란(confusion)은 의식장애의 특수한 형태로 당황, 혼동, 지남력 장애, 연상장애, 사고의 빈곤 등이 특징인 장애로, 전형적으로 광범위한 뇌기능 손상 때 나타난다. 심한 정신병이나 해리상태에서 나타나기도 한다.

3) 몽롱상태

몽롱상태(dream state, twilight state)는 의식과 무의식의 중간 형태이다. 신체적 원인에 의한 섬망과 달리 심인성이 많으며, 해리상태에서 전형적으로 나타난다. 증상은 수분 내지 수일에 걸쳐 착란, 환각, 그리고 나중에 기억을 못하는 일련의 복잡한 행동을 하는 것이다. 몽유증이나 야경증(night terror)도 몽롱상태의 한 특수 형태라는 견해도 있다.

4) 섬망

섬망(delirium)은 급성 뇌증후군(예: 고열, 수술 후, 산욕기, 요독증, 중독 상태, 알코올 금단 후 등)의 일반적 증상으로 급성이다. 의식장애, 착란, 주의산만, 당황, 좌불안석증, 지남력 장애, 지리멸렬한 사고, 착각, 환각, 불안, 의심, 공포, 악몽 등의 증상과 경과의 변동이 심한 것이 특징이다. 감각자극이 감소되는 밤 시간에 악화된다. 대체로 회복 후 그동안의 일을 잘 기억하지 못하나, 꿈 같다고 회상하기도 한다.

5) 혼미와 혼수

혼미(stupor)는 운동능력을 상실하게 되고 외부의 자극에 대해 거의 반응하지 않으나, 때로는 강력한 동통자극에 의해 일시적으로 깰 수 있고, 약간의 의식이 남아 있는 수가 있다. 이때 안구운동이나 불수의적인 삼키는 운동이 나타날 수 있다. 혼수(coma)는 모든 정신활동과 신경조직의 기능이 마비되고, 단지 생명을 유지하는데 필요한 심장과 폐의 기능만 살아남아 있는 경우이다.

2. 행동의 장애

인간의 여러 가지 정신활동의 총체적인 결과로서 표면적으로 나타나는 것을 행동이라고 한다. 행동이란 미세한 감정의 움직임에서부터 적극적인 운동까지 인간이 자신의 육체로 표현할 수 있는 모든 행위를 포함한다. 행동의 장애(disorders of activity)는 다음과 같이 분류된다.

1) 표정과 태도

환자의 표정과 태도(facial expression and attitude)는 하나의 의사소통 수단이므로 증상으로도 나타날 수 있다. 힘없는 태도와 우울하고 무표정함은 우울증에서 볼 수 있다. 의심하는 듯 방어적 태도 내지 거부적 태도, 괴상한 자세, 무의미한 웃음이나 찌푸린 얼굴 등은 조현병에서 흔히 나타난다. 바보스러운 표정은 지적장애에서, 무례한 태도는 인격장애에서, 과장적 · 연출적 · 의존적 태도는 히스테리성 인격장애에서 볼 수 있다.

2) 과잉행동

과잉행동(overactivity, increased activity)은 끊임없는 내적 욕구 때문에 잠시도 쉬지 않고 활동하는 경우에서부터 일상적으로는 불필요하다고 생각되는 활동을 보통보다 조금 지나치게 하는 경우까지 다양하다. 과잉행동은 정신운동(psychomotor)이 증가되어 있는 상태에서 과하게 행동하는 것으로, 보기에는 굉장히 바쁜 것 같은데 실제 이루어 놓은 것은 거의 없는 수가 많다. 조증에서 전형적으로 볼 수 있다. 흥분(excitement)은 대체로 격정적이며 목적이 없고, 외부자극과 상관없이 행동이 증가된 상태이다. 정신운동성 격정(psychomotor agitation)은 내적 자극에 의해 필요 없는 운동과잉과 과잉심리 상태가 나타난 것이다.

3) 저하된 행동

저하된 행동(decreased activity)은 행동이 전반적으로 느려지는 것이다. 말도 적고 움직임도 적다. 우울증에서 전형적으로 나타난다. 강직증 혹은 강경증(catalepsy)은 감정상태에 따라 일시적인 무력상태가 되는 것이다. 함구증(mutism)은 신체장애 없이 말이 없는 상태가 되는 것이다.

4) 반복적 행동

반복적 행동(repetitious activity)에는 여러 유형이 있다. 우선, 다른 사람이 보기에는 이유가 없는 것 같은데 같은 행동을 계속적으로 반복하는 경우를 상동증(stereotype)이라고 한다. 한 가지 자세를 계속 유지하는 것을 강직증 혹은 강경증(catalepsy)이라고 하며, 이때 타동적으로 취해진 자세를 유지하려는 경향 때문에 관절에서의 움직임이 밀랍과 같다고 하여 납굴증(waxy flexibility)이라고 한다. 이러한 장애 전체를 긴장증(catatonia)이라고 한다. 같은 움직임을 반복하는 것을 매너리즘(mannerism), 의미 없는 단어나 짧은 문장을 반복해서 발성하는 것을 음송증(verbigeration)이라고 한다. 이와 비슷한 것으로 보속증(perseveration)은 자신은 다른 행동이나 말을 하려고 하지만 정신기능의 장애로 새로운 동작이나 말로 넘어가지 못하고 반복적으로 같은 행동을 하는 것을 말한다.

5) 자동증

자동증(automatism, automatic behavior)에는 자신의 의지는 하나도 없는 듯이 남의 요구대로 자동적으로 움직이는 행동을 자동적 복종 혹은 명령 자동증(command automatism)이라 하고, 주어진 말을 그대로 따라 하는 반향언어(echolalia), 보이는 행동을 그대로 따라 하는 반향동작(echopraxia) 등이 있다. 이는 증오와 분노를 억압하고 복종을 가장한 표현일 수도 있고, 소아의 경우에는 발달미숙 때문일 수 있다.

6) 거부증

거부증(negativism)은 자동증과는 반대로 상대방이 요구하는 것을 묵살하거나 반대 방향으로 행동하는 경우를 말한다. 질문에 대하여 아무 대꾸도 하지 않는 함구증(mutism), 밥 먹으라는 권유에 반대해서 배고프면서도 굶는 거식증(refusal of food) 등이 있다. 적개심, 증오 혹은 공포의 표현이거나 상대방에게 불안을 야기하려는 목적 때문일 수도 있다.

7) 강박적 행동

강박적 행동(compulsions, compulsive acts)은 불합리한 줄 알면서도 특정 행동을 하려는 반복적 욕구에 저항할 수 없을 때 나타나는 행동이다. 문을 잠근 것을 몇 번이나 확인하는 간단한 행동에서부터 복잡한 의식(ritual) 같은 행동에 이르기까지 다양하다. 의식(의례)은 불안을 감소시킬 목적으로 자동적 · 강박적 행동을 하는 것이다. 흔히 강박사고(obsession)를 동반한다.

8) 공격성

공격성(aggression)은 분노, 화, 증오에 따른 강압적이고 목적이 있는 행위로서 언어나 행동으로 표현된다. 충동적 행동(impulsive acts)은 미리 계획되거나 심사숙고된 요구에 의해서가 아니라 감정의 지배 아래 순간적이고 돌발적인 행동을 폭발적으로 일으키는 현상이다. 충동적 행동이 공격적으로 표현될 때 폭언, 폭행, 파괴, 방화, 자해, 살인을 저지를 수 있다. 행동화(acting out)란 무의식적 욕구나 충동, 환상 등이 행동으로 직접 표현되는 것이다.

9) 자살

자살(suicide), 자살시도(suicidal attempt), 자살생각(suicidal ideation) 등은 대체로 사랑의 결핍과 무능감, 거부감을 느끼기 때문이거나, 자기를 버린 사람에게 죄책감을 불러일으키기 위한 것인 수가 많다. 대상에 대한 증오와 복수의 감정이 자기에게로 향해졌을 때에도 자살한다. 알코올 중독, 조현병, 우울증 환자에게서 자살이 많고 퇴원 후에는 6개월 이내에 많다.

3. 지각의 장애

지각이란 물리적 자극을 심리적 정보로 변화시키는 과정으로 감각자극이 의식화되는 정신과정이다. 지각의 장애(disorders of perception)는 다음과 같이 분류된다.

1) 인지장애

인지장애(agnosia)는 기질적 뇌장애 때문에 사물을 인지하거나 의미를 해석하지 못하는 것이다. 특수한 형태로서 anosognosia는 자신의 병을 인정하지 않는 것이고, somatopagnosia는 자신의 신체부분을 인정하지 않는 것이다. 그 외에도 인지장애는 촉각 · 시각적 차원에서 대상이나 사물을 인식하지 못하는 경우가 있다.

2) 착각

착각(illusion)은 감각자극을 잘못 해석하여 지각하는 것이다. 착각은 강한 감정, 욕구, 충동 때문에 투사에 의해 일어난다. 예를 들어, 죄책감이 심하면 바람 소리를 자신을 비난하는 소리로 듣는다. 뇌증후군에서 보는 착각은 신경전달의 착오 때문이다. 특수한 형태로서 흔히 전환장애나 해리장애 때 보이는 것으로 거시증(macropsia)은 사물이 크게 보이는 것이고, 미시증(micropsia)은 사물이 작게 보이는 것이다. 이인증(depersonalization)은 자신의 존재에 대한 감각이 비현실적이거나 이상하거나 낯선 것이다. 비현실감(derealization)은 환경이 비현실적이고 이상하며 변화된 느낌이다. 둔주(fugue)는 본래 과거의 정체성을 잃고 완전히 새로운 정체성을 가지고 새로운 환경으로 여행하거나 방황하는 것을 말한다.

3) 환각

환각(hallucination)은 외부의 자극이 실제로 없는데도 마치 외부에서 자극이 들어온 것처럼 지각하는 현상을 말한다. 환각의 정신분석적 설명에 의하면 의식세계에서 용납될 수 없는 무의식적 욕구가 외부로 투사되어 마치 자기의 욕구가 아닌 것처럼 위장되어 외계에서의 자극으로 지각되는 것이다. 예기환각(anticipatory hallucination)은, 예를 들어 아무도 없는 방에서 사람의 말소리를 실제로 듣고 현실로 인식하는 경우로서, 지각의 성질을 갖는 것을 말한다. 가성환각(pseudohallucination)은 실제로는 들리지 않지만 무슨 소리가 나는 듯이 느끼는 경우로서 지각의 성질이 없는 것을 말한다. 이때는 환각을 경험하되 그것이 사실이 아님을 어느 정도 인식하고 있다. 가성환각은 기질성 뇌증후군, 히스테리, 공황장애, 심한 불안상태, 그 밖에 소아에서도 일시적으로 나타날 수 있다. 정상인에게도 환각이 나타날 수 있는데, 잠들 때 나타나는 입면시환각(hypnagogic hallucination), 잠이 깰 때 나타나는 각성시환각(hypnopompic hallucination), 그리고 감각박탈 시 나타나는 환각이 있다. 환각의 종류는 다음과 같다.

(1) 환시

환시(visual hallucination)는 존재하지 않는 사물이 보이는 것이며, 섬망이나 코카인 중독과 같은 기질성 뇌증후군에서 자주 볼 수 있다. 그 밖에 실제보다 아주 작은 모습의 사람이나 동물이 보이는 것을 왜소환각(lilliputian hallucination)이라 한다.

(2) 환청

환청(auditory hallucination)은 실제로 없는 소리를 의미 있는 소리나 말소리로 듣는 것이다. 의식이 명료한 상태에서 환청이 있는 경우는 조현병이나 기분장애에서 흔히 볼 수 있다. 의식의 혼탁이 있는 상태에서 환청이 있으면 기질성 뇌증후군을 의심한다.

(3) 환촉

환촉(tactile hallucination)은 실제로 어떤 물체가 피부에 접촉되어 있다고 느끼는 것 또는 성기에서 성적 접촉을 느끼는 것이다. 알코올 중독, 섬망, 코카인 중독, 조현병에서 볼 수 있다.

(4) 환취

환취(olfactory hallucination)는 실제로 없는 냄새를 맡는 것이며, 대부분 기분 나쁜 냄새이다. 조현병이나 측두엽에 병변이 있을 때 볼 수 있다.

(5) 환미

환미(gustatory hallucination)는 실제로 없는 맛을 지각하는 것이다.

(6) 운동환각

운동환각(kinesthetic hallucination)은 절단된 신체부분이 존재하는 것처럼 지각하는 환상지(phantom limb), 또는 사지의 모양이나 크기가 다르게 느껴지는 환각, 몸이 움직이는 것 같이 느껴지는 환각 등이다. 흔히 환각제에 의한 환각에서 볼 수 있다.

(7) 신체환각

신체환각(somatic hallucination)은 신체 내 또는 신체를 향해 무언가 일어나고 있다는 환각으로 주로 내장에 관련되어 나타난다.

4. 사고의 장애

사고란 목적을 향한 생각들의 흐름으로, 문제점이나 과제에 의해 시작되어 현실적인 결론에 도달하는 연상행동이다. 사고의 장애(disorders of thought)는 다음과 같이 분류된다.

1) 사고형태의 장애

정상적인 사고란 이성과 논리에 따른 합리적 사고이다. 자폐적 사고(autistic thinking), 백일몽(day dreaming), 마술적 사고(magical thinking) 등은 무의식적, 자기중심적 또는 본능적 욕구에 따른 것으로 현실을 무시한 비논리적 사고이다. 구체적 사고(concrete thinking)란 문자적(literal) 사고로 은유(metaphor)의 사용이 없고 의미의 뉘앙스를 이해하지 못하는 1차원적(one-dimensional) 사고이다. 반면, 추상적 사고(abstract thinking)는 의미의 뉘앙스를 알고 다차원적(multi-dimensional)이며, 은유와 가설을 이해하는 사고이다.

2) 사고진행의 장애

사고진행이란 연상의 속도와 그 방식을 의미한다. 대개 완전한 연결이 없이 한 내용에서 다른 내용으로 이동되어 언어가 지리멸렬할 때는 연상의 이완(loosening of association)이라 할 수 있다.

(1) 사고의 비약

사고의 비약(flight of ideas)이란 한 생각에서 다른 생각으로 계속 연상이 빨리 진행되며 목적에 도달하지 못하는 것이다. 빗나가는 사고(tangentiality)라고도 한다. 가속된 내적 욕구와 주의산만 때문이며 조증에서 흔히 보인다. 특수한 예로서 음향연상(clang association)은 음에 따라 새로운 관념이 연상되는 것이다. 예를 들어, 우연히 시작된 '사' 발음 때문에 '사람' '사슴' '사랑' 등으로 무의미한 언어의 연결을 보인다.

(2) 사고의 지체

사고의 지체(retardation)란 사고의 시작과 진행이 느린 것이다. 흔히 목소리도 낮다. 우울증에서 흔히 본다.

(3) 보속증

보속증(perseveration)은 한 관념이 지속적으로 반복 표현된다. 즉, 다른 질문에도 같은 대답을 하는 것이다.

(4) 우원증

우원증(circumstantiality)이란 많은 불필요한 묘사를 거친 후 말하고자 하는 목적에 도달하는 경우를 말한다. 조현병, 기질성 정신장애, 지적장애 등에서 흔히 본다.

(5) 지리멸렬

지리멸렬(incoherence)은 사고진행이 와해되어 논리적 연결이 없고 의미론적으로도 파괴된 언어로, 구나 단어들이 흩어진 상태이다. 조현병에서 보이는 연상의 이완이 전형적인 예이다. 극심한 예로는 말비빔(word salad)이 있다.

(6) 차단

차단(blocking)이란 연상의 진행이 갑자기 중단되는 것으로 강한 감정 때문이며, 연상이 일관성 있게 연결이 되지 않고 차단되는 현상으로 상당히 어려워하는 고통이 다시 재기되기도 한다. 조현병에서 흔히 볼 수 있다.

(7) 신어증

신어증(neologism)은 환자가 자기만이 뜻을 아는 독특한 새로운 말을 조합하거나 창조하는 것이다. 조현병에서 흔히 본다.

(8) 기타

압축(condensation)은 여러 개념을 하나로 융합시키는 것이다. 엉뚱한 대답(irrelevant answer)은 질문에 맞지 않는 대답을 하는 경우이다. 단어나 짧은 문장을 반복해서 발성하는 음송증(verbigeration)도 사고진행의 장애를 보이는 것이다.

3) 사고내용의 장애

(1) 사고경향 혹은 과잉결정적 사고

사고경향(trend) 혹은 과잉결정적 사고(overdetermined ideas)란 논리보다 감정요소 때문에 특정 내용에 사고가 집중되어 다른 생각은 할 수 없게 된 상태를 말한다. 사고내용이 빈약(poverty)할 수도 있다.

(2) 망상

망상(delusion)은 불합리하며 잘못된 생각 또는 신념을 말한다. 망상은 이성과 논리적 설명으로는 바꾸지 못한다. 단순한 망상으로 출발했으나 그 이후의 전개가 논리적일 때는 체계화된 망상(systematized delusion)이라 한다. 망상내용이 매우 괴상하고 엉뚱할 때는 괴이하다(bizarre)고 표현한다. 망상의 종류는 다음과 같다.

① 과대망상(delusion of grandeur): 자신이 '위대하다, 전능하다, 부자이다'라고 믿는 망상이다. '천리안이다.' '텔레파시가 있다.' 등 마술적 사고도 보인다. 자신이 신 혹은 선지자라는 믿음을 종교망상(religious delusion)이라 한다. 자신이 고귀한 혈통에 속한다는 혈통망상도 있다. 이는 대개 열등감, 불안정감에서 나온 것이다.

② 피해망상(delusion of persecution) 또는 편집망상(paranoid delusion): 누군가 자신을 해치려 한다는 망상으로 대개 자신의 증오, 공격성이 투사된 결과이다. 추적당하고 있다는 추적망상, 감시 내지 관찰당하고 있다는 망상, 음식에 독약을 탔다는 피독망상 등도 이에 속한다. 때때로 과대망상과 복합되어 나타나기도 하는데, 그 예로 자신이 신의 아들이기 때문에 박해당하고 있다고 믿는다.

③ 관계망상(delusion of reference): 주변의 일이 자기 자신과 관련되며 누군가가 또는 신문, 라디오가 내 말을 하고 있다는 망상이다. 이는 자기비판이 투사된 것이다.

④ 자책망상(delusion of self-accusation): 죄의식과 자기징벌을 내용으로 하는 망상으로, 초자아가 심하게 비판적일 때 나타난다. 이와 관련되어 죄망상(delusion of sin)은 자신이 큰 죄를 지었다는 망상이다. 빈곤망상(delusion of poverty)은 자신은 가진 것이 없다 또는 망했다는 망상이다. 병망상(delusion of illness)은 자신이 중병에 걸렸다는 망상이다. 허무망상(nihilistic delusion)은 자신은 죽었다, 뇌가 없다 등의 망상이다. 이러한 우울한 내용의 망상들은 죄의식, 자존심 손상, 자기징벌, 적개심 등이 투사된 결과이다.

⑤ 조종망상(idea of control): 자신이 타인에 의해 또는 미지의 존재에 의해 조종당한다는 망상이다. 다른 생각이 내 마음으로 들어온다는 사고흡입(thought insertion), 타인에 의해 생각을 빼앗긴다는 사고탈취(thought withdrawal), 생각이 다른 사람에게 알려진다는 사고전파(thought broadcasting) 등의 망상이 있는데, 이들은 조종망상에 포함되기도 하고 어떤 분류에서는 사고체험의 장애라고도 한다.

⑥ 질투망상(delusion of jealousy, infidelity): 자신의 배우자나 사랑하는 사람이 부정하다고 믿는 것이다.

⑦ 연애망상(delusion of loving): 누군가 자기를 몹시 사랑하고 있다고 믿는 erotomania, 존재하지 않는 사람 또는 죽은 사람이 자기를 사랑한다고 믿는 phantom lover syndrome 등이 있다.

⑧ 빙의망상(delusion of possession): 귀신, 악령, 동물이 자신의 몸속에 들어와 지배한다는 망상이다.

(3) 강박사고

강박사고(obsession)란 의식적으로 원치 않음에도 불구하고 계속적으로 같은 생각이 의식에 떠오르는 것이다. 예를 들어, 의혹, 원인탐색, 계산을 반복적으로 하는 경우 등이다.

(4) 공포증

공포증(phobia)이란 어떤 대상이나 상황에 대해 불합리하게 무서워하며 피하려는 상태이다. 대상에 따라 단순공포, 대인공포, 동물공포, 광장공포, 고소공포 등이 있다.

(5) 건강염려증

건강염려증(hypochondria)이란 신체건강에 관해 과도하게 관심을 갖는 것으로 흔히 어떤 장기가 특정 병에 걸리지 않았나 하고 걱정하는 것이다.

5. 정동의 장애

감정은 정동과 기분에 관련된 정신적 · 신체적 · 행동적 요소들이다. 감정(emotion)은 갑자기 생기고 생리적 변화를 동반하는 것이다. 정동(affect)은 넓은 의미로 감정을 통칭하며, 자신에 의해 표현되고 타인에 의해 관찰되는 감정 경험을 말한다. 기분(mood)은 자신에 의해 주관적으로 경험되고 보고되는 전반적이고 지속적인 감정이다. 정동의 장애(disorders of affect)는 다음과 같이 분류된다.

1) 고양된 기분

고양된 기분(elevated mood)은 보통 이상의 즐거운 기분으로, 조증에서 흔히 나타난다. 그중 다행감(euphoria)은 낙관적 태도와 자신감, 유쾌한 기분, 행복감을 느끼는 것이다. 발양(elation)은 즐거운 기분이 넘쳐 행동과 욕구가 과장되어 나타나는 경우이다. 앙양(exaltation)은 즐거운 기분이 더욱 고양되어 과대하게 표출되는 경우이다. 황홀경(ecstasy)은 가장 극단적 경우로 특이한 초월적 신비감, 전능감 등을 가질 때를 말한다.

2) 우울

우울(depression)은 슬픈 느낌의 정동으로 가장 흔한 증상 중 하나이다. 우울할 때 환자는 슬픈 기분, 비관, 자기비하, 무력감, 무겁고 처진 느낌, 절망감, 의욕감퇴, 흥미와 재미의 상실, 죄책감 등을 가지며 조용하고 행동이 감소되어 있다. 우울은 대개 증오, 분노, 공격성 등의 감정을 억압한 결과로 나타난다.

3) 불안

불안(anxiety)은 두려움, 걱정 등 재난이 임박했다는 지속적 느낌으로, 무의식적 충동이나 환경적 요인에 의한 위협에 대한 경고 신호로 간주된다. 구갈, 심계항진, 호흡곤란, 진땀 등 특정 신체적 증상이 동반된다. 불안이 특정 상황에 대한 것이 아니고 그 원인을 모른 채 단지 불안감을 느낄 때 부동성 불안(free-floating anxiety)이라 한다. 의식적으로 알고 있는 특정 현실적 대상에 대한 것은 공포(fear)라고 한다. 불안이 심하여 신체적 긴장과 어찌할 바를 모르는 좌불안석 상태를 나타낼 때 격정(agitation) 또는 초조라 한다. 긴장(tension)은 감정적 · 신체적 활동이 증가된 불쾌하고 팽팽한 느낌으로 두 가지 상반된 욕구가 공존할 때 또는 안전을 위해 싸워야 할 때 나타난다. 공황(panic)은 급성의 심한 불안을 의미한다.

4) 불충분한 정동

불충분한 정동(inadequate affect)에는 여러 형태의 증상이 있다. 즉, 감정적으로 둔하며 멀어짐과 무관심으로 인해 방관자처럼 느끼는 것을 무감동(apathy)이라 하며, 쾌·불쾌에 대한 감수성이 감소된 상태이다. 굳은 정동(flat affect)은 정동적 느낌의 표현이 거의 없는 상태이며, 황폐(deterioration)라고도 한다. 이때 피암시성이 증가한다. 둔마된 정동(blunted affect)은 굳은 정동(flat affect)보다는 덜한 상태로 밖으로 표현된 정동의 정도가 감퇴된 상태이다.

5) 부적합한 정동

부적합한 정동(inappropriate affect)은 사고, 언어 등과 조합되지 않은 정동으로 상황에 어울리지 않게 울거나 웃거나 하는 것이다. 반면, 유동적 정동(labile affect)은 외부자극에 상관없이 정동의 표현이 빠르고 급격히 변하는 상태이다. 기질적 발작(temper tantrum)은 자연적으로 또는 사소한 자극으로도 유발되는 분노 내지 짜증으로서 어린이에게서 흔히 보인다.

6) 기타

양가감정(ambivalence)은 한 대상에 대해 사랑과 미움이 동시에 있는 것과 같이 두 가지의 상반된 감정이 모순 없이 존재할 때를 가리키며 대체로 한쪽이 무의식 내에 억압되어 있다. 수치심(shame)은 자신의 기대만큼 살지 못했을 때의 기분이며, 죄책감(guilty feeling)은 잘못한 것으로 생각되는 행동을 했을 때 2차적으로 나타나는 기분이다.

6. 지남력 장애

인간이 일상생활을 건전하게 영위하기 위해서는 자신이 처해 있는 입장을 정확히 파악하는 것이 무엇보다 중요하다. 주위 환경 중에서 특히 자신이 처해 있는 공간 · 시간 및 상대하고 있는 사람을 구체적으로 인지하는 능력을 지남력(orientation)이라고 하는데, 이것이 상실된 상태를 지남력 장애(disorientation)라고 한다. 예컨대, 교실에 앉아 있으면서 극장에 앉아 있는 것으로 착각한다면 공간에 대한 지남력을 상실한 것이며, 아침에 일어나서 저녁밥을 왜 안 주냐고 한다면 시간에 대한 지남력을 상실한 것이다. 자기 어머니를 보고 누이라고 부른다면 사람에 대한 지남력을 상실한 것이다.

7. 기억의 장애

기억은 정보가 받아들여져서 하나의 정신적 인상으로 등록(registration), 저장 또는 유지(retention)되었다가 나중에 회상(recall)하게 되는 과정으로 구성되어 있다. 기억은 감정에 의해 영향을 받을 수 있는데 그 결과로 나타난 망각이나 기억착오에는 역시 관련된 부정적 감정에 대한 방어적 목적이 있다. 기억의 장애(disorders of memory)는 다음과 같이 분류된다.

1) 기억항진

기억항진(hypermnesia)은 특정 정동과 관계된 특정 기간이나 특정 시간 또는 경험에 한정되어 기억이 병적으로 과도하게 상세한 경우이다. 조증, 편집증, 긴장증 등에서 나타난다.

2) 건망증, 기억상실

건망증 혹은 기억상실(amnesia)은 기억불능의 상태이다. 기질성 건망증(organic amnesia)은 알코올 중독이나 두부외상에서와 같이 등록이 안 될 때 그리고 코르사코프(Korsakoff) 증후군에서와 같이 저장이 오래가지 못할 때 나타난다. 이때 기억장애가 전반적이고 발병이 점진적이며, 회복한다 하더라도 불완전하다. 반면, 심인성 건망증(psychogenic amnesia)은 등록과 저장은 정상적이나 회상이 안 되는 것으로, 방어와 회피 등의 역동적 목적이 있는 것이다. 이때 신경세포 기능에는 장애가 없으며 의식은 명료하다. 심인성 기억장애는 선택적이고 일정 기간에 국한하며 어떤 사건 후 돌발적으로 발생하고 갑자기 회복되며, 회복한다면 완전히 회복되는 것이 특징이다. 전진성 건망증(anterograde amnesia)은 의식 회복 이후 일정 기간의 경험까지도 회상을 못하는 것이며, 역행성 건망증(retrograde amnesia)은 의식장애가 있었던 기간뿐 아니라 그 이전의 일정 기간의 경험까지 회상을 못하는 경우이다. 회복 때는 사건과 가까운 시기부터 회복한다.

3) 기억착오

기억착오(paramnesia)란 방어 목적으로 무의식적으로 거짓 기억을 하는 것이다. 그 결과, 기억이 안 나는 부분에 대해 이야기를 꾸며 메우게 되는 것을 작화증(confabulation)이라 한다. 때에 따라 그 내용이 달라지기도 하지만, 환자 자신은 이를 믿고 있다. 회상착오(retrospective falsification)는 강한 무의식적 동기 때문에 과거 기억 중 자신의 이익에 맞는 것만 선택적으로 기억하거나 잊거나 왜곡하여 기억하는 것이다.

4) 기시감과 미시감

기시감(deja vu)은 낯선 것을 전에 본 것같이 느끼는 현상이며, 미시감(jamais vu)은 전에 알고 있던 것에 생소하게 느끼는 현상이다. 소리, 사람, 장소, 상황, 생각, 느낌 등에서도 이러한 유사한 상황이 생긴다. 이는 환자가 잊고 싶어 하는 고통스러운 과거 경험과 연관이 되기 때문에 방어 목적으로 기억장애가 온 결과이다.

8. 지능의 장애

1) 지적장애

지적장애(Intellectual disability)는 유전적, 선천적 또는 발육 초기 과정에서 여러 가지 요인에 의해 지능의 발달이 정상적으로 이루어지지 않아 지능이 낮은 상태가 되는 경우를 의미한다. 대개 지능지수(IQ)가 110 이상인 경우는 우수, 90~100은 보통, 90 이하를 열등으로 분류한다. 그리고 열등의 경우, IQ 50~70(정신연령 8세), 25~50(정신연령 3~7세), 25 이하(정신연령 3세 이하)로 나뉜다.

2) 치매

치매(dementia)는 생후 정상적으로 발달했던 지능이 후천적인 뇌기능 장애 때문에 영구적이고 비가역적으로 저하된 상태를 말한다. 그러므로 과거에 체험했던 기억과 지식의 단편이 남아 있을 수 있다. 가성치매(pseudodementia)는 기질성이 아닌, 정신장애 때문에 나타나는 일견 치매같이 보이는 현상이다.

9. 일반상식과 계산력

환자의 일반상식(general information)을 확인하기 위해서 신문에 떠들썩했던 정치적 · 경제적 상식 등을 질문할 수 있다. 예를 들면, 현재 대통령은 누구인지, 우리나라의 중요한 명절은 언제인지, 일본의 수도는 어디인지 등이다. 한편, 계산력(calculation)은 100에서 7을 계속 빼 나가는 계산을 하는데, 이것을 통하여 환자의 지적 능력(intellectual function)을 알 수 있다. 또한 이 계산을 통해서 마지막 목표까지 도달하기까지의 빠르기를 측정하고 중간에서의 두절(blocking), 부주의와 실수, 그리고 실수에도 불구하고 그 사실을 인지하지 못한 점, 불안, 긴장 등 다양한 증상을 발견할 수 있다.

10. 병식과 판단력의 장애

병식(insight) 혹은 통찰력은 자신이 처한 상황의 진정한 원인과 의미를 이해하는 능력이다. 예로, "○○ 씨는 무엇 때문에 입원하셨나요?" "○○ 씨의 문제는 무엇 때문에 생긴 것이라고 보시는지요?" "입원은 어디가 불편해서 하셨습니까?" "○○ 씨는 자신의 병명을 무엇으로 알고 계신지요?" 등의 질문을 통해 자신이 처한 상황을 얼마나 잘 인식하고 이해하는지를 확인할 수 있다.

판단력(judgement)이란 상황을 옳게 평가하고 그 상황에 적절하게 행동하는 것이다. 판단력의 장애는 이러한 판단능력이 감퇴된 상태이다. 예를 들어, "실수와 거짓말은 어떻게 다릅니까?"라고 물을 수 있다. 그렇지 않으면 환자가 자신의 미래에 대해 어떤 계획을 세우고 있는지를 물어보아도 된다. 이러한 방식으로 환자가 현실적인 판단을 하고 있는지 확인할 수 있다.

참고문헌

과학기술정보통신부, 한국정보화진흥원(2019a). 2019 디지털정보격차 실태조사.
과학기술정보통신부, 한국정보화진흥원(2019b). 2019 스마트폰 과의존 실태조사.
관계부처합동(2016). 정신건강종합대책. 국가정책조정회의.
국가인권위원회(2008). 정신장애분야 인권교육 교재.
국가인권위원회(2016). 정신장애인 지역사회 통합을 위한 해외사례 비교연구 실태조사.
국가인권위원회(2017). 중증 · 정신장애인 시설생활인에 대한 실태조사.
국가인권위원회(2018). 정신장애인 지역사회 거주 · 치료 실태조사.
국가인권위원회(2019a). 정신장애인 국가보고서 이행상황 점검을 위한 실태조사.
국가인권위원회(2019b). 중증 · 정신장애인 의료체계 실태조사.
국가트라우마센터(2019). 재난 정신건강 실무자를 위한 표준 매뉴얼.
국립정신건강센터(2003). 정신과 환자의 관찰 및 검사에 대한 설명.
국립정신건강센터(2018a). 정신건강복지법에 따른 입 · 퇴원 절차 안내.
국립정신건강센터(2018b). 정신건강전문요원제도 운영안내.
국립정신건강센터(2018c). 지역사회 정신건강 표준 사례관리 매뉴얼.
국립정신건강센터(2018d). 정신건강현황 4차 예비조사 결과보고서.
국립정신건강센터(2019). 2019년 국민 정신건강지식 및 태도조사 결과보고서.
국립정신건강센터(2020a). 국가 정신건강현황 보고서 2018.
국립정신건강센터(2020b). 2020 전국 정신건강 관련 기관 현황집.
국회입법조사처(2019). 정신장애 범죄인에 대한 형사법적 대응방안의 개선: 치료감호 · 치료명령을 중심으로. 이슈와 논점. 제1581호.
권석만(2003). 현대 이상심리학. 서울: 학지사.
권석만(2013). 현대 이상심리학(2판). 서울: 학지사.

권자영, 문영주, 최은정, 하경희, 황정우(2018). 정신건강사회복지사의 핵심역량에 관한 수련 교육 요구분석. 정신보건과 사회사업, 46(1), 64-93.

권자영, 손영선, 신지영, 이소영, 임현정, 장보은, 조현진, 주정혜(2004). 정신과 환자를 위한 통합재활 프로그램 워크북. 삼성서울병원 정신과 낮병원 편. 서울: 학지사.

권진숙, 김정진, 전석균, 성준모(2017). 정신건강사회복지론. 경기: 공동체.

김규수(2011). 정신보건사회복지실천론(개정2판). 서울: 형설출판사.

김기룡(2016). 평생교육법 개정 이후 장애인 평생교육의 과제: 정신장애인 평생교육 지원방안. 한국정신건강사회복지학회 학술발표논문집, 27-57.

김기수, 이주경, 조두희(2017). 알코올사용장애자 지역사회 통합 지원체계 구축 연구. 대전복지재단.

김기태, 황성동, 최송식, 박봉길, 최말옥(2016). 정신보건복지론. 경기: 양서원.

김나은, 제철웅, 최기홍(2020). 정신건강복지법 개정에 따른 지역사회 정신건강 서비스 개선방향. 한국심리학회 일반, 39(1), 1-26.

김두영(2013). 장애인야학 평생교육 프로그램 개설정향성 분석. 특수교육저널: 이론과 실천, 14(4), 1-25.

김문근(2018). 정신장애인 맞춤형 고용촉진 전략 및 제도개선 방안. 정신장애인 고용지원 국회토론회 자료집, 32-61.

김용탁(2018). 정신장애인의 경제활동 현황과 고용서비스 지원방안. 정신장애인 고용지원 국회토론회 자료집, 18-31.

김청송(2016). 사례중심의 이상심리학. 서울: 싸이북스.

김학령(2019). 개인-가족-환경 요인이 정신장애인의 신체건강행동에 미치는 영향: Theory of Triadic Influence의 적용을 중심으로. 정신건강과 사회복지, 47(2), 127-163.

김현수(2013). 정신건강증진의 이해와 적용. 한국정신건강사회복지학회 춘계 국제학술대회 자료집, 35-54.

김환(2016). 외상후 스트레스 장애. 서울: 학지사.

김훈(2009). 사회복지법제론. 서울: 학지사.

노성원(2017). 2017 중독통합관리지원센터 서비스 전달체계 세미나 자료집.

노혜련, 김윤주(2014). 강점관점 해결중심 사례관리. 서울: 학지사.

대전복지재단(2014). 알코올 중독 사례관리 매뉴얼.

류정희, 이상정, 전진아, 박세경, 여유진, 이주연, 김지민, 송현종, 유민상, 이봉주(2019). 아동종합실태조사. 보건복지부, 한국보건사회연구원.

메디팜뉴스(2020. 3. 9.). 작업치료사, 정신건강전문요원에 포함.

문용훈, 연현진(2012). 지역사회 자원동원. 정신보건전문요원 수련교재. 한국정신보건사회복지사협회.

민성길(1999). 최신정신의학(제4개정판). 서울: 일조각.

박미은(2000a). 정신보건 홍보사업의 활성화를 위한 시론. 정신보건과 사회사업, 9, 55-77.

박미은(2000b). 위기개입. 정신보건전문요원 수련교재. 한국정신보건사회복지학회.
박미은(2020). 사회복지사를 위한 사례관리. 경기: 양서원.
박미은, 신희정, 이혜경, 이미림(2020). 가족복지론. 경기: 공동체.
박병선, 배성우(2013). 정신사회재활서비스 사정 및 성과 척도개발-정신사회재활모형을 중심으로-. 정신보건과 사회사업, 41(1), 114-142.
박상규(2006). 정신재활의 이론과 실제. 서울: 학지사.
박상규, 강성군, 김교헌, 서경현, 신성만, 이형초, 전영민(2017). 중독의 이해와 상담실제. 서울: 학지사.
배성우, 김이영, 허만세, 박병선, 진혜민(2013). 정신장애인과 그 가족을 위한 가족교육 프로그램의 효과. 사회과학연구, 24(4), 295-314.
배은미, 박희정(2017). 정신장애인의 지원주거 경험 연구. 한국사회복지질적연구, 11(1), 59-87.
배화옥, 심창학, 김미옥, 양영자(2015). 인권과 사회복지. 경기: 나남출판.
백형의, 박승일, 서연우, 이은희, 강은옥, 윤현주, 류미나, 이재숙, 유혜선, 나평안, 최윤희(2010). 정신보건사회복지사를 위한 집단프로그램 활용지침서. 서울: 신정.
보건복지부(2017a). 2016년 정신질환 실태조사.
보건복지부(2017b). 2017년 정신건강사업 안내.
보건복지부(2018). 음주폐해예방 실행계획.
보건복지부(2020a). 2020년 정신건강사업 안내.
보건복지부(2020b). 2020년 치매정책 사업안내.
보건복지부, 국립재활원(2016). 2016년도 장애와 건강통계.
보건복지부, 국립정신건강센터(2019). 전국 정신건강 관련 기관 현황집.
보건복지부, 국립정신건강센터(2020). 중독정신건강 표준 사례관리 매뉴얼.
보건복지부, 국립정신건강센터, 사회보장정보원(2019). 정신건강 사례관리시스템 표준 매뉴얼.
보건복지부, 삼성서울병원(2017). 2016 정신질환 실태조사.
보건복지부, 중앙자살예방센터(2019). 자살시도자 등의 사후관리를 위한 안내 매뉴얼.
보건복지부, 중앙자살예방센터(2020). 2020 자살예방 백서.
보건복지부, 중앙자살예방센터, 한국기자협회(2018). 자살보도 권고기준 3.0.
보건복지부, 한국보건사회연구원(2017a). 2017 장애인실태조사.
보건복지부, 한국보건사회연구원(2017b). 2017년 노인실태조사.
보건복지부, 한국보건사회연구원(2019). 아동종합실태조사.
삼성서울병원 정신과 낮병원(2004). 정신과 환자를 위한 통합재활 프로그램 워크북. 서울: 학지사.
서미경(2004a). 정신보건전문가들의 팀워크에 영향을 미치는 조직 관련 요인에 관한 연구. 상황과 복지, 17, 143-169.
서미경(2004b). 정신보건사회사업 실천장면에서의 윤리적 딜레마와 의사결정. 한국정신보건사회복지학회 추계학술대회 발표논문집, 23-43.
서미경(2007). 정신장애와 가족. 서울: 집문당.

서미경(2018). 지역사회기관을 이용하는 정신장애인의 건강관리행동 예측모형. 한국사회복지학, 70(4), 191-213.

서미경, 김영란, 박미은(2015). 사회복지윤리와 철학. 경기: 양서원.

서울대학교병원(2016). 자살 유가족 지원체계 확립을 위한 기초연구. 보건복지부.

서울시자살예방센터(2011). 자살 및 정신질환 위기관리 프로토콜.

서장원(2017). 인터넷 중독: 가상의 공간에서 길을 잃다. 서울: 학지사.

송은주, 김경희(2019). 당사자연구에 참여한 정신장애인의 회복경험. 한국사회복지질적연구, 13(2), 87-111.

신서연(2011). 한국어판 단축형 CES-D들의 타당성 연구. 서울대학교 대학원 석사학위논문.

신성만, 이자영, 권선중, 권정옥, 김선민, 김주은, 라영안, 박상규, 서경현, 송원영, 이영순, 이은경, 장문선, 정여주, 조현섭, 최승애, 최정헌(2019). 중독상담학 개론. 서울: 학지사.

심경순, 송순인(2009). 정신보건전문가들이 인식하는 정신장애인의 회복에 관한 연구. 정신보건과 사회사업, 32, 78-105.

심민영(2018). 국가트라우마센터 운영 성과. 2018 국가트라우마센터 심포지움: 재난 충격과 트라우마로부터의 회복. 국립정신건강센터.

심민영(2019). 한국의 재난 정신건강 시스템. 국가 재난 정신건강 시스템의 현재와 미래. 국가트라우마센터 · 정신건강 R&D 사업단.

안이수(2019). 정신건강증진 및 정신질환자 복지서비스 지원에 관한 법률에 대한 입법 평론. 입법학연구, 6(2), 229-254.

양옥경(2006). 정신보건과 사회복지. 경기: 나남출판.

유상호(2015). 임상에서 정신의학과 의료윤리의 실제에 대한 논평: 강박 처치의 윤리적 쟁점. 한국의료윤리학회지, 18(1), 50-55.

유수현, 서규동, 유명이, 이봉재, 이종하(2014). 정신건강사회복지 총론. 서울: 신정.

이경준, 최윤영(2018). 최신 장애인복지론. 서울: 학지사.

이구상(2012). 위기개입. 정신보건전문요원 수련교재. 한국정신보건사회복지사협회.

이근희(2012). 정신보건프로그램 개발과 평가. 정신보건전문요원 수련교재. 한국정신보건사회복지사협회.

이민홍, 정병오(2012). 사회복지 프로그램 개발과 평가. 서울: 나눔의집.

이상훈(2020). 정신건강인력의 현황과 과제. 보건복지포럼. 통권 제282호.

이은환, 김욱(2018). 정신보건법 전면 개정 1년 경과, 정신건강정책의 나아갈 방향. 경기연구원. 이슈 & 진단(324), 1-24.

이현주(2014). 증거기반실천을 위한 정신보건 프로그램의 효과성에 대한 메타분석-정신장애인을 중심으로-. 정신보건과 사회사업, 42(1), 171-200.

이호선(2005). 노인상담. 서울: 학지사.

인제대학교 산학협력단, 국립서울병원, 국립정신보건교육 연구센터(2009). 지역사회기반 노인정신건강 관리모델 개발.

임명호(2015). 임상에서 정신건강의학과 의료윤리의 실제. 한국의료윤리학회지, 18(1), 36-49.
임선영(2013). 역경후 성장에 이르는 의미재구성 과정: 관계상실을 중심으로. 서울대학교 대학원 박사학위논문.
임종호, 이영미, 이은미(2016). 장애인복지론. 서울: 학지사.
정신의학신문(2019. 2. 18.). 정신병, 정신질환, 정신장애는 어떻게 다를까?
재난정신건강위원회(2015). 재난과 정신건강. 서울: 학지사.
재난정신의학위원회(2004). 재난과 정신건강. 서울: 지식공작소.
전진아(2020). 아동의 정신건강 현황과 정책과제. 보건복지포럼, 2020. 5.
전진아, 강혜리(2020). 정신건강서비스 전달체계의 현황과 과제. 보건복지포럼, 통권 제282호.
전진아, 전민경, 김낭희, 박재현, 이용주, 윤시몬, 유혜영, 김보은(2019). 수요자 중심의 정신건강서비스 접근성 강화 전략 연구. 한국보건사회연구원.
전진아, 최지희(2017). 생애주기별 정신건강 수준과 정신건강 지원 현황. 보건복지포럼, 통권 제243호.
제철웅(2017). 정신건강증진 및 정신질환자 복지서비스 지원에 관한 법률의 시행과 치료, 입원, 퇴원 절차에서의 정신장애인 지원 방안. 서울법학, 25(3), 227-267.
중앙자살예방센터(2012). 자살예방교육 매뉴얼.
중앙자살예방센터(2017). 자살유가족이 겪는 어려움과 지원방안. KSPC Research Brief. 2017년 3호.
중앙정신건강복지사업지원단(2019). 정신장애인의 건강. 정신건강동향, 11.
중앙정신건강복지사업지원단(2020a). 정신건강 분야 인력현황. 정신건강동향, 13.
중앙정신건강복지사업지원단(2020b). 2020 정신건강복지관련 예산. 정신건강동향, 15.
중앙정신건강복지사업지원단(2020c). 2020 정신장애인의 고용현황. 정신건강동향, 17.
최명민(2010). 정신장애인의 인권과 전문가 실천윤리. 한국정신보건사회복지학회 추계학술대회 발표논문집, 69-81.
최명민(2012). 정신장애인의 인권과 권익옹호. 정신보건전문요원 수련교재. 한국정신보건사회복지사협회.
최명민, 김연수, 서동민(2020). 휴먼서비스종사자의 직무 관련 외상경험과 회복지원방안에 관한 연구. 사회복지정책과 실천, 6(1), 5-43.
최명민, 최현미, 김정진(2009). 한국 정신보건세팅에서 성공적인 팀워크의 요소: 사회복지사의 역할을 중심으로. 한국정신건강사회복지학회 춘계학술대회 및 보수교육 자료집.
최송식, 최말옥, 김경미, 이미경, 박은주, 최윤정(2019). 정신건강론. 서울: 학지사.
최윤경(2020). 트라우마의 역설, 삶의 고통과 성장. 한국정신건강사회복지학회 추계학술대회 자료집.
최해경(2009). 사회복지실천론. 서울: 학지사.
최희철, 오지현(2007). 심리사회적 사정을 통한 클럽하우스모델 적용사례 연구. 정신보건과 사회사업, 26, 432-441.

최희철, 천덕희(2017). 정신보건사회복지론. 경기: 양서원.

태화샘솟는집(2010). 인권실천제안 프로그램 보고서: 사람만이 희망.

하지현(2020). 재난 심리지원 현장에서 국가트라우마센터의 역할과 기능: 국가기관 차원 경험과 사례. 한국정신건강사회복지학회 추계학술대회 자료집.

한국보건사회연구원(2019). 정신건강복지 기본계획(2021~2025) 수립연구.

한국사회복지교육협의회(2020). 사회복지학 교과목 지침서(2021~2022년도).

한국장애인개발원(2017). 정신장애인 직업재활서비스 개선방안.

한국장애인고용공단, 고용개발원(2019). 2019 장애인 경제활동 실태조사.

한국정보화진흥원(2014). 장애인 정보격차 실태조사.

한국정신건강사회복지학회(2000). 정신보건사회복지사를 위한 정신건강전문요원 수련교재. 경기: 양서원.

한국정신건강사회복지학회(2013). 춘계 국제학술대회 자료집.

한국정신건강사회복지사협회(2012). 정신보건사회복지의 이론과 실제. 경기: 양서원.

한국정신재활시설협회, 한국정신건강사회복지학회(2018). 제5차 장애인고용기본계획 정신장애인은 어떻게 함께 할 것인가? 정신장애인 고용지원 국회토론회 자료집.

한국청소년정책연구원(2013). 아동청소년 정신건강 증진을 위한 지원방안 연구 III: 아동청소년 정신건강지표 개발을 통한 정신건강 증진 지원체계 구축 연구.

한지연, 심경순(2016). 지역사회 문화예술 활동에 참여한 정신장애인의 역량강화에 관한 현상학적 연구. 정신보건과 사회사업, 44(3), 296-324.

현진희(2020). 정신건강사회복지에서 트라우마 기반 접근. 한국정신건강사회복지학회 추계학술대회 자료집.

황숙연(2007). 정신장애인의 회복의 인식에 관한 탐색적 고찰. 정신보건과 사회복지, 27, 28-63.

황애리, 나은영(2018). 한국 언론의 정신건강 보도에 관한 내용분석 연구: 뉴스 프레임과 기사 논조를 중심으로. 보건사회연구, 38(4), 290-322.

Allen, J. G. (2005). *Coping with trauma: Hope through understanding* (2nd ed.). 권정혜, 김정범, 조용래, 최혜경, 최윤경, 권호인 공역(2010). 트라우마의 치유. 서울: 학지사.

American Psychiatric Association (2013). *Diagnostic and statistical manual of mental disorders* (5th edition). 권준수 역(2015). 정신질환의 진단 및 통계 편람(제5판). 서울: 학지사.

Anthony, W. A. (1993). Recovery from mental illness: The guiding vision of the mental health service system in the 1990s. *Psychosocial Rehabilitation Journal, 16*(4), 11-23.

Bass, E., & Davis, L. (1992). *The courage to heal.* 이경미 역(2000). 아주 특별한 용기. 서울: 동녘.

Bentley, K. J. (2002). *Social work practice in mental health: Contemporary roles, tasks, and techniques.* Pacific Grove, CA: Brooks/Cole.

Bloom, B. L. (1984). *Community mental health: A general introduction* (2nd ed.). California: Brooks/Cole Publishing Company.

Bracht, N. F. (1978). *Social work in health care: A guide to professional practice.* New York: Haworth Press.

Brymer, M., Jacobs, A., Layne, C., Pynoos, R., Ruzek, J., Steinberg, A., Vernberg, E., & Watson, P. (2006). Psychological first aid: Field operations guide. Retrieved from U. S. Department of Veterans Affairs website: http://www.ptsd.va.gov/professional/materials/manuals/psych-first-aid.asp

Coppock, V., & Dunn, B. (2010). *Understanding social work practice in mental health.* London: Sage Pub.

Corey, G. (2009). *Theory and practice of counseling and psychotherapy* (8th edition). 조현춘, 조현재, 문지혜, 이근배, 홍영근 공역(2010). 심리상담과 치료의 이론과 실제. 서울: 시그마프레스.

Davidson, L., & Roe, D. (2007). Recovery from versus recovery in serious mental illness. *Journal of Mental Health, 16*(4), 459-470.

Dewald, P. (1974). *The theory and practice of individual psychotherapy.* 김기석 역 (1978). 정신치료의 이론과 실제. 서울: 고려대학교 출판부.

Everstine, D. S., & Everstine, L. (1993). *The trauma response: Treatment for emotional injury.* New York: W. W. Norton & Company.

Fishbein, D. H., & Pease, S. E. (1996). *The dynamics of drug abuse.* Boston: Allyn and Bacon.

Germain, C. B. (1984). *Social work practice in health care.* New York: The Free Press.

Golightley, M. (2006). *Social work and mental health* (2nd ed.). Exeter: Learning Matters Ltd.

Gould, N. (2010). *Mental health social work in context.* London and New York: Routledge.

Hepworth, D. H., Rooney, R. H., & Larsen, J. A. (2002). *Direct social work practice: Theory and skills.* California: Brooks/Cole.

Herman, H., Saxena, S., & Moodie, R. (2004). *Promoting mental health: Concepts, emerging, evidence, practice.* Geneva: World Health Organization.

Ife, J. (2001). *Human rights and social work: toward rights based practice.* 김형식, 여지영 공역(2001). 인권과 사회복지실천. 서울: 인간과 복지.

Ife, J. (2006). *Human rights and human services-opportunities and challenges.* 국가인권위원회(편). (2006). 짐 아이프 초청 사회복지분야 인권관점 도입확산을 위한 워크숍, 23-43.

James, R. K., & Gilliland, B. E. (2005). *Crisis intervention strategies* (5th ed.). 한인영, 장수미, 최정숙, 박형원, 이소래, 이혜경 공역(2008). 위기개입. 서울: 나눔의 집.

Johnson, L. C., & Yanca, S. J. (2007). *Social work practice: A generalist approach* (9th ed.). Boston, MA: Pearson Allyn and Bacon.

Karban, K. (2011). *Social work and mental health*. Cambridge, UK: Polity Press.

Kessler, R. C., Sonnega, A., Bromet, E., Hughes, M., Nelson, C. B., & Breslau, N. N. (1999). Epidemiological risk factors for trauma and PTSD. In R. Yehuda (Ed.), *Risk Factors for PTSD* (pp. 23–59). Washington, DC: American Psychiatric Press.

Mignon, S. (2020). *Social work and mental health: Evidence-based policy and practice*. New York: Springer Pub.

Miller, W. R., & Rollnick, S. (2002). *Motivational interviewing: Helping people change*. New York: Guilford Press.

Oflaz, F., Ançel, G., Arslan, F. (2019). How to achieve effective teamwork: The view of mental health professionals. *Cyprus J Med Sci, 4*(3), 235-41.

Patrick, W., & Nicolas, R. (2012). Challenging the public stigma of mental illness: A meta-analysis of outcome studies. *Psychiatric Service, 63*(10), 963-973.

Raphael, B. (1986). *When disaster strikes: How individuals and communities cope with catastrophe*. New York: Basic Books.

UN Centre for Human Rights (1994). *Human rights and social work: A manual for schools of social work and the social work profession*. 이혜원 역(2005). 인권과 사회복지실천. 서울: 학지사.

WHO (2001). Mental health: New understanding, new hope. The World Health Report. Geneva, Switzerland: World Health Organization.

WHO (2003). Advocacy for mental health. WHO mental health policy and service guidance package-module 7.

WHO (2004a). Prevention of mental disorders: Effective interventions and policy options. Summary Report.

WHO (2004b). *Promoting mental health: Concepts, emerging, evidence, practice*. Summary Report. 김민석, 박희정, 배은미, 안성희, 이은진, 전재현, 전준희 공역(2018). 정신건강증진: 개념, 증거, 실천. 서울: 포널스출판사.

WHO (2004c). *Mental Health Policy, Plans and Programmes*. 황태연, 서용진 공역(2008). 정신보건정책, 계획, 프로그램. 서울: 한울아카데미.

WHO (2004d). The prevention of suicide. Report.

WHO (2007). ICD-10(International Classification of Disease-10).

(사)정신장애인권연대 카미 http://www.kamiadvocacy.org

국가트라우마센터 http://www.nct.go.kr

국립정신건강센터 http://www.ncmh.go.kr

대한정신장애인가족협회 http://www.kfamd.or.kr
따뜻한 작별 http://www.warmdays.co.kr
마인드스파 http://www.mindspa.kr
법제처 국가법령정보센터 http://www.law.go.kr
스마트쉼센터 https://www.iapc.or.kr
아이존 http://www.aizone.or.kr
중앙자살예방센터 http://www.spckorea.or.kr
패밀리 링크 http://www.familylink.or.kr
한국정신건강사회복지사협회 http://www.kamhsw.or.kr
한국정신건강사회복지학회 http://www.kamhsw.org

찾아보기

인명

내용

저자 소개

박미은(Park, Mieun)

가톨릭대학교 사회복지학과 졸업

이화여자대학교 대학원 석사 및 박사과정 졸업(사회복지실천 전공)

전 미8군 병원 임상사회복지사

한국정신건강사회복지학회 회장

한국군사회복지학회 회장

한국사회복지실천연구학회 회장

대전복지재단 이사장(비상임)

현 한남대학교 사회복지학과 교수

〈대표 저서 및 역서〉

가족복지론(제3판, 공저, 공동체, 2020)

사회복지사를 위한 사례관리(제2판, 양서원, 2020)

인간행동과 사회환경(제6판, 공저, 양서원, 2020)

군사회복지실천론(공동체, 2018)

함께 있어 좋은 사람, 사회복지사(공동체, 2018)

사회복지실천과 클라이언트 폭력(공역, 학지사, 2007) 외 다수

〈연구〉

군인의 직업적 특성이 군인 아내들의 스트레스에 미치는 영향(한국군사회복지학, 2019)

대전시민 정신건강 연구(공동, 대전세종연구원, 2018)

직업군인 아내들의 피학대경험이 우울에 미치는 영향(정신보건과 사회사업, 2016)

대전광역시 정신건강백서(책임, 대전광역시, 2014)

사례관리 실천매뉴얼(책임, 대전광역시사회복지사협회, 2011) 외 다수

정신건강사회복지론

Social Work in Mental Health

2021년 3월 20일 1판 1쇄 발행
2022년 8월 10일 1판 2쇄 발행

지은이 • 박 미 은

펴낸이 • 김 진 환
펴낸곳 • (주) 학지사
04031 서울특별시 마포구 양화로 15길 20 마인드월드빌딩 5층
대표전화 • 02) 330-5114 팩스 • 02) 324-2345
등록번호 • 제313-2006-000265호
홈페이지 • http://www.hakjisa.co.kr
페이스북 • https://www.facebook.com/hakjisabook

ISBN 978-89-997-2355-1 93330

정가 **22,000**원